2025

군무원[행정직렬]

최신기출
➕
실전모의고사

군무원합격전략연구소

2025
군무원[행정직렬]
최신기출 + 실전모의고사

인쇄일 2025년 3월 1일 2판 1쇄 인쇄
발행일 2025년 3월 5일 2판 1쇄 발행
등 록 제17-269호
판 권 시스컴2025

ISBN 979-11-6941-670-2 13350
정 가 18,000원

발행처 시스컴 출판사
발행인 송인식
지은이 군무원합격전략연구소

주소 서울시 금천구 가산디지털1로 225, 514호(가산포휴) | **홈페이지** www.nadoogong.com
E-mail siscombooks@naver.com | **전화** 02)866-9311 | **Fax** 02)866-9312

군무원이란 군 부대에서 군인과 함께 근무하는 공무원으로서, 신분은 국가공무원법상 특정직 공무원으로 분류됩니다. 즉, 군무원은 군인이 아니라 군대행정을 담당하기도 하고 여러 군사시설에서 근무하거나 병무청 등에서도 근무하는 사실상 공무원입니다. 군무원은 국방부 직할부대(정보사, 기무사, 국통사, 의무사 등), 육군·해군·공군본부 및 예하부대 등에서 근무하게 됩니다.

공무원 시험에 수많은 응시생들이 몰리고 높은 경쟁률로 인해 오랜 공부에도 불구하고 합격을 장담하기 어려운 상황이 되었습니다. 이에 군무원 시험은 절박한 수험생 여러분에게 또 다른 기회의 장이자 돌파구가 될 수 있습니다.

군무원은 복리후생도 매우 우수하며 여성 지원자들도 크게 늘고 있으며, 군인의 장점인 군복지 혜택과 공무원으로서의 신분이 보장됨으로 군인으로서의 명예와 자긍심을 가질 수 있고 동시에 공무원으로서의 안정된 생활도 누릴 수 있습니다.

수험생들이 본 도서를 가지고 군무원 시험에 대비하기 위한 이 책의 특징은 다음과 같습니다.
첫째, 꼭 알아두어야 할 핵심만을 담은 핵심요약집을 제공하였습니다. 또한 최근 5개년의 군무원 기출 및 기출복원문제를 수록하고 실전모의고사 2회분을 첨부하여 다양한 유형의 문제에 보다 쉽게 대처할 수 있도록 하였습니다.
둘째, 빈출문제와 개념이 중요한 문제는 '군무원 필수'를 통하여 중요 표시를 하여 수험공부를 수월하도록 하였습니다.
셋째, 문제와 관련된 중요 내용이나 보충사항을 '모르면 간첩'을 통해 정리해둠으로써 효율적이면서도 충실한 수험공부가 가능하도록 하였습니다.

무한한 가능성을 가진 군무원에 도전함으로써 여러분의 꿈을 이루기 바라며 이 책이 든든한 동반자가 되었으면 합니다.

군무원 소개

○ 군무원이란?

군 부대에서 군인과 함께 근무하는 공무원으로서 신분은 국가공무원법상 특정직 공무원으로 분류됩니다.

○ 군무원 종류

일반군무원	전문군무경력관	임기제군무원
– 기술·연구 또는 행정일반에 대한 업무담당, 46개 직렬 – 계급구조 : 1~9급	– 특정업무담당 – 교관 등 – 계급구조 : 가군, 나군, 다군	

○ 근무처

국방부 직할부대(정보사령부, 군사안보지원사령부, 국군지휘통신사령부, 국군의무사령부 등),
육군·해군·공군본부 및 예하부대

○ 직렬별 주용 업무내용(행정)

직군	직렬	업무내용
행정(6)	행정	• 국방정책, 군사전략, 체계분석, 평가, 제도, 계획, 연구업무 • 일반행정, 정훈, 심리업무, 법제, 송무, 행정소송업무 • 세입·세출결산, 재정금융 조사분석, 계산증명, 급여업무 • 국유재산, 부동산 관리유지·처분에 관한 업무
	사서	• 도서의 수집, 선택, 분류, 목록작성, 보관, 열람에 관한 업무
	군수	• 군수품의 소요/조달, 보급/재고관리, 정비계획, 물자수불업무 • 물품의 생산, 공정, 품질, 안전관리, 지원활용 등 작업계획, 생산시설 유지, 생산품 처리 업무
	군사정보	• 주변국 및 대북 군사정보 수집, 생산관리, 부대전파 및 군사보안 업무
	기술정보	• 외국정보 및 산업, 경제, 과학기술 정보의 수집, 생산관리 보안 업무 • 정보용 장비, 기기 등에 의한 정보수집 업무
	수사	• 범죄수사, 비위조사, 범죄예방, 계몽활동 등에 관한 업무

시험제도안내

○ 군무원 선발업무 주관부서

구 분	국방부	육군	해군	공군
선발대상	각군 5급 이상 및 국직부대 전계급	6급 이하	6급 이하	6급 이하
주관부서	국방부 군무원정책과	육군 인사사령부	해군 인사참모부	공군 인사참모부
연락처	02) 748-5105, 5106	042)550-7145	042)553-1284	042)552-1453

○ 시험방법

• 채용절차

채용공고 ⇒ 원서접수 ⇒ 서류전형(경력경쟁채용) ⇒ 필기시험 ⇒ 면접시험 ⇒ 합격자발표 ⇒ 채용후
보자 등록(신체검사) ⇒ 임용

※ 채용공고 : 신문(국방일보, 일간신문), 인터넷(군무원 채용관리 공지사항)

• 채용시험

시험구분	시험방법
공개경쟁채용시험	필기시험 ⇒ 면접시험
경력경쟁채용시험	서류전형 ⇒ 필시시험 ⇒ 면접시험

※ 시험시기 : 연 1회(4~10월경)

• 시험 출제수준

– 5급 이상 : 정책의 기획 및 관리에 필요한 능력 · 지식을 검정할 수 있는 정도

– 6~7급 : 전문적 업무수행 능력 · 지식을 검정할 수 있는 정도

– 8~9급 : 업무수행에 필요한 기본적 능력 · 지식을 검정할 수 있는 정도

- 채용시험 응시연령
  - 7급 이상 : 20세 이상
  - 8급 이하 : 18세 이상
  ※ 최종시험의 시행 예정일이 속한 연도에 위의 계급별 응시연령에 해당하여야 함.

○ 응시자격증

- 군무원 공채시험 응시자는 채용직렬/계급에서 요구하는 자격증을 보유하여야 함
  - 직렬별 군무원 공채시험 응시자격증 및 면허증응시자격증 다운로드
  - 자격증은 필기시험 전일까지 취득하여야 함

○ 참고사항

- 폐지된 자격증으로서 국가기술자격법 등에 의해 그 자격이 계속 인정되는 경우에는 응시자격증으로 인정한다.
- 공무원임용시험령 [별표 10]에 의한 가산점 적용 자격증이 응시자격증으로 적용된 경우에는 가산점을 인정하지 아니한다.
- 응시계급별 자격등급 적용기준
  - 5급 및 7급 : 기사 이상, 9급 : 산업기사 이상
  - 단, 9급에 기능사 자격증을 적용하는 경우에 7급을 산업기사 자격증 이상으로 적용 가능

○ 합격자결정

- 서류전형(경력경쟁채용의 경우만 해당)
  응시자의 경력, 학력, 전공과목 등과 임용예정직급의 직무내용과의 관련정도에 따라 합격여부 결정

• 필기시험
  – 매 과목 4할 이상, 전과목 총점의 6할 이상 득점한 자 중에서 고득점자순으로 선발예정인원의 13할의 범위 안에서 합격자 결정
  – 단, 선발예정인원의 13할을 초과하여 동점자가 있는 경우 그 동점자 모두를 합격자로 하며, 기술분야 6급 이하의 일반군무원 및 임용시험은 매 과목 4할 이상을 득점한 자 중에서 고득점자 순으로 합격자 결정

• 면접시험
  – 아래의 평정요소마다 각각 상(3점), 중(2점), 하(1점)로 평정하여 15점 만점으로 하되, 각 면접시험위원이 채점한 평점의 평균이 중(10점) 이상인 자 중에서 고득점 순으로 합격자 결정
    1. 군무원으로서의 정신자세
    2. 전문지식과 그 응용능력
    3. 의사발표의 정확성과 논리성
    4. 창의력 · 의지력 기타 발전가능성
    5. 예의 · 품행 및 성실성

• 최종합격자 결정
  – 필기시험 합격자 중 면접시험을 거쳐 결정

○ **임용결격사유(신원조사 등을 통해 확인)**

• 군무원인사법 제10조(결격사유)
  – 대한민국 국적을 가지지 아니한 사람
  – 대한민국 국적과 외국 국적을 함께 가지고 있는 사람
  – 「국방공무원법」 제33조 각 호의 어느 하나에 해당하는 사람

- 국가공무원법 제33조(결격사유)
  - 피성년후견인 또는 피한정후견인
  - 파산선고를 받고 복권되지 아니한 자
  - 금고 이상의 실형을 선고받고 그 집행이 종료되거나 집행을 받지 아니하기로 확정된 후 5년이 지나지 아니한 자
  - 금고 이상의 형을 선고받고 그 집행유예 기간이 끝난 날부터 2년이 지나지 아니한 자
  - 금고 이상의 형의 선고유예를 받은 경우에 그 선고유예 기간 중에 있는 자
  - 법원의 판결 또는 다른 법률에 따라 자격이 상실되거나 정지된 자
  - 공무원으로 재직기간 중 직무와 관련하여 「형법」 제355조 및 제356조에 규정된 죄를 범한 자로서 300만원 이상의 벌금형을 선고받고 그 형이 확정된 후 2년이 지나지 아니한 자
  - 징계로 파면처분을 받은 때부터 5년이 지나지 아니한 자
  - 징계로 해임처분을 받은 때부터 3년이 지나지 아니한 자

- 군무원인사법 제31조(정년)
  - 군무원의 정년은 60세로 한다. 다만, 전시 · 사변 등의 국가비상 시에는 예외로 한다.

○ 영어능력시험 기준점수

- 응시원서 접수시 계급별 기준점수 이상 취득해야 응시가능(별표 참조)
  ※ 청각장애 2 · 3급 응시자의 경우, 듣기부분을 제외한 점수가 계급별 기준점수 이상이면 응시가능
- 당해 공개경쟁채용시험의 필기시험예정일로부터 역산하여 2년이 되는 해의 1.1일 이후에 실시된 시험에 한해 기준점수 인정
- 응시원서 접수시에 본인이 기 취득한 당해 영어능력검정시험명, 시험일자 및 점수 등을 정확히 표기

시험의 종류		5급	7급	9급
토 익 (TOEIC)	기준점수	700점 이상	570점 이상	470점 이상
	청각장애 (2, 3급)	350점 이상	285점 이상	235점 이상
토 플 (TOEFL)	기준점수	PBT 530점 이상 CBT 197점 이상 IBT 71점이상	PBT 480점 이상 CBT 157점 이상 IBT 54점이상	PBT 440점 이상 CBT 123점 이상 IBT 41점이상
	청각장애 (2, 3급)	PBT 352점 이상 CBT 131점 이상	PBT 319점 이상 CBT 104점 이상	PBT 292점 이상 CBT 82점 이상
펠 트 (PELT)	기준점수	PELT main 303점 이상	PELT main 224점 이상	PELT main 171점 이상
	청각장애 (2, 3급)	PELT main 152점 이상	PELT main 112점 이상	PELT main 86점 이상
텝 스 (TEPS) (2018. 5. 12. 이후에 실시 된 시험)	기준점수	340점 이상	268점 이상	211점 이상
	청각장애 (2, 3급)	204점 이상	161점 이상	127점 이상
지텔프 (G-TELP)	기준점수	Level 2 65점 이상	Level 2 47점 이상	Level 2 32점 이상
플렉스 (FLEX)	기준점수	625점 이상	500점 이상	400점 이상
	청각장애 (2, 3급)	375점 이상	300점 이상	240점 이상

○ 한국사능력시험 응시 계급별 인증등급

- 당해 공개경쟁채용시험의 필기시험예정일로 부터 역산하여 3년이 되는 해의 1.1. 이후에 실시된 시험으로서, 원서접수마감일까지 성적이 발표된 시험 중 계급별 응시 기준등급 이상이 성적에 한해 인정(아래 표 참조)

- 응시원서 접수시에 본인이 취득한 한국사능력검정시험의 합격등급, 인증번호(8자리)를 정확히 표기 (증빙서류 제출 없음)

시험의 종류	기준등급		
	5급 응시	7급 응시	9급 응시
한국사능력검정시험	2급 이상	3급 이상	4급 이상

시험과목안내

○ 군무원 임용시험 과목

「군무원인사법 시행규칙」 제15조 관련 내용

○ 군무원 임용시험 과목

직군	직렬	계급	시험과목
행정	행정	5급	국어, 국사, 영어, 행정법, 행정학, 경제학, 헌법
		7급	국어, 국사, 영어, 행정법, 행정학, 경제학
		9급	국어, 국사, 영어, 행정법, 행정학

○ 가산점안내

- **취업지원대상자(적용 : 6급 이하 공개경쟁채용 및 경력경쟁채용)**
  - 「독립유공자예우에 관한 법률」 제16조, 「국가유공자 등 예우 및 지원에 관한 법률」 제29조, 「보훈대 상자 지원에 관한 법률」, 「5.18민주유공자 예우에 관한 법률」 제20조, 특수임무유공자 예우 및 단체 설립에 관한 법률」 제19조에 의한 취업지원대상자 그리고 「고엽제후유의증 환자지원 등에 관한 법률」 제7조에 의한 고엽제후유증의 환자와 그 가족은 각 과목별 만점의 10% 또는 5%의 가점비율에 해당하는 점수를 가산
  - 취업지원대상자 가점은 각 과목 만점의 4할 이상 득점한 자에 한함
  - 취업지원대상자 가점을 받아 합격하는 사람은 선발예정인원의 30%를 초과할 수 없음. 다만, 응시자 의 수가 선발예정인원과 같거나 적은 경우에는 그러하지 아니함
  - ※ 취업지원대상자 여부와 가점비율은 본인이 사전에 직접 국가보훈처 및 지방보훈지청 등에 확인하여야 함

이 책의 **구성**과 특징

2024년 최신 기출문제 수록

2020~2024년까지의 5개년 기출문제를 빠짐없이 복원하여 수록할 뿐만 아니라 2024년 최신 기출문제까지 수록하여 수험공부에 도움이 되도록 하였습니다. 국어, 행정학, 행정법을 한번에 준비할 수 있도록 연도별로 기출 및 기출복원문제를 수록하여 실제 시험에 대비할 수 있도록 하였습니다. 최근 기출문제부터 수록하여 최신 문제 경향을 파악하는 데에 도움이 되도록 하였습니다.

확실한 문항 분석, 한눈에 영역 분류

매 문항별 핵심주제를 분석하여 해설에 수록하였고, 핵심주제의 출제영역을 나누어 표로 문항수를 정리하였습니다. 뿐만 아니라 한눈에 보기 쉽게 문항 출제영역을 퍼센테이지 그래프로 나타내어 효율적인 영역별 공부배분, 시간 배분에 도움이 되도록 하였습니다.

꼼꼼한 정답해설, 필요한 오답해설

기출문제의 의도를 파악하고, 의도에 맞는 꼼꼼하고, 적확한 해설을 달아 놓았습니다. 뿐만 아니라 다른 보기가 정답이 아닌 이유를 오답해설에 수록하여 폭넓은 수험공부가 되도록 하였습니다.

군무원 필수 문제, 개념 모르면 간첩

시험에 자주 나오거나 여러 영역과 융합되어 출제될 수 있는 필수 문제는 '군무원 필수'를 통하여 수험생이 반드시 공부할 수 있도록 하였습니다. 뿐만 아니라 기출문제에 숨어있는 필수 개념 또는 출제 가능 개념을 추가적으로 '모르면 간첩'에 수록하여 수험공부를 조금 더 풍부히 할 수 있도록 하였습니다.

목차

PART 04	과목	문제	해설
2021년 기출문제	국어	150	279
	행정학	157	285
	행정법	162	289

PART 05	과목	문제	해설
2020년 기출문제	국어	172	294
	행정학	178	299
	행정법	182	303

실전모의고사	과목	문제	해설
제1회	국어	194	310
	행정학	201	315
	행정법	206	320

실전모의고사	과목	문제	해설
제2회	국어	214	327
	행정학	221	332
	행정법	227	337

연도	과목	예상시간	실제시간	오답수
2024	국어	분	분	/25
	행정학	분	분	/25
	행정법	분	분	/25
2023	국어	분	분	/25
	행정학	분	분	/25
	행정법	분	분	/25
2022	국어	분	분	/25
	행정학	분	분	/25
	행정법	분	분	/25
2021	국어	분	분	/25
	행정학	분	분	/25
	행정법	분	분	/25
2020	국어	분	분	/25
	행정학	분	분	/25
	행정법	분	분	/25
실전모의고사 1회	국어	분	분	/25
	행정학	분	분	/25
	행정법	분	분	/25
실전모의고사 2회	국어	분	분	/25
	행정학	분	분	/25
	행정법	분	분	/25

군무원[행정직렬] 최신기출+실전모의고사

시험직전에 보는

핵심요약집

국어 · 행정학 · 행정법

Section 01 군무원 [행정직렬] 국어

1. 현대문학

(1) 문학 일반론

① 문학의 기원
- ㉠ 심리학적 기원설
  - 모방 본능설
  - 유희 본능설
  - 흡인 본능설
  - 자기표현 본능설
- ㉡ 발생학적 기원설
- ㉢ 발라드 댄스(ballad dance)설

② 문학의 기능
- ㉠ 쾌락적 기능
- ㉡ 교시적 기능
- ㉢ 종합적 기능

③ 문학의 요소 : 미적 정서, 상상, 사상, 형식

④ 문학의 갈래
- ㉠ 2분법
  - 언어의 형태 : 운문 문학 / 산문 문학
  - 전달 방식 : 구비 문학 / 기록 문학
- ㉡ 3분법 : 서정, 서사, 극
- ㉢ 4분법 : 서정(시), 서사(소설), 극(희곡), 교술(수필)

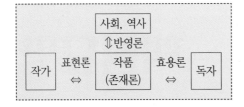

⑤ 문학 작품의 비평
- ㉠ 외재적 비평 : 표현론, 반영론, 효용론
- ㉡ 내재적 비평 : 존재론

⑥ 문예사조
- ㉠ 문예사조의 계보
  - 고전주의 : 17세기 프랑스에서 발생
    - 예 단테『신곡』, 괴테『파우스트』 등
  - 낭만주의 : 18세기 말~19세기 전반 독일
    - 예 괴테『젊은 베르테르의 슬픔』 등
  - 사실주의 : 19세기 후반
    - 예 플로베르『보바리 부인』 등
  - 자연주의 : 19세기 급진적 사실주의
    - 예 입센「인형의 집」, 졸라『목로주점』 등
  - 상징주의 : 19세기 말 프랑스에서 발생
    - 예 랭보『지옥의 계절』, 보들레르『악의 꽃』 등
  - 주지주의(모더니즘) : 19세기 영국
    - 예 엘리어트「황무지」, 헉슬리「연애대위법」 등
  - 초현실주의 : 프로이트 정신분석학 영향
    - 예 제임스 조이스『율리시스』 등
  - 실존주의 : 2차 세계 대전 후 현실참여문학 운동
    - 예 카프카「변신」, 카뮈「이방인」 등
- ㉡ 우리나라 문예사조
  - 계몽주의 : 민중 계몽 목적
    - 예 이광수『무정』 등
  - 유미주의 : 예술지상주의와 상통

- 낭만주의 : 병적인 감상, 상징적 언어
  - **예** 이상화「나의 침실로」등
- 사실주의 : 계몽주의에 반대
  - **예** 김동인「약한 자의 슬픔」등
- 자연주의 : 19세기 급진적 사실주의
  - **예** 염상섭「표본실의 청개구리」등
- 모더니즘 : 서구적 기법 도입
  - **예** 김광균「와사등」, 정지용「고향」등
- 초현실주의 : 의식의 흐름 기법
  - **예** 이상「날개」등
- 실존주의 : 6·25 전쟁 계기로 도입
  - **예** 장용학「요한시집」등

⑦ 수사법

  ㉠ 비유법
  - 직유법 : ~처럼, ~같이, ~인 양, ~듯이 등
  - 은유법 : A는 B이다.
  - 의인법 : 사람이 아닌 것을 사람처럼 표현
  - 대유법
    - 제유법 : 부분으로 전체를 표현
    - 환유법 : 사물의 특징으로 대상 표현

  ㉡ 강조법
  - 과장법
  - 영탄법
  - 반복법
  - 점층법
  - 점강법
  - 대조법
  - 미화법

  ㉢ 변화법
  - 도치법
  - 설의법
  - 대구법
  - 반어법
  - 역설법

(2) 문학의 장르

① 시

  ㉠ 시의 특성 : 함축성, 운율성, 정서성, 사상성, 고백성
  ㉡ 시의 3요소 : 운율, 심상, 주제
  ㉢ 시의 갈래
  - 형식상 : 자유시, 정형시, 산문시
  - 내용상 : 서정시, 서사시, 극시
  - 목적상 : 순수시, 참여시
  - 태도·경향상 : 주정시, 주지시, 주의시
  ㉣ 시의 운율
  - 운율 : 소리의 일정한 규칙적 질서
    - 외형율 : 음수율, 음보율, 음위율
    - 내재율 : 정서적·개성적 운율
  - 운율의 요소
    - 동음 반복
    - 음수 반복
    - 의성·의태어 사용
    - 통사적 구조 반복
  ㉤ 시의 표현 : 이미지, 비유, 상징
  ㉥ 시적 자아와 시의 어조
  - 시적 자아 : 서정적 자아
  - 시의 어조 : 남성적 어조, 여성적 어조 등

② 시조
  - 발생 : 고려 중엽
  - 기본 형식
    - 3장(초장, 중장, 종장) 6구 45자 내외
    - 각 장은 2구, 4음보, 15자 내외
    - 3·4조 또는 4·4조의 음수율

- 종장 첫 음보는 3음절로 고정, 제2음보
는 5음절 이상
- 갈래
  - 시대상 : 고시조, 현대시조
  - 형식상 : 평시조, 엇시조, 사설시조, 연
  시조
  - 배행상 : 장별 배행 시조, 구별 배행 시조

② 소설
  ㉠ 소설의 본질
  - 특징 : 허구성, 산문성, 진실성, 서사성,
  예술성
  - 소설 3대 요소 : 주제, 구성, 문체
  - 소설의 갈래
    - 길이에 따라 : 장편, 중편, 단편
    - 시대에 따라 : 고전, 신소설, 근대, 현대
    - 내용에 따라 : 역사, 계몽, 전쟁, 심리
    - 예술성에 따라 : 순수, 대중
  ㉡ 소설의 구성
  - 소설 구성의 3요소 : 인물, 사건, 배경
  - 소설의 구성 단계 : 발단, 전개, 위기, 절
  정, 결말
  - 구성의 유형
    - 이야기 수에 따라 : 단순 구성, 복합 구성
    - 구성 밀도에 따라 : 극적 구성, 삽화적
    구성
    - 사건 진행 방식에 따라 : 평면적 구성,
    입체적 구성
    - 이야기 틀에 따라 : 액자식 구성, 피카
    레스크식 구성
  ㉢ 소설의 인물
  - 인물의 유형
    - 성격 변화에 따라 : 평면적 인물, 입체

적 인물
    - 특성에 따라 : 전형적 인물, 개성적 인물
    - 역할에 따라 : 주동 인물, 반동 인물
  - 인물 제시 방법
    - 직접적 제시(말하기)
    - 간접적 제시(보여 주기)
  ㉣ 소설의 시점
  - 분류기준
    - 서술자=등장인물 : 1인칭 주인공, 1인
    칭 관찰자
    - 서술자≠등장인물 : 전지적 작가, 작가
    관찰자
  - 시점의 종류
    - 1인칭 주인공
    - 1인칭 관찰자
    - 작가(3인칭) 관찰자
    - 전지적 작가
  ㉤ 소설의 배경
  - 배경의 기능
    - 사건전개와 인물행동에 사실성 부여
    - 작품의 전반적 분위기나 정조 조성
    - 주제, 배경으로 상징적 의미 표출
  - 배경의 종류
    - 시간적 배경 · 공간적 배경 · 사회적 배경
    - 심리적 배경 · 자연적 배경
  ㉥ 소설의 문체와 어조
  - 문체의 요소 : 서술, 묘사, 대화
  - 어조의 종류 : 해학적 어조, 냉소적, 반어
  적, 풍자적 어조

③ 수필
  ㉠ 수필의 종류
  - 태도에 따라 : 경수필, 중수필

- 진술 방식에 따라 : 서정적, 서사적, 교훈적, 희고적
  - ⓛ 수필의 구성 요소 : 소재, 주제, 구성, 문체
- ④ 희곡
  - ㉠ 희곡의 제약
    - 무대 상연 전제로 하여 시공간적 제약
    - 등장인물 수가 한정됨
    - 인물의 직접적 제시가 불가능, 대사와 행동만으로 인물을 그려냄
    - 장면 전환의 제약
    - 서술과 묘사, 작가의 개입이 불가능함
  - ㉡ 희곡의 구성요소
    - 형식적 구성 요소 : 해설, 대사, 지문
    - 내용적 구성 요소 : 인물, 사건, 배경
  - ㉢ 소설과 희곡의 비교

구분	소설	희곡
전달 과정	읽는 것을 전제	무대 상연 전제
등장인물	수의 제약 없음	수의 제약 받음
시간·공간	제약 받지 않음	제약을 받음
표현	주로 묘사＋서술	주로 대사＋지문
시제	주로 과거형	주로 현재형
서술자	개입 있음	개입 없음

- ⑤ 시나리오
  - ㉠ 시나리오의 요소 : 해설, 지문, 대사, 장면 번호
  - ㉡ 시나리오와 희곡의 비교
    - 공통점
      - 극적인 사건을 대사와 지문으로 제시
      - 종합 예술의 대본, 즉 다른 예술을 전제
      - 작품 길이에 제한을 받음
      - 직접적인 심리 묘사 불가능(간접적 묘사)
    - 차이점

시나리오	희곡
• 영화의 대본	• 연극의 대본
• 시공간 제한을 덜 받음	• 시공간 제한을 받음
• 등장인물 수에 제한 없음	• 등장인물 수에 제한 받음
• 시퀀스와 신이 단위	• 막과 장이 단위
• 유동미 추구	• 집약미 추구
• 스크린 통해 상영	• 무대 통해 상영
• 영구 예술(필름 보존)	• 순간 예술
• 기계 조직적 효과	• 무대적 효과
• 영상 예술	• 행동 예술
• 평면적	• 입체적
• 문학적 독자성 희박	• 그 자체로 독자적 문학

- ㉢ 시나리오 주요 용어
  - scene number : 장면 번호. 'S#'
  - narration : 등장인물이 아닌 사람의 대사
  - montage : 장면+장면=새 장면
  - narratage : 이중 화면 표현 기법
  - sequence : 한 삽화로써 묶여진 부분
  - Shot : 카메라 회전 중단 없이 촬영한 필름
  - F.I(fade in) : 장면이 점점 밝아짐
  - F.O(fade out) : 장면이 점점 어두워짐
  - O.L(over lap) : 장면이 겹치면서 바뀜
  - C.U(close up) : 어떤 한 부분의 확대
  - E(effect) : 효과
  - W.O(wipe out) : 닦아내듯 화면 교체
  - Ins(insert) : 장면·장면 사이에 삽입 화면
  - C.I(cut in) : 한 장면에 다른 화면을 삽입
  - I.O(iris out) : 화면을 점점 작게 줄임

(3) 현대 시
  - ① 1910~1920년대 주요 작품
    - ㉠ 최남선, 「해에게서 소년에게」
      - 갈래 : 신체시

- 특징 : 정형시와 자유시의 과도기적 형태
- 제재 : 바다, 소년
- 주제 : 새로운 세계에 대한 동경과 기대
- 출전 : 『소년』(1908)

ⓛ 김억, 「봄은 간다」
- 갈래 : 자유시, 서정시
- 특징 : 정형성이 주는 미감 독특하게 표현
- 어조 : 애상적 어조
- 제재 : 봄밤
- 주제 : 봄밤의 애상적 정서
- 출전 : 『태서문예신보』(1918)

ⓒ 김소월, 「바라건대는 우리에게 우리의 보습 대일 땅이 있었더면」
- 갈래 : 자유시, 서정시
- 성격 : 저항적, 의지적, 참여적
- 어조 : 의지에 찬 남성적 어조
- 제재 : 빼앗긴 국토
- 주제 : 현실 극복의 의지
- 출전 : 『진달래꽃』(1925)

ⓔ 이상화, 「나의 침실로」
- 갈래 : 자유시, 서정시, 낭만시
- 특징 : 불행한 현실 속 아름다운 세계 동경
- 성격 : 감상적, 퇴폐적
- 어조 : 간절히 호소하는 어조
- 제재 : 마돈나, 침실
- 주제 : 아름답고 영원한 안식처 갈구
- 출전 : 『백조』(1923)

ⓜ 이상화, 「빼앗긴 들에도 봄은 오는가」
- 갈래 : 자유시, 서정시
- 성격 : 저항적, 상징적, 격정적
- 어조 : 감상적, 낭만적 어조
- 제재 : 봄의 들(식민지 치하 현실)

- 주제 : 국권 회복에의 염원
- 출전 : 『개벽』(1926)

ⓗ 한용운, 「님의 침묵」
- 갈래 : 자유시, 서정시
- 성격 : 불교적, 구도적, 의지적
- 특징 : 불교적 깨달음에 기초
- 어조 : 여성적, 영탄적 어조
- 제재 : 임과의 이별
- 주제 : 임을 향한 영원한 사랑
- 출전 : 『님의 침묵』(1926)

ⓢ 홍사용, 「나는 왕이로소이다」
- 갈래 : 자유시, 서정시
- 성격 : 산문적, 감상적, 비관적, 낭만적
- 특징 : 직설적 토로가 시적 긴장감을 이완
- 어조 : 하소연하는 어조
- 제재 : 나의 삶(조국 현실)
- 주제 : 민족 수난의 설움
- 출전 : 『백조』(1923)

ⓞ 임화, 「우리 오빠와 화로」
- 갈래 : 자유시, 단편 서사시
- 성격 : 서사적, 격정적, 현실 비판적
- 특징 : 편지 형식의 대화체
- 제재 : 깨어진 화로와 오빠
- 주제 : 오빠에 대한 그리움과 삶의 의지
- 출전 : 『조선지광』(1929)

ⓩ 정지용, 「향수(鄕愁)」
- 갈래 : 자유시, 서정시
- 성격 : 감각적, 묘사적, 향토적
- 특징 : 감각적 이미지가 다양, 반복적 표현
- 어조 : 그리움이 드러나는 애틋한 어조
- 제재 : 고향의 정경
- 주제 : 향수

• 출전 : 『조선지광』(1927)

② 1930~1940년대 주요 작품

　㉠ 박용철, 「떠나가는 배」

　　• 갈래 : 자유시, 서정시, 순수시

　　• 성격 : 낭만적(우수적) 감상적, 서정적

　　• 특징 : 독특한 띄어쓰기로 정서 표현

　　• 어조 : 독백적, 격정적 어조

　　• 제재 : 이별

　　• 주제 : 현실에서 벗어나려는 의지

　　• 출전 : 『시문학』(1930)

　㉡ 김영랑, 「모란이 피기까지는」

　　• 갈래 : 자유시, 서정시, 순수시

　　• 성격 : 낭만적, 유미적, 상징적

　　• 특징 : 수미상관의 구성으로 주제 부각

　　• 어조 : 여성적 어조

　　• 제재 : 모란의 개화

　　• 주제 : 소망이 이루어지기를 기다림

　　• 출전 : 『문학』(1934)

　㉢ 심훈, 「그날이 오면」

　　• 갈래 : 자유시, 서정시

　　• 성격 : 저항적, 희생적, 의지적, 역동적

　　• 어조 : 강건하고 호소력 있는 어조

　　• 제재 : 광복의 날

　　• 주제 : 조국 광복에 대한 간절한 염원

　　• 출전 : 『동아일보』(1935)

　㉣ 김기림, 「바다와 나비」

　　• 갈래 : 자유시, 서정시

　　• 성격 : 감각적, 상징적 주지주의

　　• 특징 : 푸른빛과 흰빛의 색채 대비

　　• 어조 : 객관적이고 간결하며 단호한 어조

　　• 제재 : 바다와 나비

　　• 주제 : 새로운 세계에 대한 동경과 좌절감

• 출전 : 『여성』(1939)

㉤ 김영랑, 「독(毒)을 차고」

　• 갈래 : 자유시, 서정시, 참여시

　• 성격 : 의지적, 직설적, 저항적, 상징적

　• 특징 : 다른 두 삶의 자세에 대한 대조

　• 어조 : 의지 결연한 남성적 어조

　• 제재 : 독(毒)

　• 주제 : 식민지 현실에 대한 대결 의식

　• 출전 : 『문장』(1939)

㉥ 오장환, 「고향 앞에서」

　• 갈래 : 자유시, 서사시

　• 성격 : 낭만적, 서정적, 감각적

　• 특징 : 감각적 이미지를 통해 그리움 표현

　• 어조 : 애잔한 목소리

　• 제재 : 고향

　• 주제 : 잃어버린 고향 앞에서 느끼는 향수

　• 출전 : 『인문 평론』(1940)

㉦ 윤동주, 「쉽게 씌어진 시」

　• 갈래 : 자유시, 서정시, 주의시

　• 성격 : 저항적, 고백적

　• 특징 : 상징어 사용, 수미상관

　• 어조 : 차분한 자아 성찰적 어조

　• 제재 : 시인의 생활

　• 주제 : 진실한 삶의 자세, 현실 극복 의지

　• 출전 : 『하늘과 바람과 별과 시』(1948)

㉧ 윤동주, 「십자가」

　• 갈래 : 자유시, 서정시

　• 성격 : 기독교적, 저항적

　• 특징 : 외면세계에서 내면세계로 시상 전개

　• 어조 : 결의에 찬 신념의 목소리

　• 제재 : 십자가

　• 주제 : 자기희생의 의지(속죄양 의식)

- 출전 : 『하늘과 바람과 별과 시』(1948)

ⓩ 이상, 『오감도(烏瞰圖)』

- 갈래 : 자유시, 초현실주의시
- 성격 : 주지적, 관념적, 심리적, 상징적
- 특징 : 다다이즘, 초현실주의의 영향
- 어조 : 비판적, 냉소적 어조
- 제재 : 실존적 삶의 모습
- 주제 : 식민지 지식인의 공포와 좌절
- 출전 : 『조선중앙일보』(1934)

ⓒ 이상, 「거울」

- 갈래 : 초현실주의시, 자유시, 상징시
- 성격 : 주지적, 심리적, 관념적, 자의식적
- 특징
  - 자동기술법(초현실주의시의 자의식 표출법)
  - 기존 형식의 부정(띄어쓰기 무시)
- 어조 : 냉소적, 자조적 어조
- 제재 : 거울에 비친 '나'
- 주제 : 현대인의 자의식 분열에 대한 고뇌
- 출전 : 『카톨릭 청년』(1934)

ⓒ 이육사, 「광야」

- 갈래 : 자유시, 서정시
- 성격 : 저항적, 참여적
- 특징 : 시간의 흐름에 따른 구성
- 어조 : 남성적 어조
- 제재 : 광야
- 주제 : 조국 광복 실현에의 의지
- 출전 : 『육사 시집』(1946)

ⓣ 이육사, 「절정(絶頂)」

- 갈래 : 자유시, 서정시
- 성격 : 의지적, 남성적, 상징적
- 특징 : 역설적 표현을 통한 주제 형상화

- 어조 : 의지적, 남성적 어조
- 제재 : 쫓기는 자의 극한 상황
- 주제 : 극한 상황의 극복 의지
- 출전 : 『문장』(1940)

ⓟ 정지용, 「유리창1」

- 갈래 : 자유시, 서정시
- 성격 : 애상적, 감각적, 회화적
- 특징 : 시각적 이미지를 통한 감정의 절제
- 어조 : 애상적 어조
- 제재 : 유리창에 서린 입김
- 주제 : 죽은 아이에 대한 그리움과 슬픔
- 출전 : 『조선지광』(1930)

ⓗ 조지훈, 「승무(僧舞)」

- 갈래 : 자유시, 서정시
- 성격 : 전통적, 불교적, 고전적
- 특징 : 교전적 정서와 불교의 선(禪) 감각
- 어조 : 예찬적이고 고전적인 우아한 어조
- 제재 : 승무
- 주제 : 인간고의 종교적 승화
- 출전 : 『문장』(1939)

③ 1950년대 이후 주요 작품

ⓐ 박인환, 「목마와 숙녀」

- 갈래 : 자유시, 서정시
- 성격 : 주지적, 도시적, 회고적
- 특징 : 도시적 감상주의와 보헤미안적 기질
- 어조 : 애상적, 감상적, 냉소적 어조
- 제재 : 목마(전후의 불안, 절망, 애상의 상징)
- 주제 : 사라지는 것들에 대한 그리움과 슬픔
- 출전 : 『박인환선시집』(1955)

ⓑ 김수영, 「풀」

- 갈래 : 자유시, 서정시, 참여시

- 성격 : 상징적, 의지적, 주지적
- 특징 : 대립적 구조에 의한 상징적 표현
- 어조 : 감정이 절제된 잔잔한 어조
- 제재 : 풀
- 주제 : 민중의 끈질긴 생명력
- 출전 : 『창작과 비평』(1968)

(4) 현대 소설

① 1910~1920년대 주요 작품

㉠ 이인직, 「혈의 누」
- 구성
  - 발단 : 옥련이 청일전쟁으로 부모와 헤어짐
  - 전개 : 일본인 군의관의 도움으로 구출되어 성장
  - 위기 : 군의관이 전사하자 옥련은 바깥에서 자살 기도
  - 절정 : 유학생 구완서를 만나 그를 따라 미국으로 감
  - 결말 : 신학문을 배운 후, 나라를 위해 봉사할 것을 다짐

㉡ 염상섭, 「만세전」
- 구성
  - 발단 : 김천 형에게 아내가 위독하다는 전보 받고 귀국 준비
  - 전개 : 술집을 전전하며 심회에 빠짐
  - 위기 : 관부 연락선에서 조선인을 멸시하는 일본인들의 대화에 분개
  - 절정 : 부산에서 집안으로 오는 과정에서 답답함을 느낌
  - 결말 : 아내의 죽음을 목도한 후 일본으로 건너감

㉢ 김동인, 「감자」
- 구성
  - 발단 : 칠성문 밖 빈민굴에 살고 있는 복녀의 모습
  - 전개 : 복녀에게 닥친 환경 변화와 점진적 타락
  - 위기 : 새장가를 드는 왕서방에 대한 복녀의 강한 질투
  - 절정 : 복녀가 왕서방에게 달려드나 도리어 자신의 낫으로 살해당함
  - 결말 : 복녀의 주검을 둘러싸고 오가는 돈거래

㉣ 나도향, 「벙어리 삼룡」
- 구성
  - 발단 : 오 생원의 하인인 벙어리 삼룡이
  - 전개 : 오 생원의 아들이 삼룡이와 새색시를 괴롭힘
  - 위기 : 색시가 만들어 준 부시쌈지로 인해 내쫓긴 삼룡이
  - 절정 : 불이 난 집으로 뛰어든 삼룡이가 새색시를 안고 지붕 위로 올라감
  - 결말 : 새색시를 안은 삼룡이는 화염 속에서 행복한 미소를 지음

㉤ 최서해, 「탈출기」
- 구성
  - 발단 : 가족과 함께 간도로 떠나게 되는 '나'
  - 전개 : 간도에서 겪게 되는 비참한 생활
  - 절정 : 두부 장수를 하며 겪는 생활고의 극한 상황
  - 결말 : 가난에 대한 분노와 비관을 사회 참여로 전환시킴

ⓗ 현진건, 「운수 좋은 날」
- 구성
  - 발단 : 김첨지에게 오랜만에 행운이 찾아옴
  - 전개 : 거듭되는 행운 속에 아픈 아내에 대한 불안감으로 귀가를 늦춤
  - 위기 : 술집에서 술을 마시며 아내에 대한 불안감을 없애려고 함
  - 절정 : 귀가한 김첨지는 불길한 정적을 느낌
  - 결말 : 아내의 죽음을 확인하고 통곡

② 1930~1940년대 주요 작품
  ㉠ 김유정, 「만무방」
  - 구성
    - 발단 : 응칠이는 한가롭게 송이 파적을 하거나 닭을 잡아먹으면서 돌아다님
    - 전개 : 동생인 응오네가 벼를 도둑맞았다는 사실을 듣고 응오 집에 들렀다가 살벌해진 현실을 개탄
    - 위기 : 산꼭대기 바위굴에서 노름을 하고 도둑을 잡기 위해 잠복함
    - 절정 : 잡힌 도둑이 동생임을 알고 어이 없어함
    - 결말 : 동생에게 황소를 훔치자고 제안하지만 동생은 거절하고, 그런 동생을 몽둥이질하여 등에 매고 내려옴

  ㉡ 김유정, 「봄봄」
  - 구성
    - 발단 : '나'는 점순이와 성례를 위해 3년 넘게 보수 없이 일함
    - 전개 : 점순이의 충동질로 장인과 구장에게 판단을 받으러 가나 실패

- 위기 : 점순이의 두 번째 충동질로 장인과 몸싸움을 벌임
- 결말 : '나'와 장인의 일시적 화해가 이루어지고 '나'는 다시 일하러 감
- 절정 : 장인의 편을 드는 점순이의 모습을 보며 어리둥절해하는 '나'를 장인이 마구 때림

㉢ 이상, 「날개」
- 구성
  - 도입부(prologue) : '나'의 독백, 지적 역설로 분열된 자아 제시
  - 발단 : 해가 들지 않는 '나'의 방
  - 전개 : 손님이 찾아온 아내와 일찍 귀가한 '나'의 마주침
  - 위기 : 감기약 대신 수면제를 먹인 아내의 의도에 마음이 쓰이는 '나'
  - 절정 · 결말 : 정상적 삶에 대한 욕구

㉣ 이효석, 「메밀꽃 필 무렵」
- 구성
  - 발단 : 허생원과 조선달이 대화장으로 떠나는데 동이가 동행함
  - 전개 : 허생원은 동이에게 성서방네 처녀 이야기를 들려줌
  - 위기 : 동이는 집에서 쫓겨나 제천에 사는 어머니 이야기를 함
  - 절정 : 동이가 어머니의 원래 고향이 봉평이라고 함
  - 결말 : 허생원은 동이가 왼손잡이라는 사실을 확인하고 설명하기 힘든 정서적 유대감을 느낌

㉤ 채만식, 「레디메이드 인생」
- 구성

– 발단 : P는 K사장에게 찾아가서 일자리를 부탁했다가 거절당함
– 전개 : P는 자신과 같은 레디메이드 인생을 양산한 사회를 비난
– 위기 : P는 M, H와 함께 법률 책을 잡혀서 만든 돈으로 술을 마심
– 절정 : 아들 창선이 서울로 올라옴
– 결말 : P는 아들을 인쇄소에 견습공으로 취직시킴

ⓗ 채만식, 「치숙」
• 구성
– 발단 : 서술자가 아저씨와 아주머니를 소개
– 전개 : 무능력한 아저씨와 인자한 아주머니가 고생하는 걸 보고 답답해함
– 위기 : 일본인 처를 얻고 일본에 가서 살려 하지만 아저씨 때문에 방해를 받음
– 절정 : 서술자가 아저씨의 행태를 비판하지만 아저씨는 오히려 세상을 움직이는 힘에 대해 모르는 서술자를 비판함
– 결말 : 서술자는 아저씨에게 실망하게 됨

ⓢ 주요섭, 「사랑손님과 어머니」
• 구성
– 발단 : 옥희네 집에 사랑손님이 하숙을 하게 됨
– 전개 : 서로 관심을 보이는 어머니와 아저씨
– 위기 : 어머니와 아저씨의 연모의 정과 갈등
– 절정 : 어머니의 갈등과 결심
– 결말 : 아저씨가 떠남

③ 1950년대 이후 주요 작품
ⓐ 윤흥길, 「장마」
• 구성
– 발단 : 두 할머니의 아들이 각각 국군과 인민군 빨치산에 나감
– 전개 : 국군으로 나간 외할머니의 아들이 전사하고부터 두 할머니의 갈등이 시작됨
– 위기 : 빨치산에 대한 외할머니의 저주로 갈등 고조
– 절정 : 아이들에게 쫓겨 집안에 들어온 구렁이를 외할머니가 극진히 대접해 돌려보냄
– 결말 : 두 할머니가 화해

ⓑ 김승옥, 「무진기행」
• 구성
– 발단 : 잠시 머리를 식히기 위해 고향 무진으로 내려옴
– 전개 : 후배 박과 함께 친구 조를 방문한 '나'는 성악을 전공한 하 선생을 만남
– 위기 : 하 선생에게서 우울했던 과거 자신의 모습을 찾게 됨
– 절정 : 성묫길에서 자살한 사람의 시체를 목격, 하 선생과 하룻밤을 보냄
– 결말 : 아내의 전보를 받고 무진을 떠남

2. 고전 문학

(1) 고전 시가

① 고대 가요
- ㉠ 〈공무도하가〉
- ㉡ 〈구지가〉
- ㉢ 〈황조가〉
- ㉣ 〈정읍사〉

② 향가
- ㉠ 〈서동요〉
- ㉡ 〈헌화가〉
- ㉢ 〈제망매가〉
- ㉣ 〈찬기파랑가〉
- ㉤ 〈안민가〉
- ㉥ 〈도솔가〉
- ㉦ 〈모죽지랑가〉

③ 고려가요
- ㉠ 〈사모곡〉
- ㉡ 〈상저가〉
- ㉢ 〈가시리〉
- ㉣ 〈서경별곡〉
- ㉤ 〈만전춘〉
- ㉥ 〈동동〉
- ㉦ 〈청산별곡〉

④ 경기체가
- ㉠ 〈죽계별곡〉
- ㉡ 〈독락팔곡〉

⑤ 시조
- ㉠ 고려시대
  - 이조년, 「다정가」
  - 우탁, 「탄로가」
  - 정몽주, 「단심가」

- ㉡ 조선 전기
  - 송순, 「전원가」
  - 황진이, 「연정가」
  - 홍랑, 「이별가」
  - 맹사성, 「강호사시가」

- ㉢ 조선 후기
  - 박인로, 「조홍시가」
  - 윤선도, 「오우가」
  - 윤선도, 「어부사시사」
  - 한호, 「전원한정가」

⑥ 가사와 잡가, 민요
- ㉠ 가사
  - 정극인, 〈상춘곡〉
  - 정철, 〈사미인곡〉
  - 정철, 〈속미인곡〉
  - 정철, 〈관동별곡〉
  - 허난설헌, 〈규원가〉
  - 정학유, 〈농가월령가〉
  - 박인로, 〈누항사〉

- ㉡ 잡가
  - 작자 미상, 〈유산가〉

- ㉢ 민요
  - 〈시집살이 노래〉

(2) 고전 산문

① 고소설
- ㉠ 김만중, 〈구운몽〉
- ㉡ 작자 미상, 〈춘향전〉
- ㉢ 허균, 〈홍길동전〉
- ㉣ 박지원, 〈허생전〉
- ㉤ 박지원, 〈호질〉
- ㉥ 작자 미상, 〈유충렬전〉

② 판소리
　㉠ 〈흥보가〉
　㉡ 〈춘향가〉
③ 민속극과 수필
　㉠ 민속극
　　• 〈봉산 탈춤〉
　㉡ 수필
　　• 유씨 부인, 〈조침문〉
　　• 혜경궁 홍씨, 〈한중록〉

3. 현대 문법

(1) 언어와 국어
　① 언어의 이해
　　㉠ 언어의 일반적 요소
　　　• 주체 : 인간
　　　• 형식 : 음성 기호
　　　• 내용 : 의미
　　㉡ 언어의 주요 기능
　　　• 정보 전달 및 보존 기능
　　　• 표출적 기능
　　　• 감화적(지령적) 기능
　　　• 미학적 기능
　　　• 표현적 기능
　　　• 친교적 기능
　　　• 관어적 기능
　　㉢ 언어의 특성
　　　• 자의성
　　　• 사회성
　　　• 기호성
　　　• 창조성
　　　• 분절성

• 역사성
• 추상성
　㉣ 언어의 구조 : 음운 → 형태소 → 단어 → 어절 → 문장 → 이야기
② 국어의 이해
　㉠ 국어의 분류
　　• 계통상 : 우랄 알타이어
　　• 형태상 : 첨가어(교착어, 부착어)
　　• 문자상 : 표음문자, 단음문자
　㉡ 국어의 종류
　　• 어원에 따라
　　　– 고유어 : 옛부터 사용해 온 토박이 말
　　　– 외래어

종류	의미
차용어	외국에서 들어와 우리말처럼 쓰이는 말 ㉾ 버스, 라디오, 텔레비전
귀화어	차용된 후에 거의 우리말처럼 되어버린 말 ㉾ 빵, 담배, 고추

　　• 사회성에 따라
　　　– 표준어 : 교양 있는 사람들이 두루 쓰는 현대 서울말
　　　– 방언 : 지역에 따라 각기 특이한 언어적 특징을 지닌 말
　　　– 은어 : 특수한 집단에서 비밀을 유지하기 위해 사용하는 말
　　　– 속어 : 통속적이고 저속한 말
　　　– 비어 : 점잖지 못하고 천한 말
　㉢ 남북한의 언어 차이
　　• 음운 면에서의 차이
　　　– 표준어는 두음법칙 인정, 문화어는 인정하지 않음

- **예** 노동(남한)–로동(북한)
  – 표준어는 자음동화 인정, 문화어는 인정하지 않음
  – **예** 강릉 : [강능](남한)–[강릉](북한)
- 어휘 면에서의 차이
  – 의미는 같지만 말이 다른 경우 : 표준어는 한자어와 외래어가 많은 반면 문화어는 고유어를 주로 사용
    예 인물화(남한)–사람그림(북한)
  – 말은 같지만 의미가 다른 경우
    예 동무 : 친하게 어울리는 사람(남한)–로동계급의 혁명을 위해 함께 싸우는 사람(북한)
  – 북한에는 사회주의 체제에 따른 신조어가 많음
    예 밥공장, 인민 배우
- 맞춤법 면에서의 차이
  – 표준어와 문화어는 한글 자모 차례와 명칭이 다름
  – 문화어는 사이시옷을 쓰지 않고, 두음법칙을 인정하지 않음
  – 문화어는 붙여 쓰기 위주로 씀

(2) 문법의 체계

① 음운론

㉠ 국어 자음 체계

구분		양순음	치조음	경구개음	연구개음	후음
안울림소리	파열음	ㅂ, ㅃ, ㅍ	ㄷ, ㄸ, ㅌ		ㄱ, ㄲ, ㅋ	
	파찰음			ㅈ, ㅉ, ㅊ		
	마찰음		ㅅ, ㅆ			ㅎ
울림소리	비음	ㅁ	ㄴ		ㅇ	
	유음		ㄹ			

㉡ 국어 단모음 체계

구분	전설모음		후설모음	
	평순	원순	평순	원순
고모음	ㅣ	ㅟ	ㅡ	ㅜ
중모음	ㅔ	ㅚ	ㅓ	ㅗ
저모음	ㅐ		ㅏ	

㉢ 음운의 변동

- 음절의 교체 : 음절의 끝소리 규칙 : 음절의 끝소리가 'ㄱ, ㄴ, ㄷ, ㄹ, ㅁ, ㅂ, ㅇ' 중 하나로 바뀌어 발음되는 현상
- 음운의 동화
  – 자음동화

비슷한 소리로 바뀌는 경우	**예** 국물[궁물]
같은 소리로 바뀌는 경우	**예** 신라[실라]
두 소리 모두 바뀌는 경우	**예** 백로[뱅노]

  – 구개음화
    예 해돋이[해도지], 같이[가티 → 가치]
  – 모음동화
    예 아비[애비], 어미[에미], 고기[괴기]
  – 모음조화
    예 알록달록/얼룩덜룩, 촐랑촐랑/출렁출렁
  – 원순모음화
    예 믈>물, 플>풀
  – 전설모음화
    예 즛>짓, 거츨다>거칠다

㉣ 음운의 축약과 탈락

- 축약
  - 자음축약 : ㅎ+ㄱ, ㄷ, ㅂ, ㅈ → ㅋ,
    ㅌ, ㅍ, ㅊ
    - 예 좋고[조코], 많다[만타]
  - 모음축약
    (ㅏ, ㅓ, ㅗ)+ㅣ → ㅐ, ㅔ, ㅚ
    ㅣ+(ㅓ, ㅗ, ㅐ) → ㅕ, ㅛ, ㅒ
    - 예 되어 → 돼, 보이어 → 보여
- 탈락
  - 자음 탈락 예 딸+님 → 따님
  - 모음 탈락 예 가-+-아서 → 가서
  - '으' 탈락 예 쓰-+-어 → 써
  - 'ㄹ' 탈락 예 불나비 → 부나비
  - 'ㅎ' 탈락 예 좋은[조은], 낳은[나은]
- ㅁ 된소리와 사잇소리 현상
  - 된소리되기(경음화)
    - 받침 'ㄱ(ㄲ, ㅋ, ㄳ, ㄺ), ㄷ(ㅅ, ㅆ, ㅈ,
      ㅊ, ㅌ), ㅂ(ㅍ, ㄼ, ㄿ, ㅄ)' 뒤에 연결
      되는 예사소리는 된소리로 발음
      - 예 국밥[국빱], 옷고름[옫꼬름], 입고
        [입꼬]
    - 'ㄹ'로 발음되는 어간 받침 'ㄼ, ㄾ'이나
      관형사형 '-ㄹ' 뒤에 연결되는 예사소
      리는 된소리로 발음
      - 예 넓게[널께], 핥다[할따]
    - 끝소리가 'ㄴ, ㅁ'인 용언 어간에 예사
      소리로 시작되는 활용 어미가 이어지
      면 그 소리는 된소리로 발음
      - 예 더듬지[더듬찌], 넘더라[넘떠라]
  - 사잇소리 현상
    - 합성 명사를 이룰 때, 앞말의 끝소리가
      울림소리이고 뒷말의 첫소리가 안울림

예사소리이면 뒤의 예사소리가 된소리
로 변하는 현상
- 예 문-고리[문꼬리], 초-불[초뿔]
  - 합성어에서 뒤에 결합하는 형태소의
    첫소리로 'ㅣ, ㅑ, ㅕ, ㅛ, ㅠ' 등이 소
    리가 올 때 'ㄴ'이 첨가되는 현상, 또
    는 앞말이 모음으로 끝나 있고, 뒷말이
    'ㄴ, ㅁ'으로 시작될 때 'ㄴ'소리가 덧나
    는 현상
    - 예 꽃-잎[꼰닙], 코-날[콘날], 이-몸
      [인몸]
- ㅂ 두음법칙과 활음조 현상
  - 두음법칙 : 첫음절 첫소리에 오는 자음이
    본래의 음가를 잃고 다른 음으로 발음되
    는 현상
    - 'ㄹ → ㄴ'
      - 예 락원 → 낙원, 래일 → 내일
    - 'ㅣ' 모음이나 'ㅣ' 선행 모음 앞에서 'ㄹ'
      과 'ㄴ' 탈락

종류	예시
'ㄹ' 탈락	리발(理髮) → 이발, 력사(歷史) → 역사
'ㄴ' 탈락	녀자(女子) → 여자, 닉사(溺死) → 익사
'ㄴ'이나 모음 다음에 오는 '렬, 률'은 '열, 율'로 됨	나렬(羅列) → 나열, 환률(換率) → 환율

- 활음조 현상 : 듣기 좋고 말하기 부드러
  운 소리로 변화시키는 현상
  - 'ㄴ → ㄹ'
    - 예 한아버지 → 할아버지, 한나산(漢拏
      山) → 한라산

- 'ㄴ' 첨가

  예 그양 → 그냥, 마양 → 마냥

- 'ㄹ' 첨가

  예 지이산(智異山) → 지리산, 폐염(肺炎) → 폐렴

② 형태론

ㄱ 단어와 형태소

- 문법 단위

  - 문장 : 이야기의 기본 단위

    예 동생이 빠르게 걷고 있다.

  - 어절 : 문장을 구성하고 있는 마디

    예 동생이/빠르게/걷고/있다.

  - 형태소 : 뜻을 가진 가장 작은 말의 단위

    예 동생/이/빠르/게/걷/고/있/다.

- 형태소

  - 자립성 여부에 따라

종류	의미
자립 형태소	홀로 쓰일 수 있는 형태소 (체언, 감탄사, 관형사) 예 동생
의존 형태소	자립 형태소에 붙어서 쓰이는 형태소(조사, 접사, 어간, 어미) 예 −이, 빠르−, −게, 걷−, −고, 있−, −다 − 의미 여부에 따라
실질 형태소	실질적 의미를 갖는 자립 형태소 (체언, 수식언, 감탄사, 용언 어간) 예 동생, 빠르−, 걷−, 있−
형식 형태소	문법적 의미만을 갖는 의존 형태소 (조사, 어미, 접사) 예 −이, −게, −고, −다

- 단어 : 자립할 수 있거나, 자립 형태소에 붙어서 쉽게 분리되는 말

  - 홀로 자립하는 말 : 체언, 수식언, 감탄사

- 자립 형태소와 쉽게 분리되는 말 : 조사

- 의존 형태소끼리 어울려 자립하는 말 : 용언 어간+접사

ㄴ 단어의 형성

- 단일어 : 하나의 어근으로 된 단어

  예 집, 하늘, 맑다

- 파생어 : 어근의 앞이나 뒤에 파생 접사가 붙어서 만들어진 단어

  - 접두사에 의한 파생어

    예 군말, 짓밟다, 헛고생, 풋사랑, 샛노랗다

  - 접미사에 의한 파생어

유형	예시
어근의 뜻을 제한하는 경우	구경꾼, 풋내기, 사람들, 밀치다
품사를 바꾸는 경우	가르침, 걸음, 말하기, 공부하다, 끝내

- 합성어

  - 유형에 따라

유형	의미
통사적 합성어	우리말의 통사적 구성과 일치하는 합성어 예 밤낮, 새해, 젊은이, 힘쓰다, 돌아가다
비통사적 합성어	우리말의 통사적 구성과 일치하지 않는 합성어 예 높푸르다, 늦잠, 부슬비, 산들바람

  - 의미에 따라

유형	의미
병렬 합성어	단어나 어근이 원래의 뜻을 유지하면서 대등하게 연결된 합성어 예 마소(馬牛), 손발, 높푸르다, 안팎

유속 합성어	단어나 어근이 주종 관계(수식 관계)로 결합된 합성어 예 밤나무, 소금물, 싸움터
융합 합성어	단어와 어근이 제3의 새로운 뜻으로 바뀐 합성어 예 춘추(나이), 돌아가다(죽다), 밤낮(늘)

ⓒ 품사

형태적	통사적	의미적	기능적
불변어	체언	명사, 대명사, 수사	주어, 목적어, 보어
	수식언	관형사, 부사	수식어
	독립언	감탄사	독립어
	관계언	조사	성분 간 관계 표시
가변어	용언	동사, 형용사	주로 서술어

• 조사

격 조 사	주격 조사	이/가, 께서, 에서, 서(사람의 수효 표시)
	서술격 조사	-(이)다
	목적격 조사	을/를, -ㄹ
	보격 조사	이/가
	관형격 조사	의
	부사격 조사	에, 에서, 에게, 한테서, (으)로, 와
	호격 조사	아/야, (이)시여, (이)여
접속 조사		와/과, -하고, (에)다, (이)며, (이)랑
보조사		은/는, 도, 만, 까지, 마저, 조차, 부터, 마다, (이)야, (이)나/(이)나마

③ 통사론

㉠ 문장 성분

• 문장 성분의 재료 : 단어, 구(句), 절(節)

• 문장 성분의 갈래

주성분	주어, 서술어, 목적어, 보어
부속성분	관형어, 부사어
독립성분	감탄사, '체언＋호격 조사'

㉡ 문장의 짜임새

문장－홑문장
　　　－겹문장－안은문장
　　　　　　　　－이어진문장－대등하게 이어
　　　　　　　　　　　　　진 문장
　　　　　　　　　　　　　－종속적으로 이
　　　　　　　　　　　　　어진 문장

㉢ 문법의 기능

• 사동과 피동

－ 사동문과 피동문의 형성

사 동 문	• 자동사 어근＋접사(이, 히, 리, 기, 우, 구, 추) • 타동사 어근＋접사 • 형용사 어근＋접사 • 어근＋'-게'(보조적 연결어미)＋'하다'(보조동사) • 일부 용언은 사동 접미사 두 개를 겹쳐 씀 예 자다 → 자이우다 → 재우다
피 동 문	• 타동사 어근＋접사(이, 히, 리, 기) • 모든 용언의 어간＋'-아/-어'(보조적 연결어미)＋'지다'(보조동사)

• 높임과 낮춤

－ 주체 높임법

－ 객체 높임법

－ 상대 높임법

(3) 국어 생활과 규범

① 한글 맞춤법 핵심

㉠ 사이시옷

> **제30항** 사이시옷은 다음과 같은 경우에 받치어 적는다.

- 순우리말로 된 합성어로서 앞말이 모음으로 끝난 경우
  - 뒷말의 첫소리가 된소리로 나는 것
    - **예** 고랫재, 귓밥, 나룻배, 나뭇가지, 맷돌
  - 뒷말의 첫소리 'ㄴ, ㅁ' 앞에서 'ㄴ' 소리가 덧나는 것
    - **예** 멧나물, 아랫니, 텃마당, 잇몸, 빗물
  - 뒷말의 첫소리 모음 앞에서 'ㄴㄴ' 소리가 덧나는 것
    - **예** 도리깻열, 뒷윷, 뒷입맛, 깻잎, 나뭇잎, 베갯잇, 욧잇, 두렛일, 뒷일
- 순우리말과 한자어로 된 합성어로서 앞말이 모음으로 끝난 경우
  - 뒷말의 첫소리가 된소리로 나는 것
    - **예** 귓병, 뱃병, 봇둑, 사잣밥, 샛강, 아랫방
  - 뒷말의 첫소리 'ㄴ, ㅁ' 앞에서 'ㄴ' 소리가 덧나는 것
    - **예** 곗날, 제삿날, 훗날, 툇마루, 양칫물
  - 뒷말의 첫소리 모음 앞에서 'ㄴㄴ' 소리가 덧나는 것
    - **예** 가욋일, 사삿일, 예삿일, 훗일
  - 두 음절로 된 다음 한자어
    - **예** 곳간(庫間), 셋방(貰房), 숫자(數字), 찻간(車間), 툇간(退間), 횟수(回數)

㉡ 띄어쓰기

> **제41항** 조사는 그 앞말에 붙여 쓴다.
> **예** 꽃이, 꽃마저, 꽃밖에, 어디까지나, 거기도, 멀리는, 웃고만
>
> **제42항** 의존명사는 띄어 쓴다.
> **예** 아는 것이 힘이다. 나도 할 수 있다. 먹을 만큼 먹어라. 그가 떠난 지가 오래다.
>
> **제43항** 단위를 나타내는 명사는 띄어 쓴다.
> **예** 한 개, 차 한 대, 금 서 돈, 소 한 마리, 열 살
>
> 다만, 순서를 나타내는 경우와 숫자와 어울리어 쓰이는 경우에는 붙여 쓸 수 있다.
> **예** 두시 삼십분 오초, 제일과, 삼학년, 육층, 16동 302호
>
> **제44항** 수를 적을 적에는 '만(萬)' 단위로 띄어 쓴다.
> **예** 십이억 삼천사백오십육만 칠천팔백구십팔
>
> **제45항** 두 말을 이어 주거나 열거할 적에 쓰이는 말들은 띄어 쓴다.
> **예** 국장 겸 과장, 열 내지 스물, 청군 대 백군, 이사장 및 이사들, 사과, 귤 등
>
> **제46항** 단음절로 된 단어는 연이어 나타날 적에는 붙여 쓸 수 있다.
> **예** 그때 그곳, 좀더 큰 것, 이말 저말, 한잎 두잎
>
> **제47항** 보조용언은 띄어 씀을 원칙으로 하되, 경우에 따라 붙여 씀도 허용한다.
> **예** 불이 꺼져 간다./꺼져간다. 어머니를 도와 드린다./도와드린다.

㉢ '-이', '-히'

> **제51항** 부사의 끝음절이 분명히 '이'로만 나는 것은 '-이'로 적고, '히'로만 나거나 '이', '히'로만 나는 것은 '-히'로 적는다.

- '이'로만 나는 것
  - 예 깨끗이, 산뜻이, 겹겹이, 반듯이, 틈틈이
- '히'로만 나는 것
  - 예 딱히, 극히, 정확히, 속히, 족히, 엄격히
- '이, 히'로 나는 것
  - 예 솔직히, 가만히, 꼼꼼히, 상당히, 도저히

② 외래어 표기법

㉠ 주의해야 할 외래어 표기법

단어	표기	단어	표기
accessory	액세서리	mechanism	메커니즘
adapter	어댑터	message	메시지
alcohol	알코올	narration	내레이션
animation	애니메이션	nonsense	난센스
badge	배지	pamphlet	팸플릿
barbecue	바비큐	pilot	파일럿
biscuit	비스킷	television	텔레비전
buffet	뷔페	sausage	소시지
business	비즈니스	standard	스탠더드
cake	케이크	symbol	심벌
Catholic	가톨릭	symposium	심포지엄
chandelier	샹들리에	target	타깃
chassis	섀시	trot	트로트
chocolate	초콜릿	unbalance	언밸런스
endorphin	엔도르핀	window	윈도
enquete	앙케트	workshop	워크숍
sponge	스펀지	yellow card	옐로카드

③ 국어의 로마자 표기법

㉠ 'ㄱ, ㄷ, ㅂ'
- 모음 앞에선 'g, d, b'로 표기
  - 예 구미 Gumi, 영동 Yeongdong
- 자음 앞이나 어말에서는 'k, q, t'로 표기
  - 예 옥천 Okcheon, 태백 Taebaek

㉡ 'ㄹ'
- 모음 앞에서는 'r'로 표기
  - 예 구리 Guri, 설악 Seorak
- 자음 앞이나 어말에서는 'l'로 표기. 단 'ㄹㄹ'은 'll'로 표기
  - 예 칠곡 Chilgok, 임실 Imsil, 울릉 Ulleung

㉢ 고유명사는 첫 글자를 대문자로 표기
  - 예 부산 Busan

㉣ 자음동화가 일어난 소리를 적는다.
  - 예 신라[실라] Silla

㉤ 구개음화가 일어난 소리를 적는다.
  - 예 해돋이[해도지] haedoji

㉥ 'ㅎ'의 표기
- 'ㄱ, ㄷ, ㅂ, ㅈ'이 'ㅎ'과 합하여 거센소리가 나는 경우에는 거센소리로 표기
  - 예 좋고[조코] joko
- 체언에서 'ㄱ, ㄷ, ㅂ' 뒤에 'ㅎ'이 따를 경우에는 'ㅎ'를 밝히어 표기
  - 예 묵호 Mukho

㉦ 행정구역 표기
- 행정구역 단위는 각각 '도 do, 시 si, 군 gun, 구 gu, 읍 eup, 면 myeon, 리 ri, 동 dong, 가 ga'로 적는다.
- 행정구역 명칭 앞에 붙임표(-)를 둔다.
  - 예 제주도 Jeju-do
- 행정 단위는 생략할 수 있다.
  - 예 제주도 Jeju

㉧ 자연 지물명, 문화재명, 인공 축조물명은

붙임표(-) 없이 붙여 쓴다.

예 남산 Namsan

ⓩ 인명, 회사명, 단체명 등은 그동안 써 온 표기를 쓸 수 있다.

④ 순우리말

㉠ 가
  * 가늠 : 목표에 맞고 안 맞음을 헤아리는 표준
  * 갈음하다 : 본디 것 대신에 다른 것으로 갈다.
  * 거붓하다 : 조금 가벼운 듯하다.
  * 고갱이 : 초목 줄기 속에 있는 연한 심
  * 깜냥 : 지니고 있는 힘의 정도

㉡ 나
  * 나우 : 조금 많이, 정도가 약간 낫게
  * 낫잡다 : 좀 넉넉하게 치다.
  * 너름새 : 말이나 일을 떠벌리어서 주선하는 솜씨
  * 능 : 넉넉하게 잡은 여유

㉢ 다
  * 동티나다 : 잘못 건드려 스스로 재앙을 입다.
  * 드레 : 사람 됨됨이로서의 점잖음과 무게
  * 들차다 : 뜻이 굳세고 몸이 튼튼하다.
  * 뜨악하다 : 마음에 선뜻 내키지 않아 꺼림칙하고 싫다.

㉣ 마
  * 마뜩하다 : 제법 마음에 들다.
  * 마무르다 : 물건의 가장자리를 꾸미어 가지런히 손질하다, 일의 뒤끝을 맺다.
  * 몰강스럽다 : 억세고 야비하다.
  * 무녀리 : 말이나 행동이 좀 모자란 듯이

보이는 사람을 비유적으로 이르는 말
  * 무자맥질 : 물속에 들어가서 떴다 잠겼다 하며 팔다리를 놀리는 것
  * 미쁘다 : 믿음직하다, 진실하다

㉤ 바
  * 바투 : 시간이 매우 짧게
  * 반지빠르다 : 교만스러워서 얄밉다.
  * 보짱 : 꿋꿋하게 가지는 생각

㉥ 사
  * 서슴다 : 어떤 행동을 선뜻 결정하지 못하고 머뭇거리며 망설이다.
  * 선불 : 급소에 바로 맞지 않은 총알
  * 손방 : 할 줄 모르는 솜씨
  * 시나브로 : 모르는 사이에 조금씩 조금씩
  * 실팍하다 : 사람이나 물건이 보기에 매우 튼튼하다.

㉦ 아
  * 암팡스럽다 : 몸은 작아도 힘차고 다부지다.
  * 어름 : 두 물건의 끝이 닿은 자리
  * 여의다 : 죽어서 이별하다
  * 울력 : 여러 사람이 힘을 합하여 일하다.

㉧ 자
  * 종작없다 : 말이나 태도가 똑똑하지 못하여 종잡을 수가 없다.
  * 지청구 : 아랫사람의 잘못을 꾸짖는 말, 까닭 없이 남을 탓하고 원망하다.
  * 진솔 : 한 번도 빨지 않은 새 옷, 진실하고 솔직함
  * 짜장 : 과연, 정말로

㉨ 차
  * 채잡다 : 주도적인 역할을 하거나 주도권을 잡고 조종하다.

- 초들다 : 어떤 사실을 입에 올려 말하다
- 치매기다 : 번호나 순서 따위를 아래에서 위로 세어가면서 값이나 차례를 정하다
- 치레 : 잘 매만져서 모양을 내는 일
- 칠칠하다 : 잘 자라서 길다.

ⓒ 카
- 켜 : 포개어진 물건의 하나하나의 층
- 켯속 : 일이 되어 가는 속사정

ⓚ 타
- 투미하다 : 어리석고 둔하다.
- 튼실하다 : 매우 튼튼하고 실하다.
- 티격나다 : 서로 뜻이 안 맞아 사이가 벌어지다.

ⓣ 하
- 한겻 : 반나절
- 핫것 : 솜을 두어서 지은 옷이나 이불을 통틀어 이르는 말
- 해작이다 : 탐탁치 아니한 태도로 무엇을 조금씩 깨작이며 헤치다.
- 헤살 : 짓궂게 일을 훼방하다.
- 헤식다 : 바탕이 단단하지 못하다.
- 휘갑치다 : 다시는 말하지 못하게 말막음하다.
- 희나리 : 덜 마른 장작

4. 한자와 속담

(1) 잘못 읽기 쉬운 한자

① 가
佳句(가구) 恪別(각별) 間歇(간헐) 減殺(감쇄)
醵出(갹출) 更迭(경질) 汨沒(골몰) 乖離(괴리)
敎唆(교사) 交驩(교환) 句讀(구두) 救恤(구휼)

② 나
懦弱(나약) 內人(내인) 懶怠(나태) 拿捕(나포)
拉致(납치) 狼藉(낭자) 鹿茸(녹용) 壟斷(농단)

③ 다
茶店(다점) 團欒(단란) 簞食(단사) 遝至(답지)
撞着(당착) 宅內(댁내) 陶冶(도야) 跳躍(도약)

④ 마
罵倒(매도) 邁進(매진) 明澄(명징) 木瓜(모과)
牡丹(모란) 杳然(묘연) 毋論(무론) 無聊(무료)

⑤ 바
剝奪(박탈) 反駁(반박) 潑剌(발랄) 幇助(방조)
拜謁(배알) 反田(번전) 敷衍(부연) 復活(부활)

⑥ 사
使嗾(사주) 社稷(사직) 奢侈(사치) 索莫(삭막)
逝去(서거) 閃光(섬광) 遡及(소급) 數爻(수효)

⑦ 아
軋轢(알력) 斡旋(알선) 厭惡(염오) 渦中(와중)
嗚咽(오열) 惡寒(오한) 外艱(외간) 弛緩(이완)

⑧ 자
綽綽(작작) 箴言(잠언) 正鵠(정곡) 造詣(조예)
躊躇(주저) 櫛比(즐비) 眞摯(진지) 斟酌(짐작)

⑨ 차
懺悔(참회) 暢達(창달) 尖端(첨단) 寵愛(총애)
追悼(추도) 醜態(추태) 秋毫(추호) 熾烈(치열)

⑩ 타
拓本(탁본) 綻露(탄로) 彈劾(탄핵) 耽溺(탐닉)
慟哭(통곡) 推敲(퇴고) 堆積(퇴적) 偸安(투안)

⑪ 파
派遣(파견) 覇權(패권) 敗北(패배) 膨脹(팽창)
閉塞(폐색) 褒賞(포상) 暴惡(포악) 捕捉(포착)

⑫ 하
割引(할인) 行列(항렬) 肛門(항문) 降伏(항복)

偕老(해로) 解弛(해이) 享樂(향락) 子遺(혈유)

(2) 주요 속담

① 가는 말에 채찍질한다 : 잘하는 일에 더욱 잘 하라고 격려함. 주마가편

② 굳은 땅에 물이 괸다 : 무슨 일이든 마음을 굳 게 먹고 해야 좋은 결과를 얻음

③ 굽은 나무가 선산을 지킨다 : 못난 듯이 보이 는 것이 도리어 제 구실을 함

④ 나중에 난 뿔이 우뚝하다 : 청출어람, 후생가외

⑤ 달걀에도 뼈가 있다 : 안심했던 일에서 오히려 실수하기 쉽거나 재수가 없을 수 있으니 항상 신중을 기하라는 뜻

⑥ 망건 쓰고 세수한다 : 일의 순서가 뒤바뀌었다 는 뜻

⑦ 비단 옷 입고 밤길 걷기 : 애써도 보람이 없음. 금의야행

⑧ 술 익자 체 장수 지나간다 : 일이 우연히 잘 마 장 간다는 말

⑨ 아랫돌 빼서 윗돌 괴기 : 임시변통으로 이리저 리 돌려서 겨우 유지해 감을 비유적으로 이르 는 말

⑩ 자는 범 코침 주기 : 그대로 가만히 두었으면 아무 탈이 없을 것을 공연히 건드려 문제를 일으킴을 비유적으로 이르는 말. 숙호충비

⑪ 장님 코끼리 말하듯 : 전체를 보지 못하고 일 부만 가지고 전체인 듯이 말함

⑫ 쥐 잡으려다가 장독 깬다 : 조그만 일을 하려 다가 큰일을 그르침. 교각살우, 소탐대실

⑬ 큰 방죽도 개미구멍으로 무너진다 : 작다고 업 신 여기면 화를 보게 됨. 제궤의혈

⑭ 평양 감사도 제 싫으면 그만이다 : 아무리 좋 은 일이라도 저 하기 싫다면 억지로 시킬 수 없다는 뜻

⑮ 호박에 침 주기 : 아무 반응이 없다는 뜻

⑯ 한 번 실수는 병가의 상사 : 실수는 누구에게 나 있음

군무원 [행정직렬]

행정학

1. 행정학의 기초이론

(1) 행정학적 행정개념

① **행정관리설(1880년대 ~ 1930년대)** : 행정의 정치역역에 대한 독자성 구축을 강조하여, 행정을 공공사무의 관리라는 기술적 과정 내지 체계로 인식(정치·행정이원론)

② **통치기능설(1930년대 ~ 1940년대)** : 행정을 통치과정을 수행하여 정책을 결정하고 결정된 정책을 집행하는 일련의 작용으로 이해(정치·행정일원론, 공·사행정이원론)

③ **행정행태설(1940년대 ~ 1960년대)** : 행정을 인간의 집단적 의사결정을 위한 협동적 집단 행동이라 하면서 일낙의 집단적 행동과 태도에 초점을 두는 이론으로, 카네기학파들이 주창함

④ **발전기능설(1960년대)** : 행정을 국가발전 목표 달성을 위하여 정책결정과 정책집행, 기획의 기능을 주도하는 과정으로 파악(정치·행정 새일원론)

⑤ **정책화기능설(1970년대)** : 행정의 정책형설기능을 강조하는 입장으로, 행정은 공공정책 형성에 중요한 역할을 하는 정치과정의 일부로 파악(정치·행정일원론, 공·사행정일원론)

⑥ **거버넌스(governance, 1980년대)** : 정부실패 극복을 위한 정부기능 감축을 주장하는 신행정국가의 행정개념으로, 행정을 시장메커니즘에 의한 국가경영으로 파악(정치·행정이원론, 공·사행정일원론)

⑦ **뉴거버넌스(1990년대)** : 공공문제 해결을 위해 정부와 다양한 비정부조직간의 신뢰와 협조를 바탕으로 형성된 네트워크나 공동체(공공서비스 연계망)에 의한 행정을 강조

(2) 정부실패

① **의미** : 시장에 대한 정부의 개입이 오히려 자원을 효율적으로 배분되지 못하게 하는 것

② **원인** : 행정수요의 팽창, 왜곡된 정치적 보상체계, 정치인의 단기적 안목, 정부산출물의 무형성 및 측정곤란, 경쟁의 부재, 생산기술의 불확실성, 종결 메커니즘의 결여, 내부성의 존재, 관료의 예산증액 추구 성향, 최신 기술에 대한 집착, X비효율성 등

③ **해결방안**

㉠ 작은 정부(권력통제를 통한 민주화)

㉡ 감축관리(정책, 조직 등을 계획적으로 축소·정비하여 조직 전체의 효과성 제고)

㉢ 공공부문의 민영화(정부기능의 전부나 일부를 민간으로 이양하는 것)

(3) 시장실패

① **의미**

㉠ 시장기능이 제대로 작동하지 않아 자원이 효율적으로 배분되지 못하는 것

㉡ '파레토 최적'상태를 이루지 못하는 것

② **원인** : 불완전경쟁(독과점), 공공재의 존재 및 공급부족, 외부효과의 발생, 정보의 비대칭성

(불완전 정보), 규모의 경제 존재, 소득분배의 불공정성(형평성의 부재), 시장 불안전성, 고용불안, 인플레이션 등

③ 해결방안 : 정부개입(직접규제, 간접규제, 자율규제)

(4) 행정학의 주요 접근방법

① 과학적 관리론

    ㉠ 절약과 능률을 실현할 수 있는 표준화된 업무 절차를 만들어 업무의 양을 설정하고, 생산성과 능률성을 향상시키고자 하는 방법에 관한 관리기술을 말함

    ㉡ 최소의 투입비용으로 최대의 산출을 올릴 수 있는 방법을 탐구하는 것으로, 오늘날 관리과학으로 발전

② 인간관계론

    ㉠ 조직의 생산성 향상을 위하여 인간의 정서와 감정적 · 심리적 요인에 역점을 두는 관리기술 내지 방법에 관한 이론

    ㉡ 관리상의 민주화 · 인간화를 강조하며, 오늘날 행태과학으로 발전

③ 비교행정론

    ㉠ 각국의 다양한 행정현상을 비교함으로써 여러 국가의 제도에 적용될 수 있는 원칙이나 보편적 · 일반적 법칙을 발견하고자 하는 이론

    ㉡ 각국의 행정에 영향을 미치는 여러 환경적 요인을 비교하여 행정을 과학화하고 행정개선 전략을 도출하려는 접근방법

④ 발전행정론

    ㉠ 행정체제가 국가발전 목표를 달성하기 위한 계획을 수립 · 집행하고 계속적인 사회 변동에 대한 적응능력을 증진시키는 것을 의미

    ㉡ 국가발전사업의 관리와 행정체제의 발전을 함께 내포하는 개념으로서, 환경을 의도적으로 변혁해 나가는 행정인의 창의적 · 쇄신적 능력을 중시

⑤ 현상학적 접근

    ㉠ 개개인의 내면적인 인식이나 지각으로부터 행태가 도출된다고 보아 외면적 행태보다 행위자의 내면적 의도가 결부된 '의미 있는 행태'를 연구해야 한다는 철학적 · 심리학적 접근

    ㉡ 해석학적 사회이론으로서 철학자 Husserl에 의하여 발전되기 시작한 이론이며, Schutz에 의하여 본격적으로 연구되었음

⑥ 공공선택이론

    ㉠ 공공부문에 경제학적 관점을 도입하려는 정치경제학적 관점에서 공공재의 공급을 위한 의사결정방법과 조직배열을 연구하는 이론으로, 정부를 공공재의 생산자로 국민을 공공재의 소비자로 가정

    ㉡ 공공재와 공공서비스의 특질을 중시하여 공공정책을 사회의 희소한 공공재와 공공서비스를 합리적으로 배분하는 수단으로 이해

⑦ 신공공관리론(NPM)

    ㉠ 종래 정부의 권력적 행정작용을 극복하고 효율적으로 공공서비스를 제공하는 작고 효율적인 정부로 가기 위한 행정개혁의 일환으로 대두됨

    ㉡ 민간기업의 경영이론을 행정부문에 적용하여 재정적 효율성을 도모하고 고객인 국민

의 수요에 적합한 서비스를 제공하려는 것

⑧ 거버넌스

   ㉠ 신공공관리론에서 강조하는 국가행정이론으로서, 시장화와 분권화, 기업화, 국제화를 지향하는 행정

   ㉡ 전통적 관료제의 무수한 이해당사자들을 정부정책결정과정에 참여시키는 새로운 정부 운영방식을 의미하기도 함

⑨ 뉴거버넌스

   ㉠ 정부가 책임을 지고 비정부조직과 서비스 연계망을 형성하여 신뢰와 협력 속에 공공재의 공동 공급을 강조하는 이론

   ㉡ 공공서비스의 결정·공급, 공적 문제의 해결 등을 정부만이 아니라 준정부기관이나 비정부 조직 및 개인들에 의해 공동으로 추진·수행되는 것을 의미함

2. 정책론

(1) 정책의 개념

① 공익 또는 공적 목표를 위한 정부·공공기관의 행정지침이나 주요 결정 및 활동

② 정부나 공공기관의 권위 있는 미래지향적 행동 노선이나 행동대안

(2) 정책의 유형

① T. Lowi의 분류

   ㉠ 분배정책 : 국민들이 필요로 하는 재화나 서비스, 지위, 권리, 기회 등을 제공하는 정책

   ㉡ 재분배정책 : 사회의 주요 계층·계급 간 소득이나 재산·권리 등의 상태를 이전·변경시키는 정책

   ㉢ 구성정책 : 정부기관의 구조 및 기능의 변경을 목적으로 하는 정책

   ㉣ 규제정책 : 개인이나 집단의 활동이나 재산 등에 대하여 정부가 통제·강제하거나 일정 제한·제재를 가하는 것과 관련된 정책

② G. Almond & G. Powell의 분류

   ㉠ 추출정책 : 국내적·국제적 환경에서 물적·인적 자원이나 수단을 확보하는 것과 관련된 정책(조세, 병역, 성금모금, 인력 동원 등)

   ㉡ 규제정책 : 개인·집단의 활동이나 재산에 대해 정부가 통제나 일정 제한을 가하는 정책

   ㉢ 분배정책 : 정부가 각종 재화나 서비스, 지위·권리, 이익, 기회 등을 정책대상에게 제공하는 정책

   ㉣ 상징정책 : 국민의 순응과 정부의 정통성·신뢰성을 확보하기 위해 정부가 가치나 규범, 상징·이미지 등을 만들어 사회나 국제적 환경에 유출하는 것과 관련된 정책

③ R. Ripley & G. Franklin의 분류

   ㉠ 경쟁적 규제정책 : 다수의 경쟁자 중에서 소수의 개인이나 집단에게만 재화나 서비스의 공급·사용권을 허가하는 정책

   ㉡ 보호적 규제정책 : 사적 활동에 제약을 가하거나 허용 조건을 규정함으로써 일반 대중을 보호하는 것을 목적으로 하는 정책

   ㉢ 분배정책 : 정책 대상에 재화나 서비스, 지위, 권리 등을 제공하는 정책

   ㉣ 재분배정책 : 재산이나 권리를 많이 소유한 집단에서 적게 소유한 집단으로 이전시

키는 것과 관련된 정책

(3) 정책의제설정 모형

① Cobb & Ross의 모형

ⓒ 외부주도형 : 외부집단에 의하여 문제가 제기되고 확대되어 공중의제를 거쳐 공식의제로 되는 모형

ⓒ 동원형 : 정부조직 내부에서 주도되어 거의 자동적으로 공식의제화하고, 행정PR을 통하여 공중의제로 되는 모형

ⓒ 내부접근형(음모형) : 정부조직 내의 집단 또는 정책결정자에게 쉽게 접근할 수 있는 외부집단에 의하여 문제가 제기되고 공식의제가 되도록 출분한 압력을 가하는 모형

② P. May의 모형

ⓒ 외부주도형 : 비정부집단 등의 사회행위자들이 주도하여 사회문제를 이슈화하여 이를 공중의제로 만든 후, 이를 다시 정부의 공식의제로 채택되도록 하는 모형

ⓒ 내부주도형(내부접근형) : 정책결정자에게 쉽게 접근할 수 있는 영향력 있는 집단들이 정책을 주도하는 모형

ⓒ 동원형 : 대중적 지지가 낮을 때 정부에서 주도하여 공식의제화하고 행정PR이나 상징 등을 활용하여 대중적 지지를 높이는 모형

ⓒ 굳히기형 : 대중적 지지가 필요하나 대중적 지지도 높을 것으로 기대될 때, 정부가 의제설정을 주도하여 의제설정을 명확히 하는 모형

(4) 의제설정에 관한 이론

① 엘리트이론 : 엘리트이론은 권력의 소유를 권력의 행사와 동일하게 해석하며, 사회구조가 계층화 되어 있다는 것을 전제로 소수 엘리트 집단이 그들의 이익을 우선하여 결정을 내리게 된다고 봄

② 다원론 : 민주주의 사회에서의 정치적 영향력이나 권력은 사회 각 계층에 널리 분산되어 있다는 이론

③ 무의사결정이론 : 지배엘리트(집권층)의 권력과 이해관계와 일치되는 사회문제만 정책의제화된다는 이론

(5) 정책분석

① 정책분석(PA)

ⓒ 정책결정의 핵심단계로서, 각종 대안에 대한 비교·평가를 통해 의사결정자의 합리적 판단을 도와주는 지적·인지적 활동

② 체제분석(SA)

ⓒ 정책결정자의 합리적·경제적 대안선택을 돕기 위한 체계적이고 과학적인 접근법

ⓒ 체제분석의 기법

• 비용편익분석(CBA, B/C분석) : 대안이 투입에 필요한 전체 비용과 그 대안의 편익을 계량화하여 비교함으로써 정책대안을 탐색하는 분석방법

• 비용효과분석(CEA, E/C분석) : 전체비용과 전체효과를 비교하여 최선의 대안을 선택하는 분석기법

(6) 미래예측

① 델파이 기법 : 문제의 예측·진단·결정함에 있어 전문가집단으로부터 반응을 수집해 체계적·통계적으로 도출하여 분석·종합하는 주관적·비계량적 예측기법

② 브레인스토밍 : 자유로운 상태에서 대면접촉을 유지하며 전문가의 창의적 의견이나 아이디어를 즉흥적이고 자유분방하게 교환 · 창출하는 집단자유토의기법(A. Osborne이 개발)

(7) 정책결정 이론모형

① 합리모형 : 정책결정자가 이성과 고도의 합리성에 따라 결정하고 행동한다고 보며, 목표나 가치가 명확하고 고정되어 있다는 가정 아래 목표 달성의 극대화를 위한 합리적 대안을 포괄적으로 탐색 · 평가 · 선택하는 모형

② 만족모형 : 의사결정은 인지능력의 한계 등 여러 현실적 제약으로 최적대안이 아니라 현실적으로 심리적 만족을 주는 정도의 대안선택이 이루어진다는 모형

③ 점증모형 : 정책결정자는 현실적으로 분석력과 시간이 부족하고 정보도 제약되어 있기 때문에 현재의 정책에서 소폭적인 변화만을 대안으로 고려하여 정책을 결정한다는 모형

④ 혼합주사모형 : Etzioni가 규범적 · 이상적 합리모형과 현실적 · 실증적인 점증모형의 장점을 교호적으로 혼용한 제3의 접근방법

⑤ 최적모형 : 불확실한 상황이나 제한된 자원, 선례 및 정보의 부재 등으로 합리성이 제약되는 경우 합리적 요소 외에도 결정자의 직관이나 주관적 판단, 영감, 육감 같은 초합리적 요소도 고려해야 한다는 모형

⑥ 회사모형 : 회사를 유기체로 보지 않고 서로 다른 목표들을 가지고 있는 하부조직의 연합체로 가정하며, 각 하위조직들이 연합하거나 타협하여 최종안을 선택한다는 의사결정모형

⑦ 쓰레기통모형 : 조직화된 무질서와 혼돈 속에서 쓰레기가 우연히 한 쓰레기통 속에 모이는 것과 같은 임의적 선택과정을 거쳐 의사결정이 이루어진다고 보는 모형

⑧ 흐름창모형 : 의사결정에 필요한 3요소인 문제의 흐름, 정치의 흐름, 정책의 흐름이 흘러다니다 만날 때 의사결정의 창이 열려 결정이 이루어진다는 모형

3. 조직론

(1) 조직의 의미 : 일정한 환경에서 구성원의 협동노력으로 특정목표를 달성하기 위해 체계적 구조에 따라 결합된 인적 집합체 또는 분업(협동)체제

(2) 조직의 유형

① Blau & Scott의 유형

㉠ 호혜적 조직(상호조직, 공익결사조직) : 조직 내의 민주적 절차를 유지하는 것이 가장 중요한 문제가 되는 조직

㉡ 기업조직 : 조직의 최대 관심사는 이윤추구를 위한 능률의 극대화

㉢ 봉사조직 : 고객에 대한 전문적인 서비스 제공이나 고객의 복지 등과 행정적 절차 간의 갈등이 가장 큰 관심사

㉣ 공익조직 : 국민의 통제가 가능한 민주적 장치의 구현이 가장 중요한 문제

② A. Etzioni의 유형

㉠ 강제적 조직 : 강제가 주요 통제수단이며, 구성원은 조직에 대하여 소외감을 느끼며 복종

㉡ 공리적 조직 : 물리적 보상이 주요 통제수단이며, 대다수의 구성원은 타산적으로 행동

㉢ 규범적 조직 : 규범적 권력이 주요 통제수

단이며, 구성원은 조직에 대하여 헌신적 사명감을 지님

③ H. Mintzberg의 유형

  ㉠ 단순구조 : 조직의 주요 구성부분 중 전략부문의 힘이 강하며, 전략정접과 핵심운영의 2계층으로 구성

  ㉡ 기계적 관료제 구조 : 기술구조부문의 힘이 강한 가장 전형적인 고전조직으로, 조직규모가 크고 조직환경이 안정됨

  ㉢ 전문적 관료제 구조 : 핵심운영부문의 힘이 강하며 전문가로 구성된 핵심운영계층이 중심이 되는 분권화된 조직으로, 조직환경이 상대적으로 안정되고 외부통제가 없음.

  ㉣ 사업부제 구조 : 중간관리층이 핵심적 역할을 수행하는 유형으로 성과관리에 적합하나 지능부서 간의 중복, 규모의 불경제로 자원 소요가 많음

  ㉤ 애드호크라시 : 지원참모의 힘이 강한 유형이며 기계적 관료제와 상반되는 분권화된 유기적 구조로, 동태적이고 복잡한 환경에 적합

③ L. Daft의 유형

  ㉠ 기계적 구조 : 엄격한 분업과 계층제, 명확한 직무규정, 높은 공식화와 표준화 · 집권화, 명확한 명령복종체계, 좁은 통솔범위, 폐쇄체제

  ㉡ 기능구조 : 조직의 전체 업무를 공동 기능별로 부서화한 조직구조

  ㉢ 사업구조 : 산출물에 기반한 조직, 자기완결적 조직구조

  ㉣ 매트릭스구조 : 기능구조와 사업구조를 결합한 이중적 조직

  ㉤ 수평구조 : 구성원을 핵심업무과정 중심으로 조직화한 구조

  ㉥ 네트워크구조 : 조직의 자체 기능은 핵심역량 위주로 합리화하고, 여타 기능은 외부기관과 계약관계를 통해 수행하는 조직구조

  ㉦ 유기적 구조 : 공동의 과업, 낮은 표준화, 비공식적 · 분권적 의사결정, 넓은 통솔범위 등 가장 유기적인 조직

(3) 동기부여의 내용이론

① A. H. Maslow의 인간욕구 5단계설 : 인간욕구는 저차원으로부터 고차원의 욕구로 단계적 상승한다는 전제 아래 인간이 공통적으로 소유하고 있는 5단계의 욕구론을 제시

② C. P. Alderfer의 ERG이론 : Maslow의 인간욕구 5단계설을 수정하여 생존욕구 · 관계욕구 · 성장욕구의 3가지로 제시

③ D. McGregor의 X · Y이론

  ㉠ X이론 : 합리적 경제인 모형, 과학적 관리론, 전통적 인간관

  ㉡ Y이론 : 사회인 모형, 인간관계론, 현대적 인간관

④ F. Herzberg의 욕구충족 2요인이론(동기 · 위생요인론) : 동기유발과 관련된 요인으로는 불만요인과 만족요인이 있으며, 이는 서로 독립된 별개

⑤ D. C. McClellend의 성취동기이론 : 인간의 동기는 사회문화와 상호작용하는 과정에서 취득되고 개발될 수 있다는 것을 전제로, 인간의 동기를 권력욕구 · 친교욕구 · 성취욕구로 분류

⑥ 복잡인 모형 : 종전의 이분법적 인간관이론이 현대 행정의 내외적 환경의 복잡화와 인간행동의 변이성을 설명하기 어려운 한계가 있으므로, 이를 극복하기 위해 등장한 제3의 이론 모형

⑷ 동기부여의 과정이론

① J. S. Adams의 형평성(공정성)이론 : 인간은 준거인과 비교하여 자신의 노력과 그 대가 사이에 불일치를 지각하면 이를 제거하는 방향으로 동기가 부여된다는 이론

② V. Vroom의 기대이론(VIE 이론) : 욕구충족과 동기 사이에는 어떤 주관적 평가과정이 개재되어 있다고 보며, 그 지각과정을 통한 기대요인의 충족에 의해 동기나 근무의욕이 결정된다는 이론

③ Porter & Lawler의 업적만족이론 : 만족이 직무성취나 업적 달성을 가져오는 것이 아니라 직무성취나 업적 달성이 만족을 가져다 줄 것이라는 기대가 직무수행능력과 생산성을 좌우한다는 이론

④ B. Georgopoulos의 통로·목적이론 : 조직의 목표가 구성원의 목표 달성의 통로로서 얼마나 유효하게 작용하는지가 동기부여를 결정한다는 이론

⑤ J. Atkinson의 기대이론 : 어떤 행위의 선택에 대하여 수행 또는 회피하려는 경우 두 가지를 고려하여 양자 간 교호작용에 의하여 개인의 동기가 결정된다는 것

⑸ 관료제

① 의의

㉠ 구조적 관점 : 관료제는 계층제 형태를 지니며 합법적·합리적 지배가 제도화되어 있는 대규모 조직

㉡ 정치적 관점 : 관료제를 정치권력을 장악한 대규모 조직으로 파악

② M. Weber의 관료제이론의 특징

㉠ 이념형 : 현존하는 관료제의 속성을 평균화한 것이 아니라 관료제의 가장 특징적인 것만 추출해서 정립한 가설적 모형

㉡ 합리성 : 관료제를 기계적 정형성을 가지며 목표달성을 위하여 인적·물적 자원을 집중적이고 최고도로 활용하도록 편제된 가장 합리적 조직으로 봄

㉢ 보편성 : 관료제는 국가뿐만 아니라 공·사의 모든 대규모 조직에 보편적으로 존재

③ 관료제의 기능

㉠ 순기능 : 승진기회의 균등한 보장, 법규에 따른 예측 가능한 행정 확보, 대규모 조직에서 효율성 확보 등

㉡ 역기능 : 동조과잉과 수단의 목표화, 인간의 비합리적·감정적 요소의 무시, 문서주의·형식주의 등

⑹ 목표관리(MBO)

① MBO의 의미 : 목표를 중시하는 민주적·참여적 관리기법의 일종

② MBO의 특성 : 상하 간의 신축적인 참여적 관리, Y이론 또는 Z이론적 인간관, 자율적·분권적인 관리, 환류과정을 중시, 조직의 쇄신성 제고 등

⑺ 조직발전(OD)

① OD의 의미 : 조직의 건전성·효과성을 제고하기 위하여 조직구성원의 가치관·신념·태

도 등 인간의 행태를 의도적으로 변화시켜 조직의 환경변동 대응능력과 문제 해결능력을 향상시키려는 계획적 · 지속적 · 복합적인 교육전략 또는 관리전략

② OD의 주요 기법 : 감수성훈련, 관리망훈련, 팀 빌딩기법, 과정상담과 개입전략, 태도조사환류기법 등

⑻ TQM(총체적 품질관리)

① 의미 : 고객 만족을 위한 서비스 품질제고를 1차적 목표로 삼고 구성원의 광범위한 참여 아래 조직의 과정 · 절차 · 태도를 지속적으로 개선하여 나가려는 고객지향적 · 장기적 · 전략적 · 총체적 품질관리철학을 말함

② 내용 : 고객이 품질의 최종결정자, 산출과정의 초기에 질의 정착, 서비스의 변이성 방지, 전체 구성원에 의한 질의 결정, 투입과 과정의 계속적인 개선 등

⑼ 리엔지니어링

① 의미 : 조직업무의 전반적인 과정과 절차를 축소 · 재정비하여 가장 합리적인 방법으로 업무를 수행하려는 현대적 · 성과중심적 · 고객지향적 관리전략

② 설계원리 : 정보기술의 활용, 고객 중심의 설계, 절차의 병렬화, 이음새 없는 조직, 정보수집창구의 단일화 등

4. 인사행정론

⑴ 인사행정의 개념 : 행정의 효율을 제고하기 위해 정부조직에 필요한 인적 자원을 동원하고 관리하는 활동

⑵ 엽관주의와 실적주의

① 엽관주의

㉠ 의미 : 공직임용이나 인사관리에 있어서의 기준을 정당에 대한 충성도와 공헌도에 두는 제도

㉡ 장점 : 공무원의 적극적 충성심 확보, 공직경질제를 통한 공직특원화 방지 및 민주통제 강화, 관료주의화와 공직침체의 방지, 참여기회의 제공으로 평등이념 부합 등

㉢ 단점 : 행정의 안정성 · 일관성 · 계속성 · 중립성 저해, 행정능률의 저하, 위인설관(爲人設官)으로 인한 국가예산낭비, 공직의 정치적 · 행정적 부패, 공직의 기회균등정신 위배 등

② 실적주의

㉠ 의미 : 인사행정이나 공직임용의 기준을 당파성이나 정실, 혈연 · 지연이 아니라 개인의 객관적인 능력 · 실적 · 자격 · 업적 · 성적에 두는 제도

㉡ 주요내용 : 인사행정의 과학화 · 합리화 · 객관화, 능력과 자격, 실적 중심의 공직임용, 공개경쟁시험의 도입, 공직 기회의 균등, 정치적 중립 등

㉢ 장점 : 임용의 기회균등으로 평등이념 실현 가능, 신분보장을 통해 행정의 계속성 · 안정성과 직업공무원제 확립에 기여, 능력 · 자격에 의한 인사관리를 통하여 과학적 ·

합리적 · 객관적인 인사행정에 기여 등

② 단점 : 인사행정의 소극적 · 비융통성 초래, 중앙인사기관의 권한 강화로 각 부처의 탄력적 · 창의적인 인사 저해, 지나친 집권성과 독립성으로 외부에 대한 불신과 비협조 초래 등

(3) 공직의 분류

① 경력직

㉠ 실적과 자격에 따라 임용되고 그 신분이 보장되며 평생 동안 공무원으로 근무할 것이 예정되는 공무원

㉡ 분류

• 일반직공무원 : 기술 · 연구 또는 행정 일반에 대한 업무를 담당하며, 직군 · 직렬별로 분류되는 공무원으로, 직업공무원의 주류를 형성(보통 1급~9급에 해당)

• 특정직공무원 : 특수 분야의 업무를 담당하는 공무원으로서 다른 법률에서 특정직공무원으로 지정하는 공무원(법관, 검사, 경찰공무원 등)

② 특수경력직

㉠ 경력직 공무원 외의 공무원을 말하며, 직업공무원제나 실적주의의 획일적인 적용을 받지 않고 정치적 임용이 필요하거나 특정한 직무를 담당하는 공무원

㉡ 분류

• 정무직공무원 : 선거로 취임하거나 임명할 때 국회의 동의가 필요한 공무원, 고도의 정책결정 업무를 담당하거나 이러한 업무를 보조하는 공무원으로서 법률이나 대통령령에서 정무직으로 지정하는

공무원(대통령, 국무총리, 장 · 차관 등)

• 별정직공무원 : 특정한 업무 수행을 위하여 법령에서 별정직으로 지정하는 공무원(국회수석전문위원, 시 · 도선관위상임위원 등)

(4) 공무원의 능력발전

① 교육훈련

㉠ 교육훈련의 의미 : 공무원이 직무수행에 요구되는 지식과 기술로 습득하게 하고, 가치관과 태도를 발전적으로 변화시키고자 하는 인사기능

② 근무성적평정

㉠ 근무성적평정의 의미 : 공무원이 근무하는 조직체에 있어서의 근무실적, 직무수행능력 및 태도 등을 일정한 기준에 따라 체계적 · 정기적으로 평가하여 이를 인사행정 자료로 활용하는 것

㉡ 효용(용도) : 인사행정의 기준 제공, 교육훈련의 기초자료, 채용시험의 타당도 측정 시 비교 자료, 직무수행능력 및 근무능력 향상의 토대 등

㉢ 평정기법(평정모형)

• 평정기법별 분류 : 도표식 평정척도법, 강제배분법, 산출기록법, 서열법, 중요사건기록법, 체크리스트법, 강제선택법 등

• 평정주체별 분류 : 감독자 평정, 부하평정, 동료평정, 다면평정 등

(5) 공무원 윤리

① 공직윤리

㉠ 의미 : 국민에 대한 봉사자인 공무원이 신분상 또는 직무수행 과정상 준수해야 할

가치규범이나 행동기준

ⓒ **중요성** : 행정 기능의 확대와 관료의 영향력이 증대해짐에 따라 자율적인 내부통제의 필요성 요구

② **공직부패**

㉠ **의미** : 공직과 관련하여 영향력이나 권력을 부당하게 사용하는 행태, 또는 관료가 자신의 직무와 관련된 권력을 부당하게 행사하여 사익을 추구하거나 공익을 침해하는 행위

ⓒ **문제점** : 공직기강의 해이 및 불신 확대, 행정비능률과 자원배분의 왜곡, 행정비용 인상 및 손실 발생, 공평무사한 서비스 저해, 공무원 간의 갈등 및 소외 현상 발생

ⓒ **부패의 원인**

• 내적원인 : 낮은 급여, 신분에 대한 불안, 복잡한 행정절차 회피에 대한 공무원의 재량 남용 등

• 외적원인 : 통제장치의 미흡, 전통적 행정문화의 특혜와 차별, 지나친 정부주도의 정책 등

ⓐ **우리나라의 공직부패 방지제도** : 국민권익위원회의 설치·운영, 부패행위등의 신고 및 신고자 등 보호, 국민감사청구제도, 제도개선에 대한 제안 등

5. 재무행정론

(1) **예산의 의의 및 본질**

① **예산의 개념** : 일정 기간(1회계연도)동안의 국가의 수입과 지출에 관한 예정적 계산

② **예산주의**

㉠ **의미** : 예산이 법률의 형식이 아닌 예산이라는 '의결' 형식을 취하는 것

ⓒ **특징** : 행정부가 편성한 예산을 매년 의회가 의결하며, 세입은 구속력이 없으나 세출은 법률에 준하는 구속력이 있음

(2) **예산의 원칙**

① **전통적(고전적) 예산원칙**

㉠ **공개성의 원칙** : 예산과정의 주요한 단계 및 내역은 국민 또는 입법부에 공개해야 한다는 원칙

ⓒ **명료성의 원칙** : 수입·지출 내약 및 용도를 명확히 하고 예산을 합리적으로 분류하여 누구나 쉽게 이해할 수 있도록 하는 원칙

ⓒ **완전성(포괄성)의 원칙** : 한 회계연도의 모든 수입을 세입으로 하고 모든 지출을 세출로 한다는 원칙

ⓐ **단일성의 원칙** : 예산은 모든 재정활동을 포괄하여 하나의 단일예산으로 편성해야 한다는 원칙

ⓜ **한정성의 원칙** : 예산의 각 항목은 상호 명확한 한계를 지녀야 한다는 원칙

ⓗ **정확성(엄밀성)의 원칙** : 예산추계가 정확하도록 예산과 결산은 가급적 일치해야 한다는 원칙

ⓢ **절차성(사전의결)의 원칙** : 행정부가 예산을 집행하기 전에 입법부의 심의·의결을 받아야 한다는 원칙

② **현대적 예산원칙**

㉠ **행정부 계획의 원칙** : 예산은 행정부의 사업계획을 충실히 반영시켜야 한다는 원칙

ⓒ **행정부 책임의 원칙** : 행정부는 예산을 집

행함에 있어 입법부의 의도에 따라 합법성과 합목적성, 효과성·경제성을 고려해야 한다는 원칙

ⓒ 보고의 원칙 : 예산과정은 선례나 관습보다는 각 수요기관의 재정 및 업무보고에 기초를 두어야 한다는 원칙

ⓔ 적절한 관리수단 구비의 원칙 : 예산의 효과적인 이용을 위하여 재정통제와 신축성 유지를 위한 적절한 수단이 구비되어야 한다는 것

ⓜ 협력적(상호교류적) 예산기구의 원칙 : 중앙예산기구와 각 부처예산기구는 상호 간의 사전달협력 체계가 구축되어야 한다는 원칙으로, 활발한 상호작용과 의사소통을 통해 능률적·적극적인 협력관계를 확립하는 것

ⓗ 다원적 절차의 원칙 : 재정운영의 탄력성·효율성 제고를 위해 사업 성질에 따라 예산의 형식·절차를 다양하게 해야 한다는 원칙

ⓢ 시기 신축성(융통성)원칙 : 상황의 변화에 신속히 대응할 수 있는 장치를 마련하여 사업계획 실시 시기를 경제적 필요에 따라 융통성 있게 조정할 수 있어야 한다는 원칙

ⓞ 행정부 재량의 원칙 : 예산을 세목이 아닌 총괄사업으로 통과시키고 집행상의 재량 범위를 확대해야 한다는 원칙

(3) 예산의 종류

① 일반회계와 특별회계

㉠ 일반회계예산 : 국가활동의 총세입·총세출을 포괄적으로 편성한 예산으로서, 일반

적으로 예산이라 하면 일반회계를 의미함

㉡ 특별회계예산 : 국가에서 특정한 사업을 운영하고자 할 때, 특정한 자금을 보유하여 운용하고자 할 때, 특정한 세입으로 특정한 세출에 충당함으로써 일반회계와 구분하여 회계처리할 필요가 있을 때에 법률로써 설치

② 통합예산

㉠ 의미 : 일반회계, 특별회계, 기금 등을 모두 포함하는 정부의 재정활동을 체계적으로 한데 묶어 분류함으로써 재정규모의 파악과 재정이 국민경제에 미치는 효과를 파악하는 데 용이한 예산

㉡ 필요성 : 예산의 경제적 영향 측정과 재정활동 등의 파악에 유용함

(4) 예산결정 이론

① 합리주의(총체주의, 규범적·총체적 접근)

㉠ 의미 : 예산결정과 관련된 모든 요소를 과학적 분석 기법을 사용하여 총체적·종합적으로 검토, 결정하는 예산이론

㉡ 특징 : 의사결정의 합리모형을 예산결정에 적용, 목표와 수단을 구분하고, 목표 달성을 극대화 할 수 있는 수단 강구, 결정과 관련된 모든 요소를 종합적으로 검토하는 총체적·통합적 접근 등

② 점증주의(실증적·부분적 접근)

㉠ 의미 : 전년도의 예산액을 기준으로 다음 연도의 예산액을 결정하는 방법

㉡ 특징 : 예산결정은 보수적·단편적·선형적·역사적 성격, 정치적·과정중심적 예산결정, 예산결정을 오류로부터 점차 수정

가능한 연속과정으로 파악 등

(5) 예산제도

① 품목별 예산(LIBS)

    ㉠ 의미 : 지출의 대상과 성질에 따라 세부항목별로 분류하여 편성하는 예산

    ㉡ 특징 : 매년 반복되는 1년 주기의 단기예산으로, 단년도 지출에 초점을 둠, 대안의 평가에 무관심하며 전년도 결정에 딸 점증적인 결정이 이루어짐, 예산을 품목별로 표시하므로 사업별 비교가 불가능함 등

② 성과주의 예산(PBS)

    ㉠ 의미 : 예산사업마다 업무단위를 선정한 후 업무단위의 원가와 업무량을 통해 예산액을 계산해서 사업별 · 활동별로 분류해 편성하는 예산제도

    ㉡ 특징 : 업무측정단위의 선정 곤란, 단위원가 계산의 곤란 등

③ 계획예산(PPBS)

    ㉠ 의미 : 장기적인 계획수립과 단기적인 예산을 프로그램 작성을 통하여 유기적으로 결합시킴으로써 자원배분에 관한 의사결정을 합리적으로 행하려는 제도

    ㉡ 특징 : 목표지향성, 효과성, 절약과 능률 추구, 과학적 객관성과 합리성, 장기적 안목, 균형 조정, 집권적 · 하향적 성격

    ㉢ 단계 : 기획(Planning) → 사업계획 작성(Programming) → 예산편성(Budgeting)

④ 자본예산(CBS)

    ㉠ 의미 : 예산을 경상계정과 자본계정으로 구분하여 경상지출은 경상수입으로, 자본지출은 자본적 수입이나 차입으로 충당하는 예산제도

    ㉡ 필요성

      • 선진국 : 자본예산을 통한 조달재원으로 공공사업을 실시하여 경기 확보

      • 후진국 : 경제성장이나 도시개발계획의 효율적 추진을 위한 투자재원 확보

⑤ 영기준예산(ZBB)

    ㉠ 의미 : 기존의 점증주의적 예산을 탈피하여 조직체의 모든 사업 · 활동을 원점에서 총체적으로 분석 · 평가하고 우선순위를 결정한 뒤 이에 따라 예산을 근원적 · 합리적으로 결정하는 예산제도

    ㉡ 편성절차

      • 의사결정단위(decision unit)의 선정

      • 의사결정항목(decision package)의 작성

      • 우선순위의 결정(결정항목의 평가)

      • 실행예산의 편성

⑥ 일몰법(sunset law)

    ㉠ 의미 : 특정 행정기관이나 사업이 일정 기간(3~7년)이 지나면 국회의 재보증을 얻지 못할 경우 자동적으로 폐지되게 하는 법률

(6) 예산편성의 구성형식

① 세입세출예산

    ㉠ 예산의 핵심적 부분으로, 예비비도 여기에 포함됨

    ㉡ 세입세출예산은 필요한 때에는 계정으로 구분 가능

    ㉢ 독립기관 및 중앙관서의 소관별로 구분한 후 소관 내에서 일반회계 · 특별회계로 구분

② 계속비

    ⊙ 완성에 오랜 기간인 필요한 공사 · 제조 · 연구 개발사업은 그 경비의 총액과 연부액을 미리 정하여 미리 국회의 의결을 얻은 범위 안에서 수년도에 걸쳐서 지출 가능

    ⓛ 국가가 지출할 수 있는 연한은 그 회계연도부터 5년 이내이나 사업규모 및 국가재원 여건상 필요한 경우 예외적으로 10년 이내로 할 수 있음

③ **명시이월비** : 세출예산 중 경비의 성질상 연도 내에 지출하지 못할 것으로 예측되는 때에는 그 취지를 세입세출예산에 명시하여 미리 국회의 승인을 얻은 후 다음 연도에 이월 가능

④ **국고채무부담행위**

    ⊙ 국가가 예산 확보 없이 미리 채무를 부담하는 행위

    ⓛ 국가는 법률에 따른 것과 세출예산금액 또는 계속비의 총액범위 안의 것 외에 채무를 부담하는 행위를 하는 때에는 미리 예산으로써 국회의 의결을 얻어야 함

(7) 예산 집행상의 신축성

① **의미** : 예산집행에 있어서 경제사정 등의 변화에 적응할 수 있도록 예산통제를 어느 정도 완화하여 일정한 범위 내에서 행정부에 재량권을 부여하는 것을 말함

② **신축성 유지방안**

    ⊙ **이용(移用)** : 예산에 정한 기관 간이나 입법과 목인 장 · 관 · 항 사이에 서로 융통하는 것으로 미리 국회의 의결을 얻은 때에는 기획재정부장관의 승인을 얻어 이용하거나 기획재정부장관이 위임하는 범위 안에서 자체적으로 이용 가능

    ⓛ **전용(轉用)** : 행정과목인 세향과 목 사이에 서로 융통하는 것으로 기획재정부장관의 승인만 얻으면 가능하고 기획재정부장관이 위임하는 범위 안에서 각 중앙관서장이 자체적으로 전용가능

    ⓒ **이체(移替)** : 정부조직 등에 관한 법령의 제정 · 개정 또는 폐지로 인하여 중앙관서의 직무와 권한에 변동이 있는 때 예산의 책임소관이 기획재정부장관의 승인으로 변경되는 것으로, 당해 중앙관서장의 요구에 의해 기획재정부장관이 행하며, 책임소관 외에 사용목적과 금액은 변경되지 않음

    ⓔ **이월(移越)** : 해당 회계연도에 집행되지 않을 예산을 다음 회계연도에 넘겨서 다음 해의 예산으로 사용하는 것으로, 명시이월과 사고이월이 있음

    ⓜ **예비비** : 편성 시 예측할 수 없는 예산 외 지출이나 예산초과지출 충당을 위해 세입 · 세출예산에 계상한 경비로, 일반예비비와 목적예비비가 있음

    ⓗ **계속비** : 완성에 수년도를 요하는 공사나 제조 및 연구개발사업은 그 경비의 총액과 연부액을 정하여 미리 국회의 의결을 얻은 범위 안에서 수년도에 걸쳐서 지출할 수 있는 경비

    ⓢ **국고채무부담행위** : 국가가 법률에 따른 것과 세출예산금액 또는 계속비의 총액의 범위 안의 것 외에 채무를 부담하는 행위를 말하며, 이때에는 미리 예산으로써 국회의 의결을 얻어야 함

    ⓞ **수입대체경비** : 용역 및 시설을 제공하여 발생하는 수입과 관련되는 경비로서 지출

이 직접 수입을 수반하는 경비를 말함

- ㉣ **총액계상예산제도** : 정부예산은 원래 세부 사업별로 예산규모가 책정 · 집행되는 것이 원칙이나, 총액계상예산은 세부 사업이 확정되지 않은 상태에서 총액규모만 예산에 반영하는 것
- ㉤ **국고여유자금** : 기획재정부장관은 국고금 출납상 지장이 없다고 인정되는 때에는 그 회계연도 내에 한하여 정부 각 회계 또는 계정의 여유 자금을 세입세출예산 외로 운용할 수 있음
- ㉠ **대통령의 재정 · 경제에 관한 긴급명령** : 국가가 재정 · 경제상 중대한 위기에 처하고 국회의 소집을 기다릴 여유가 없을 때 대통령은 긴급 명령을 발할 수 있음
- ㉡ **조상충용** : 해당 연도 세입으로 세출을 충당하지 못한 경우 다음 연도의 세입으로 미리 당겨 충당 · 사용하는 것
- ㉢ **기타 방안** : 신성과주의예산, 추가경정예산, 준예산, 수입 · 지출의 특례 등

⑻ **결산 및 회계검사**

① **결산**
- ㉠ **의미** : 1회계연도 동안의 국가의 수입 · 지출의 실적을 확정적 계수로 표시하여 검증하는 행위
- ㉡ **특징**
  - 사후적 성격
  - 정치적 · 역사적 성격
  - 집행의 책임 확인 및 해제

② **회계검사**
- ㉠ **의미** : 정부기관의 재정활동 및 그 수지결

과를 제3의 기관이 확인 · 검증 · 보고하는 행위
- ㉡ **목적** : 지출의 합법성을 확보, 재정낭비의 방지와 비위 · 부정의 적발 및 시정, 회계검사의 결과를 행정관리 개선과 차기 재정정책 수립에 반영

6. 환류행정론

⑴ **행정책임**
① **의미** : 행정인 또는 행정기관이 국민의 기대에 부응하여 윤리적 · 기술적 · 법규적 기준에 따라 행동해야 할 의무
② **유형** : 외재적 책임, 내재적 책임, 객관적 책임, 주관적 책임, 법적 책임, 도덕적 책임 등

⑵ **행정통제**
① **의미** : 행정이 국민과 입법부의 요구, 기대, 공익, 법규 등의 기준에 합당하게 이루어지고 있는가를 확인 · 평가하고 적절한 개선방안을 강구하는 것
② **필요성** : 행정의 권한남용 방지와 책임확보, 행정계획의 효과적 집행 및 재정적 특면의 종합적 성과평가, 공무원의 부정부패 및 비리, 비윤리적 행위의 방지 등
③ **행정통제의 원칙** : 예외의 원칙, 합목적성의 원칙, 명확성(이해가능성)의 원칙, 경제적 효용성의 원칙 등

⑶ **행정개혁**
① **의미** : 행정을 현재보다 나은 상태나 방향으로 변동 · 개선하기 위한 의도적 · 계획적인 노력이나 활동

② **목표(필요성)** : 행정이념의 구현, 작고 강한 정부의 구현, 새로운 제도·방법·절차의 도입, 민간부문의 자율성과 창의성 제고, 행정에 대한 국민신뢰와 행정서비스의 향상 등

③ **행정개혁의 구현**

　　㉠ **기업형 정부** : 정부부문에 기업가적 경영마인드를 도입함으로써 능률적이고 성과 중심의 운영방법을 모색하여 그러한 행동을 유도할 수 있는 정부

　　㉡ **고객지향적 정부** : 관료가 아닌 국민의 요구에 부응하는 정부, 즉 국민을 정부의 주인으로 여기며 고객인 국민에게 최적의 행정서비스를 제공함으로써 국민을 만족시켜 주는 정부

　　㉢ **시민헌장제도(행정서비스헌장제도)** : 행정기관이 제공하는 서비스 중 주민생활과 밀접한 관련이 있는 서비스의 기준과 내용 및 수준, 제공받을 수 있는 절차와 방법, 잘못된 서비스에 대한 시정 및 보상조치 등을 구체적으로 정하여 공표하고 이의 실현을 국민에게 약속하는 것

7. 지방행정론

(1) 지방행정

① **지방행정의 개념**

　　㉠ **광의의 지방행정** : 행정의 주체나 처리사무에 관계없이 일정한 지역 내에서 수행하는 일체의 행정, 즉 자치행정과 위임행정, 관치행정을 포괄하는 개념

　　㉡ **협의의 지방행정** : 일정한 지역 내에서 지방자치단체가 처리하는 행정을 지칭

　　㉢ **최협의의 지방행정** : 지방행정의 개념을 '자치행정'과 동의어로 파악하여, 일정 지역 주민이 자신의 자치사무를 국가(중앙정부)의 간섭 없이 자주적으로 처리하는 것으로 봄

② **지방행정의 특징** : 지역행정, 자치행정, 종합행정, 생활행정(급부행정), 대화행정, 비권력적 행정, 집행적 행정,

③ **신중앙집권화**

　　㉠ **의미** : 근대 입법국가시대에 지방자치가 발달하였던 영미계의 민주국가에 있어서 행정국가화 경향과 광역행정 등으로 중앙정부가 지방정부에 대하여 자원을 중대하거나 지방기능이 중앙으로 이관되는 등 새로운 협력관계로서 다시 중앙정부의 통제와 기능이 강화되는 현상

④ **신지방분권화**

　　㉠ **의미** : 중앙집권적 전통을 가지고 있던 대륙계 국가나 신중앙집권화 경향을 보여 온 최근의 영미계 국가에서 그 폐해를 인식하고 이를 극복하기 위한 중앙통제의 완화, 지방정부의 자율성의 증대, 자치단체의 권리보장 등을 강조하는 현대적 지방분권화 경향

(2) 지방자치

① **지방자치의 의미** : 일정한 지역과 주민을 기초로 하는 공공단체가 그 지역 내의 행정사무를 지역주민의 의사에 따라 주민이 선출한 기관을 통하여 주민의 부담으로 처리하는 과정

② **지방자치단체의 종류**

　　㉠ **일반 지방자치단체(보통지방자치단체)** : 일

반적·보편적·종합적 성격을 가진 자치단체로, 광역자치단체와 기초자치단체구로 구분됨

ⓛ **특별 지방자치단체** : 자치 행정상의 정책적 관점에서 특정 목적이나 특수한 행정사무를 처리하기 위해 설치된 자치단체 또는 행정사무의 공동처리를 위해 설치된 자치단체

ⓒ **광역자치단체** : 기초단체의 보충적·보완적 자치계층으로, 특별시(1)·광역시(6)·특별자치시(1)·도(8)·특별자치도(1)가있음

ⓔ **기초자치단체** : 주민의 일상생활과 직접 관련된 본래적 자치계층으로서, 시·군·자치구가 있음

③ **지방자치단체의 기관**

ⓘ **기관통합형** : 권력통합주의에 입각해 지방자치단체의 정책 결정기능과 집행기능을 지방의회에 귀속하는 형태

ⓛ **기관대립형(기관분리형)** : 의결기관과 집행기관이 분리된 채 엄격한 견제와 균형을 유지하는 집행기관 중심의 유형

ⓒ **지방의회(의결기관)** : 주민에 의해 선출된 의원을 구성원으로 하여 성립하는 지방자치단체의 합의제 의결기관으로 지방적 사무를 위한 중요정책을 결정하고 집행기관의 활동을 감시·통제하는 주민의 대표기관

ⓔ **자치단체의 장(집행기관)** : 의결기관이 의사에 따라 지방자치단체의 목적을 적극적이고 구체적으로 집행(실현)하는 기관

(3) **지방자치단체의 사무**

① **고유사무** : 전국적 이해관계 없이 지역주민의 공공복리를 위해 자치단체가 자기의사와 책임 아래에 처리하는 본래적 사무

② **단체위임사무** : 지방자치단체 본래의 사무가 아니나 지방적 이해가 있는 사무를 법령 등 특별한 규정에 의하여 위임하여 처리하는 사무

③ **기관위임사무** : 직접적으로는 지방적 이해관계가 없는 국가사무를 법령의 규정에 의하여 국가 또는 상급자치단체로부터 자치단체의 장 등의 집행기관에 위임한 사무

Section 03 군무원 [행정직렬]

행정법

1. 행정법통론

(1) 행정

① 행정관념 : 행정은 권력분립 원칙, 법치주의를 토대로 성립·발전

② 통치행위

　㉠ 긍정설

　　• 권력분립설 : 통치행위는 사법권의 한계를 넘어서는 것으로 일반법원은 관여할 수 없음

　　• 재량행위설 : 통치행위는 정치문제로서 자유재량행위에 속해 사법심사의 대상이 되지 않음

　　• 사법부자제설 : 이론상 통치행위에도 사법권이 미치나 사법의 정치화를 막기 위해 사법부가 스스로 자제

　㉡ 제한적 긍정설

　　• 정치적 사안들의 경우 예외적으로 통치행위로 인정될 수 있음

　㉢ 부정설

　　• 행정소송에서 개괄주의가 채택되어 있는 이상 모든 행정작용은 사법심사의 대상

(2) 행정법

① 행정법의 특성

　㉠ 성문성 : 행정법은 성문법주의를 택하고 있지만 행정법에 불문법이 존재할 수 없다는 것을 의미하지는 않음

　㉡ 법원의 다양성 : 법규명령, 자치법규, 조례, 규칙, 관습법, 판례(법), 조약 및 국제법규 등

② 법치행정의 원리

　㉠ 법치주의와 법치행정

　　• 법치주의 : 모든 국가작용은 국회가 제정한 법률에 따라 행하고, 재판제도를 통해 사법적 구제절차를 확보하여야 함

　　• 법치행정 : 헌법상 법치주의가 행정면에서 표현된 것(헌법상 법치주의는 형식적 의미의 법치주의와 실질적 의미의 법치주의를 모두 포함)

　㉡ 형식적 법치주의 : 법치주의를 의회가 제정한 형식적 의미의 법률에 의한 행정의 지배로 이해

　㉢ 실질적 법치주의 : 형식적인 측면은 물론 법의 실질적 내용에서도 기본권 침해가 없도록 하려는 원리

(3) 행정법의 법원

① 의미 : 행정권의 조직과 작용 및 그 구제에 관한 실정법의 존재형식 또는 법의 인식근거

② 법원의 특징

　㉠ 성문법주의 : 행정법의 존재 형식이 원칙적으로 성문법의 형식이어야 함

　㉡ 불문법에 의한 보완 : 성문법이 정비되지 않은 분야는 불문법에 의해 보완

③ 행정법의 일반원칙 : 신뢰보호의 원칙, 비례의 원칙, 자기구속의 원칙, 신의성실의 원칙, 부

당결부금지의 원칙, 평등의 원칙 등

(4) 행정법의 효력

① 시간적 효력

㉠ 효력발생시기 : 공포한 날부터 20일 경과

㉡ 국민의 권리제한, 의무부과 법률 : 공포일로부터 30일

② 소급금지의 원칙

㉠ 진정소급효 : 원칙적으로 금지(법령 변경 전 발생한 사항은 변경 전의 구 법령이 적용됨)

㉡ 부진정소급효 : 원칙적으로 허용(구법에 대한 신뢰보호보다 입법형성권이 우선)

(5) 행정법관계의 당사자

① 행정주체

㉠ 자신의 이름으로 행정권을 행사하고, 그 법적 효과가 자신에게 귀속되는 법률관계의 한쪽 일방

㉡ 국가, 공공단체(지방자치단체, 공공조합, 공법상 재단법인, 영조물법인 등)

㉢ 공무수탁사인 : 자신의 이름으로 공행정사무를 처리할 수 있는 권한을 법률 또는 법률에 근거한 행위에 의해 위임받아 그 범위 안에서 행정주체로서의 지위에 있는 사인

② 행정객체

㉠ 행정주체가 행정권을 행사할 경우에 행사의 대상이 되는 자

㉡ 사인 : 사인에는 자연인과 법인(사법인)이 있는데, 일반적으로 사인은 행정의 상대방, 즉 행정객체가 됨

(6) 행정법관계의 특질

① 행정의사의 공정력(예선적 효력) : 행정행위에 비록 하자가 있더라도 그것이 중대하고 명백해 당연무효가 아닌 한, 권한 있는 기관에 의해 취소될 때까지 일단 유효한 것으로 추정되어 상대방 및 이해관계가 있는 제3자를 구속하는 힘

② 행정의사의 확정력(존속력)

㉠ 하자있는 행정행위라 할지라도 행정주체가 일정기간의 경과 또는 그 성질상 이를 임의로 취소 · 철회할 수 없는 힘

㉡ 불가쟁력(형식적 확정력), 불가변력(실질적 확정력)

③ 행정의사의 강제력

㉠ 자력집행력 : 행정목적의 실현을 위해 행정상 의무를 상대방이 이행하지 않은 경우, 행정청이 직접 실력을 행사하여 그 의무이행을 확보하는 힘

㉡ 제재력 : 행정법관계에서 위반행위에 대해 일정한 제재를 가해 간접적으로 그 의무이행을 담보할 수 있는 힘

(7) 행정법관계의 내용

① 국가적 공권 : 국가 또는 공공단체 등 행정주체가 우월적인 의사주체로서 행정객체에 대해 갖는 권리

② 개인적 공권

㉠ 개인, 단체가 자기의 이익을 위하여 행정주체에게 일정한 행위를 요구할 수 있는 법률상의 힘

㉡ 종류 : 자유권, 수익권, 참정권

③ 개인적 공권의 확대

㉠ 새로운 공권의 등장 : 민주주의 강화와 기본권 보장의 강화를 통한 법치주의 확립, 개인 권리의식의 확대 등에 따라 개인적 공권의 확대를 통한 지위강화의 경향이 나타나고 있음

㉡ 무하자재량행사청구권 : 사인이 행정청에 대해 하자 없는 적법한 재량처분을 구하는 공권

㉢ 행정개입청구권 : 법률상 행정청에 규제·감독 기타 행정권 발동의무가 부과되어 있는 경우 사인이 행정권 발동을 요구하는 권리

⑧ 특별행정법관계

① 특별권력관계의 특징

㉠ 법률유보 배제(포괄적 지배권) : 특별권력주체에게 포괄적 지배가 인정되므로, 특별권력의 발동은 법률의 근거를 요하지 않음

㉡ 기본권 제한 : 특별권력관계는 행정목적을 위하여 그 필요한 범위 내에서 법률근거 없이도 기본권을 제한할 수 있음

㉢ 사법심사 배제 : 특별권력관계에서 권력주체의 행위는 포괄적 지배권이 부여되므로, 원칙적으로 사법심사가 배제

② 특별권력관계의 종류

㉠ 공법상 근무관계 : 특정인이 법률원인에 의해 국가나 지방자치단체에 포괄적인 근무관계를 지니는 법률관계

㉡ 공법상 영조물이용관계 : 영조물관리자와 영조물이용자 간의 법률관계

㉢ 공법상 특별감독관계 : 국가 또는 공공단체와 특별한 법률관계로 인해 국가 등에 의한 감독을 받는 관계

㉣ 공법상 사단관계 : 공공조합과 그 조합원과의 관계

⑨ 공법상의 사건

① 기간 : 한 시점에서 다른 시점까지의 시간적 간격

② 시효

㉠ 의미 : 일정 사실상태가 일정기간 계속된 경우 그 사실상태가 진실한 법률관계와 합치되는가 여부를 불문하고 계속된 사실상태를 존중하여 그것을 진실한 법률관계로 인정하는 것

㉡ 소멸시효

• 소멸시효의 기간 : 시효기간에 대한 공법상의 특별규정에 따라 민법의 시효기간보다 단축되는 경우가 있음

③ 제척기간

㉠ 의미

• 일정한 권리에 관해 법률이 정하는 존속기간

• 시효기관과의 구별 : 시효기관과는 달리 짧고 중단되지 않는 것이 특징

④ 공법상 사무관리

㉠ 의미 : 법률상의 의무 없이 타인을 위해 그 사무를 관리하는 행위

㉡ 종류

• 강제관리 : 공기업 등 국가의 특별감독 아래에 있는 사업에 대한 강제관리

• 보호관리 : 수난구호, 행려병자의 유류품 관리, 사망자보호관리 등

• 역무제공 : 사인이 비상재해 등의 경우

국가사무의 일부를 관리

⑤ 공법상 부당이득

　　㉠ 의미 : 법률상 원인 없이 타인의 재산 또는 노무로 인해 이익을 얻고 이로 인해 타인에게 손해를 가하는 것

　　㉡ 성립요건

　　　• 법률상 원인이 없어야 함

　　　• 타인의 재산 또는 노무로 인하여 이익을 얻어야 함

　　㉢ 부당이득반환청구권의 성질

　　　• 사권설 : 공법상 부당이득은 민사사건과 마찬가지로 경제적 견지에서 인정되는 이해조정제도이므로 사권으로 보아야 함

　　　• 공권설 : 공법상의 원인에 의하여 발생한 결과를 조정하기 위한 제도이므로 공권으로 보아야 함

　　㉣ 종류 : 행정주체의 부당이득, 사인의 부당이득

　　㉤ 부당이득반환청구권의 소멸시효

　　　• 부당이득반환청구권은 공법상 채권이므로, 다른 특별한 규정이 없으면 그 시효는 5년

　　　• 당연무효인 부당이득반환청구권의 소멸시효 기산점은 납부 또는 징수 시

　　　• 위법한 행정처분(과세처분)으로 과오납한 조세에 대한 행정소송의 경우는 예외적으로 소멸시효 중단사유인 재판상 청구에 해당

⑽ 공법행위

① 사인의 공법행위

　　㉠ 사인의 공법행위는 공법관계에서 공법적

효과 발생을 목적으로 하는 행정주체에 대하여 행하는 사인의 모든 행위

　　㉡ 공법적 효과를 발생한다는 점에서 사법규정이 적용되지 않는다는 것이 통설이며 판례의 태도

　　㉢ 공법적 효과가 나타나는 점에서는 행정청의 행정행위와 같지만, 권력작용이 아니므로 공정력·확정력·강제력·집행력 등의 우월적 효력은 인정되지 않음

② 사인의 공법행위 적용법규

　　㉠ 대리 : 금지규정(방역법 등)을 두거나 일신전속성상 금지되는 경우를 제외하고는 대리가 인정

　　㉡ 의사표시의 하자 : 다른 특별한 규정이 없는 한 민법규정이 원칙적으로 유추적용되므로, 착오·사기·강박에 의한 행위는 취소사유가 됨

　　㉢ 부관 : 사인의 공법행위는 명확성과 법률관계의 신속한 확정을 위해서 부관이 허용되지 않는 것이 원칙

　　㉣ 철회·보정

　　　• 사인의 공법행위가 행정주체에 도달되더라도 그에 의거한 행정행위가 행해지기 전까지는 철회·보정할 수 있음

　　　• 투표행위·수험행위의 경우 행위의 성질상 획일성이 요구되므로 철회·보정이 제한되며, 과세표준수정신고의 경우 법률상 규정으로 제한됨

2. 행정작용법

(1) 행정입법

① 행정입법의 관념

㉠ 행정입법은 행정주체가 법조의 형식으로 일반적 · 추상적 법규범을 정립하는 작용

㉡ 실질적 의미 : 법규범의 정립작용이라는 점에서 입법작용에 속함

㉢ 형식적 의미 : 행정권의 의사표시라는 점에서 행정작용에 해당됨

② 행정입법의 필요성

㉠ 전문적 · 기술적 입법사항의 증대

㉡ 행정현상의 급격한 변화에 적응하기 위해 탄력성 있는 입법 필요성 증가

㉢ 전시, 기타 비상사태의 신축성 있는 대처

㉣ 지방별 · 분야별 특수사정의 규율 필요

(2) 법규명령

① 법규명령의 관념

㉠ 국민, 행정청 직접구속(법규명령에 위반한 행정청의 행위는 위법행위가 되어 무효확인, 취소소송 제기 및 손해배상청구가능)

㉡ 재판규범이 되는 성문의 법규범

㉢ 형식적 의미는 행정, 실질적인 의미는 입법

② 법규명령의 종류

㉠ 형식에 따른 분류

• 긴급명령, 긴급재정, 경제명령 : 법률적 효력을 가짐

• 대통령령(시행령)

• 총리령 · 부령(시행규칙, 시행세칙)

• 중앙선거관리위원회 규칙, 대법원 규칙, 헌법재판소 규칙, 국회의사 규칙 : 헌법에 근거

– 감사원규칙 : 법률에 근거

㉡ 수권에 따른 분류

• 비상명령 : 헌법에 직접 근거, 헌법적 효력

• 법률대위명령(긴급명령, 긴급조치) : 헌법에 직접근거, 법률적 효력

• 법률종속명령(집행명령, 위임명령) : 법률보다 하위의 효력

㉢ 내용에 따른 분류

• 위임명령(법률보충명령) : 법률 또는 상위명령에서 구체적 · 개별적으로 범위를 정한 위임된 사항에 관해 발하는 명령

• 집행명령(독립명령 · 직권명령) : 법률 또는 상위 명령을 집행하기 위해 필요한 구체적 · 기술적 사항을 규율하기 위해 발하는 명령

(3) 법규명령의 한계

① 대통령의 긴급명령, 긴급재정, 경제명령

㉠ 긴급명령의 한계 : 국가의 안위에 관계되는 중대한 교정상태에 있어서 국가를 보위하기 위하여 긴급한 조치가 필요하고, 국회의 집회가 불가능한 때에 한하여 발함(「헌법」 제76조 제2항)

㉡ 긴급재정, 경제명령의 한계 : 내우 · 외환 · 천재 · 지변 또는 중대한 재정 · 경제상의 위기에 있어서 국가의 안전보장 또는 공공의 안녕질서를 유지하기 위하여 긴급한 조치가 필요하고, 국회의 집회를 기다릴 여유가 없을 때에 한하여 발함(「헌법」 제76조 제1항)

② 위임명령의 한계 : 포괄적 위임의 금지, 국회 전속사항의 위임금지, 벌칙의 위임, 재위임

③ 집행명령의 한계 : 상위법령에 규정이 없는 국민의 권리와 의무에 관한 사항을 집행명령에서 새롭게 규정할 수 없음

(4) 법규명령의 성립 · 효력요건

① 성립요건

㉠ 주체적 요건 : 수권을 받은 정당한 기관만이 제정할 수 있음

㉡ 내용적 요건 : 수권의 범위 내에서 상위 법령에 저촉되지 않아야 하고, 실현가능하고 규정내용이 명백해야 함

㉢ 절차적 요건 : 대통령령은 법제처와 국무회의의 심의를 거쳐야 하며, 총리령과 부령은 법제처의 심의를 거쳐야 함

㉣ 형식적 요건 : 조문형식을 갖추어야 하며, 서명 · 날인 및 부서, 번호 · 일자, 관보게재 및 공포의 요건을 요함

② 효력요건

㉠ 특별한 규정이 없으면 '공포한 날부터 20일'이 경과함으로써 법규명령의 효력이 발생

㉡ 국민의 권리 · 의무와 관련되는 법규명령은 특별한 사유가 있는 경우를 제외하고는 '공포일로부터 적어도 30일'이 경과한 날로부터 시행

(5) 행정규칙

① 의미

㉠ 행정기관이 법률의 수권 없이 정립하는 일반적 · 추상적 규율

㉡ 행정조직 또는 특별권력관계 내부에서만 구속력

② 행정규칙의 종류

㉠ 규정형식에 의한 분류

• 훈령(협의) : 상급기관이 하급기관에 대해 장기간에 걸쳐 권한의 행사를 일반적으로 지휘 · 감독하기 위해 발하는 명령

• 지시 : 상급기관이 직권 또는 문의 · 신청에 따라 개별적 · 구체적으로 발하는 명령

• 예규 : 법규문서 이외의 문서로서 반복적 행정사무의 기준을 제시하는 명령

• 일일명령 : 당직 · 출장 · 시간외근무 · 휴가 등의 일일업무에 관한 명령

㉡ 내용에 의한 분류

• 조직규칙 : 행정기관이 그 보조기관 또는 소속관서의 설치 · 조직 · 내부적 권한 배분 · 사무처리절차 등을 정하기 위해 발하는 행정규칙

• 근무규칙 : 상급기관이 하급기관의 근무에 관한 사항을 계속적으로 규율하기 위해 발하는 규칙

• 영조물규칙 : 영조물의 관리청이 영조물의 조직 · 관리 · 사용 등을 규율하기 위해 발하는 규칙

㉢ 기능에 의한 분류

• 규범해석규칙 : 하급행정기관이 법규범의 해석과 적용을 통일적으로 적용하도록 하기 위해서 규정된 규칙

• 재량준칙 : 재량권을 남용하거나 일탈하지 않도록 하기 위해 상급기관이 하급기관에 발하는 재량권 행사의 일반적 기준

• 법률대위규칙 : 법률이 필요한 영역이지만 법률이 없는 경우 이를 대신하는 고시 · 훈령 등의 행정규칙

• 규범구체화 행정규칙 : 규범을 요하는 행정분야에 구치적인 관련 법령이 존재하

지 않은 경우, 그 흠결을 보충하기 위해 만들어진 규범

(6) 행정행위

① 행정행위의 개념

- ㉠ 최광의 : 행정청이 행하는 일체의 행위
- ㉡ 광의 : 행정청이 행하는 공법행위
- ㉢ 협의 : 행정청이 법 아래에서 구체적 사실에 대한 법집행으로서 행하는 공법행위
- ㉣ 최협의(통설·판례) : 행정청이 법 아래서 구체적 사실에 대한 법집행으로서 행하는 권력적 단독 행위인 공법행위

② 복효적 행정행위

- ㉠ 혼합효적 행정행위 : 동일인에게 수익과 동시에 침익이 발생하는 경우
- ㉡ 이중효과적 행정행위(제3자효 행정행위) : 두 사람 이상의 당사를 전제로, 행정의 상대방에게는 수익(침익)적 효과가 발생하나 제3자에는 침익(수익)적 효과가 발생하는 경우

(7) 기속행위와 재량행위

① 구별의 필요성(실익)

- ㉠ 사법심사의 대상 : 기속행위의 위반은 행정소송의 대상이 되지만, 원칙적으로 재량행위의 위반은 행정소송의 대상이 되지 않음
- ㉡ 부관상 이유 : 재량행위에만 부관이 가능하며, 기속행위에는 부관을 붙일 수 없고 붙였다 하더라도 무효라는 것이 다수설과 판례의 입장
- ㉢ 확정력(불가변력)과의 관계 : 기속행위에는 확정력이 인정되지만, 재량행위에는 확정력이 없음

- ㉣ 경원관계에서의 선원주의 : 기속행위의 경우 경원관계에서 선원주의가 적용되지만 재량행위에는 선원주의가 적용되지 않음
- ㉤ 공권성립 여부 : 기속행위에 있어 행정청은 기속행위를 할 의무를 지게 되므로 행정객체인 상대방은 기속행위를 요구할 수 있는 공권이 생기지만, 재량행위의 경우에는 그렇지 않음

(8) 행정행위의 내용

① 법률행위적 행정행위

- ㉠ 명령적 행정행위 : 국민에게 특정한 의무를 명하거나 면제
  - 하명 : 작위·부작위·급부·수인을 명령하는 것
  - 허가 : 상대적 금지의 해제, 부작위하명의 해제 및 자연적 자유를 회복시켜주는 행위
  - 면제 : 법령에 의해 일반적으로 부과되는 작위·급부·수인의무를 특정한 경우에 해제해주는 행정행위
- ㉡ 형성적 행정행위 : 국민에게 새로운 권리·행위능력, 기타 법적 지위를 발생, 변경, 소멸시키는 행정행위
  - 특허(설권행위) : 특정인에 대해 새로이 일정한 권리, 능력 또는 포괄적 법률관계를 설정하는 행위
  - 변경행위 : 기존의 법률상 힘(권리·능력)에 변경을 가하는 행위
    - 박권행위(탈권행위) : 기존의 법률상의 권리·능력을 소멸시키는 행위
    - 인가(보충행위) : 행정청이 제3자의 법

률행위를 동의로써 보충해 그 행위의 효력을 완성시키는 행정행위

- 대리 : 다른 법률관계의 당사자가 직접 해야 할 것을 행정청이 대신 행하고 그 행위의 법적 효과를 당해 당사자에게 귀속케 하는 행정행위

② 준법률적 행정행위

- ㉠ 확인행위 : 특정한 사실 또는 법률관계의 존재 여부 등에 관하여 의문이 있거나 다툼이 있는 경우
- ㉡ 공증행위 : 특정한 사실 또는 법률관계의 존재를 공적으로 증명하는 행정행위
- ㉢ 통지행위 : 특정인 또는 불특정 다수인에게 일정한 사항을 알리는 행정행위
- ㉣ 수리행위 : 타인의 행위를 유효한 행위로서 받아들이는 행위(여기서의 수리는 준법률행위적 행정행위로서의 수리를 말하는 것으로, 자체완성적 공법행위에서 말하는 수리는 여기의 수리에 해당되지 않음)

(9) 행정행위의 부관

① 부관의 관념

- ㉠ 행정행위의 부관
  - 협의설 : 부관은 행정행위의 효과를 제한하기 위해 주된 의사표시에 부가되는 종된 의사표시
  - 광의설(종된 규율성실) : 새로운 견해에 따르면, 부관이란 행정행위의 효과를 제한하거나 특별한 의무를 부과 또는 요건을 보충하기 위해 주된 행정행위에 부가된 종된 규율을 말함

② 부관의 종류

- ㉠ 조건 : 행정행위의 효력의 발생·소멸을 장래의 불확실한 사실의 발생 여부에 의존하게 하는 부관
- ㉡ 종류
  - 정지조건 : 조건의 성취로 행정행위의 효력이 발생되게 하는 행정청의 종된 의사표시
  - 해제조건 : 조건의 성취로 행정행위의 효력이 소멸되는 행정청의 종된 의사표시
- ㉢ 기한 : 행정행위 효력의 발생·소멸을 장래의 확실한 사실에 의존하는 부관
- ㉣ 부담 : 행정행위의 주된 의사표시에 부가해 그 효과를 받는 상대방에게 작위·부작위·급부 또는 수인의무를 명하는 행정청의 의사표시

③ 부관의 한계

- ㉠ 부관의 정도 : 부관은 법령에 적합해야 하고, 행정행위의 목적 달성 범위 내에서 최소한에 그쳐야 함
- ㉡ 사후부관의 문제(시간상의 한계) : 주된 행정행위를 행할 때 부관을 붙이지 않고 행정행위가 발해진 후 사후에 부관을 붙일 수 있는가의 문제로, 부정설과 제한적 긍정설이 대립되나 제한적 긍정설이 다수설·판례임

⑽ 행정행위의 성립과 효력

① 행정행위의 성립(적법요건)

- ㉠ 내부적 성립요건 : 주체에 관한 요건, 내용에 관한 요건, 절차에 관한 요건, 형식에 관한 요건 등
- ㉡ 외부적 성립요건 : 행정행위가 완전히 성립

하려면 내부적으로 결정된 행정의사를 외부에 표시하여야 함

② 행정행위의 효력

　㉠ **구속력** : 행정행위가 내용에 따라 관계행정청, 상대방 및 관계인에 대해 일정한 법률효과를 발생하는 힘

　㉡ **공정력(예선적 효력)** : 비록 하자가 있더라도, 그 행정행위가 중대하고 명백해 당연무효가 아닌 한 권한 있는 기관에 의해 취소될 때까지 일단 유효한 것으로 추정되어 관계인과 국가기관을 구속하는 힘

　㉢ **구성요건적 효력** : 구성요건적 효력은 공정력의 하나로 보아 이를 인정하지 않는 견해가 다수설

　㉣ **확정력(존속력)**

　　• 불가쟁력(절차법적 효력) : 쟁송제기기간이 경과하거나 쟁송수단을 다 거친 경우 상대방 또는 이해관계인은 더 이상 그 행정행위의 효력을 다툴 수 없게 되는데 이를 불가쟁력이라 함

　　• 불가변력(실체법적 효력) : 일정한 경우 행정행위를 한 처분청이나 감독청이라도 행정행위의 하자 등을 이유로 직권으로 자유로이 취소, 변경, 철회할 수 없는 제한을 받는데 이를 불가변력이라 함

　㉤ **강제력** : 행정행위에 의해 부과된 의무의 불이행에 대해 법원의 개입 없이 행정청이 그 이행을 강제할 수 있는 힘

⑾ 행정행위 하자

① 의미

　㉠ 하자는 행정행위의 성립요건과 효력발생 요건을 완전하게 구비하지 못하게 함으로써 행정행위의 효력이 완전하게 발생하지 못하게 하는 사유

② 무효와 취소의 구별

　㉠ **무효인 행정행위** : 행정행위로서의 외형은 갖추고 있으나 그 하자가 중대하고 명백해서 권한 있는 기관이나 법원의 취소를 기다릴 것 없이 처음부터 효력이 발생하지 않는 행위

　㉡ **취소 가능 행정행위** : 행정행위의 성립에 하자가 있음에도 불구하고 권한 있는 기관이나 법원이 취소할 때까지 유효한 행정행위

③ **하자의 승계** : 두 개 이상의 행정행위가 연속해서 행해지는 경우, 선행행위의 하자를 이유로 하자가 없는 후행행위의 취소를 청구할 수 있는가

④ **하자의 치유** : 행정행위가 설립 당시에는 하자있는 행정행위이지만, 흠결요건을 사후 보완하거나 그 하자가 경미해 취소할 필요가 없는 경우 적법행위로 취급하는 것

⑤ **하자의 전환** : 원래의 행정행위는 무효이나 다른 행정행위로서 적법요건을 갖추고 있는 경우에 행정청의 의도에 반하지 않는 한 다른 행정행위로서의 효력을 인정하는 것

⑿ 행정행위의 취소

① 행정행위의 하자가 부당 또는 단순·위법에 불과하므로 일단 유효하게 발생하지만, 원한 있는 기관의 직권 또는 쟁송으로 그 행정행위의 효력의 전부 또는 일부를 소급하여 상실시키는 것

② **직권취소와 쟁송취소**

㉠ **취소권자** : 직권취소자는 처분청이나 감독청인 행정청, 쟁송취소권자는 처분청(이의신청), 행정심판위원회(행정심판)또는 법원(행정소송)

㉡ **취소의 목적** : 직권취소는 행정의 적법상태 회복과 장래지향적 행정실현을 목적으로 취소, 쟁송취소는 위법상태를 시정하여 행정의 적법상태를 확보하고 침해된 권익구제를 목적으로 함

⒀ **행정행위의 철회**

① **취소와의 구별**

㉠ **철회권자와 직권취소권자** : 철회는 처분청만이 할 수 있으나, 취소는 처분청 및 상급감독청에 의해 행해짐

㉡ **소급효의 유무** : 철회는 언제나 장래에 향해서만 효과를 발생하나, 취소는 효력을 소급해서 상실시키기도 함

㉢ **철회권자** : 행정행위의 철회는 그 성질상 원래의 행정행위와 동일한 새로운 행정행위를 하는 것이라는 점에서 명문의 규정이 없는 한 원칙적으로 '처분청'만 할 수 있다고 봄

⒁ **행정행위의 확약**

① **의미** : 확언의 대상이 되는 행정행위의 작위 또는 부작위에 관한 것으로, 행정청이 자기구속을 할 의도로 국민에 대해 장래 일정 행정행위를 하겠다 또는 하지 않겠다를 약속하는 의사표시

② **확약의 효력**

㉠ **확약의 효력 발생** : 확약도 행정행위의 일종이므로 상대방에게 통지되어야 그 효력이 발생

㉡ **행정의 자기구속력(신뢰보호의 원칙)과 행정쟁송** : 적법한 확약을 했을 경우 행정청은 상대방에 대한 확약한 행위를 해야 할 의무가 있고, 상대방은 신뢰보호원칙에 입각해 행정청에게 그 이행을 청구 가능

㉢ **구속력의 배제(확약의 실효·철회·취소)** : 실효, 철회, 무효, 취소

⒂ **공법상 계약**

① **의미** : 공법상 계약이란 공법상 효과를 발생시킬 목적으로 복수당사자 간 반대 방행의 대등한 의사표시의 합치에 의해 성립하는 비권력적 공법행위

② **공법상 계약의 성립가능성과 자유성**

㉠ **성립가능성 여부** : 종래 공법상 계약의 성립 여부에 대해 긍정설과 부정설이 대립

㉡ **자유성**

• 계약부자유설 : 법률유보의 관점에서 공법상 계약도 법률의 근거를 요한다는 견해

• 계약자유설(긍정설) : 공법상 계약은 비권력관계로서 당사자 간 의사합치로 성립된 것이므로, 법률의 근거를 요하지 않는다는 견해

⒃ **행정사법**

① **의미** : 행정사법은 광의의 국고행정 중 사법형식에 의해 직접 행정목적을 수행하는 행정활동으로서 일정한 공법적 규율을 받는 것

② **행정사법의 구체적 영역**

㉠ **유도행정** : 사회형성행정분야나 규제행정분야의 목적을 위해 행정주체가 사법형식을 취해 직·간접으로 개입

ⓒ 급부행정 : 운수사업, 공급사업, 제거사업, 자금지원, 시설운영을 위해 행정주체가 사법적 형식을 취해 직·간접으로 개입

⑰ **행정계획**

① 행정입법행위설 : 행정계획은 국민의 권리·의무에 관계되는 일반적·추상적인 법규범을 정립하는 행위

② 행정행위설 : 행정계획이 고시되면 법률규정과 결합하여 구체적 권리제한의 효과를 가져옴

③ 복수성질설(개별적 검토설) : 행정계획에 법형식이 독자적으로 존재하는 것이 아니라 그 내용과 효과에 따라 법규명령적인 것도 있고 행정행위적인 것도 있어 행정계획의 내용과 효과 등에 따라 개별적·구체적으로 그 성질을 판단할 수밖에 없음

④ 독자성설(계획행위설) : 행정계획은 법규범도 아니고 행정행위도 아닌 독자적 성질을 가진 것으로 법적 구속력을 가짐

⑱ **계획재량**

① 의미 : 계획재량은 행정주체가 계획법률에 따라 행정계획을 수립하는 데 있어서 행정청에 인정되는 재량권, 즉 계획상의 광범위한 형성의 자유를 말함

② 계획재량에 대한 통제

ⓐ 통제법리의 필요성 : 계획재량의 경우 광범위한 판단자유 내지 형성의 자유가 있어 기존의 사법적 통제법리로는 실효를 거두기가 곤란해 행정계획에 특유한 통제법리가 필요

ⓑ 행정적 통제와 입법적 통제 : 행정적 통제에서는 절차적 통제가 중요하며, 입법적 통제는 실효성이 적음

ⓒ 형량명령(이익형량) : 계획재량을 행사함에 있어 공익과 사익, 공익 상호 간 및 사익 상호 간을 정당하게 형량하는 것

⑲ **공공기관의 정보공개에 관한 법률**

① 정보공개청구권자

ⓐ 모든 국민(자연인은 물론 법인, 권리능력 없는 사단·재단도 포함되며, 시민단체 등이 개인적 이해관계가 없는 공익을 위해 정보공개청구를 하는 것도 인정됨)

ⓑ 외국인

• 국내에 일정한 주소를 두고 거주하는 사람

• 학술·연구를 위하여 일시적으로 체류하는 사람

• 국내에 사무소를 두고 있는 법인 또는 단체

② 불복구제절차

ⓐ 이의신청 : 청구인이 정보공개와 관련한 공공기관의 비공개 결정 또는 부분공개 결정에 대하여 불복이 있거나 정보공개 청구 후 20일에 경과하도록 정보공개 결정이 없는 때에는 공공기관으로부터 정보공개 여부의 결정 통지를 받은 날 또는 정보공개 청구 후 20일이 경과한 날부터 30일 이내에 해당 공공기관에 문서로 이의신청을 할 수 있음

ⓑ 행정심판 : 청구인이 정보공개와 관련한 결정에 대해 불복이 있거나 정보공개 청구 후 20일이 경과하도록 정보공개 결정이 없는 때에는 행정심판법에서 정하는 바에 따라 행정심판 청구 가능

ⓒ 행정소송 : 청구인이 정보공개와 관련한

결정에 대해 불복이 있거나 정보공개 청구 후 20일이 경과하도록 정보공개 결정이 없는 때에는 행정소송법에서 정하는 바에 따라 행정소송 제기 가능

ⓔ 제3자의 비공개요청 및 불복절차 : 공개청구된 사실을 통지받은 제3자는 그 통지를 받은 날부터 3일 이내에 해당 공공기관에 자신과 관련된 정보를 공개하지 않을 것을 요청할 수 있음

3. 행정법상의 의무이행확보수단

(1) 행정상 강제집행

① 의미 : 행정상 강제집행은 행정법상 의무불이행에 대해 행정청이 장래 의무자의 신체나 재산에 실력을 가해 강제적으로 그 의무를 이행시키거나 이행된 것과 같은 상태를 실현하는 작용

② 행정상 강제집행의 수단 : 대집행, 이행강제금(집행벌), 직접강제, 행정상 강제징수가 있으나, 일반법적 근거가 있어 주로 이용되고 있는 제도는 대집행과 강제징수임

(2) 대집행

① 의미 : 대집행은 무허가건물철거의무와 같은 행정법상의 대체적 작위의무의 불이행이 있는 경우 당해 행정청이 그 의무를 스스로 행하거나 제3자로 하여금 이를 행하게 하고, 그 비용을 의무자로부터 징수하는 강제집행을 말한다.

② 대집행의 주체 : 의무를 부과한 행정청(대집행을 제3자가 하더라도 주체는 행정청이며 제3자는 대집행 주체가 아님)

③ 대집행자(대집행 행위자) : 대집행자는 당해 행정청에 한하지 않고 경우에 따라서 제3자를 통해 집행(타자 집행)도 가능함

(3) 이행강제금(집행벌)

① 의미 : 집행벌은 행정법상의 부작위의무나 비대체적 작위의무를 이행하지 않은 경우 그 의무이행을 확보하기 위해 일정액수의 금전을 부과하는 강제집행

② 성질 : 행정행위(하명), 반복적 · 계속적 부과 가능, 일신전속성

(4) 행정조사

① 의미 : 행정조사란 적정하고도 효과적인 행정작용을 위하여 행정기관이 각종 정보나 자료를 수집하기 위하여 행하는 권력적 조사활동을 말한다.

② 종류

ⓐ 대인적 조사 : 불심검문, 질문, 신체수색, 음주측정 등

ⓑ 대물적 조사 : 장부 · 서류의 열람, 시설검사, 물건의 검사 · 수거 등

ⓒ 대가택적 조사 : 개인의 주거 · 창고 · 영업소 등에 대한 출입 · 검사 등

(5) 행정형벌

① 의미 : 행정형벌은 형법상의 형벌을 가하는 행정벌

② 법적 근거

ⓐ 죄형법정주의 적용 : 행정형벌은 형법상의 형벌을 과하는 벌이므로 죄형법정주의 원칙이 적용

ⓑ 일반법 및 개별법 : 형사벌과 달리 일반법

은 없고, 개별법에서 형사벌과 구별되는 특별 규정을 두고 있음

ⓒ 법규명령·조례 : 행정형벌을 법규명령에 위임하기 위해서는 범죄구성요건과 벌칙의 최소한도, 형벌의 종류와 범위 및 폭을 구체적으로 정한 경우만 가능

(6) 행정질서벌

① 의미 : 행정질서벌은 행정법상의 의무위반에 대한 제재로서 형법에 형명이 없는 벌인 과태료를 과하는 금전적 제재수단

② 법적 근거

ⓐ 일반법 근거 : 질서위반행위규제법은 행정질서벌의 부과징수와 재판 및 집행 등의 절차에 관한 일반법의 역할

ⓑ 행정질서벌의 부과 근거 : 국가의 법령에 근거한 것과 자치단체의 조례에 근거한 것

ⓒ 행정질서벌과 행정구제 : 행정청의 과태료 부과는 행정행위의 성질을 가지나, 이에 대해 행정쟁송에 따르지 않고 질서위반행위규제법의 절차에 따라 이의제기 가능

(7) 새로운 의무이행 확보수단

① 비금전적 수단 : 공급거부, 공표, 관허사업의 제한

② 금전적 수단 : 과징금(부과금), 가산금, 가산세

4. 행정구제법

(1) 행정절차제도

① 개념

ⓐ 협의의 행정절차 : 행정청이 행하는 절차 중 행정의사결정을 내리기 전에 대외적으로 거쳐야 하는 사전절차

ⓑ 광의의 행정절차 : 행정의사의 결정과 집행에 관련된 일체의 과정

(2) 행정절차법의 주요 내용

① 처분절차

ⓐ 처분의 신청 : 서면주의 원칙

ⓑ 처리기간의 설정·공표 : 처분의 처리기간을 종류별로 미리 정하여 공표

② 신고절차 : 신고가 법정요건을 갖춘 경우 신고서가 접수기관에 도달된 경우 신고의 의무가 이행된 것으로 간주

③ 행정상 입법예고절차 : 법령 등을 제정·개정 또는 폐지(입법)하고자 할 경우 행정청은 이를 예고하는 것이 원칙

④ 행정예고절차

ⓐ 행정예고의 적용범위 : 국민생활에 매우 큰 영향을 주는 정책·제도 및 계획, 많은 국민의 이해가 상충되는 정책·제도 및 계획, 많은 국민에게 불편이나 부담을 주는 정책·제도 및 계획 등

ⓑ 행정예고의 기간 : 특별한 사정이 없는 한 20일 이상으로 함

⑤ 행정지도의 방식 : 행정지도를 행하는 자는 그 상대방에게 행정지도의 취지·내용 및 신분을 밝혀야 하며 말로 이루어지는 경우 상대방이 서면의 교부를 요구한다면 이를 교부해야 함

(3) 당사자 등의 권리

① 처분의 사전 통지 : 당사자의 원익을 보호하기 위한 수단으로 도입된 것으로 개인적 공권의 성격을 가짐

② 의견제출 : 행정청이 어떠한 행정작용을 하기

에 앞서 당사자 등이 의견을 제시하는 절차

③ **청문제도** : 행정청이 어떤 처분을 하기에 앞서 당사자 등의 의견을 직접 듣고 증거를 조사하는 절차

④ **공청회 제도** : 행정청이 공개적인 토론을 통하여 어떠한 행정작용에 대하여 당사자 등 전문지식과 경험을 가진 자, 그 밖에 일반인으로부터 의견을 널리 수렴하는 절차

⑷ 옴브즈만제도

① **의미** : 임명된 자나 의회로부터 광범위한 독립성을 부여받은 의회의 의뢰인이 행정기관 등이 법령상 책무를 적절하게 수행하고 있는지를 독립적으로 조사하고 시정조치의 권고 · 알선을 통한 국민의 권익을 보호하고자 하는 제도

② **장단점**

㉠ **장점** : 다른 구제방법에 비해 시민이 용이하게 접할 수 있고 절차비용이 저렴하며, 신속한 민원처리를 통해 행정에 대한 불만방지 가능

㉡ **단점** : 옴브즈만의 기능이 국회의 직무에 종속되며 중복된다는 측면, 직접적 시정권이 없어 책임성에 한계가 있다는 측면, 행정의 책임성과 비밀성 침해의 우려

⑸ 우리나라의 국가배상제도

① **법의 규정**

㉠ 「헌법」 제29조 제1항에 따라 국가배상청구권을 국민의 기본권으로 보장하고 있음

㉡ 대한민국 국민이 아닌 자에 대해서 기본권으로서의 국가배상청구권은 보장되지 않음

㉢ 국가배상법이 국가와 지방자치단체만을

배상책임의 주체로 규정하고 있으나, 헌법은 국가와 공공단체를 배상책임의 주체로 규정하고 있음

② **국가배상법의 법적 성격**

㉠ **공법설** : 민법과 국가배상법 사이에는 일반법 · 특별법의 관계가 성립할 수 없으며, 국가배상법은 공법이라는 견해

㉡ **사법설** : 국가배상법 스스로 동법이 민법의 특별법적 성격을 갖는다는 것을 규정하고 있으므로 사법이라는 견해

㉢ **판례** : 다수설과 달리 국가배상법을 사법으로 보고 있으며, 실무상 민사소송에 의하고 있음

⑹ 행정상 손실보상

① **의미** : 공공필요에 의한 적법한 공권력 행사로 인하여 사인에게 과하여진 특별한 희생을 공평부담의 견지에서 행정주체가 보상하는 조절적인 재산적 전보제도이다.

② **행정상 손실보상과 손해배상의 구분**

㉠ 사인의 권리침해를 구제함으로써 실질적 법치주의의 이념달성을 위해 도입된 제도라는 점에서 같음

㉡ 사후구제제도라는 점에서 행정절차 등의 사전구제제도와 구별되고, 실체법적 구제제도라는 점에서 행정쟁송 등의 절차적 구제제도와 구별

③ **행정상 손실보상의 요건**

㉠ **재산권** : 법에 의해 보호되는 모든 재산적 가치있는 일체의 권리

㉡ **공권적 침해** : 공권적이란 공법상의 것을 의미하며 재산권에 대한 공권적 침해는 공

공의 필요를 위해 행해져야 함

ⓒ **침해의 직접성** : 개인의 재산권에 대한 침해가 공권력 주체에 의해 의도되었거나, 최소한 재산상 손실에 대한 직접적 원인이 되어야 함

(7) 새로운 행정구제제도

① 수용유사적 침해

㉠ 의미 : 위법한 공용침해로 인해 개인의 재산권에 특별한 희생이 가해진 경우에 손실보상을 인정하고자 논의된 이론

㉡ 성립요건 : 공공필요에 의한 재산권에 대한 공용침해(수용·사용·제한)가 있어야 함

② 수용적 침해

㉠ 의미 : 공공필요에 의해 사인의 재산권에 적법한 직접적인 침해로서 의도되지 않은 특별한 희생이 부수적 효과로 발생하는 것

㉡ 성립요건 : 공공필요에 의한 재산권에 대해 적법한 공용침해가 있고 침해의 부수적 효과로 사인의 특별한 희생이 발생되어야 함

③ 희생보상청구권

㉠ 의미 : 공공필요에 의한 적법한 공권력 행사에 따라·생명·건강·명예·자유와 같은 개인의 비재산적 법익에 가해진 손실에 대한 보상청구권

㉡ 성립요건 : 특별한 희생이 발생해야 함

④ 결과제거청구권

㉠ 의미 : 위법한 공행정작용의 결과로서 남아 있는 상태로 인해 자기의 법률상 이익을 침해받고 있는 자가 행정주체를 상대로 그 위법한 상태를 제거해 줄 것을 청구하는 것

㉡ 성립요건 : 행정주체의 공행정작용으로 인한 법률상 이익의 침해, 관계이익의 보호가치성, 위법한 상태의 존재 및 계속, 결과제거의 가능성·허용성·수인가능성의 존재

(8) 행정심판

① 의미

㉠ 실질적 의미의 행정심판 : 특정한 실정법제도와 관계없이 이론적 측면에서 파악하는 행정심판의 개념이다.

㉡ 형식적 의미의 행정심판 : 행정심판법에 의한 행정심판을 말한다. 이는 행정심판의 개념을 가장 좁게 본 것이라 할 수 있다.

② 종류

㉠ 행정심판법상의 행정심판 : 취소심판, 무효등확인심판, 의무이행심판

㉡ 개별법상의 행정심판 : 이의신청, 기타 행정심판, 개별법상의 재심절차에 대한 행정심판법 적용

③ 행정심판의 당사자 및 관계인

㉠ 청구인

• 의미 : 행정심판의 청구인은 행정심판의 대상인 처분 또는 부작위에 불복하여 심판청구를 제기하는 자

• 청구인의 지위보장 : 법인이 아닌 사단 또는 재단의 청구인 능력법인이 아닌 사단 또는 재단으로서 대표자나 관리인이 정해져 있는 경우 그 사단이나 재단의 이름으로 심판청구 가능

㉡ 피청구인

• 의미 : 피청구인은 행정심판의 당사자로서 심판청구인으로부터 심판제기를 받은

행정청을 말함

ⓒ 관계인

- 참가인 : 행정심판의 결과에 대해 이해관계가 있는 제3자 또는 행정청은 행정심판위원회의 허가 또는 참가요구에 따라 심판청구에 참가할 수 있음
- 심판참가 : 행정심판의 결과에 이해관계가 있는 제3자나 행정청은 해당 심판청구에 대한 위원회나 소위원회의 의결이 있기 전까지 위원회의 허가나 참가요구에 따라 그 사건에 대하여 심판참가를 할 수 있음

⑼ 행정판의 재결

① 의미 : 행정심판의 청구에 대한 심리의 결과에 따라 행하는 행정심판위원회의 종국적 판단(의사표시)

② 재결의 종류 : 요건재결, 기각재결, 인용재결(취소·변경재결, 무효등확인재결, 의무이행재결), 사정재결

⑽ 행정소송

① 기능

ⓐ 권리구제의 기능 : 행정소송절차를 통해 행정청의 위법한 처분 그 밖에 공권력의 행사·불행사 등으로 인한 국민의 권리 또는 이익의 침해를 구제

ⓑ 행정통제의 기능 : 공법상의 권리관계 또는 법적용에 관한 다툼을 적정하게 해결함을 목적으로 하며 이를 통해 행정의 통제와 행정의 효율성을 도모할 수 있음

② 종류

ⓐ 법정소송 : 항고소송, 당사자소송, 민중소송, 기관소송

ⓑ 무명항고소송(비법정항고소송) : 「행정소송법」 제4조에 명문으로 규정된 항고소송 이외의 항고소송

③ 한계

ⓐ 사법본질적 한계

ⓑ 법 적용상의 한계

ⓒ 권력분립에서 오는 한계 : 의무이행소송, 예방적 부작위소송, 작위의무확인소송

⑾ 취소소송

① 취소소송의 제기대상

ⓐ 처분 : 행정소송법상 처분개념이 실체법적 의미의 행정행위와 동일한지에 대해 견해 대립

ⓑ 재결 : 행정소송법상 재결은 위법·부당한 처분으로 인해 권리·이익을 침해당한 자가 행정기관에 시정을 구하는 행정심판법상 재결과 그 밖에 당사자심판이나 이의신청에 의한 재결도 포함

ⓒ 처분 등의 존재 의미 : 취소소송을 제기하기 위해서는 처분 등이 존재해야 하므로 처분 등이 부존재하거나 무효라면 이는 취소소송의 대상으로 볼 수 없고, 단지 무효등확인소송의 대상이 될 뿐임

⑿ 무효등확인소송

① 의미 : 행정청의 처분·재결의 효력 유무 또는 존재 여부를 확인하는 소송

② 종류 : 처분 또는 재결에 대하여 각각 무효확인소송, 유효확인소송, 실효확인소송, 존재확인소송, 부존재확인소송 등

③ 준용규정 : 취소소송에 관한 규정이 대부분

준용됨

⒀ 부작위위법확인소송

① 의미 : 행정청의 부작위가 위법하다는 것을 확인하는 소송

② 성질 : 법원에 부작위가 위법하다는 확인을 구하는 확인소송의 성질을 가지며, 공권력 발동이 없음을 다투는 것으로 이 또한 공권력 발동에 관한 소송이므로 항고소송의 범주에 속함

③ 준용규정 : 취소소송에 관한 대부분의 규정이 준용됨

⒁ 당사자소송

① 의미 : 행정청의 처분 등을 원인으로 하는 법률관계에 관한 소송, 그 밖에 공법상의 법률관계에 관한 소송으로서 그 법률관계의 한쪽 당사자를 피고로 하는 소송

② 성질 : 당사자소송은 시심적 쟁송의 성질을 가지며, 소송절차면에서 민사소송과 그 본질을 같이 하나, 공법원리가 지배하게 되어 민사소송에 대한 여러 가지 절차적 특례가 인정된다.

⒂ 객관적 소송

① 의미 : 법률의 공익적 관점에서 행정의 적법성 보장을 목적으로 하는 소송을 말함(민중소송, 기관소송이 있음)

PART 01

2024년 기출문제

국어 · 행정학 · 행정법

국어

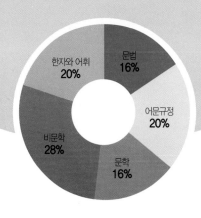

한자와 어휘 20%
문법 16%
어문규정 20%
문학 16%
비문학 28%

정답 및 해설 236p

01

다음 중 발음의 표기가 가장 적절한 것은?

① 뚫는[뚤는]
② 넓다[널따]
③ 끝으로[끄츠로]
④ 젖먹이[점머기]

02

다음 중 띄어쓰기가 틀린 것은?

① 집 밖에 눈이 쌓였다.
② 공부 밖에 모르는 학생이군.
③ 맨손으로 땅을 팠다.
④ 한겨울에 얇은 옷만 입은 채,

03

다음 중 형태소에 대한 설명으로 옳은 것은?

① 홀로 설 수 있는 말의 단위
② 뜻을 구별하는 소리의 최소 단위
③ 의미를 가진 가장 작은 말의 단위
④ 끊어 읽기의 단위

04

아래의 밑줄 친 단어 중 맞춤법에 어긋난 것은?

① 설거지는 내가 할게.
② 파란불이 빨간불로 바꼈다.
③ 잠시 후 산등성이가 보였다.
④ 저기에 돌무더기가 쌓여 있어요.

05

다음 낱말 중 맞춤법이 틀린 것은?

① 깨끗히   ② 가득히
③ 조용히   ④ 고스란히

06

다음 문장 중 문장 성분 간의 호응이 가장 자연스러운 것은?

① 오늘은 잔디밭에서 책과 그림을 그렸다.
② 사람은 모름지기 욕심을 다스릴 줄 안다.
③ 이번 연극에서 영희는 주인공 역할을 맡았다.
④ 그녀는 초보치고는 운전을 썩 잘하지는 못한다.

07

다음 중 밑줄 친 부분의 설명이 적용될 수 있는 예로 가장 적절한 것은?

> 우리말 표현 중에는 문장의 의미가 두 가지 이상으로 해석될 수 있어 의사소통에 어려움을 초래하는 경우가 많다. 그 중 하나가 <u>비교구문에서 나타나는 중의성(重義性)</u>인데, 이는 비교 대상을 분명하게 하지 않아 발생하는 현상이다.

① 나는 내일 철수와 선생님을 만난다.
② 결혼식장에 손님들이 다 들어오지 않았다.
③ 그녀는 눈물을 흘리며 아버지의 그림을 어루만졌다.
④ 글쎄, 남편은 나보다 축구 중계를 더 좋아한다니까.

08

다음 중 괄호 안에 들어갈 우리말로 가장 적절한 것은?

> 어둠 속에 눈을 뜬 강실이한테 무참히 끼쳐든 것은 생전 처음 맞닥뜨린 낯섦의 스산하고 (   ) 기운이었다.
> – 최명희, 〈혼불〉

① 성마른   ② 돈바른
③ 살천스러운   ④ 암상스러운

09

다음 중 밑줄 친 ㉠, ㉡과 이 작품에 대한 설명으로 적절하지 <u>않은</u> 것은?

> 생사(生死) 길은
> 예 있으매 머뭇거리고,
> 나는 간다는 말도
> 몯다 이르고 어찌 갑니까.
> ㉠ 어느 가을 이른 바람에
> 이에 저에 떨어질 잎처럼
> 한 가지에 나고
> 가는 곳 모르온저.
> ㉡ 아아, 미타찰(彌陀刹)에서 만날 나
> 도(道) 닦아 기다리겠노라.
>
> – 월명사(김완진 해독), 「제망매가」

① 이 작품은 신라시대의 향가 중 한 편이다.
② ㉠은 하강적 이미지를 활용하여 누이의 죽음을 상징적으로 드러낸다.
③ 죽은 누이의 극락왕생을 기원하는 작품이다.
④ ㉡은 누이의 죽음에 의한 슬픔에서 벗어나고자 욕망으로 가득한 현실적 공간을 제시한다.

10

다음은 탑골공원에 대한 실태 보고서의 목차이다. ㉠~㉣ 중 가장 적절하지 <u>않은</u> 것은?

> 1. 서론
>
> 2. 탑골공원의 지리적 조건
> 1) 교통편과 주차 시설
> 2) ㉠ <u>편의 시설과 주변 상가</u>
> 3) ㉡ <u>인근 공원의 위치와 거리</u>
>
> 3. 탑골공원 이용객의 실태
> 1) 연령대별 이용 시간
> 2) ㉢ <u>선호하는 공원 시설 및 행사</u>
> 3) ㉣ <u>노약자를 위한 시설 관리 대책</u>
>
> 4. 결론

① ㉠　　　　　② ㉡

③ ㉢　　　　　④ ㉣

11

㉠~㉢에 알맞은 말은?

비슷한 나이의 동료끼리 말을 주고받을 때는 '홍길동 씨, 경리과에 전화했어요?', '이 과장, 거래처에 다녀왔어요?'처럼 '해요체'를 주고받는 것이 일반적이다. (㉠) 같은 동료라 하더라도 상대방의 나이가 위이거나 공식적인 자리에서는 '합쇼체'를 써서 말할 필요가 있다. 곧 '홍길동 씨, 경리과에 전화했습니까?', '이 과장, 거래처에 다녀왔습니까?' 하고 말할 수 있는 것이다. 하지만 윗사람과 말을 주고 받을 때에는 반드시 '합쇼체'를 써서 '이번 일은 제가 맡아 처리하겠습니다'와 같이 말해야 한다.

(㉡) 가정에서라면 아랫사람과 대화를 주고받을 때는 상대방을 높이지 않기 때문에 '해체'나 '해라체' 정도를 사용할 수 있지만 직장에서는 사정이 조금 다르다. 아무리 자신보다 아랫사람이라 하더라도 가족 관계에서와는 달리 어느 정도 높게 대우해 주어야 하는 것이다. (㉢) 과장이 자신의 부하 직원에게 말을 할 때 '홍길동 씨, 업무 계획서 좀 빨리 작성해줘요.' 하고 말할 수 있다.

그러나 아랫사람이 자신보다 매우 어리거나 친밀한 사이일 경우에는 '홍길동 씨, 업무 계획서 좀 빨리 작성해 줘' 하고 존대의 효과가 없는 '해체'를 사용할 수도 있고 '하게체'를 사용하여 상대를 조금 대우해 줄 수도 있다.

① ㉠ 그러나　㉡ 한편　㉢ 그래서

② ㉠ 그러나　㉡ 한편　㉢ 그리고

③ ㉠ 그리고　㉡ 따라서　㉢ 그래서

④ ㉠ 그리고　㉡ 따라서　㉢ 그러나

12

다음 중 밑줄 친 ㉠~㉣의 한자음이 잘못 연결된 것은?

우리는 어떤 行爲가 ㉠ 行爲者의 ㉡ 自由意志에 의한 것일 때에 그 行爲에 대해 道德的 ㉢ 責任을 물을 수 있다고 여긴다. 그렇다면 自由意志에 의한 行爲인지의 ㉣ 與否를 가리는 基準은 무엇일까?

① ㉠ 行爲者 - 행위자

② ㉡ 自由意志 - 자유의사

③ ㉢ 責任 - 책임

④ ㉣ 與否 - 여부

13

다음 중 밑줄 친 말을 대신할 수 있는 사자성어로 적절하지 않은 것은?

앞서 도공은 지난 주 경영회의에서 고속도로 통행료 전자지불시스템으로 기존 전자화폐나 교통카드 겸용 신용 카드 대신 새로운 스마트카드를 도입하고 이의 발급을 도공 자신이 주관키로 결정했다. 도공 관계자는 20일 "기존 전자화폐 5종의 경우 우열을 가리기 힘들고 교통카드 겸용 신용 카드도 각 지역별로 호환이 안 되는 상황에서 한 해 2조원에 달하는 고속도로 통행료를 공사가 직접 관리, 운용하는 편이 충실한 경영에 도움이 된다고 판단해 이같이 결정했다"고 밝혔다.

① 막역지우(莫逆之友)

② 백중지세(伯仲之勢)

③ 난형난제(難兄難弟)

④ 막상막하(莫上莫下)

14

다음 중 빈칸 ㉠에 들어갈 말로 가장 적절한 것은?

문학 작품은 다양한 내적 요소들의 결합으로 구성되면서 외적으로 작가의 맥락, 사회·문화적 맥락, 문학사적 맥락, 상호 텍스트적 맥락과 연계된다. 문학작품의 이해·감상·평가는 수용자가 내적 요소들의 결합관계를 분석하고 다양한 외적 맥락을 함께 고려하며 이루어진다.

작가의 맥락은 작품을 창작한 작가와 문학작품의 관계를 말한다. 작가의 생애나 작가가 경험한 특정한 사건이 작품에 반영되고 영향을 미칠 수 있다. 예를 들어 정지용의 시 「유리창」에는 어린 자식을 잃은 정지용의 가정사가 반영되어 있다.

사회·문화적 맥락은 문학작품에 반영된 사회·문화적 상황과 문학작품의 관계를 말한다.

문학사적 맥락은 문학사와 문학 작품의 관계를 말한다.

㉠ (   ) 문학작품 사이의 관계를 말한다. 하나의 작품을 다른 작품과의 연관성 속에서 파악할 수 있을 때 상호 텍스트성이 나타난다.

－「고등학교 문학」

① 상호 텍스트적 맥락은
② 문학 작품의 이해는
③ 문학 작품의 내적 맥락은
④ 문학 작품의 비평은

15

다음 중 빈칸 ㉠에 들어갈 말로 가장 적절한 것은?

최근 환경오염에 기인하는 생태계의 파괴와 새롭게 개발된 생명과학 기술이 점차 인간의 삶과 그 존엄성을 위협하게 됨에 따라, 생명과학에 대한 세상의 관심도 높아졌고 그것이 갖는 도덕성도 심심찮게 논란의 대상이 되고 있다. 생태계의 파괴와 관련하여 생명과학이 주목을 받는 것은 생태계 파괴의 주범이 생명과학이어서가 아니라, 이미 심각한 상태로 파괴된 생태계를 복원시킬 수 있는 효과적인 방법을 생명과학이 제시할지도 모른다는 기대 때문이다.

그러나 이와는 반대로 생명과학의 도덕성에 대한 논의는 생명과학이 개발해 내고 있는 각종 첨단 기술이 인간의 존엄성을 훼손하게 될 것이라는 우려의 표출인 것이다. 다른 모든 과학과 마찬가지로 생명과학도 (㉠)을 지니고 있다. 그렇기 때문에 우리는 생명과학이 갖는 무한한 가능성에 대하여 큰 기대를 걸면서도 동시에 그것이 갖는 가공할 만한 위험성을 항상 경계하고 있는 것이다.

① 개연성
② 합리성
③ 양면성
④ 일관성

16

아래의 설명에 가장 부합하는 문장을 고르시오.

부사는 주로 뒤에 오는 용언을 꾸며 줍니다. 그런데 부사 중에는 '다행히 우리는 기차를 놓치지 않았다.'의 '다행히'처럼 문장 전체를 꾸며주면서 말하는 사람의 심리적인 태도를 나타내는 종류도 있어요.

① 설마 학교에 가지 않은 건 아니지?
② 차가 빨리 달린다.
③ 공을 멀리 던졌다.
④ 책이 가지런히 놓여 있다.

17

다음 글이 〈보기〉의 ㉠~㉣ 중 들어가기에 가장 적절한 곳은?

> 서양인이나 중동인은 해부학적으로 측면의 얼굴이 인상적인 이미지를 남긴다. 그래서 서양미술에서는 사람의 측면만 그리는 '프로필(프로파일)'이라는 미술 장르가 발달했다. 프로필이라는 말이 인물 소개를 뜻하게 된 것도 이 때문이다.

보기

어떤 이집트 그림에서는 사람의 얼굴은 측면, 눈은 정면, 목은 측면, 가슴은 정면, 허리와 발은 측면으로 그려지곤 한다. 인간의 신체가 자연 상태에서 이렇게 보이는 경우란 있을 수 없다. 해부학적으로 불가능한 자세인 것이다.

그럼에도 이 그림을 처음 볼 때 우리는 별로 어색한 느낌이 들지 않는다. 왜 그럴까? 그것은 신체의 각 부위가 그 특징이 가장 잘 드러나는 부분 위주로 봉합되어 있기 때문이다. 넓은 가슴이나 눈은 정면에서 보았을 때 그 특징이 잘 살아난다. (㉠)

이렇게 각 부위의 중요한 면 위주로 조합된 인체상은 이상적인 부분끼리의 조합이므로 완전하고 완벽하며 장중한 형상이라는 느낌을 준다. 그러니까 흠 없는 인간, 영원히 썩지 않고 스러지지 않을 초월적 존재라는 인상을 준다. (㉡)

이집트 그림에서는 신과 파라오, 귀족만이 이렇게 그려지고 평범한 사람들은 곧잘 이런 법칙과 관계없이 꽤 사실적으로 그려졌다. (㉢) 이는 신과 파라오, 나아가 귀족은 오로지 '존재하는 자'이고, 죽을 운명의 범인들은 그저 '행위하는 자'라는 생각이 반영된 것이다.

범인들이 일하는 모습을 그릴 때 사실적으로, 그러니까 얼굴이 측면이면 가슴도 측면으로 자연스럽게 그리는 것은, 그들은 썩어 없어질 '찰나의 인생'이기 때문이다. (㉣) 반면 고귀한 신분은 삼라만상의 변화와 관계없이 영원한 세계의 이상을 반영하는 존재이므로 이상적 규범에 따라 불변의

양식으로 그려진다.

① ㉠
② ㉡
③ ㉢
④ ㉣

18

다음 글에 나타나지 <u>않는</u> 수사법은?

> 불안인지 환희인지 모를 것으로 터질 듯한 마음을 부채질하듯이 벌판의 모든 곡식과 푸성귀 와 풀들도 축 늘어졌던 잠에서 깨어나 일제히 웅성대며 소요를 일으킨다. 그러나 소나기의 장막은 언제나 우리가 마을 추녀 끝에 몸을 가리기 전에 우리를 덮치고 만다. 채찍보다 세차고 폭포수보다 시원한 빗줄기가 복더위와 달음박질로 불화로처럼 단 몸뚱이를 사정없이 후려치면 우리는 드디어 폭발하고 만다.
>
> – 박완서, 「그 많던 싱아는 누가 다 먹었을까」

① 역설법
② 과장법
③ 직유법
④ 활유법

19

다음 글에 대한 이해로 가장 거리가 <u>먼</u> 것은?

> '명품'이라는 말은 '대통령'이라는 말이 어처구니 없는 오해를 빚어내는 것과 같다. '대통령'은 원래 'president'를 번역하면서 생겨난 말인데, 이 원어는 라틴어로 '앞'이라는 뜻의 'pre-'와 '앉아 있다'라는 뜻의 'sidere'의 합성어이다. 다시 말해 민주주의를 뜻하는 '회의 석상에서 앞에 앉아 있는 사람'이라는 'president'가 대통령, 즉 '국가의 통치 문제에 있어서 가장 큰 명령을 내리는 사람'으로 번역되면서 아직도 전제 정치의 특징인 '통치권'이

우리 정치 사회를 흔들고 있는 원인이 되고 있다.

마찬가지로 돈이 되기만 하면 달려드는 상업주의 장사꾼들과 시청률과 구독률만을 높이기만 하면 된다는 언론의 합작품인 '명품'이라는 용어를 국민들이 무비판적으로 받아들이면서 우리의 건전한 소비의식이 병들게 된 것이다. 그래서 에코는 기호학을 정의하면서 "거짓말을 하기 위해 사용될 수 있는 모든 것을 연구하는 학문 분야"라고 하였나 보다.

① 에코의 말은 과장에 해당한다.
② '명품'이라는 말은 잘못된 번역어이다.
③ 일부 기업과 언론의 행태를 비판하고 있다.
④ '비교'에 해당하는 설명 방식을 활용하였다.

20

다음 중 (가)~(다)를 문맥에 맞는 순서대로 나열한 것은?

사회 문제의 종류와 내용 및 그에 대한 관념은 시대와 사회에 따라 다르게 나타난다. 운명론을 예로 들어보자. 운명론은 한마디로 개인의 고통과 사회적 불평등을 하늘의 뜻으로 또는 당연히 주어진 것으로 받아들이는 태도이다.

(가) 이러한 상황에서는 사람들이 겪는 고통이 '사회 문제'의 관념으로 발전하기 어렵다. 결과적으로 전통 사회에서는 기존 질서의 유지가 가장 중요한 사회적 관심사가 되고 따라서 '규범의 파괴'가 가장 핵심적인 사회 문제로 떠오르게 된다.

(나) 한편, 오늘날 우리가 갖게 된 사회 문제의 관념은 운명론의 배격을 전제로 한다. 그것은 우선 사람의 고통은 여러 사람 공동의 노력으로 해결할 수 있다는 생각, 그것이 개인의 책임이 아니고 사회 제도와 체제의 책임이라는 관념, 나아가

모든 사람은 인간적인 대우를 받을 가치가 있다는 인식의 확산 없이는 이루어지지 못한다.

(다) 따라서 운명론이 지배하는 사회에서는 개인이나 특정 집단이 겪는 고통은, 그것이 심한 사회적 통제와 불평등의 결과이기도 하지만, 사회의 잘못이 아닌 그들 개개인의 탓으로 돌려진다. '가난한 나라도 구제할 수 없다'는 생각이 그 단적인 예에 속한다.

① (나) → (가) → (다)
② (나) → (다) → (가)
③ (다) → (가) → (나)
④ (다) → (나) → (가)

21

다음 중 외래어 표기가 잘못된 것은?

① 집에 가는 길에 슈퍼마켓에 들러 휴지를 샀다.
② 생일을 맞은 친구에게 축하 메세지를 보냈다.
③ 네 아이들이 길가에서 초콜릿을 나눠 먹고 있었다.
④ 요즘에는 디지털보다 오히려 아날로그 감성이 인기이다.

22
다음 작품과 주제 및 정서가 가장 비슷한 것은?

> 홍진에 뭇친 분네 이내 생애 엇더흔고
> 넷 사름 풍류롤 미츨가 못미츨가
> 천지간 남자 몸이 날 만흔 이 하건마는
> 산림에 뭇쳐 이셔 지락을 모롤 것가
> 수간모옥을 벽계수 앒픠 두고
> 송죽 울울리예 풍월주인 되여셔라
> 엇그제 겨을 지나 새봄이 도라오니
> 도화행화는 석양리예 픠여 잇고
> 녹양방초는 세우 중에 프르도다
> 칼로 몰아 낸가 붓으로 그려낸가
> 조화신공이 물물마다 헌수룹다
> 수풀에 우는 새는 춘기를 뭇내 계워
> 소리마다 교태로다
> 물아일체어니 흥이이 다룰소냐
> 시비예 거러 보고 정자애 안자 보니
> 소요음영ㅎ야 산일이 적적흔듸
> 한중진미룰 알 니 업시 호재로다

① 오백 년 도읍지를 필마로 도라드니
　산천은 의구ㅎ되 인걸은 간 듸 업다
　어즈버 태평연월이 쑴이런가 ㅎ노라
② 수양산 ᄇ라보며 이제룰 쑴 한ㅎ노라
　주려 주글진들 채미도 ㅎ는 것가
　비록애 푸새엣 거신들 긔 뉘 짜헤 낫듯니
③ 청산은 엇뎨ㅎ야 만고애 프르르며
　유수는 엇뎨ㅎ야 주야애 긋디 아니는고
　우리도 그티디 마라 만고상청호리라
④ 십 년을 경영ㅎ여 초려삼간 지여 내니
　나 흔 간 둘 흔 간에 청풍 흔 간 맛져 두고
　강산은 들일 듸 업스니 둘러 두고 보리라

23
다음 인용문의 내용에 대한 설명으로 가장 적절하지 **않은** 것은?

> 　근대 이후 역사학자들은 역사의 거대한 흐름을 서술하는 것을 주된 과제로 삼았다. 즉, 거시적인 전망에서 경제·사회 구조의 변화과정을 포괄적으로 서술하는 것을 목적으로 여겼다. 따라서 특정 지역의 역사를 자본주의 경제의 확립이나 민족국가의 성립과 같은 어떤 목표점을 향해 전개되어 온 도정으로 서술하거나, 장기간에 걸쳐 완만하게 변화하는 사회 경제 질서와 그 표면에서 거품처럼 끓어오르는 정치권력의 흥망성쇠를 입체적으로 기술한 것이 역사 서술의 주류를 형성해 왔다. 20세기 후반에 등장한 역사 서술인 미시사(微視史)는 이러한 역사 서술이 보통 사람들의 개별적인 삶을 통계 수치로 환원하여 거시적인 흐름으로 바꿔 버리거나 익명성의 바다속으로 사라지게 한다고 비판한다.

① 이 글에는 역사를 바라보는 서로 상반된 입장이 나타난다.
② 종래 역사 서술의 주류를 형성해 온 것은 거시적인 전망에서 역사의 거대한 흐름을 서술하는 입장이었다.
③ 미시사적인 역사 서술은 보통 사람들의 개별적인 삶을 통계수치로 환원시켜 익명성의 바다 속으로 사라지게 한다.
④ 거시적인 역사 서술은 특정 지역의 역사를 어떤 목표점을 향해 전개되어 온 도정으로 서술한다.

[24~25] 다음 글을 읽고 물음에 답하시오.

우리는 건축가가 된 다음에 집을 짓거나, 거문고 연주가가 된 다음에 거문고를 타게 되는 것은 아니다. 집을 지어봄으로써 건축가가 되고, 거문고를 타봄으로써 거문고 연주가가 되는 것이다. 마찬가지로 우리는 옳은 행위를 함으로써 옳게 되고, 절제 있는 행위를 함으로써 절제 있게 되며, 용감한 행위를 함으로써 용감하게 되는 것이다.

그런데 (㉠) 실천은 성향이 되고 성향은 습관이 될 때 비로소 성품이 탄생하게 되는 것이다. 남과 사귀는 과정에서 우리가 늘 행하는 행위에 의해 우리는 올바른 사람이 되거나 옳지 못한 사람이 되며, 또 위험과 맞닥뜨렸을 때 무서워하거나 태연한 마음을 지니거나 하는 습관을 얻게 됨으로써 혹은 용감한 이가 되고 혹은 겁쟁이가 된다. 욕망이나 분노 같은 것도 이와 마찬가지이다. 즉 자기가 당한 처지에서 어떻게 행동하는가에 따라, 절제 있고 온화한 사람이 되기도 하고 혹은 방종하고 성미 급한 사람이 되기도 한다.

24

㉠에 들어갈 문장으로 가장 적절한 것은?

① 바늘허리에 실을 매어 쓸 수는 없다.

② 사공이 많으면 배가 산으로 가는 법이다.

③ 산에 가야 범을 잡고 물에 가야 고기를 잡는다.

④ 제비가 한 마리 날아왔다고 봄이 오는 것이 아니다.

25

위 글의 제목으로 가장 적절한 것은?

① 상황 판단의 합리성

② 올바른 성품의 중요성

③ 실천과 습관의 중요성

④ 자기반성과 자아실현의 의의

행정학

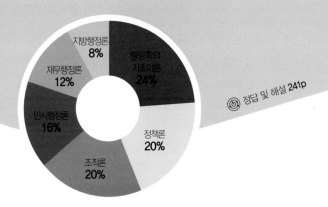

정답 및 해설 241p

지방행정론 8%
재무행정론 12%
인사행정론 16%
조직론 20%
정책론 20%
행정학의 기초이론 24%

01

다음 중 공유재(common-pool goods)에 대한 설명으로 가장 적절하지 <u>않은</u> 것은?

① 국공립 도서관, 국립공원, 국방, 치안 등을 그 예로 들 수 있다.

② 경합성을 지닌다.

③ 비배제성을 지닌다.

④ 과잉 소비의 문제가 발생할 수 있다.

02

다음 중 기계적 조직구조에 대한 설명으로 가장 적절하지 <u>않은</u> 것은?

① 대규모 조직에서 높은 공식화와 표준화를 추구한다.

② 막스 베버 (Max Weber)의 관료제 모형과 같이 고전적이고 전형적인 관료제 조직구조이다.

③ 조직이 처해 있는 환경적 상황이 복잡하고 불안정하며, 동태적으로 불확실성이 높은 경우에 적합하다.

④ 직무를 분화하여 전문화함으로써 조직의 내적 통제 및 조정, 효율화, 합리화에 유리하다.

03

다음 중 무의사결정론에 대한 설명으로 가장 적절하지 <u>않은</u> 것은?

① 기득권의 정치권력에 존재하는 두 얼굴 중 어두운 측면의 얼굴에 해당한다.

② 정책결정권자의 무관심이나 무능력 때문에 이루어지는 경향이 크다.

③ 정책 결정에 핵심적 권력을 갖는 개인이나 집단에 부정적 영향을 끼치는 주장을 억압·좌절시키거나 고의적으로 방치한다.

④ 기득권 세력은 때때로 정책의제 또는 정책 대안의 범위·내용을 제한하여 집행의 의미가 없는 상징적 의제 또는 대안만 채택할 수 있도록 하기도 한다.

04

다음 중 공공재의 공급 규모에 대한 설명으로 가장 적절하지 <u>않은</u> 것은?

① 니스카넨(Niskanen)의 예산극대화모형에 따르면 공공재는 과다 공급된다.

② 파킨슨(Parkinson)의 법칙이 적용되면 공공재

는 과다 공급된다.

③ 보몰(Baumol)의 효과로 인하여 정부의 지출 규모가 감소하여 공공재는 과소 공급된다.

④ 다운스(Downs)에 의하면, 국민의 합리적 무지 내지 무관심은 공공재의 과소 공급을 가져온다.

05

다음 중 실적주의와 직업공무원제에 대한 설명으로 가장 적절하지 <u>않은</u> 것은?

① 실적주의를 개방형 충원과 동시에 시행하면 직업공무원제가 확립되기 어렵다.

② 직업공무원제는 실적주의의 확립 요건 또는 구성요소 중 하나로 볼 수 있으며, 따라서 직업공무원제는 실적주의를 토대로 할 때 더욱 확고하게 뿌리내릴 수 있다.

③ 결원 충원 방식 및 공직 분류 제도에 있어서 실적주의는 개방형과 직위분류제에, 직업공무원제는 폐쇄형과 계급제에 가깝다고 할 수 있다.

④ 직업공무원제는 승진, 전보, 교육훈련 등을 통해 공무원 능력발전의 기회를 강조한다.

06

다음 중 정부규제에 대한 설명으로 가장 적절하지 <u>않은</u> 것은?

① 경쟁적 규제란 재화나 용역을 제공할 수 있는 권리를 수많은 잠재적 또는 실제적 경쟁자들 중에서 선택·지정된 소수의 전달자에게만 제한시키는 규제를 말한다.

② 보호적 규제란 최대 노동시간의 제한, 최저임금제, 가격통제 등과 같이 일반 국민을 보호하기 위하여 기업이나 개인의 행위를 제한하는 규제를 말한다.

③ 정부규제에 대한 민간의 순응 비용을 '규제에 의한 조세' 또는 '숨겨진 조세'라고 설명하기도 한다.

④ 포지티브(positive) 규제란 어떤 행위를 원칙적으로 허용하되, 금지되는 행위만 예외적으로 규정하는 방식을 말한다.

07

다음 중 정책네트워크의 유형에 대한 설명으로 가장 적절하지 <u>않은</u> 것은?

① 정책공동체는 대체로 제로섬게임(zero-sum game)의 성격을 띠지만, 정책문제망은 상대적으로 공동의 이익을 추구하는 포지티브섬 게임(positive-sum game)이다.

② 정책문제망은 주로 특정한 정책 문제별로 형성되며 그 경계는 모호하고 개방성이 높은 편이다.

③ 정책공동체는 주로 정책 분야별로 형성되며 그 참여자의 범위가 하위정부의 경우보다 비교적 넓은 편이다.

④ 하위정부 모형에서 '철의 3각 동맹관계'는 주로 정책 분야별로 형성되며 그들 간에 상호 활발한 교류를 한다.

08

다음 중 행정과 경영의 유사성으로 가장 적절하지 <u>않은</u> 것은?

① 관리기술적 측면　　② 관료제적 성격

③ 법적 규제　　④ 협동 행위

09

다음 중 책임운영기관에 대한 설명으로 가장 적절하지 <u>않은</u> 것은?

① 기관장은 계약직으로 임용되지만, 소속 직원은 공무원 신분을 유지하는 공법인이다.

② 성과를 중시하는 신공공관리론의 원리에 따라 등장한 제도이다.

③ 시장원리에 대한 강조로 인하여 공공서비스의 형평성과 안정성이 저하될 가능성이 있다.

④ 정책 결정 기능으로부터 집행기능을 분리한 집행 중심의 조직이다.

10

다음 중 우리나라의 예비비에 대한 설명으로 가장 적절하지 <u>않은</u> 것은?

① 목적예비비는 예산총칙 등에서 미리 사용 목적을 지정해야 하며, 따로 세입 · 세출예산에 계상할 수 있다.

② 예측할 수 없는 예산 외의 지출 또는 초과 지출에 충당하기 위해서 편성한다.

③ 재해대책비 · 공공요금 · 환율상승에 따른 원화 부족액 보정 등을 위해 사용 가능한 한도액을 정한 목적예비비가 있다.

④ 일반예비비는 그 사용 목적을 특정하지 않고 국회의 사전 의결을 거친 경비이므로 회계연도를 달리하여 사용할 수 있다.

11

다음 중 민츠버그(Mintzberg)의 전문적 관료제 구조에 대한 설명으로 가장 적절하지 <u>않은</u> 것은?

① 업무의 표준화가 어려워 개인의 전문성에 의존한다.

② 종합병원과 같이 높은 분화와 낮은 공식화의 특성을 가진다.

③ 환경변화에 적응하는 속도가 빠른 편이므로 복잡하고 불안정한 환경에 적절하다.

④ 핵심운영층에 해당하는 작업 계층의 역할이 강조된다.

12

다음 중 공공선택이론에 대한 설명으로 가장 적절하지 <u>않은</u> 것은?

① 중위투표자 이론은 중간선호자만을 만족시킨 모형으로서 모든 투표자의 선호를 고려하지 않기 때문에 자원배분의 효율성을 보장하지 못한다.

② 티부(Tiebout)에 의하면, 지역주민의 완전한 이동성이라는 시장 배분적 과정을 통하여 지방공공재의 적정규모 공급이 가능하다.

③ 공공선택이론은 소비자인 개인의 선호를 존중하고, 경쟁을 통하여 공공서비스를 생산하고 공급함으로써 행정의 대응성을 높일 수 있다고 주장한다.

④ 고위직 관료들의 관청형성전략(bureau-shaping strategy)은 소속 조직을 보다 집권화된 대규모의 계서적 관료조직으로 개편시키게 된다.

13

진보주의와 보수주의의 구분은 사회와 정책을 이해하는 한 방법이다. 진보주의 정부에서 선호하는 정책으로 가장 적절하지 <u>않은</u> 것은?

① 소수민족 기회 확대

② 소득재분배 강조

③ 조세 감면 확대

④ 정부규제 강화

14

다음 중 우리나라 고위공무원단 또는 고위감사공무원단에 속하는 공무원이 <u>아닌</u> 것은?

① 「정부조직법」 제2조에 따른 중앙행정기관의 실장·국장 및 이에 상당하는 보좌기관

② 지방자치단체 및 지방교육행정기관의 지방공무원 중 국장급 직위에 상당하는 직위

③ 행정부 각급 기관의 직위 중 제1호의 직위에 상당하는 직위

④ 감사원 사무차장, 감사교육원장, 감사연구원장

15

다음 중 우리나라 지방자치단체 간의 연결구조에 대한 설명으로 가장 적절하지 <u>않은</u> 것은?

① 하나의 자치단체가 다른 자치단체를 구역 안에 포괄하는 중층제를 원칙으로 하며, 광역단체(시·도)와 기초단체(시·군·구)의 연결구조가 그 예이다.

② 한 구역에 하나의 자치단체만이 존재하는 단층제를 예외적으로 채택하고 있으며, 강원특별자치도·전북특별자치도·제주특별자치도·세종특별자치시가 여기에 해당한다.

③ 자치계층이 자치권을 바탕으로 하는 계층 간 독립적 관계구조라면, 행정계층은 계층 간 지휘·감독적 관계구조라고 할 수 있다.

④ 자치계층이 정치적 민주성을 중심으로 한다면, 행정계층은 행정의 효율성을 중심으로 하는 개념이라고 할 수 있다.

16

다음 중 지방자치단체의 재정자립도에 대한 설명으로 가장 적절하지 <u>않은</u> 것은?

① 특별회계와 기금을 제외하고 일반회계만을 고려하기 때문에 실제 재정 능력이 과소 평가된다.

② 자체재원만을 반영하고 세출 구조를 고려하지 않아 세출의 질을 알 수 없다.

③ 중앙정부의 재정지원을 의존재원으로 처리함으로써 그 재정지원의 형태나 성격을 제대로 파악할 수 없다.

④ 지방자치단체가 중앙정부 등 외부의 간섭이나 통제 없이 자주적으로 편성·집행할 수 있는 재원의 비율을 말한다.

17

네트워크 구조의 기본원리로 가장 적절하지 <u>않은</u> 것은?

① 네트워크 참여자의 독립성

② 구성원 간의 자발적 연결

③ 네트워크 참여자에게 있는 공통된 목표

④ 계층의 통합과 단일의 지도자

18

다음 중 델파이 기법의 절차나 요소에 대한 설명으로 가장 적절하지 <u>않은</u> 것은?

① 전문가 집단에게 예측하고자 하는 문제나 관련된 분야에 대하여 설문지를 배부한다.

② 설문지의 응답 내용을 통계 처리한 뒤에 결과물을 다시 동일 전문가에게 발송하여 처음의 의견을 수정할 것인지를 물어서 결과를 회신하도록 한다.

③ 장래에 일어날 사건의 줄거리를 가상적 시나리오로 구성한다.

④ 문제나 이슈에 대한 전문가를 선정한다.

19

탈신공공관리(post-NPM)에 대한 설명으로 가장 적절하지 <u>않은</u> 것은?

① 탈신공공관리의 기본 목표는 신공공관리의 역기능적 측면을 교정하고 통치역량을 강화하며, 정치·행정의 통제와 조정을 개선하기 위해 재집권화와 재규제를 주창하는 것이다.

② 탈신공공관리는 신공공관리의 조정이 아니라 신공공관리의 주요 아이디어들을 대체하는 것이다.

③ 탈신공공관리는 구조적 통합을 통해 분절화의 축소를 추구한다.

④ 중앙의 정치·행정적 역량 강화를 추구한다.

20

증거기반 정책결정에 대한 설명으로 가장 적절하지 <u>않은</u> 것은?

① 정책이 이념, 신념, 의견 등에 기반하거나 과학적 사실이 부족한 담론 등에 의한 정책 결정을 지양한다는 것이다.

② 증거기반 정책결정이 성공하기 위해서는 상당한 수준의 정보를 활용할 수 있는 정보기반이 갖추어져야 한다.

③ 증거기반 정책결정은 보건정책 분야, 사회복지정책 분야, 교육정책 분야, 형사정책 분야 등에서 상대적으로 용이하게 적용할 수 있다.

④ 증거기반 정책결정을 주장하는 학자들은 정치적 결정 과정을 증거기반 정책결정으로 대체할 수 있다고 주장한다.

21

다음 중 정부회계에 대한 설명으로 가장 적절하지 <u>않은</u> 것은?

① 현금주의 회계가 발생주의 회계보다 상대적으로 절차가 간편하고 통제가 용이하다.

② 현금주의 회계는 무상거래를 인식하지 않지만 발생주의 회계는 이중거래로 인식한다.

③ 감가상각에 대해서 현금주의 회계는 비용으로 인식하지만 발생주의 회계에서는 인식이 안 된다

④ 발생주의 회계는 재정 성과 파악이 현금주의 회계보다 용이하다.

22

자아실현적 인간에 대한 관리 전략에 대한 설명으로 가장 적절하지 않은 것은?

① 상황 조건과 구성원 동기의 차별성을 고려하여 획일적이기보다는 유연하고 다원적이며 세분화된 관리 전략을 사용한다.

② 구성원이 자신들의 직무에서 의미를 발견하고, 긍지와 자존심을 가지며, 도전적으로 직무에 임할 수 있도록 한다.

③ 관리자는 구성원을 지시하고 통제하기보다는 구성원 스스로 자기통제와 자기계발을 통해 문제를 해결할 수 있도록 지원하고 촉진한다.

④ 통합모형에 근거해 개인과 조직의 목표를 융합하고 통합할 수 있도록 의사결정 과정에서 구성원들의 참여를 확대한다.

23

공무원 부패에 대한 설명으로 가장 적절하지 않은 것은?

① 「부패방지 및 국민권익위원회의 설치와 운영에 관한 법률」에서는 부패행위를 공직자가 직무와 관련하여 그 지위 또는 권한을 남용하거나 법령을 위반하여 자기 또는 제3자의 이익을 도모하는 행위 등으로 규정하고 있다.

② 공무원 부패에 대해 체제론적 접근에서는 사회의 법과 제도상의 결함이나 이러한 것들에 대한 관리기구와 운영상의 문제들 또는 예기치 않았던 부작용이 부패의 원인으로 작용한다고 보는 입장이다.

③ 선의의 목적으로 행해지는 부패를 '백색부패'라고 한다.

④ 사회적으로 희소한 권력을 갖고 있는 사람들에

의한 부패를 '권력형 부패'라 하며, 이는 사회적 지탄의 대상이 된다.

24

역량평가제도에 대한 설명으로 가장 적절하지 않은 것은?

① 우리나라 역량평가제도는 고위공무원단의 구성과 함께 고위공무원으로서 요구되는 역량의 사전적 검증장치로 도입되었다

② 역량평가는 특정 피평가자에 대해 다양한 사람으로부터 입체적이고 다면적인 평가 결과를 도출함으로써 평가의 공정성을 확보할 수 있다.

③ 역량평가는 구조화된 모의 상황을 설정해 현실적 직무 상황에 근거한 행정을 관찰해 평가하는 방식이다.

④ 역량평가는 다양한 실행 과제를 종합적으로 활용함으로써 개별 평가기법의 한계를 극복하고 대상자들의 몰입을 유도하며 다양한 역량을 측정할 수 있다.

25

다음 중 정책집행의 접근법에 대한 설명으로 가장 적절하지 않은 것은?

① 상향적 접근법은 정책목표의 명확성과 그 실현을 위한 다양한 수단의 필요성을 강조한다는 점에서 합리모형에 입각한 이론이다.

② 엘모어(Elmore)의 통합적 접근법에 따르면, 정책집행에 있어서 정책목표는 하향적으로 접근하여 설정하고, 정책수단은 상향적으로 접근하여 집행 가능성이 가장 높은 수단을 선택한다.

③ 하향적 접근법은 정책결정에 대한 집행과정의
피동적 순응을 강조한다.

④ 타협모형(compromise model)에 따르면, 정책
집행은 갈등을 야기하고 저항하는 세력과 타협
하여 협력을 얻어내는 과정이다.

행정법

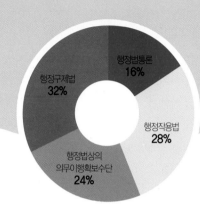

행정법통론 16%
행정구제법 32%
행정작용법 28%
행정법상의 의무이행확보수단 24%

◎ 정답 및 해설 246p

01

다음 중 「질서위반행위규제법」에 대한 설명으로 가장 적절하지 <u>않은</u> 것은?

① 고의 또는 과실이 없는 질서위반행위는 과태료를 부과하지 아니한다.

② 하나의 행위가 2 이상의 질서위반행위에 해당하는 경우에는 각 질서위반행위에 대하여 정한 과태료를 각각 부과한다.

③ 과태료는 행정청의 과태료 부과처분이나 법원의 과태료 재판이 확정된 후 5년간 징수하지 아니하거나 집행하지 아니하면 시효로 인하여 소멸한다.

④ 과태료 부과에 불복하는 당사자는 과태료 부과통지를 받은 날부터 60일 이내에 해당 행정청에 서면으로 이의제기를 할 수 있고, 이의제기가 있는 경우에는 행정청의 과태료 부과처분은 그 효력을 상실한다.

02

다음 중 법치행정의 원칙에 대한 설명으로 가장 적절하지 <u>않은</u> 것은? (다툼이 있는 경우 판례에 의함)

① 법률유보원칙에서 법률이란 형식적 의미의 법률뿐만 아니라 법률상 위임에 따른 법규 명령이나 조례의 경우도 포함한다.

② 법률유보원칙은 단순히 행정작용이 법률에 근거를 두기만 하면 충분한 것이 아니라, 국민의 기본권 실현과 관련된 영역에 있어서는 국민의 대표자인 입법자가 그 본질적 사항에 대해서 스스로 결정하여야 한다는 요구까지 내포하고 있다.

③ 법률우위의 원칙은 공법적 행위에만 적용되고 사법적(私法的) 행위에는 적용되지 않는다.

④ 법률우위의 원칙은 행정행위와 같은 구체적인 규율은 물론 법규명령이나 조례와 같은 행정입법에도 적용된다.

03

다음 중 행정행위에 대한 설명으로 가장 적절하지 않은 것은? (다툼이 있는 경우 판례에 의함)

① 행정청이 구「도시 및 주거환경정비법」등 관련 법령에 근거하여 행하는 조합설립인가처분은 법령상 요건을 갖출 경우「도시 및 주거환경 정비법」상 주택재건축사업을 시행할 수 있는 권한을 갖는 행정주체(공법인)로서의 지위를 부여하는 일종의 설권적 처분의 성격을 갖는다.

② 구「친일반민족행위자 재산의 국가귀속에 관한 특별법」에 정한 친일재산은 친일 반민족행위자 재산조사위원회가 국가귀속결정을 하여야 비로소 국가의 소유로 되는 것이 아니다.

③ 국민건강보험공단이 甲 등에게 한 '직장가입자 자격상실 및 자격변동 안내' 통보 및 '사업장 직권탈퇴에 따른 가입자 자격상실 안내' 통보는 항고소송의 대상이 되는 처분이 아니다.

④ 교통안전공단이 그 사업목적에 필요한 재원으로 사용할 기금 조성을 위하여 구「교통안전공단법」에 정한 분담금 납부의무자에 대하여 한 분담금 납부통지는 그 납부의무자의 구체적인 분담금 납부의무를 확정시키는 효력을 갖는 행정처분이 아니다.

04

다음 중 행정소송 판결의 형성력과 기속력에 대한 설명으로 가장 적절한 것은? (다툼이 있는 경우 판례에 의함)

① 구「도시 및 주거환경정비법」상 주택재개발 사업조합의 조합설립인가처분이 법원의 재판에 의하여 취소된 경우 그 조합설립인가처분은 소급하여 효력을 상실하지 않는다.

② 취소소송에서 처분 등을 취소하는 확정판결의 기속력은 주로 판결의 실효성 확보를 위하여 인정되는 효력으로서 판결의 주문 외에 그 전제가 되는 처분 등의 구체적 위법사유에 관한 이유 중의 판단에 대하여는 인정되지 않는다.

③ 징계처분의 취소를 구하는 소에서 징계사유가 될 수 없다고 판결한 사유와 동일한 사유를 내세워 행정청이 다시 징계처분을 한 것은 확정 판결에 저촉되지 않는 행정처분을 한 것으로서 허용될 수 있다.

④ 행정처분을 취소한다는 확정판결이 있으면 그 취소판결의 형성력에 의하여 당해 행정처분의 취소나 취소통지 등의 별도의 절차를 요하지 아니하고 당연히 취소의 효과가 발생한다.

05

다음 중「개인정보보호법」에 대한 설명으로 가장 적절 하지 않은 것은?

① 공중위생 등 공공의 안전과 안녕을 위하여 긴급히 필요한 경우는 개인정보처리자는 정보주체의 동의가 없더라도 개인정보를 수집 또는 이용할 수 있다.

② 공공기관은 등록대상이 되는 개인정보파일에 대하여는 개인정보 처리방침을 정하여야 한다.

③ 공공기관의 장은 일정한 기준에 해당하는 개인정보파일의 운용으로 인하여 정보주체의 개인정보 침해가 우려되는 경우에는 그 위험요인의 분석과 개선 사항 도출을 위한 평가를 하고 그 결과를 정보주체에게 알려야 한다.

④ 정보주체가 자신의 개인정보에 대한 열람을 공공 기관에 요구하고자 할 때에는 공공기관에 직

접 열람을 요구할 수도 있고, 아니면 개인정보보호위원회를 통하여 열람을 요구할 수도 있다.

06

다음 중 항고소송의 소의 이익에 대한 판례의 설명으로 가장 적절하지 <u>않은</u> 것은?

① 부령인 시행규칙 형식으로 정한 처분기준에서 제재적 행정처분을 받은 것을 가중사유나 전제요건으로 삼아 장래의 제재적 행정처분을 하도록 정하고 있는 경우, 선행처분인 제재적 행정처분을 받은 상대방이 그 처분에서 정한 제재기간이 경과하였다 하더라도 그 처분의 취소를 구할 법률상 이익이 있다.

② 권리보호의 필요성 유무를 판단할 때에는 국민의 재판청구권을 보장한 헌법 제27조제1항의 취지와 행정처분으로 인한 권익침해를 효과적으로 구제 하려는 「행정소송법」의 목적 등에 비추어 행정처분의 존재로 인하여 국민의 권익이 실제로 침해되고 있는 경우는 물론이고 권익침해의 구체적·현실적 위험이 있는 경우에도 이를 구제 하는 소송이 허용되어야 한다는 요청을 고려하여야 한다.

③ 행정처분과 동일한 사유로 위법한 처분이 반복될 위험성이 있어 행정처분의 위법성 확인 내지 불분명한 법률문제에 대한 해명이 필요한 경우에는 취소를 구할 소의 이익을 인정할 수 있는데, 그 행정처분과 동일한 사유로 위법한 처분이 반복될 위험성이 있는 경우란 해당 사건의 동일한 소송당사자 사이에서 반복될 위험이 있는 경우만을 의미한다.

④ 행정처분의 무효확인 또는 취소를 구하는 소가 제소 당시에는 소의 이익이 있어 적법하였더라도, 소송 계속 중 처분청이 다툼의 대상이 되는 행정처분을 직권으로 취소하면 그 처분은 효력을 상실하여 더 이상 존재하지 않는 것이므로, 존재하지 않는 그 처분을 대상으로 한 항고소송은 원칙적으로 소의 이익이 소멸하여 부적법하다.

07

다음 중 위임명령에 대한 설명으로 가장 적절하지 <u>않은</u> 것은? (다툼이 있는 경우 판례에 의함)

① 위임입법의 구체성, 명확성의 요구 정도는 규율대상이 지극히 다양하거나 수시로 변화하는 성질의 것일 때에는 위임의 구체성, 명확성의 요건이 완화되어야 할 것이다.

② 국회입법의 전속사항이나 국회의 심의를 거쳐야 하는 사항으로 정해진 것은 오로지 법률로만 규율되어야 하고 법규명령으로서 정할 수 없다.

③ 벌칙규정을 법규명령에 위임하는 것도 가능하지만 법률에서 범죄 구성요건은 처벌대상인 행위가 어떠한 것인지 예측할 수 있을 정도로 구체적으로 정하고 형벌의 종류 및 그 상한과 폭을 명백히 규정하여야 한다.

④ 법률에서 위임받은 사항을 전혀 규정하지 아니하고 그대로 재위임하는 것은 허용되지 않으며 위임받은 사항에 관하여 대강을 정하고 그 중의 특정사항을 범위를 정하여 하위법령에 다시 위임하는 경우에만 재위임이 허용된다.

08

다음 중 법규명령에 대한 설명으로 가장 적절하지 않은 것은? (다툼이 있는 경우 판례에 의함)

① 일반적·추상적 규범으로서의 법규명령은 원칙적으로 항고소송의 대상이 될 수 없다.

② 법률이 대통령령으로 규정하도록 되어 있는 사항을 부령으로 정한다면 그 부령은 무효임을 면치 못한다.

③ 법령의 위임관계는 반드시 하위법령의 개별조항에서 위임의 근거가 되는 상위법령의 해당 조항을 구체적으로 명시하고 있어야만 하는 것은 아니다.

④ 위임의 근거가 없어 무효였던 법규명령은 사후적인 법률에 의해 유효가 될 수 없다.

09

다음 중 행정조사에 대한 설명으로 가장 적절하지 않은 것은? (다툼이 있는 경우 판례에 의함)

① 행정기관은 조사대상자의 자발적인 협조를 얻어 행정조사를 실시할 수 있는데, 이 경우에도 조사개시 7일 전까지 조사대상자에게 서면으로 통지하여야 한다.

② 「국세기본법」이 정한 세무조사대상 선정사유가 없음에도 세무조사 대상으로 선정하여 과세자료를 수집하고 그에 기하여 과세처분을 하는 것은 위법하다.

③ 부과처분을 위한 과세관청의 질문조사권이 행해지는 세무조사결정이 있는 경우 납세의무자는 세무공무원의 과세자료 수집을 위한 질문에 대답하고 검사를 수인하여야 할 법적 의무를 부담하게 된다는 점에서 세무조사결정은 항고 소송의 대상이 된다.

④ 세무조사가 과세자료의 수집 또는 신고내용의 정확성 검증이라는 본연의 목적이 아니라 부정한 목적을 위하여 행하여진 것이라면 이는 세무조사에 중대한 위법사유가 있는 경우에 해당하고 이러한 세무조사에 의하여 수집된 과세자료를 기초로 한 과세처분 역시 위법하다.

10

다음 중 「행정기본법」상 처분에 대한 이의신청에 대한 설명으로 가장 적절하지 않은 것은?

① 행정청의 처분에 이의가 있는 당사자는 처분을 받은 날부터 30일 이내에 해당 행정청에 이의신청을 할 수 있다.

② 이의신청을 한 경우에도 그 이의신청과 관계없이 「행정심판법」에 따른 행정심판 또는 「행정소송법」에 따른 행정소송을 제기할 수 있다.

③ 과태료·과징금의 부과 및 징수에 관한 사항에 대하여는 「행정기본법」을 적용하지 않는다.

④ 다른 법률에서 이의신청과 이에 준하는 절차에 대하여 정하고 있는 경우에도 그 법률에서 규정하지 아니한 사항에 관하여는 「행정기본법」이 정하는 바에 따른다.

11

다음 중 행정상 손해배상에 대한 설명으로 가장 적절하지 않은 것은? (다툼이 있는 경우 판례에 의함)

① 이미 존재하는 하천의 제방이 계획홍수위를 넘고 있다면 그 하천은 용도에 따라 통상 갖추어야 할 안전성을 갖추고 있다고 보아야 하고, 그와 같은 하천이 그 후 새로운 하천시설을 설치할 때

기준으로 삼기 위하여 제정한 '하천 시설기준'이 정한 여유고를 확보하지 못하고 있다는 사정만으로 바로 안전성이 결여된 하자가 있다고 볼 수는 없다.

② 국토해양부장관이 하천공사를 대행하던 중 지방하천의 관리상 하자로 인하여 손해가 발생하였다면 하천관리청이 속한 지방자치단체는 국가와 함께 「국가배상법」 제5조제1항에 따라 지방하천의 관리자로서 손해배상책임을 부담한다.

③ 동일한 손해가 공무원의 직무상 불법행위와 영조물 설치 · 관리상 하자로 인하여 발생된 경우 결국 영조물 설치 · 관리상 하자는 공무원의 직무와 관련된 것이므로 전자만을 근거로 국가배상을 청구하여야 한다.

④ 「국가배상법」상 배상결정을 받은 신청인은 지체 없이 그 결정에 대한 동의서를 첨부하여 국가나 지방자치단체에 배상금 지급을 청구하여야 하고 청구하지 아니한 경우에는 그 결정에 동의하지 아니한 것으로 본다.

12

다음 중 「행정심판법」상 간접강제와 직접처분에 대한 설명으로 가장 적절하지 않은 것은?

① 간접강제는 행정심판위원회가 청구인의 신청이 있는 때에만 명할 수 있고, 직권으로는 할 수 없다.

② 간접강제결정에 불복할 경우에는 청구인은 그 결정에 대하여 행정심판위원회를 상대로 행정소송을 제기할 수 있다.

③ 직접처분은 당사자의 신청을 거부하거나 부작위로 방치한 처분의 이행을 명하는 재결에 적용된다.

④ 행정심판위원회가 직접처분을 하였을 때에는 그 사실을 해당 행정청에 통보하여야 하며, 그 통보를 받은 행정청은 행정심판위원회의 직접 처분 취지에 따라 처분을 하고 관계 법령에 따라 관리 · 감독 등 필요한 조치를 하여야 한다.

13

다음 중 행정상 대집행에 대한 판례의 설명으로 가장 적절하지 않은 것은?

① 하천유수인용허가신청이 불허되었음을 이유로 하천유수인용행위를 중단할 것과 이를 불이행할 경우 「행정대집행법」에 의하여 대집행을 하겠다는 내용의 계고처분은 대집행의 대상이 될 수 없는 부작위의무에 대한 것으로서 그 자체로 위법하다.

② 피수용자 등이 사업시행자에 대하여 부담하는 수용대상 토지의 인도의무는 「행정대집행법」에 의한 대집행의 대상이 될 수 있다.

③ 대집행의 실행이 완료된 경우에는 행위가 위법한 것이라는 이유로 손해배상이나 원상회복 등을 청구하는 것은 별론으로 하고 처분의 취소를 구할 법률상 이익은 없다.

④ 계고서라는 명칭의 1장의 문서로서 일정기간 내에 위법건축물의 자진철거를 명함과 동시에 그 소정기한 내에 자진철거를 하지 아니할 때에는 대집행할 뜻을 미리 계고한 경우라도 「건축법」에 의한 철거명령과 「행정대집행법」에 의한 계고처분은 독립하여 있는 것으로서 각 그 요건이 충족되었다고 볼 것이다.

14

다음 중 공법상 계약에 대한 설명으로 가장 적절하지 <u>않은</u> 것은? (다툼이 있는 경우 판례에 의함)

① 시·군조합의 설립은 당사자의 의사합치로 성립한다는 점에서 공법상 계약에 해당된다.

② 공법상 계약의 이행지체, 불완전이행 등 급부 장애가 발생될 경우 민법상의 규정을 유추 적용한다.

③ 공중보건의사 채용계약 해지의 의사표시에 대하여는 대등한 당사자 간의 소송형식인 공법상의 당사자소송으로 그 의사표시의 무효확인을 청구할 수 있는 것이지, 이를 항고소송의 대상이 되는 행정처분이라는 전제하에서 그 취소를 구하는 항고소송을 제기할 수는 없다.

④ 공법상 계약의 해지 및 그에 따른 환수통보에 있어서 행정청이 일방적인 의사표시로 자신과 상대방 사이의 법률관계를 종료시킨 경우, 이를 행정청이 우월한 지위에서 행하는 공권력의 행사로서 행정처분에 해당한다고 단정할 수 없다.

15

다음 중 행정상 신뢰보호원칙에 관한 설명으로 가장 적절하지 <u>않은</u> 것은? (다툼이 있는 경우 판례에 의함)

① 도시관리계획결정만으로는 기존의 계획을 앞으로도 계속하겠다는 공적인 견해표명을 한 것으로 볼 수 없다.

② 대법원과 헌법재판소는 신뢰보호원칙이 헌법상 법치주의원리에서 도출된다고 한다.

③ 신뢰보호원칙은 법률적·사실적 사정이 변경된 경우 그 적용이 제한될 수 있다고 보는 것이 판례의 태도이다.

④ 행정기관의 선행행위를 명시적 또는 묵시적 공적 견해의 표명에 국한시키지 않고, 추상적 질의에 대한 일반적 견해표명도 이러한 공적 견해의 표명으로 볼 수 있다.

16

다음 중 항고소송과 당사자소송에 대한 설명으로 가장 적절한 것은? (다툼이 있는 경우 판례에 의함)

① 국가 등 과세주체가 당해 확정된 조세채권의 소멸시효 중단을 위하여 납세의무자를 상대로 제기한 조세채권존재확인의 소는 공법상 당사자소송에 해당한다.

② 광주광역시립합창단원으로서 위촉기간이 만료되는 자들의 재위촉 신청에 대하여 광주광역시 문화예술회관장이 실기와 근무성적에 대한 평정을 실시하여 재위촉을 하지 아니한 것을 항고소송의 대상이 되는 불합격처분이라고 할 수는 있다.

③ 「민주화운동관련자 명예회복 및 보상 등에 관한 법률」에 따른 보상금 등의 지급을 구하는 소송은 공법상 당사자소송이다.

④ 공무원연금관리공단이 「공무원연금법령」의 개정 사실과 퇴직연금 수급자가 퇴직연금 중 일부 금액의 지급정지대상자가 되었다는 사실을 통보한 경우, 위 통보는 항고소송의 대상이 되는 행정처분이다.

17

다음 중 공무원의 직무상 위법행위로 인한 손해 배상에 대한 설명으로 가장 적절한 것은? (다툼이 있는 경우 판례에 의함)

① 국가의 철도운행사업은 국가가 공권력의 행사로서 하는 것이 아니고 사경제적 작용이라 할 것이므로, 이로 인한 사고에 공무원이 간여하였다고 하더라도 「국가배상법」을 적용할 것이 아니고 일반 민법의 규정에 따라야 한다.

② 행정지도와 같은 비권력적 사실행위는 공무원의 직무행위의 범위에 속하지 아니한다.

③ 항고소송에서 처분이 위법하다고 확인되었다면, 국가배상청구소송에서 바로 처분을 한 공무원의 과실이 인정된다.

④ 공무원에게 경과실이 있는 경우 피해자에게 민사책임을 지지 않지만 만일 공무원이 피해자에게 배상했다면 국가에 대해 구상할 수는 없다.

18

다음 중 「공공기관의 정보공개에 관한 법률」에 대한 설명으로 가장 적절하지 않은 것은? (다툼이 있는 경우 판례에 의함)

① 공공기관은 정보공개의 청구가 있는 때에는 원칙적으로 10일 이내에 공개 여부를 결정하여야 한다.

② 청구인이 공공기관에 대하여 정보공개를 청구하였다가 거부처분을 받은 것 자체는 법률상 이익의 침해에 해당하지는 않는다.

③ 공개거부결정에 대하여 「공공기관의 정보공개에 관한 법률」상의 이의신청절차를 거치지 아니하고서도 행정심판을 청구할 수 있다

④ 공개대상정보는 공공기관이 직무상 작성 또는 취득하여 현재 보유·관리하고 있는 문서에 한정 되며, 그 문서가 반드시 원본일 필요는 없다.

19

다음 중 「행정소송법」에 대한 내용으로 가장 적절하지 않은 것은?

① 당사자소송은 원칙적으로 당해 처분을 행한 행정청을 피고로 한다.

② 민중소송은 법률이 정한 경우에 법률에 정한 자에 한하여 제기할 수 있다.

③ 기관소송은 법률이 정한 경우에 법률에 정한 자에 한하여 제기할 수 있다.

④ 국가의 사무를 위임 또는 위탁받은 공공단체 또는 그 장에 해당하는 피고에 대하여 취소소송을 제기하는 경우에는 대법원소재지를 관할하는 행정법원에 제기할 수 있다.

20

다음 중 행정행위의 부관에 대한 설명으로 가장 적절하지 않은 것은? (다툼이 있는 경우 판례에 의함)

① 부담은 행정청이 행정처분을 하면서 일방적으로 부가할 수도 있지만 부담을 부가하기 이전에 상대방과 협의하여 부담의 내용을 협약의 형식으로 미리 정한 다음 행정처분을 하면서 이를 부가할 수도 있다.

② 행정청은 처분의 재량이 없는 경우에는 법률에 근거가 있는 경우에 부관을 붙일 수 있다.

③ 기한은 연월일로 표기하지 않고 '근속기간중' 또는 '종신'과 같은 도래시기가 확정되지 않은 방식으로 표기하는 것도 가능하다.

④ 기부채납 받은 행정재산에 대한 사용·수익 허가에서 공유재산의 관리청이 정한 사용·수익허가의 기간은 그 허가의 효력을 제한하기 위한 행정행위의 부관으로서 이러한 사용·수익허가의 기간에 대해서는 독립하여 행정소송을 제기할 수 있다.

21

다음 중 행정벌에 대한 설명으로 가장 적절하지 <u>않</u>은 것은? (다툼이 있는 경우 판례에 의함)

① 양벌규정에 의한 영업주의 처벌은 독립하여 그 자신의 종업원에 대한 선임감독상의 과실로 인하여 처벌되는 것이므로 종업원의 범죄 성립이나 처벌이 영업주 처벌의 전제조건이 될 필요는 없다.

② 구 「도로교통법」에서 규정하는 경찰서장의 통고처분은 행정소송의 대상이 되는 행정처분이다.

③ 구 「관세법」상 통고처분을 할 것인지의 여부는 관세청장 또는 세관장의 재량에 맡겨져 있다.

④ 지방자치단체가 그 고유의 자치사무를 처리하는 경우 지방자치단체는 국가기관과는 별도의 독립한 공법인으로서 양벌규정에 의한 처벌 대상이 되는 법인에 해당한다.

22

다음 중 행정행위의 하자에 대한 설명으로 가장 적절하지 <u>않</u>은 것은? (다툼이 있는 경우 판례에 의함)

① 사법심사에 있어서 행정행위의 하자유무에 대한 판단자료는 원칙적으로 행정행위의 발급 시에 제출된 것에 한정된다.

② 행정행위의 부존재와 무효는 「행정쟁송법」상 구별된다.

③ 법률에 근거하여 행정처분이 발하여진 후에 헌법재판소가 그 행정처분의 근거가 된 법률을 위헌으로 결정하였다면 결과적으로 행정처분은 법률의 근거가 없이 행하여진 것과 마찬가지가 되어 당연무효라고 할 것이다.

④ 사업시행자가 토지소유자와 협의를 거치지 아니한 채 토지의 수용을 위한 재결을 신청하였다는 하자는 절차상 위법으로서 이의재결의 취소를 구할 수 있는 사유가 될지언정 당연무효의 사유라고 할 수는 없다.

23

다음 중 행정상 법률관계에 대한 설명으로 가장 적절하지 <u>않</u>은 것은? (다툼이 있는 경우 판례에 의함)

① 국·공유재산의 매각 또는 대부행위는 사법상 계약이지만, 미납된 대부료의 징수행위는 행정처분에 해당한다.

② 시립합창단원의 위촉계약은 공법상 계약이지만, 재위촉 신청을 거부하는 것은 항고소송의 대상이 되는 행정처분이다.

③ 한국산업단지공단의 산업단지 입주자에 대한 입주계약 해지는 항고소송의 대상인 행정처분이다.

④ 행정주체와 사인간의 입찰계약은 사법상 계약이지만, 행정기관의 입찰참가자격제한은 항고소송의 대상이 되는 행정처분이다.

24

다음 중 행정의 실효성 확보수단에 대한 설명으로 가장 적절한 것은? (다툼이 있는 경우 판례에 의함)

① 구 「공유재산 및 물품 관리법」에 따라 지방자치단체장은 행정대집행의 방법으로 공유재산에 설치한 시설물을 철거할 수 있고, 이러한 행정대집행의 절차가 인정되는 경우에는 민사소송의 방법으로 시설물의 철거를 구하는 것은 허용되지 아니한다.

② 법령에 의해 대집행권한을 위탁받은 한국토지공사(현 한국토지주택공사)가 「국가배상법」 제2조에서 말하는 공무원에 해당한다.

③ 이행강제금은 대체적 작위의무의 위반에 대하여 부과될 수 없다.

④ 「국세징수법」상 공매통지 자체는 원칙적으로 그 공매통지 자체를 항고소송의 대상으로 삼아 그 취소 등을 구할 수 있다.

25

다음 중 「행정절차법」상 청문에 대한 설명으로 가장 적절하지 않은 것은? (다툼이 있는 경우 판례에 의함)

① 행정청은 당사자가 요청한 경우에는 청문을 실시하여야 한다.

② 행정청이 당사자와 사이에 도시계획사업의 시행과 관련한 협약을 체결하면서 청문의 실시를 배제하는 조항을 둔 경우, 청문의 실시에 관한 규정의 적용이 배제되거나 청문을 실시하지 않아도 되는 예외적인 경우에 해당하지 않는다.

③ 청문 주재자는 당사자 등의 전부 또는 일부가 정당한 사유 없이 청문기일에 출석하지 아니 하거나 의견서를 제출하지 아니한 경우에는 이들에게 다시 의견진술 및 증거제출의 기회를 주지 아니하고 청문을 마칠 수 있다.

④ 행정청은 처분시 상당한 이유가 있다고 인정하면 청문결과를 반영하여야 한다.

PART 02

2023년 기출문제

국어 · 행정학 · 행정법

국어

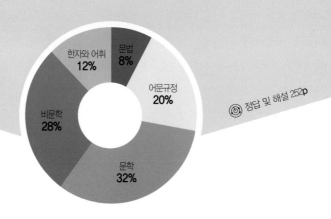

한자와 어휘 12%
문법 8%
어문규정 20%
비문학 28%
문학 32%

◎ 정답 및 해설 252p

01

다음 중 밑줄 친 부분의 표기가 옳은 것은?

① 출산 후 붓기가 안 빠진다고 해서 제가 먹었던 건강식품을 권했어요.
② 유명 할리우드 스타들이 마신다고 해서 유명세를 타기 시작한 건강음료랍니다.
③ 어리버리해 보이는 친구가 한 명 있었는데 사실은 감기 때문에 몸이 안 좋았다더군요.
④ 사실 이번 일의 책임을 누구에게 묻기란 참 어렵지만 아무튼지 그는 책임을 면할 수 없게 되었다.

02

다음 중 '쓰다'의 품사가 나머지 셋과 다른 하나는?

① 양지바른 곳을 묏자리로 썼다.
② 그는 취직 기념으로 친구들에게 한턱을 썼다.
③ 여러 번 실패를 경험했지만 언제나 그 맛은 썼다.
④ 그 사람은 억울하게 누명을 썼다.

03

다음 중 (㉠)에 들어갈 사자성어로 가장 적절한 것은?

> 이탈리아 볼로냐 대학에서 개발한 휴대용 암진 단기는 암이 의심되는 환자의 몸을 간편하게 스캔해 종양을 진단한다. 원리는 간단하다. 인체의 서로 다른 조직들이 진단기에서 발산되는 마이크로파에 서로 다르게 반향을 보인다. 즉 종양 조직은 건강한 조직과는 다른 주파수 대역에서 반향하기 때문에 암 조직과 정상 조직을 구별할 수 있다. 물론 이 진단기가 (㉠)의 능력을 가진 것은 아니다. 종양의 크기 또는 종양의 정확한 위치를 판별할 수는 없다.

① 變化無雙
② 無所不爲
③ 先見之明
④ 刮目相對

04

다음 중 밑줄 친 표기가 국어의 〈로마자 표기법〉 규정에 어긋난 것은?

① 경기도 의정부시 – Uijeongbu-si
② 홍빛나 주무관님 – Hong Binna
③ 서울시 종로구 종로 2가 – Jongno 2(i)-ga
④ 부석사 무량수전 앞에 서서 – Muryangsujeon

05

밑줄 친 어휘의 쓰임이 의미상 적절하지 <u>않은</u> 것은?

① 자네 덕에 생일을 잘 <u>쇠어서</u> 고맙네.

② 그동안의 노고에 <u>심심한</u> 경의를 표하는 바입니다.

③ 나는 식탁 위에 밥을 차릴 겨를도 없이 닥치는 대로 <u>게걸스럽게</u> 식사를 해치웠다.

④ 아이가 밖에서 제 물건을 잃어버리고 들어온 날이면 어머니는 애가 <u>칠칠맞다고</u> 타박을 주었다.

06

다음 〈한글 맞춤법〉의 규정에 근거할 때 본말과 준말의 짝이 옳지 <u>않은</u> 것은?

〈제32항〉
단어의 끝모음이 줄어지고 자음만 남은 것은 그 앞의 음절에 받침으로 적는다.

〈제39항〉
어미 '-지' 뒤에 '않 -'이 어울려 '-잖-'이 될 적과 '-하지' 뒤에 '않 -'이 어울려 '-찮-'이 될 적에는 준 대로 적는다.

〈제40항〉
어간의 끝음절 '하'의 'ㅏ'가 줄고 'ㅎ'이 다음 음절의 첫소리와 어울려 거센소리로 될 적에는 거센소리로 적는다.

① 어제그저께 – 엊그저께

② 그렇지 않은 – 그렇잖은

③ 만만하지 않다 – 만만잖다

④ 연구하도록 – 연구토록

07

다음 중 밑줄 친 부분의 띄어쓰기가 적절하지 <u>않은</u> 것은?

① 가진 게 없으면 <u>몸이나마</u> 건강해야지.

② 그 책을 다 <u>읽는데</u> 삼 일이 걸렸다.

③ 그는 그런 비싼 차를 <u>살 만한</u> 형편이 못 된다.

④ 그 고통에 비하면 내 <u>괴로움 따위는</u> 아무것도 아니었다.

08

다음 중 밑줄 친 단어의 한자로 틀린 것은?

기업이 현장에서 ㉠ <u>체감</u>할 때까지 규제 ㉡ <u>혁파</u>를 지속적으로, 또 신속하게 추진해야 한다. 그러려면 기업이 덜어주기를 바라는 모래 주머니 얘기를 지금의 몇 배 이상으로 ㉢ <u>경청</u>하고 즉각 혁파에 나서야 한다. 공무원들이 책상머리에서 이것저것 따지는 만큼 기업의 고통은 크다는 점을 명심하길 바란다. 규제 총량제, ㉣ <u>일몰제</u> 등의 해법을 쏟아내고도 성과를 내지 못했던 과거의 실패에서 교훈을 얻어야 할 것이다.

① ㉠ : 體感　　② ㉡ : 革罷

③ ㉢ : 敬聽　　④ ㉣ : 日沒

09

"그렇게 하면 무릎에 무리가 갈텐데 괜찮을까요?"에서의 '-ㄹ텐데'를 국어사전에서 찾으니 표제어가 존재하지 않는다고 나왔다. 이에 대해 가장 적절하게 설명한 것은?

① '-ㄹ텐데'가 방언이기 때문에 표준어인 표제어가 실려 있지 않은 것이다.

② '-ㄹ텐데'를 '-ㄹ테'와 '-ㄴ데'로 분석해서 각각 찾으면 된다.

③ 기본형 '-ㄹ테다'를 찾아야 한다.

④ 의존명사 '터'를 찾아야 한다.

10

다음 중 아래 글에 나타난 저자의 의도를 가장 적절하게 설명한 것은?

> 인공지능은 컴퓨터 프로그램을 활용해 인간과 비슷한 인지적 능력을 구현한 기술을 말한다. 인공지능은 기본적으로 보고 듣고 읽고 말하는 능력을 갖춤으로써 인간과 대화할 수 있을 뿐만 아니라 지적 판단이 필요한 상황에서 합리적 결정을 내릴 수 있다. 인공지능이 인간의 말을 알아듣고 명령을 실행하는 똑똑한 기계가 되는 것은 반길 일인가, 아니면 주인과 노예의 관계를 역전시키는 재앙이라고 경계해야 할 일인가?

① 쟁점 제기   ② 정서적 공감

③ 논리적 설득   ④ 배경 설명

11

다음 중 (㉠)에 들어가기에 가장 적절한 속담은?

> 춘향이가 마지막으로 유언을 허는디,
> "서방님!"
> "왜야?"
> "내일 본관 사또 생신 잔치 끝에 나를 올려 죽인다니, 날 올리라고 영이 내리거든 칼머리나 들어주고, 나를 죽여 내어놓거든, 다른 사람 손 대기 전에 서방님이 삯꾼인 체 달려들어, 나를 업고 물러나와 우리 둘이 인연 맺든 부용당에 나를 뉘고, 옥중에서 서방님을 그려 간장 썩은 역류수 땀내 묻은 속적삼 벗겨, 세 번 불러 초혼허고, 서방님 속적삼 벗어 나의 가슴을 덮어 주오. 수의 입관도 내사 싫소. 서방님이 나를 안고 정결한 곳 찾어가서 은근히 묻어 주고, 묘 앞에다 표석을 세워, '수절원사춘향지묘'라 크게 새겨주옵시면, 아무 여한이 없겠네다."
> 어사또 이 말 듣고,
> "오, 춘향아! 오냐, 춘향아, 우지 마라. 내일 날이 밝거드면 상여를 탈지, 가마를 탈지 그 속이야 누가 알랴마는, 천붕우출이라, (㉠) 법이요, 극성이면 필패라니, 본관이 네게 너무 극성을 뵈었으니, 무슨 변을 볼지 알겠느냐?"

① 도둑이 제 발 저리는

② 웃는 낮에 침 못 뱉는

③ 모로 가도 서울만 가면 되는

④ 하늘이 무너져도 솟아날 구멍이 있는

12

다음 작품의 언어에 대한 설명으로 옳은 것은?

> 년닙희 밥 싸 두고 반찬으란 쟝만 마라
> 닫 드러라 닫 드러라
> 靑청蒻약笠립은 써 잇노라 綠녹蓑사衣의 가져오냐
> 至지匊국悤총 至지匊국悤총 於어思사臥와
> 無무心심한 白백鷗구는 내 좃는 가 제 좃는가

① '년닙희'의 '닙'은 ㄴ첨가 현상이 표기에 반영된 것이다.
② '써 잇노라'는 현대국어에서 '-고 있다'를 이용해 표현하는 것으로 바뀌었다.
③ '닫'과 '좃는가'의 받침은 당시의 실제 발음대로 적은 것이다.
④ '반찬으란'의 '으란'은 현대국어 조사 '이랑'에 해당한다.

※ 다음 글을 읽고 물음에 답하시오.

> (가) 공감은 상대방의 생각과 느낌을 자신의 생각과 느낌처럼 받아들이고 이해하는 것이다. (나) 상대방이 나를 분석하거나 판단하지 않고, 있는 그대로 나의 감정을 이해하고 있다고 느끼게 될 때 사람들은 그 상대방을 나를 이해하는 사람, 나를 알아주는 사람으로 여기게 된다. 판단 기준과 가치관이 다른 사람의 생각과 느낌을 공감을 하면서 이해하는 것은 여간 어려운 일이 아니다. (다) 사람은 누구나 자신의 느낌과 생각을 바탕으로 말하고 판단하고 일을 결정하게 되므로, 상대방의 입장을 헤아리고 그의 느낌과 생각을 내가 그렇게 생각하고 느끼는 것처럼 이해하기가 어렵다. (라) 상대방의 말투, 표정, 자세를 관찰하면서 그와 같은 관점, 심정, 분위기 또는 태도로 맞추는 것도 공감에 도움이 된다.

13

아래 내용을 위 글의 (가)~(라)에 넣을 때 가장 적절한 위치는?

> 공감의 출발은 상대방의 이야기를 경청하면서 상대방의 감정과 느낌이 어떠했을까를 헤아리며 그것을 이해하도록 노력하는 것이다. 그리고 상대방의 입장을 이해한다는 것을 언어적, 비언어적으로 표현하는 것이 중요하다.

① (가)　　　　　② (나)
③ (다)　　　　　④ (라)

[14~15] 다음 글을 읽고 물음에 답하시오.

> 가시리 가시리잇고 ㉠ 나는
> 브 리고 가시리잇고 나는
> 위 증즐가 大平盛代
>
> 날러는 엇디 살라 ㅎ고
> 브 리고 가시리잇고 나는
> 위 증즐가 大平盛代
>
> ㉡ 잡스아 두어리마ᄂᆞ는
> ㉢ 선ᄒᆞ면 아니 올셰라
> 위 증즐가 大平盛代
>
> ㉣ 셜온 님 보내ᄋᆞ노니 나는
> 가시ᄂᆞ 듯 도셔 오쇼셔 나는
> 위 증즐가 大平盛代

14

위 글에 대한 설명으로 가장 적절하지 <u>않은</u> 것은?

① 고려시대에 불리던 노래이다.
② 제목은 〈가시리〉이다.

③ 고려시대에 누군가 기록해 놓은 것을 찾아내어 다시 한글로 기록하였다.

④ 후렴구는 궁중악으로 불리면서 발생한 것으로 추정된다.

15

밑줄 친 ㉠~㉣에 대한 설명으로 가장 적절한 것은?

① ㉠: '나 는 '은 '나는'의 예전 표기이다.

② ㉡: '잡 스아 두어리마 ᄂ 는'의 뜻은 '(음식을) 잡수시고 가게 하고 싶다'는 의미이다.

③ ㉢: '선 ᄒ 면 아니 올셰라'의 뜻은 '선하게 살면 올 것이다'라는 믿음을 표현한 말이다.

④ ㉣: '셜온 님 보내 ᅌ 노니'의 뜻은 '서러운 님을 보내 드린다'는 의미이다.

16

다음은 〈한글 맞춤법〉의 문장부호 사용법에 대한 설명이다. 이 설명에 어긋나는 예문은?

〈물음표(?)〉

(1) 의문문이나 의문을 나타내는 어구의 끝에 쓴다.

[붙임1] 한 문장 안에 몇 개의 선택적인 물음이 이어질 때는 맨 끝의 물음에만 쓰고, 각 물음이 독립적일 때는 각 물음의 뒤에 쓴다.

(2) 특정한 어구의 내용에 대하여 의심, 빈정거림 등을 표시할 때, 또는 적절한 말을 쓰기 어려울 때 소괄호 안에 쓴다.

(3) 모르거나 불확실한 내용임을 나타낼 때 쓴다.

① 너는 중학생이냐? 고등학생이냐?

② 이번에 가시면 언제 돌아오세요?

③ 주말 내내 누워서 텔레비전만 보고 있는 당신도 참 대단(?)하네요.

④ 노자(? ~ ?)는 중국 춘추 시대의 사상가로 도를 좇아서 살 것을 역설하였다.

[17~19] 다음 글을 읽고 물음에 답하시오.

창밖에 밤비가 속살거려
㉠ 육첩방(六疊房)은 남의 나라,

시인이란 슬픈 천명인 줄 알면서도
㉡ 한 줄 시를 적어 볼까,

땀내와 사랑내 포근히 품긴
보내주신 학비 봉투를 받아

대학 노트를 끼고
늙은 교수의 강의 들으러 간다.

생각해 보면 어린 때 동무를
하나, 둘, 죄다 잃어버리고

ⓐ 나는 무얼 바라

ⓑ 나는 다만, 홀로 침전하는 것일까?

인생은 살기 어렵다는데
시가 이렇게 쉽게 씌어지는 것은
㉢ 부끄러운 일이다.

육첩방은 남의 나라
창밖에 밤비가 속살거리는데,

등불을 밝혀 어둠을 조금 내몰고,
시대처럼 올 아침을 기다리는 최후의 ⓒ 나,

ⓓ 나는 ⓔ 나에게 작은 손을 내밀어
눈물과 위안으로 잡는 ㉣ <u>최초의 악수</u>.

– 윤동주, 「쉽게 씌어진 시」

17

㉠~㉣에 대한 설명으로 가장 적절하지 <u>않은</u> 것은?

① ㉠은 조선인으로서의 정체성에 대한 인식을 드러낸다.

② ㉡은 식민지 지식인으로서의 소명 의식을 드러낸다.

③ ㉢은 친일파 지식인에 대한 비판 정신을 보여 준다.

④ ㉣은 어두운 현실을 극복하려는 화자의 의지이다.

18

ⓐ~ⓔ에 대한 설명으로 가장 적절한 것은?

① ⓐ, ⓑ, ⓔ는 현실적 자아이고, ⓒ, ⓓ는 성찰적 자아이다.

② ⓐ, ⓑ는 현실적 자아이고, ⓒ, ⓓ, ⓔ는 성찰적 자아이다.

③ ⓐ, ⓑ, ⓔ는 이상적 자아이고, ⓒ, ⓓ는 현실적 자아이다.

④ ⓐ, ⓑ는 이상적 자아이고, ⓒ, ⓓ, ⓔ는 현실적 자아이다.

19

위 시의 제목에 대한 이해로 가장 적절한 것은?

① 시인의 평소 생각을 특별한 표현 기법 없이 소박하게 나타낸 작품이기에 쉽게 쓰인 시라고 하였다.

② 독립지사로서의 저항 정신을 시인의 시적 표현으로 여과 없이 옮긴 작품이기에 쉽게 쓰인 시라고 하였다.

③ 조선의 독립이 갑자기 쉽게 이루어질 것이라는 확고한 신념을 표현하려는 작품이기에 쉽게 쓰인 시라고 하였다.

④ 시인으로의 인간적 갈등과 자아 성찰을 담아 어렵게 쓴 작품이기에 반어적으로 표현하여 쉽게 쓰인 시라고 하였다.

20

다음 글의 문맥상 (　　) 안에 들어갈 말로 가장 적절한 것은?

> 행루오리(幸漏誤罹)는 운 좋게 누락되거나 잘못 걸려드는 것을 말한다. (　　) 걸려든 사람만 억울하다. 아무 잘못 없이 집행자의 착오나 악의로 법망에 걸려들어도 마찬가지다. 여기에 부정이나 청탁이 개입되기라도 하면 바로 국가의 법질서에 대한 불신으로 이어진다. 결국 행루오리는 법집행의 일관성을 강조한 말이다.

① 똑같이 죄를 지었는데 당국자의 태만이나 부주의로 법망을 빠져나가는 사람이 있으면

② 가벼운 죄를 짓고도 엄혹한 심판관 때문에 무거운 벌을 받으면

③ 가족이나 이웃의 범죄에 연루되어 죄 없이 벌을 받게 되면

④ 현실과 맞지 않는 법 때문에 성실한 사람이 범죄자로 몰리게 되면

[21~22] 다음 글을 읽고 물음에 답하시오.

2016년 3월을 생생히 기억한다. 알파고가 사람을 이겼다. 알파고가 뭔가 세상에 파란을 불러일으키지 않을까, 라고 상상하고 있던 시기였다. 이른바 '알파고 모멘텀' 이후 에이아이(AI) 산업은 발전했지만, 기대만큼 성장했다고 보긴 어렵다. 킬러 애플리케이션(Killer Application)이 나오지 않았기 때문이다. 에이아이(AI) 챗봇이 상용화됐지만, 알파고가 줬던 놀라움만큼은 아니다.

2022년 11월 또 다른 모멘텀이 등장했다. 오픈에이아이(OpenAI)의 챗지피티(ChatGPT)다. 지금은 1억 명 이상이 챗지피티를 사용하고 있다. '챗지피티 모멘텀'이라고 불릴 만하다. 챗지피티가 알파고와 다른 점은 대중성이다. TV를 통해 알파고를 접했다면, 챗지피티는 내가 직접 체험할 수 있다.

많은 사람이 챗지피티는 모든 산업에 지각변동을 불러일으킬 것으로 기대한다. 챗지피티는 그 자체로 킬러 애플리케이션이다. 챗지피티는 알려진 바와 같이 2021년 9월까지 데이터만으로 학습했다. 그 이후 정보는 반영이 안 됐다. 챗지피티만으로는 우리가 원하는 답변을 얻기 힘들 수 있다. 오픈에이아이는 챗지피티를 왜 이렇게 만들었을까?

챗지피티는 '언어 모델'이다. '지식 모델'은 아니다. 챗지피티는 정보를 종합하고 추론하는 능력은 매우 우수하지만, 최신 지식은 부족하다. 세상 물정은 모르지만, 매우 똑똑한 친구다. 이 친구에게 나도 이해하기 어려운 최신 논문을 주고, 해석을 부탁해 볼 수 있지 않을까? 챗지피티에 최신 정보를 전달하고, 챗지피티가 제대로 답변하도록 지시하는 일은 중요하다. 다양한 산업에 챗지피티를 적용하기 위해서도 그렇다. 챗지피티가 추론할 정보를 찾아 오는 시맨틱 검색(Semantic Search), 정확한 지시를 하는 프롬프트 엔지니어링(Prompt Engineering), 모든 과정을 조율하는 오케스트레이터(Orchestrator), 챗지피티와 같은 대형 언어 모델(Large Language Model)을 필요에 맞게 튜닝하는 일 등 서비스 영역에서 새로운 사업 기회를 찾을 수 있다.

챗지피티와 같은 대형 언어 모델 기반의 에이아이 산업 생태계는 크게 세 개다. 첫째, 오픈에이아이, 마이크로소프트, 구글과 같이 대형 언어 모델 자체를 제공하는 원천기술 기업, 둘째, 대형 언어 모델이 고객 요청에 맞게 작동하도록 개선하는 서비스기업, 셋째, 특정 도메인에서 애플리케이션을 제공하는 기업이다. 현재 대형 언어 모델을 만드는 빅테크 기업들이 주목받고 있지만, 실리콘밸리에서는 스케일에이아이(ScaleAI), 디스틸에이아이(Distyl AI), 퀀티파이(Quantiphi) 등 서비스 기업들이 부상 중이다. 실제 업무에 활용하기엔 원천기술만으로는 부족하기 때문이다. 엘지씨엔에스(LG CNS)도 서비스 기업이다. 우리나라에서도 많은 서비스 기업이 나와서 함께 국가 경쟁력을 높여 나가기를 기대해 본다.

21

다음 중 위 글의 제목으로 가장 적절한 것은?

① 챗지피티, 이제 서비스다
② 알파고 모멘텀, 그 끝은 어디인가?
③ 챗지피티야말로 킬러 애플리케이션이다
④ 대형 언어 모델 자체를 제공하는 빅테크 기업에 주목하라

22

다음 중 위 글의 내용에 대한 이해로 가장 적절하지 않은 것은?

① 챗지피티는 알파고보다 훨씬 더 대중적인 놀라움을 주고 있다.
② 많은 사람들은 챗지피티가 모든 산업에 지각변동을 불러일으킬 것으로 기대한다.
③ 챗지피티는 정보를 종합하여 추론하는 언어 모델이 아니라 최신 정보를 축적하는 지식 모델이다.
④ 현재 대형 언어 모델이 고객 요청에 맞게 작동하도록 개선하는 여러 서비스 기업이 부상 중이다.

23

다음 글에 대한 이해로 가장 적절한 것은?

우리 부부는 숙명적으로 발이 맞지 않는 절름발이인 것이다. 내가 아내나 제 거동에 로직(논리)을 붙일 필요는 없다. 변해(辯解)할 필요도 없다. 사실은 사실대로 오해는 오해대로 그저 끝없이 발을 절뚝거리면서 세상을 걸어가면 되는 것이다. 그렇지 않을까?

그러나 나는 이 발길이 아내에게로 돌아가야 옳은가 이것만은 분간하기가 좀 어려웠다. 가야 하나? 그럼 어디로 가나?

이때 뚜— 하고 정오 사이렌이 울렸다. 사람들은 모두 네활개를 펴고 닭처럼 푸드덕거리는 것 같고 온갖 유리와 강철과 대리석과 지폐와 잉크가 부글부글 끓고 수선을 떨고 하는 것 같은 찰나, 그야말로 현란을 극한 정오다.

나는 불현듯이 겨드랑이가 가렵다. 아하 그것은 내 인공의 날개가 돋았던 자국이다. 오늘은 없는 이 날개, 머릿속에서는 희망과 야심의 말소된 페이지가 딕셔너리(사전) 넘어가듯 번뜩였다.

나는 걷던 걸음을 멈추고 그리고 어디 한번 이렇게 외쳐 보고 싶었다.

날개야 다시 돋아라.
날자. 날자. 날자. 한 번만 더 날자꾸나.
한 번만 더 날아 보자꾸나.

— 이상, 「날개」

① 가난한 무명작가 부부의 생활고와 부부애를 다루고 있다.
② 농촌 계몽을 위한 두 남녀의 헌신적 노력과 사랑을 보여준다.
③ 식민지 농촌 사회에서 농민들이 겪는 가혹한 현실을 보여주려 한다.
④ 자아 상실의 무기력한 삶에서 벗어나 본래의 자아를 회복하려는 의지를 보여준다.

24

다음 글을 읽고 필자의 서술태도와 가장 거리가 먼 것을 고르시오.

겨울철에 빙판이 만들어지면 노인들의 낙상 사고가 잦아진다. 대부분의 노인들은 근육 감소로 인한 순발력 저하로 방어기제가 제대로 작동하지 않는다. 그런 사고를 당하면 운동이 부족해져 그나마 남아 있던 근육이 퇴화하고 노화가 빨라진다. 건강수명은 대부분 거기서 끝이다. 참으로 무서운 일이다. 그런데도 불구하고 노년층에게 적극적으로 근력운동을 처방하지 않는다. 우리의 주변을 둘러보라. 요양병원이 상당히 많이 늘어났다. 앞으로도 부가가치가 매우 높은 산업이라고 한다. 안타까운 일이다.

① 논리적
② 회고적
③ 비판적
④ 동정적

25

다음 글의 (가)와 (나)에 들어갈 적절한 말을 순서대로 바르게 짝지은 것은?

비즈니스 화법에서는 상사에게 보고할 때 결론부터 말하라고 한다. 이것도 맞는 말이다. 그렇지 않아도 바쁜데 주저리주저리 이야기를 길게 늘어놓으면 짜증이 난다. (가) 현실은 인간관계의 미묘한 심리가 복잡하게 얽혀 있는 비즈니스 사회다. 때로는 일부러 결론을 뒤로 미뤄 상대의 관심을 끌게 만들어야 할 때도 있다. 예를 들어, 회사에서의 라이벌 동료와의 관계처럼 자기와 상대의 힘의 균형이 미묘할 때이다.

당신과 상사, 당신과 부하라는 상하관계가 분명한 경우는 대응이 항상 사무적이 된다. 사무적인 관계에서는 쓸데없는 시간과 노력을 들이지 않아도 된다. (나) 같은 사내의 인간관계라도 라이벌 동료가 되면 일을 원활하게 해나가는 것만이 능사는 아니다. 권력 관계에서의 차이가 없는 만큼 미묘한 줄다리기가 필요하다. 이렇게 권력관계가 미묘한 상대와의 대화에서 탁월한 최면 효과를 발휘하는 것이 '클라이맥스 법'이다. 비즈니스 현장에서뿐만 아니라 미묘한 줄다리기를 요하는 연애 관계에서도 초기에는 클라이맥스 법이 그 위력을 발휘한다.

① 그러므로 – 그러므로
② 하지만 – 하지만
③ 하지만 – 그러므로
④ 그러므로 – 하지만

행정학

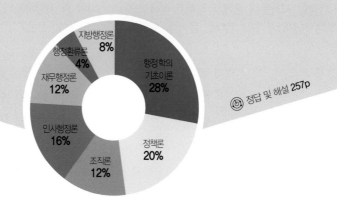

지방행정론 8%
행정환류론 4%
재무행정론 12%
인사행정론 16%
조직론 12%
정책론 20%
행정학의 기초이론 28%

◎ 정답 및 해설 257p

01

다음 중 비교행정론에 대한 설명으로 가장 거리가 먼 것은?

① 리그스(Fred W. Riggs)가 대표적인 학자이다.

② 생태론적 접근방법을 취한다.

③ 후진국의 국가발전에 대한 비관적 숙명론으로 귀결된다.

④ 행정학의 과학성보다는 기술성을 강조한다.

02

다음 중 조직 구성원의 동기부여 이론에 대한 설명으로 가장 거리가 먼 것은?

① 매슬로(A. H. Maslow)의 5단계 욕구이론은 욕구계층의 고정성을 전제로 한다.

② 허츠버그(F. Herzberg)의 욕구충족이론에 의하면 위생요인(hygiene factor)이 충족되는 경우 동기가 부여된다.

③ 샤인(E. H. Schein)의 복잡 인간관에서는 구성원의 맞춤형 관리전략의 필요성을 강조한다.

④ 맥그리거(D. McGregor)의 X · Y이론은 욕구와 관리전략의 성장측면을 강조한다.

03

다음 중 로위(T. J. Lowi)가 제시한 정책유형과 사례 간의 연결이 가장 적절하지 않은 것은?

① 규제정책 – 환경규제, 금연정책, 마약단속

② 분배정책 – 종합소득세, 임대주택, 노령연금

③ 상징정책 – 국경일, 한일월드컵, 국군의 날

④ 구성정책 – 정부조직 개편, 선거구 조정, 행정구역 통합

04

다음 중 조직관리에 대한 설명으로 가장 거리가 먼 것은?

① 조직은 구성원 간의 목표일치를 전제로 하여 관리전략을 수립한다.

② 고전이론과 인간관계론은 관리자에 의한 타율적인 조직관리를 전제로 한다.

③ 관료제 모형에 의한 관리전략은 구성원의 소외를 초래한다.

④ 조직관리 전략이 전반적으로 단순한 인간관에서 복잡 인간관으로 변화하고 있다.

05

다음 중 '다양한 사회문제 중에서 정부가 적극적으로 개입하여 해결하기 위해 채택한 문제'를 무엇이라고 하는가?

① 정책문제　　　　② 정책의제
③ 정책대안　　　　④ 정책주제

06

다음 중 현재 우리나라에서 새로운 회계연도 개시 때까지 국회 예산심의가 이루어지지 않았을 때(예산 불성립시)에 적용하는 예산제도는?

① 준예산　　　　　② 가예산
③ 계속비예산　　　④ 잠정예산

07

다음 중 추가경정예산에 대한 설명으로 가장 적절하지 않은 것은?

① 추가경정예산은 예산이 성립한 후의 사후적인 예산변경제도이다.
② 추가경정예산은 일반회계 · 특별회계 · 기금을 대상으로 한다.
③ 추가경정예산은 대내 · 외 여건에 중대한 변화가 발생하였거나 발생할 우려가 있는 경우에 편성할 수 있다.
④ 정부는 국회에서 추가경정예산안이 확정되기 전에 긴급한 상황이 발생한 경우 이를 미리 배정하거나 집행할 수 있다.

08

다음 중 지방자치의 정치적 · 행정적인 기능과 가장 거리가 먼 것은?

① 민주정치에 대한 훈련
② 지역 간 행정의 통일성 확보
③ 행정의 대응성 제고
④ 정책의 지역별 실험 검증

09

다음 중 뉴거버넌스(New Governance)에 대한 설명으로 가장 거리가 먼 것은?

① 국민을 고객으로만 보는 것을 넘어 국정의 파트너로 본다.
② 행정의 효율성을 중시하지만 신공공관리론적 정부개혁에 대해 비판적으로 접근한다.
③ 행정의 경영화와 시장화를 중시하기 때문에 행정과 정치의 관계를 이원론적으로 보는 경향이 강하다.
④ 파트너십과 유기적 결합관계를 중시한다.

10

다음 중 신공공관리론의 특징에 대한 설명으로 가장 적절한 것은?

① 시장원리 도입으로서 경쟁 도입과 고객지향의 확대이다.
② 급격한 행정조직 확대로 행정의 공동화가 발생하지 않는다.
③ 정부, 시장, 시민사회의 평등한 관계를 중시한다.
④ 결과보다 과정에 가치를 둔다.

11

다음 중 시장실패에 따른 정부개입 근거에 대한 설명으로 가장 거리가 먼 것은?

① 공공재의 공급이 부족한 경우 정부가 강제적으로 공급한다.

② 외부효과 발생 시 조세와 보조금 등을 사용하여 외부효과를 제거한다.

③ 사회적 소득불평등에 따른 문제를 해결하기 위해 사회보장정책을 시행한다.

④ 불완전경쟁에 대해서는 보조금 혹은 공적공급으로 대응할 수 있다.

12

나카무라와 스몰우드(R. T. Nakamura & F. Smallwood)는 정책결정자와 정책집행자 간의 관계에 착안하여 정책집행자 유형을 5가지로 나누었다. 다음 중 고전적 기술자형의 특징으로 가장 적절한 것은?

① 정책결정자가 추상적인 목표를 지지하지만 구체적인 정책목표를 결정할 수 없기에 정책결정자가 집행자에게 광범위한 재량권을 위임하게 되는 유형이다.

② 집행자가 많은 권한을 위임받아 정책을 집행하는 경우로서 많은 재량권을 갖게 되는 유형이다.

③ 정책결정자가 집행과정에 대해서 엄격하게 통제를 하는 것을 의미하며, 정책집행자는 약간의 정책적 재량만을 갖는 유형이다.

④ 정책결정자가 목표를 수립하고, 집행자들은 정책결정자와 목표나 목표달성을 위한 수단에 관하여 협상한다.

13

다음 중 점증모형의 논리적 근거로 가장 거리가 먼 것은?

① 매몰 비용 ② 실현가능성

③ 제한적 합리성 ④ 정보접근성

14

다음 중 민간부분에 의한 공공서비스 생산의 유형과 설명으로 가장 거리가 먼 것은?

① 민간위탁은 계약에 의한 민간의 생산자가 공공서비스를 생산하는 것이다.

② 자원봉사는 간접적인 보수는 허용되는 공공서비스 생산 유형이다.

③ 면허는 일정구역 내에서 공공서비스를 제공하는 권리를 인정하는 유형이다.

④ 바우처 지급은 시민들에게 공공서비스 이용권을 지급하는 형태이다.

15

오늘날 시민사회조직에 대한 설명으로 가장 적절하지 않은 것은?

① 비정부조직이 생산하는 공공재나 집합재의 생산비용을 정부가 지원하는 경우에는 정부와 대체적 관계를 형성한다.

② 정부와 비정부조직 간에 적대적 관계보다는 서로의 존재를 인정하는 동반자적 관계가 점차 확산되고 있다.

③ 비영리조직이 지닌 특징으로는 자발성, 자율성, 이익의 비배분성 등이 있다.

④ 정부가 지지나 지원의 필요성을 위해 특정한 비정부조직 분야의 성장을 유도하여 형성된 의존적 관계는 개발도상국에서 많이 나타난다.

16

다음 중 엽관제 공무원제도(spoil system)에 대한 설명으로 가장 거리가 먼 것은?

① 공직에 대한 민주적 교체가 가능하다.
② 우리나라 공무원제도에도 엽관제 요소가 작동하고 있다.
③ 행정의 안정성과 중립성에 도움이 된다.
④ 개방형 인사제도이다.

17

다음 중 전략적 인적자원관리에 대한 설명으로 가장 거리가 먼 것은?

① 장기적이며 목표 성과 중심적으로 인적자원을 관리한다.
② 조직의 전략 및 성과와 인적자원관리 활동 간의 연계에 중점을 둔다.
③ 인사업무 책임자가 조직 전략 수립에 적극적으로 관여한다.
④ 개인의 욕구는 조직의 전략적 목표달성을 위해 희생해야 한다는 입장이다.

18

다음 중 성과주의 예산(PBS, Performance Budgeting System)의 장점으로 가장 거리가 먼 것은?

① 프로그램을 이용하여 장기적인 계획과 연차별 예산이 유기적으로 연계된다.
② 사업별 총액배정을 통한 예산집행의 신축성·능률성 제고를 들 수 있다.
③ 투입·산출 간 비교와 평가가 쉬워 환류가 강화

된다.
④ 과학적 계산에 의한 효율적인 자원배분으로 예산편성과 집행의 관리가 쉽다.

19

다음 중 정책(policy)에 대한 설명으로 가장 거리가 먼 것은?

① 정부목표 달성의 수단인 동시에 공적인 문제해결을 위한 수단이라는 이중성을 보유하고 있다.
② 정치행정이원론에 기초한 행정관리설과 밀접한 관련이 있다.
③ 정책은 삼권분립 하에서 입법부의 역할을 위축시킬 수 있다.
④ 정책결정은 공적인 의사결정 과정으로서 복수의 단계와 절차로 이루어진다.

20

정부 규제에 대한 설명으로 가장 적절하지 않은 것은?

① 규제는 정부가 공권력을 이용하여 개인이나 기업의 활동을 정부가 원하는 바람직한 상태로 유도하기 위한 정책수단이다.
② 규제는 개인이나 기업의 자유로운 활동을 금지하거나 제한하고 이를 위반한 경우에 불이익이 가해지기 때문에 엄격한 법적 근거가 요구된다.
③ 경제적 규제는 기업의 본원적 활동을 제한하는 것은 아니고 정부와의 관계에 관한 규제이다.
④ 사회적 규제는 소비자, 환경, 노동자 등을 보호할 목적으로 안전, 위생, 오염, 고용 등에 관한 규제가 주를 이룬다.

21

애드호크라시(Adhocracy)에 속하는 조직유형에 대한 설명으로 가장 적절하지 <u>않은</u> 것은?

① 테스크포스는 특수한 과업 완수를 목표로 기존의 서로 다른 부서에서 선발하여 구성한 팀으로, 목적을 달성하면 해체되는 임시조직이다.

② 프로젝트 팀은 테스크포스와 마찬가지로 한시적이고 횡적으로 연결된 조직유형이지만 테스크포스에 비해 참여자의 전문성과 팀에 대한 소속감이 강하다는 특성을 가지고 있다.

③ 매트릭스 조직은 기능 중심의 수직적 분화가 되어있는 기존의 지시 라인에 횡적으로 연결된 또 하나의 지시 라인을 인정하는 이원적 권위계통을 가진다.

④ 네트워크조직은 전체 기능을 포괄하는 조직을 중심에 놓고 다수의 협력체를 묶어 일을 수행하는 조직형태이다.

22

조직개혁에 있어서 임파워먼트(empowerment)에 대한 설명으로 가장 적절하지 <u>않은</u> 것은?

① 갈등을 줄이기 위해 일단 변화의 장애가 되는 요소는 그대로 두지만 구성원들이 변화의 비전과 전략을 직접 행동으로 옮길 수 있도록 힘을 실어주고 실행에 옮기는 것이다.

② 구성원들이 새로운 아이디어를 내고 그것을 실험하는 등 새로운 태도와 행동을 받아들일 수 있는 여건을 만드는 것이 중요하다.

③ 통제중심의 관료제구조, 연공서열 중심의 평가 및 보상 시스템 등을 바꾸는 작업이 필요하다.

④ 변화관리에 관한 기법들이 구성원들에게 체계적으로 전달되어 추진팀이 해체되더라도 자율적이고 지속적인 변화가 가능하도록 만들어야 한다.

23

고위공무원단에 대한 설명으로 가장 적절하지 <u>않은</u> 것은?

① 고위공무원단은 실·국장급 공무원을 적재적소에 활용하고 개방과 경쟁을 확대하여 성과책임을 강화하고자 하는 전략적 인사 시스템이다.

② 기존의 1~3급이라는 신분중심의 계급을 폐지하고 직무의 난이도와 책임도에 따라 가급과 나급으로 직무를 구분한다.

③ 민간과 경쟁하는 개방형직위제도와 타 부처 공무원과 경쟁하는 공모직위제도를 두고 있다.

④ 특히 경력에서 자격이 있는 민간인과 공무원이 지원하여 경쟁할 수 있는 경력개방형직위제도도 도입되었다.

24

직업공무원제에 대한 설명으로 가장 적절하지 <u>않은</u> 것은?

① 직업공무원은 일생 동안 일할 수 있도록 신분을 보장받고 근무하는 공무원이다.

② 영국에서는 과거 국왕의 영향력을 차단하기 위해 종신직 행정관료를 제도화하기 시작하였다.

③ 미국에서는 펜들턴법을 시작으로 실적주의 원칙이 도입되었으며 계급제 채용방식을 채택하고 있다.

④ 직업공무원제를 달성하기 위해서는 제도적으로 신분보장과 젊고 유능한 인재를 확보하는 것이 필수적이다.

25

지역에서의 행정서비스 전달주체에 대한 설명으로 가장 적절하지 <u>않은</u> 것은?

① 지역에서의 행정서비스 전달주체는 크게 특별지방행정기관과 지방자치단체로 구분된다.

② 특별지방행정기관은 지역에 위치한 세무서 등인데 소속 중앙행정기관의 지시 및 감독을 받는다.

③ 지방자치단체는 독자적인 법인격은 없지만 국가의 위임사무나 자치사무를 수행한다.

④ 지역에서의 행정서비스는 주민복지 등 지역주민의 생활공간 안에서의 생활행정이자 근접행정이다.

행정법

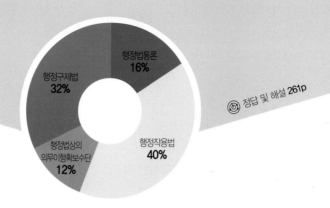

행정구제법 32%
행정법통론 16%
행정법상의 의무이행확보수단 12%
행정작용법 40%

◎ 정답 및 해설 261p

01

「행정기본법」상 행정의 법 원칙에 대한 설명으로 옳지 <u>않은</u> 것은?

① 행정청은 행정작용을 할 때 상대방에게 해당 행정작용과 실질적인 관련이 없는 의무를 부과해서는 아니 된다.

② 행정청은 합리적 이유 없이 국민을 차별하여서는 아니 된다.

③ 행정청은 공익을 현저히 해칠 우려가 있는 경우라도 행정에 대한 국민의 정당하고 합리적인 신뢰를 보호하여야 한다.

④ 행정청은 법령 등에 따른 의무를 성실히 수행하여야 한다.

02

행정행위의 성립과 효력발생에 대한 설명으로 옳지 <u>않은</u> 것은? (다툼이 있는 경우 판례에 의함)

① 상대방 있는 행정처분이 상대방에게 고지되지 아니한 경우에도 상대방이 다른 경로를 통해 행정처분의 내용을 알게 되었다면 행정처분의 효력이 발생한다고 볼 수 있다.

② 일반적으로 행정처분이 주체·내용·절차와 형식이라는 내부적 성립요건과 외부에 대한 표시라는 외부적 성립요건을 모두 갖춘 경우에는 행정처분이 존재한다.

③ 법무부장관이 입국금지에 관한 정보를 내부전산망인 출입국관리정보시스템에 입력한 것만으로는 법무부장관의 의사가 공식적인 방법으로 외부에 표시된 것이 아니어서 위 입국금지결정은 항고소송의 대상인 처분에 해당되지 않는다.

④ 행정처분의 외부적 성립은 행정의사가 외부에 표시되어 행정청이 자유롭게 취소·철회할 수 없는 구속을 받게 되는 시점을 확정하는 의미를 가진다.

03

부관에 대한 설명으로 옳은 것은? (다툼이 있는 경우 판례에 의함)

① 행정청은 부관을 붙일 수 있는 처분의 경우 일단 그 처분을 한 후에는 당사자의 동의가 있더라도 부관을 새로 붙일 수 없다.

② 행정청은 처분에 재량이 있는 경우에도 법률에 근거가 있어야만 부관을 붙일 수 있다.

③ 철회권의 유보는 해당 처분의 목적을 달성하기
위하여 필요한 최소한의 범위여야 한다.

④ 부담은 행정행위의 불가분적인 요소로서 부담
그 자체를 행정쟁송의 대상으로 할 수 없다.

04

기속행위와 재량행위에 대한 설명으로 옳지 않은 것
은? (다툼이 있는 경우 판례에 의함)

① 기속행위와 재량행위의 구분은 당해 행위의 근
거가 된 법규의 체재·형식과 그 문언, 당해 행
위가 속하는 행정 분야의 주된 목적과 특성, 당
해 행위 자체의 개별적 성질과 유형 등을 모두
고려하여 판단하여야 한다.

② 처분의 근거 법령이 행정청에 재량을 부여하였
으나 행정청이 처분으로 달성하려는 공익과 처
분상대방이 입게 되는 불이익을 전혀 비교형량
하지 않은 채 처분을 하였더라도 재량권 일탈·
남용으로 해당 처분을 취소해야 할 위법사유가
되지는 않는다.

③ 행정청은 처분에 재량이 없는 경우에는 법률에
근거가 있는 경우에 부관을 붙일 수 있다.

④ 재량행위의 경우 법원은 독자의 결론을 도출함
이 없이 당해 행위에 재량권의 일탈·남용이 있
는지 여부만을 심사한다.

05

행정상 손해배상에 대한 설명으로 옳지 않은 것은?
(다툼이 있는 경우 판례에 의함)

① 「국가배상법」이 정한 손해배상청구의 요건인 '공
무원의 직무'에는 국가나 지방자치단체의 권력

적 작용뿐만 아니라 비권력적 작용으로서 단순
한 사경제의 주체로서 하는 작용도 포함된다.

② 「국가배상법」 제5조 제1항에 정하여진 '영조물의
설치 또는 관리의 하자' 요건에서 안전성을 갖추
지 못한 상태의 의미에는 그 영조물이 공공의 목
적에 이용됨에 있어 그 이용상태 및 정도가 일정
한 한도를 초과하여 제3자에게 사회통념상 수인
할 것이 기대되는 한도를 넘는 피해를 입히는 경
우까지 포함된다.

③ 외국인이 피해자인 경우에는 해당 국가와 상호
보증이 있을 때에만 「국가배상법」이 적용되는데,
이때 상호보증의 요건 구비를 위해 반드시 당사
국과의 조약이 체결되어 있을 필요는 없다.

④ 「국가배상법」에 따른 손해배상의 소송은 배상심
의회에 배상신청을 하지 아니하고도 제기할 수
있다.

06

「공공기관의 정보공개에 관한 법률」상 정보공개제도
에 대한 설명으로 옳은 것은? (다툼이 있는 경우 판
례에 의함)

① 정보의 공개 및 우송에 드는 비용은 모두 정보공
개 의무가 있는 공공기관이 부담한다.

② 사립대학교는 정보공개를 할 의무가 있는 공공
기관에 해당하지 않는다.

③ 정보공개청구의 대상이 되는 정보를 공공기관이
보유·관리하고 있다는 점에 관하여는 정보공개
를 구하는 사람에게 증명책임이 있다.

④ 국내에 사무소를 두고 있는 외국법인 또는 외국
단체는 학술·연구를 위한 목적으로만 정보공개
를 청구할 수 있다.

07

행정상 손실보상에 대한 설명으로 옳지 않은 것은?
(다툼이 있는 경우 판례에 의함)

① 잔여지 수용청구를 받아들이지 않은 토지수용위원회의 재결에 대하여 토지소유자가 불복하여 제기하는 소송은 보상금의 증액에 관한 소송에 해당하여 사업시행자를 피고로 하여야 한다.

② 수용재결에 불복하여 취소소송을 제기하는 때에는 이의신청을 거친 경우에도 수용재결을 한 중앙토지수용위원회 또는 지방토지수용위원회를 피고로 하여 수용재결의 취소를 구하여야 한다.

③ 「공익사업을 위한 토지 등의 취득 및 보상에 관한 법률」에 의한 보상금 증감에 관한 소송은 수용재결서를 받은 날부터 90일 이내에, 이의신청을 거쳤을 때에는 이의신청에 대한 재결서를 받은 날부터 60일 이내에 각각 행정소송을 제기할 수 있다.

④ 「공익사업을 위한 토지 등의 취득 및 보상에 관한 법률」에 의한 사업인정의 고시 절차를 누락한 것을 이유로 수용재결처분의 취소를 구할 수 있다.

08

공법관계와 사법관계에 관한 판례의 내용으로 옳지 않은 것은?

① 서울특별시 지하철공사의 사장이 소속 직원에게 한 징계처분에 대한 불복절차는 민사소송에 의하여야 한다.

② 공기업·준정부기관이 계약에 근거한 권리행사로서 입찰참가자격 제한 조치를 하였더라도 입찰참가자격 제한 조치는 행정처분이다.

③ 국유재산 등의 관리청이 하는 행정재산의 사용·수익에 대한 허가는 관리청이 특정인에게 행정재산을 사용할 수 있는 권리를 설정하여 주는 강학상 특허로서 공법관계이다.

④ 기부자가 기부채납한 부동산을 일정기간 무상 사용한 후에 한 사용허가기간 연장신청을 거부한 지방자치단체의 장의 행위는 사법상의 행위이다.

09

대법원 판례의 내용으로 옳지 않은 것은?

① 기업의 비업무용 부동산 보유실태에 관한 감사원의 감사보고서의 내용은 직무상 비밀에 해당하지 않는다.

② 같은 정도의 비위를 저지른 자들 사이에 있어서 그 직무의 특성 등에 비추어, 개전의 정이 있는지 여부에 따라 징계의 종류의 선택과 양정에 있어서 차별적으로 취급하는 것은, 자의적 취급이라고 할 수 있어서 평등원칙 내지 형평에 반한다.

③ 국가공무원법상 직무상 비밀이라 함은 국가 공무의 민주적, 능률적 운영을 확보 하여야 한다는 이념에 비추어 볼 때 당해 사실이 일반에 알려질 경우 그러한 행정의 목적을 해할 우려가 있는지 여부를 기준으로 판단하여야 한다.

④ 수 개의 징계사유 중 일부가 인정되지 않더라도 인정되는 다른 징계사유만으로도 당해 징계처분의 타당성을 인정하기에 충분한 경우에는 그 징계처분을 유지하여도 위법하지 아니하다.

10

재건축·재개발사업에 대한 내용으로 옳지 않은 것은? (다툼이 있는 경우 판례에 의함)

① 이전고시의 효력이 발생한 이후에는 조합원 등이 해당 정비사업을 위하여 이루어진 수용재결이나 이의재결의 취소 또는 무효확인을 구할 법률상 이익이 없다.

② 「도시 및 주거환경정비법」 등 관련 법령에 의한 조합설립인가처분이 있은 후에 조합설립결의의 하자를 이유로 그 결의 부분만을 따로 떼어내어 무효 등 확인의 소를 제기하는 것이 허용되지 않는다.

③ 「도시 및 주거환경정비법」에 따른 이전고시는 공법상 처분이다.

④ 「도시 및 주거환경정비법」상 조합설립추진위원회 구성승인처분을 다투는 소송 계속 중 조합설립인가처분이 이루어진 경우에도 조합설립추진위원회 구성승인처분에 대하여 취소 또는 무효확인을 구할 법률상 이익이 있다.

11

다음 중 행정계획에 관한 설명으로 옳지 않은 것은? (다툼이 있는 경우 판례에 의함)

① 국립대학인 서울대학교의 '94학년도 대학입학고사 주요요강'은 행정계획이므로 헌법소원의 대상이 되는 공권력행사에 해당되지 않는다.

② 행정주체가 행정계획을 입안·결정하면서 이익형량을 전혀 행하지 않거나 이익형량의 고려 대상에 마땅히 포함시켜야 할 사항을 빠뜨린 경우 또는 이익형량을 하였으나 정당성과 객관성이 결여된 경우에는 행정계획결정은 형량에 하자가 있어 위법하게 된다.

③ 개발제한구역지정처분은 그 입안·결정에 관하여 광범위한 형성의 자유를 가지는 계획재량처분이다.

④ 「도시 및 주거환경정비법」에 따른 주택재건축정비사업조합이 행정주체의 지위에서 수립하는 관리처분계획은 구속적 행정계획으로서 주택재건축정비사업조합이 행하는 독립된 행정처분에 해당한다.

12

행정행위의 취소와 철회에 대한 설명으로 옳지 않은 것은? (다툼이 있는 경우 판례에 의함)

① 한 사람이 여러 종류의 자동차운전면허를 취득하는 경우뿐 아니라 이를 취소함에 있어서도 서로 별개의 것으로 취급하는 것이 원칙이다.

② 당사자가 처분의 위법성을 중대한 과실로 알지 못한 경우에는 행정청은 당사자에게 이익을 부여하는 처분의 취소로 인하여 당사자가 입게 될 불이익을 취소로 달성되는 공익과 비교·형량하지 않아도 된다.

③ 행정청은 정당한 사유가 있는 경우에는 처분을 장래를 향하여 취소할 수 있다.

④ 처분청은 행정처분에 하자가 있는 경우에는 별도의 법적 근거가 있어야만 스스로 이를 취소할 수 있다.

13

행정지도에 대한 설명으로 옳지 않은 것은? (다툼이 있는 경우 판례에 의함)

① 행정지도를 하는 자는 그 상대방에게 그 행정지도의 취지 및 내용과 신분을 밝혀야 한다.

② 행정지도는 말로 이루어질 수 있다.

③ 행정기관은 행정지도의 상대방이 행정지도에 따르지 아니할 경우 그에 상응하는 불이익 조치를 할 수 있다.

④ 행정지도의 상대방은 해당 행정지도의 방식에 관하여 행정기관에 의견제출을 할 수 있다.

14

행정상 강제에 관한 설명으로 옳지 않은 것은? (다툼이 있는 경우 판례에 의함)

① 관계 법령상 행정대집행의 절차가 인정되어 행정청이 행정대집행의 방법으로 건물의 철거 등 대체적 작위의무의 이행을 실현할 수 있는 경우에는 따로 민사소송의 방법으로 그 의무의 이행을 구할 수 없다.

②「행정대집행법」에 따른 행정대집행에서 건물의 점유자가 철거의무자일 때에는 별도로 퇴거를 명하는 집행권원이 필요하다.

③「건축법」에 위반하여 건축한 것이어서 철거의무가 있는 건물이라 하더라도 그 철거의무를 대집행하기 위한 계고처분을 하려면 다른 방법으로는 이행의 확보가 어렵고 불이행을 방치함이 심히 공익을 해하는 것으로 인정될 때에 한하여 허용되고 이러한 요건의 주장·입증책임은 처분 행정청에 있다.

④ 과세관청이 체납처분으로서 행하는 공매는 우월한 공권력의 행사로서 행정소송의 대상이 되는 공법상의 행정처분이며 공매에 의하여 재산을 매수한 자는 그 공매처분이 취소된 경우에 그 취소처분의 위법을 주장하여 행정소송을 제기할 법률상 이익이 있다.

15

행정상 법률관계에 관한 설명으로 옳지 않은 것은? (다툼이 있는 경우 판례에 의함)

① 국유재산의 관리청이 그 무단점유자에 대하여 하는 변상금부과처분은 순전히 사경제 주체로서 행하는 사법상의 법률행위라 할 수 없고, 이는 관리청이 공권력을 가진 우월적 지위에서 행한 것으로서 행정소송의 대상이 되는 행정처분이다.

② 국가나 지방자치단체에 근무하는 청원경찰은「국가공무원법」이나「지방공무원법」상의 공무원은 아니지만, 다른 청원경찰과는 달리 그 임용권자가 행정기관의 장이고, 국가나 지방자치단체로부터 보수를 받으므로, 그 근무 관계는 사법상의 고용계약관계로 보기는 어려우므로 그에 대한 징계처분의 시정을 구하는 소는 행정소송의 대상이지 민사소송의 대상이 아니다.

③ 조세채무는 법률의 규정에 의하여 정해지는 법정채무로서 당사자가 그 내용 등을 임의로 정할 수 없고, 조세채무관계는 공법상의 법률관계이고 그에 관한 쟁송은 원칙적으로 행정사건으로서「행정소송법」의 적용을 받는다.

④ 개발부담금 부과처분이 취소된 이상 그 후의 부당이득으로서의 과오납금 반환에 관한 법률관계는 단순한 민사 관계라 볼 수 없고, 행정소송 절차에 따라야 하는 행정법 관계로 보아야 한다.

16

헌법재판소와 대법원 판례의 내용으로 옳지 <u>않은</u> 것은?

① 「감염병의 예방 및 관리에 관한 법률」 제71조에 의한 예방접종 피해에 대한 국가의 보상책임은 무과실책임이지만, 질병, 장애 또는 사망이 예방접종으로 발생하였다는 점이 인정되어야 한다.

② 당사자적격, 권리보호이익 등 소송요건은 직권조사사항으로서 당사자가 주장하지 아니하더라도 법원이 직권으로 조사하여 판단하여야 하고, 사실심 변론종결 이후에 소송요건이 흠결되거나 그 흠결이 치유된 경우 상고심에서도 이를 참작하여야 한다.

③ 법령이 특정한 행정기관 등으로 하여금 다른 행정기관을 상대로 제재적 조치를 취할 수 있도록 하면서, 그에 따르지 않으면 그 행정기관에 대하여 과태료를 부과하거나 형사처벌을 할 수 있도록 정하는 경우, 제재적 조치의 상대방인 행정기관 등에게 항고소송 원고로서의 당사자능력과 원고적격을 인정할 수 없다.

④ 원고가 「행정소송법」상 항고소송으로 제기해야 할 사건을 민사소송으로 잘못 제기한 경우에 수소법원이 그 항고소송에 대한 관할을 가지고 있지 아니하여 관할법원에 이송하는 결정을 하였고, 그 이송결정이 확정된 후 원고가 항고소송으로 소 변경을 하였다면, 그 항고소송에 대한 제소기간의 준수 여부는 원칙적으로 처음에 소를 제기한 때를 기준으로 판단하여야 한다.

17

행정절차에 관한 설명으로 옳지 <u>않은</u> 것은? (다툼이 있는 경우 판례에 의함)

① 「국가공무원법」상 직위해제처분은 당해 행정작용의 성질상 행정절차를 거치기 곤란하거나 불필요하다고 인정되는 사항 또는 행정절차에 준하는 절차를 거친 사항에 해당하지 않으므로, 처분의 사전통지 및 의견청취 등에 관한 「행정절차법」의 규정이 적용되어야 한다.

② 군인사법령에 의하여 진급예정자명단에 포함된 자에 대하여 의견제출의 기회를 부여하지 아니한 채 진급선발을 취소하는 처분을 한 것은 절차상 하자가 있어 위법하다고 할 것이다.

③ 행정청이 침해적 행정처분을 하면서 당사자에게 행정절차법상의 사전 통지를 하거나 의견제출의 기회를 주지 않았다면, 사전 통지를 하지 않거나 의견제출의 기회를 주지 않아도 되는 예외적인 경우에 해당하지 않는 한, 그 처분은 위법하여 취소를 면할 수 없다.

④ 행정기관이 소속 공무원이나 하급행정기관에 대하여 세부적인 업무처리절차나 법령의 해석 · 적용 기준을 정해 주는 '행정규칙'은 상위 법령의 구체적 위임이 있지 않는 한 조직 내부에서만 효력을 가질 뿐 대외적으로 국민이나 법원을 구속하는 효력이 없다.

18

다음 중 제3자의 원고적격에 관한 설명으로 옳지 않은 것은? (다툼이 있는 경우 판례에 의함)

① 행정처분의 직접 상대방이 아닌 제3자라도 당해 처분에 관하여 법률상 직접적이고 구체적인 이해관계를 가지는 경우에는 당해 처분 취소소송의 원고적격이 인정된다.

② 환경상 이익은 본질적으로 자연인에게 귀속되는 것으로서 단체는 환경상 이익의 침해를 이유로 행정소송을 제기할 수 없다.

③ 우리 출입국관리법의 해석상 외국인은 사증발급 거부처분의 취소를 구할 법률상 이익이 있다.

④ 처분 등에 의해 법률상 이익이 현저히 침해되는 경우뿐만 아니라 침해가 우려되는 경우에도 원고적격이 인정된다.

19

다음 중 공공의 영조물에 관한 설명으로 옳지 않은 것은? (다툼이 있는 경우 판례에 의함)

① 「도로교통법」 제3조 제1항에 의하여 특별시장 · 광역시장 · 제주특별자치도지사 또는 시장 · 군수의 권한으로 규정되어 있는 도로에서 경찰서장 등이 설치 · 관리하는 신호기의 하자로 인한 「국가배상법」 제5조 소정의 배상책임은 그 사무의 귀속 주체인 국가가 부담한다.

② 사실상 군민의 통행에 제공되고 있던 도로 옆의 암벽으로부터 떨어진 낙석에 맞아 사망하는 사고가 발생하였다고 하여도 동 사고지점 도로가 군에 의하여 노선인정 기타 공용개시가 없었으면 이를 영조물이라 할 수 없다.

③ 국가나 지방자치단체가 영조물의 설치 · 관리의 하자를 이유로 손해배상책임을 부담하는 경우 영조물의 설치 · 관리를 맡은 자와 그 비용부담자가 동일하지 아니하면 비용부담자도 손해배상 책임이 있다.

④ 경찰서지서의 숙직실에서 순직한 경찰공무원의 유족들은 「국가배상법」 및 「민법」의 규정에 의한 손해배상을 청구할 권리가 있다.

20

다음 중 행정심판의 재결의 효력에 관한 설명으로 옳지 않은 것은? (다툼이 있는 경우 판례에 의함)

① 재결의 기속력은 인용재결의 효력이며 기각재결에는 인정되지 않는다.

② 재결이 확정된 경우에는 처분의 기초가 된 사실관계나 법률적 판단이 확정되고 당사자들이나 법원이 이에 기속되어 모순되는 주장이나 판단을 할 수 없게 된다.

③ 당해 처분에 관하여 위법한 것으로 재결에서 판단된 사유와 기본적 사실관계에 있어 동일성이 인정되는 사유를 내세워 다시 동일한 내용의 처분을 하는 것은 허용되지 않는다.

④ 형성력이 인정되는 재결로는 취소재결, 변경재결, 처분재결이 있다.

21

다음 중 「개인정보보호법」에 관한 내용으로 옳지 않은 것은? (다툼이 있는 경우 판례에 의함)

① 개인정보처리자는 개인정보를 익명 또는 가명으로 처리하여도 개인정보 수집목적을 달성할 수 있는 경우 익명처리가 가능한 경우에는 익명에 의하여, 익명처리로 목적을 달성할 수 없는 경

우에는 가명에 의하여 처리될 수 있도록 하여야 한다.

② 개인정보처리자는 정보주체가 필요한 최소한의 정보 외의 개인정보 수집에 동의하지 아니한다는 이유로 정보주체에게 재화 또는 서비스의 제공을 거부할 수 있다.

③ 개인정보처리자는 공공기관이 법령 등에서 정하는 소관 업무의 수행을 위하여 불가피한 경우에는 개인정보를 수집할 수 있으며 그 수집 목적의 범위에서 이용할 수 있다.

④ 개인정보처리자는 보유기간의 경과, 개인정보의 처리 목적 달성, 가명정보의 처리 기간 경과 등 그 개인정보가 불필요하게 되었을 때에는 지체 없이 그 개인정보를 파기하여야 한다. 다만, 다른 법령에 따라 보존하여야 하는 경우에는 그러하지 아니하다.

22

헌법재판소와 대법원 판례의 내용으로 옳지 않은 것은?

① 도축장 사용정지·제한명령은 공익목적을 위하여 이미 형성된 구체적 재산권을 박탈하거나 제한하는 「헌법」 제23조 제3항의 수용·사용 또는 제한에 해당하는 것이 아니라, 도축장 소유자들이 수인하여야 할 사회적 제약으로서 「헌법」 제23조 제1항의 재산권의 내용과 한계에 해당한다.

② 토지수용위원회의 수용재결에 대한 이의절차는 실질적으로 행정심판의 성질을 갖는 것이므로 「토지수용법」에 특별한 규정이 있는 것을 제외하고는 「행정심판법」의 규정이 적용된다고 할 것이다.

③ 「공무원연금법」상 공무원연금급여 재심위원회에 대한 심사청구 제도는 사안의 전문성과 특수성을 살리기 위하여 특히 필요하여 행정심판법에 따른 일반행정심판을 갈음하는 특별한 행정불복절차, 즉 특별행정심판에 해당한다.

④ 당사자의 신청을 받아들이지 않은 거부처분이 재결에서 취소된 경우에 행정청은 종전 거부처분 또는 재결 후에 발생한 새로운 사유를 내세워 다시 거부처분을 할 수 없다.

23

다음 중 개인적 공권에 관한 설명으로 옳지 않은 것은? (다툼이 있는 경우 판례에 의함)

① 재량권이 영으로 수축하는 경우에는 무하자재량행사청구권은 행정개입청구권으로 전환되는 특성이 존재한다.

② 사회적 기본권의 성격을 가지는 연금수급권은 국가에 대하여 적극적으로 급부를 요하는 것이므로 헌법규정만으로는 이를 실현할 수 없고, 법률에 의한 형성을 필요로 한다.

③ 행정청에게 부여된 공권력 발동권한이 재량행위인 경우, 행정청의 권한행사에 이해관계가 있는 개인은 행정청에 대하여 무하자재량행사청구권을 가진다.

④ 환경부장관의 생태·자연도 등급결정으로 1등급 권역의 인근 주민들이 가지는 환경상 이익은 법률상 이익이다.

24

항고소송의 대상인 '처분'에 대한 설명으로 옳지 않은 것은? (다툼이 있는 경우 판례에 의함)

① 교육부장관이 대학에서 추천한 복수의 총장 후보자들 전부 또는 일부를 임용제청에서 제외하는 행위는 제외된 후보자들에 대한 불이익처분으로서 항고소송의 대상이 되는 처분에 해당한다고 보아야 한다.

② 법령상 토사채취가 제한되지 않는 산림 내에서의 토사채취에 대하여 국토와 자연의 유지, 환경보전 등 중대한 공익상 필요를 이유로 그 허가를 거부하는 것은 재량권을 일탈·남용하여 위법한 처분이라 할 수 있다.

③ 대학이 복수의 후보자에 대하여 순위를 정하여 추천한 경우 교육부장관이 후순위 후보자를 임용제청했더라도 이로 인하여 헌법과 법률이 보장하는 대학의 자율성이 제한된다고는 볼 수 없다.

④ 절차상 또는 형식상 하자로 무효인 행정처분에 대하여 행정청이 적법한 절차 또는 형식을 갖추어 다시 동일한 행정처분을 하였다면, 종전의 무효인 행정처분에 대한 무효확인청구는 과거의 법률관계의 효력을 다투는 것에 불과하므로 무효확인을 구할 법률상 이익이 없다.

25

행정소송에 관한 설명으로 옳지 않은 것은? (다툼이 있는 경우 판례에 의함)

① 「공기업·준정부기관 계약사무규칙」에 따른 낙찰적격 세부기준은 국민의 권리의무에 영향을 미치므로 대외적 구속력이 인정된다.

② 지적공부 소관청의 지목변경신청 반려행위는 국민의 권리관계에 영향을 미치는 것으로서 항고소송의 대상이 되는 행정처분에 해당한다.

③ 건축물대장 소관청의 용도변경신청 거부행위는 국민의 권리관계에 영향을 미치는 것으로서 항고소송의 대상이 되는 행정처분에 해당한다.

④ 국가계약법상 감점조치는 계약 사무를 처리함에 있어 내부규정인 세부기준에 의하여 종합취득점수의 일부를 감점하게 된다는 뜻의 사법상의 효력을 가지는 통지행위에 불과하므로 항고소송의 대상이 되지 않는다.

PART 03

2022년 기출문제

국어 · 행정학 · 행정법

국어

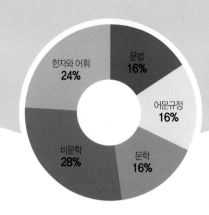

한자와 어휘 24%
문법 16%
어문규정 16%
문학 16%
비문학 28%

정답 및 해설 265p

01

다음 중 띄어쓰기가 가장 옳은 것은?

① 지난 달에 나는 딸도 만날겸 여행도 할겸 미국에 다녀왔어.

② 이 회사의 경비병들은 물 샐 틈없이 경비를 선다.

③ 저 사과들 중에서 좀더 큰것을 주세요.

④ 그 사람은 감사하기는 커녕 적게 주었다고 원망만 하더라.

02

다음 중 파생법으로 만들어진 단어가 아닌 것은?

① 교육자답다　　② 살펴보다

③ 탐스럽다　　④ 순수하다

03

다음 중 사자성어가 가장 적절하게 쓰이지 않은 것은?

① 견강부회(牽强附會) 하지 말고 타당한 논거로 반박을 하세요.

② 그는 언제나 호시우보(虎視牛步) 하여 훌륭한 리더가 되었다.

③ 함부로 도청도설(道聽塗說)에 현혹되어 주책없이 행동하지 마시오.

④ 이번에 우리 팀이 크게 이긴 것을 전화위복(轉禍爲福)으로 여기자.

04

다음 중 밑줄 친 부분의 한자가 나머지 셋과 다른 것은?

① 오래된 나사여서 마모가 심해 빼기 어렵다.

② 평소 절차탁마에 힘써야 대기만성에 이를 수 있다.

③ 정신을 수양하고 심신을 연마하는 것이 진정한 배움이다.

④ 너무 열중하여 힘을 주다 보니 근육이 마비되었다.

05

밑줄 친 부분의 띄어쓰기가 잘못된 것은?

① <u>한번</u> 실패했더라도 다시 도전하면 된다.

② <u>한번</u>은 네거리에서 큰 사고를 낼 뻔했다.

③ 고 녀석, 울음소리 <u>한번</u> 크구나.

④ 심심한데 노래나 <u>한번</u> 불러 볼까?

[06~07] 다음 글을 읽고 물음에 답하시오.

인류는 우주의 중심이 아니라 가장자리에 있으며, 인류의 기적 같은 진화는 유대, 기독교, 이슬람이 전제하고 있는 바와 같이 초월자의 선택에 의해 결정됐거나 힌두, 불교가 주장하고 있는 것과는 달리 자연의 우연한 산물이다. 우주적인 관점에서 볼 때 인류의 가치는 동물의 가치와 근원적으로 차별되지 않으며, 그의 존엄성은 다른 동물의 존엄성과 근본적으로 차등 지을 수 없다. 자연은 한없이 아름답고 자비롭다. 미국 원주민이 대지를 '어머니'라고 부르는 것으로 알 수 있듯이 자연은 모든 생성의 원천이자 젖줄이다. 그것은 대자연 즉 산천초목이 보면 볼수록 느끼면 느낄수록 생각하면 생각할수록 신선하고 풍요하기 때문이다. 자연은 무한히 조용하면서도 생기에 넘치고, 무한히 소박하면서도 환상적으로 아름답고 장엄하고 거룩한 모든 것들의 모체이자 그것들 자체이다. 자연은 영혼을 가진 인류를 비롯한 유인원, 그 밖의 수많은 종류의 식물과 동물들 및 신비롭고 거룩한 모든 생명체의 고향이자 거처이며, 일터이자 휴식처이고, 행복의 둥지이며, 영혼을 가진 인간이 태어났던 땅이기 때문이다. 자연은 모든 존재의 터전인 동시에 그 원리이며 그러한 것들의 궁극적 의미이기도 하다. 자연은 생명 그 자체의 활기, 존재 자체의 아름다움의 표상이다. 또한 그것은 인간이 배워야 할 진리이며 모든 행동의 도덕적 및 실용적 규범이며 지침이며 길이다. 자연은 정복과 활용이 아니라 감사와 보존의 대상이다.

06

다음 중 위 글을 통해 파악할 수 있는 글쓴이의 성격으로 가장 적절한 것은?

① 낭만주의자(浪漫主義者)

② 자연주의자(自然主義者)

③ 신비주의자(神秘主義者)

④ 실용주의자(實用主義者)

07

위 글의 구성 방식으로 가장 적절한 것은?

① 두괄식   ② 양괄식

③ 미괄식   ④ 중괄식

08

다음 중 아래의 글을 읽고 추론한 라캉의 생각과 가장 거리가 먼 것은?

라캉에 의하면, 사회화 과정에 들어서기 전의 거울 단계에서, 자기와 자기 영상, 혹은 자기와 어머니 같은 양자 관계에 새로운 타인, 다시 말해 아버지, 곧 법으로서의 큰 타자가 개입하는 삼자 관계, 즉 상징적 관계가 형성된다. 이 형성은 제3자가 외부에서 인위적으로 비집고 들어섬을 뜻하는 것이 아니다. 인간이 상징적 질서를 생각하게 되는 것은, 이미 그 질서가 구조적으로 인간에게 기능하게끔 되어 있기 때문이다. 인간이 후천적, 인위적으로 그 구조를 만들었다고 생각하는 것은 잘못이다. 인간은 단지 구조되어 있는 그 질서에 참여할 뿐이다.

말하자면 구조란 의식되지 않는 가운데 인간 문화의 기저에서 인간의 행위를 규정함을 뜻하는 것이다. 그러므로 라캉에게 있어서, 주체의 존재 양태는 무의식적인 것을 바탕으로 해서 가능하다. 주체 자체가 무의식적인 것으로서 형성된다. 그러므로 주체는 무의식적 주체이다.

　라캉에게 나의 사유와 나의 존재는 사실상 분리되어 있다. 그는 나의 사유가 나의 존재를 확인시켜 주지 못한다고 주장한다. 라캉의 경우, '나는 생각한다'라는 의식이 없는 곳에서 '나는 존재'하고, 또 '내가 존재하는 곳'에서 '나는 생각하지 않는다'. 라캉은 무의식은 타자의 진술이라고 말한다. 바꾸어 말한다면 언어 활동에서 우리가 보내는 메시지는 타자로부터 발원되어 우리에게 온 것이다. '무의식은 주체에 끼치는 기표의 영향'이라고 라캉은 말한다.

　이런 연유에서 '인간의 욕망은 타자의 욕망'이라는 논리가 라캉에게 성립된다. 의식의 차원에서 '내가 스스로 주체적'이라고 말하는 것 같지만, 그것은 어디까지나 허상이다. 실상은, 나의 진술은 타자의 진술에 의해서 구성된다는 것이다. 나의 욕망도 타자의 욕망에 의해서 구성된다. 내가 스스로 원한 욕망이란 성립하지 않는다.

① 주체의 무의식은 구조화된 상징적 질서에 의해 형성된다.
② 주체의 의식적 사유와 행위에 의해 새로운 문화 질서가 창조된다.
③ 대중매체의 광고는 주체의 욕망이 형성되는 데 큰 영향을 미친다.
④ 데카르트의 '나는 생각한다. 고로 존재한다'라는 명제는 옳지 않다.

09

다음 중 아래 시의 주제로 가장 옳은 것은?

바람결보다 더 부드러운 은빛 날리는
가을 하늘 현란한 광채가 흘러
양양한 대기에 바다의 무늬가 인다.

한 마음에 담을 수 없는 천지의 감동 속에
찬연히 피어난 백일(白日)의 환상을 따라
달음치는 하루의 분방한 정념에 헌신된 모습

생의 근원을 향한 아폴로의 호탕한 눈동자같이
황색 꽃잎 금빛 가루로 겹겹이 단장한
아! 의욕의 씨 원광(圓光)에 묻힌 듯 향기에 익어 가니

한줄기로 지향한 높다란 꼭대기의 환희에서
순간마다 이룩하는 태양의 축복을 받는 자
늠름한 잎사귀들 경이(驚異)를 담아 들고 찬양한다.

－ 김광섭, 〈해바라기〉

① 자연과 인간의 교감
② 가을의 정경과 정취
③ 생명에 대한 강렬한 의욕
④ 환희가 넘치는 삶

10

다음 중 아래 글의 제목으로 가장 옳은 것은?

　방정식이라는 단어는 '정치권의 통합 방정식', '경영에서의 성공 방정식', '영화의 흥행 방정식' 등 다양한 분야에서 애용된다. 수학의 방정식은 문자를 포함하는 등식에서 문자의 값에 따라 등식이 참이 되기도 하고 거짓이 되기도 하는 경우를 말한다. 통합 방정식의 경우, 통합을 하는 데 여러 변수가 있고 변수에 따라 통합이 성공하거나 실패

할 수 있으므로 방정식이라는 표현은 대체로 적절하다.

그런데 방정식은 '변수가 많은 고차 방정식', '국내 · 국제 · 남북 관계의 3차 방정식'이란 표현에서 보듯이 차수와 함께 거론되기도 한다. 엄밀하게 따지면 변수의 개수와 방정식의 차수는 무관하다. 변수가 1개라도 고차 방정식이 될 수 있고 변수가 많아도 1차 방정식이 될 수 있다. 따라서 상황에 영향을 미치는 변수의 개수에 따라 m원 방정식으로, 상황의 복잡도에 따라 n차 방정식으로 구분할 필요가 있다. 또 4차 방정식까지는 근의 공식, 즉 일반해가 존재하므로 해를 구할 수 없을 정도의 난맥상이라면 5차 방정식 이상이라는 표현이 안전하다.

① 수학 용어의 올바른 활용
② 실생활에서의 수학 공식의 적용
③ 방정식의 정의와 구성 요소
④ 수학 용어의 추상성과 엄밀성

11

다음 중 ㉠~㉢에 알맞은 말을 순서대로 나열한 것은?

먼 곳의 물체를 볼 때 물체에서 반사되어 나온 빛이 눈 속으로 들어가면서 각막과 수정체에 의해 굴절되어 망막의 앞쪽에 초점을 맺게 되면 망막에는 초점이 맞지 않는 상이 맺힘으로써 먼 곳의 물체가 흐리게 보인다. 이것을 근시라고 한다.

근시인 눈에서 보고자 하는 물체가 눈에 가까워지면 망막의 (㉠)에 맺혔던 초점이 (㉡)으로 이동하여 망막에 초점이 맺혀 흐리게 보이던 물체가 선명하게 보인다. 그리고 이 지점보다 더 가까운 곳의 물체는 조절 능력에 의하여 계속 잘 보인다.

이와 같이 근시는 먼 곳의 물체는 잘 안 보이고 가까운 곳의 물체는 잘 보이는 것을 말한다. 근시의 정도가 심하면 심할수록 눈 속에 맺히는 초점이 망막으로부터 (㉢)으로 멀어져 가까운 곳의 잘 보이는 거리가 짧아지고 근시의 정도가 약하면 꽤 먼 곳까지 잘 볼 수 있다.

	㉠	㉡	㉢
①	앞쪽	뒤쪽	앞쪽
②	뒤쪽	앞쪽	앞쪽
③	앞쪽	뒤쪽	뒤쪽
④	뒤쪽	앞쪽	뒤쪽

12

다음 중 ㉠을 가리키기에 적절하지 <u>않은</u> 것은?

"허, 참, 세상 일두……."
마을 갔던 아버지가 언제 돌아왔는지,
"윤초시댁두 말이 아니어. ㉠ 그 많든 전답을 다 팔아 버리구, 대대루 살아오든 집마저 남의 손에 넘기드니, 또 악상꺼지 당하는 걸 보면……."
남폿불 밑에서 바느질감을 안고 있던 어머니가,
"증손이라곤 기집애 그 애 하나뿐이었지요?"
"그렇지. 사내애 둘 있든 건 어려서 잃구……."
"어쩌믄 그렇게 자식복이 없을까."

– 황순원, 〈소나기〉 중에서

① 雪上加霜 　　　② 前虎後狼
③ 禍不單行 　　　④ 孤掌難鳴

13

밑줄 친 말이 한자어와 고유어의 결합이 아닌 것은?

① 이번 달은 예상외로 <u>가욋돈</u>이 많이 나갔다.

② 앞뒤 사정도 모르고 <u>고자질</u>을 하면 안 된다.

③ 불이 나자 순식간에 장내가 <u>아수라장</u>으로 변했다.

④ 두통이 심할 때 <u>관자놀이</u>를 문지르면 도움이 된다.

14

다음 중 아래의 작품과 내용 및 주제가 가장 비슷한 것은?

> 동풍(東風)이 건듯 부러 적설(積雪)을 헤텨 내니
> 창 밧긔 심근 매화 두세 가지 픠여셰라
> 굿득 냉담(冷淡)흐디 암향(暗香)은 므스일고
> 황혼의 달이 조차 벼마틔 빗최니
> 늣기난 닷 반기난 닷 님이신가 아니신가
> 뎌 매화 것거 내여 님 겨신 디 보내오져
> 님이 너를 보고 엇더타 너기실고
>
> 곳 디고 새 닙 나니 녹음이 실렷난디
> 나위(羅幃) 적막흐고 수막(繡幕)이 뷔여 잇다
> 부용(芙蓉)을 거더 노코 공작(孔雀)을 둘러 두니
> 굿득 시름 한디 날은 엇디 기돗던고
> 원앙금(鴛鴦錦) 버혀 노코 오색선 플텨 내여
> 금자히 견화이셔 님의 옷 지어내니
> 수품(手品)은 코니와 제도도 자줄시고
> 산호수 지게 우히 백옥함의 다마 두고
> 님의게 보내오려 님 겨신 디 브라보니
> 산인가 구름인가 머흐도 머흘시고
> 천리 만리 길흘 뉘라셔 차자갈고
> 니거든 여러 두고 날인가 반기실가
>
> — 정철, 〈사미인곡〉 중에서

① 고인도 날 몯 보고 나도 고인 몯 뵈
　고인을 몯 뵈도 녀던 길 알퍼잇니
　녀던 길 알퍼잇거든 아니 녀고 엇뎔고

② 삼동에 베옷 입고 암혈(巖穴)에 눈비 맞아
　구름 낀 볕뉘도 쬔 적이 없건마는
　서산에 해 지다 하니 눈물 겨워 하노라

③ 묏버들 갈히것거 보내노라 님의
　손디자시는창 밧긔 심거두고 보쇼셔
　밤비예 새 닙 곳 나거든 날인가도 너기쇼셔

④ 반중(盤中) 조홍(早紅) 감이 고아도 보이느다
　유자 안이라도 품엄즉도 흐다마는
　품어 가 반기 리 업슬새 글노 설워흐느이다

15

다음 중 표준어가 아닌 것은?

① 발가숭이　　　　② 깡총깡총

③ 뻗정다리　　　　④ 오뚝이

16

다음 중 아래 글의 내용을 포괄하여 설명하기에 가장 적절한 것은?

> 주체 경어법은 용언에 선어말 어미 '-시-'를 넣음으로써 이루어진다. 만약 여러 개의 용언이 함께 나타나는 경우라면 일률적인 규칙을 세우기는 어렵지만 대체로 문장의 마지막 용언에 선어말어미 '-시-'를 쓴다. 또한 여러 개의 용언 가운데 어휘적으로 높임의 용언이 따로 있는 경우에는 반드시 그 용언을 사용해야 한다.

① 할머니, 어디가 어떻게 편찮으세요?

② 어머님께서 돌아보시고 주인에게 부탁하셨다.

③ 선생님께서 책을 펴며 웃으셨다.

④ 할아버지께서 주무시고 가셨다.

17

아래의 글에 나타나지 <u>않는</u> 설명 방식은?

텔레비전에서는 여러 종류의 자막이 쓰인다. 뉴스의 경우, 앵커가 기사를 소개할 때에는 앵커의 왼쪽 위에 기사 전체의 내용을 요약하거나 핵심을 추려 제목 자막을 쓴다. 보도 중간에는 화면의 하단에 기사의 제목이나 소제목을 자막으로 보여준다. 그리고 보도 내용을 이해하는 데 꼭 필요한 핵심적인 내용이나 세부 자료도 자막으로 보여준다.

관객이나 시청자가 읽을 수 있도록 화면에 보여주는 글자라는 점에서 영화에서 쓰이는 자막도 텔레비전 자막과 비슷하게 활용된다. 그런데 영화의 자막은 타이틀과 엔딩 크레디트 그리고 번역 대사가 전부이다. 이는 모두 영화 제작과 관련된 정보를 알려주는 제한된 용도로만 사용된다. 번역 대사는 더빙하지 않은 외국영화의 대사를 보여주기 위한 수단으로 사용된다.

텔레비전에서는 영화에서 쓰는 자막을 모두 사용할 뿐 아니라 각종 제목과 요약 내용을 나타내기도 하고 시청자의 흥미를 돋우기 위해 말과 감탄사를 표현하기도 한다. 음성으로 전달할 수 없는 다양한 정보를 제작자의 의도에 맞게끔 자막을 활용하여 제공하는 것이다.

① 정의   ② 유추
③ 예시   ④ 대조

18

다음 중 (가)~(다)를 문맥에 맞는 순서대로 나열한 것은?

최근 수십 년간 세계 각국의 정부들은 공격적인 환경보호 조치들을 취해왔다. 대기오염과 수질오염, 살충제와 독성 화학물질의 확산, 동식물의 멸종 위기 등을 우려한 각국의 정부들은 인간의 건강을 증진하고 인간 활동이 야생 및 원시 지역에서 만들어 낸 해로운 결과를 줄이기 위해 상당한 자원을 투자해왔다.

(가) 그러나 이러한 규제 노력 가운데는 막대한 비용을 헛되이 낭비한 것들도 상당수에 달하며, 그중 일부는 해결하고자 했던 문제를 오히려 악화시키기도 했다.

(나) 이 중 많은 조치들이 커다란 성과를 거두었다. 이를테면 대기오염을 줄이려는 노력으로 수십만 명의 조기 사망과 수백만 가지의 질병을 예방할 수 있었다.

(다) 예를 들어, 새로운 대기 오염원을 공격적으로 통제할 경우, 기존의 오래된 오염원의 수명이 길어져서 적어도 단기적으로는 대기오염을 가중시킬 수 있다.

① (나) → (가) → (다)   ② (나) → (다) → (가)
③ (다) → (가) → (나)   ④ (다) → (나) → (가)

19

다음 중 밑줄 친 부분과 같은 수사법이 쓰인 것은?

<u>흰 수건</u>이 검은 머리를 두르고
<u>흰 고무신</u>이 거친 발에 걸리우다.

<u>흰 저고리</u> 치마가 슬픈 몸집을 가리고
<u>흰 띠</u>가 가는 허리를 질끈 동이다.

– 윤동주, 〈슬픈 족속〉

① 내 누님같이 생긴 꽃이여
② 나의 마음은 고요한 물결
③ 파도가 아가리를 쳐들고 달려드는 곳
④ 의(義) 있는 사람은 옳은 일을 위하여는 칼날을 밟습니다

20

밑줄 친 말의 표기가 잘못된 것은?

① 배가 고파서 공기밥을 두 그릇이나 먹었다.

② 선출된 임원들이 차례로 인사말을 하였다.

③ 사고 뒤처리를 하느라 골머리를 앓았다.

④ 이메일보다는 손수 쓴 편지글이 더 낫다.

21

다음 중 아래 글에 대한 이해로 가장 적절하지 않은 것은?

어떤 사람은 이곳이 옛 전쟁터였기 때문에 물소리가 그렇다고 말하나 그래서가 아니라 물소리는 듣기 여하에 달린 것이다.

나의 집이 있는 산속 바로 문 앞에 큰 내가 있다. 해마다 여름철 폭우가 한바탕 지나가고 나면 냇물이 갑자기 불어나 늘 수레와 말, 대포와 북의 소리를 듣게 되어 마침내 귀에 못이 박힐 정도가 되어 버렸다.

나는 문을 닫고 드러누워 그 냇물 소리를 구별해서 들어 본 적이 있었다. 깊숙한 솔숲에서 울려 나오는 솔바람 같은 소리, 이 소리는 청아하게 들린다. 산이 찢어지고 언덕이 무너지는 듯한 소리, 이 소리는 격분해 있는 것처럼 들린다. 뭇 개구리들이 다투어 우는 듯한 소리, 이 소리는 교만한 것처럼 들린다. 수많은 축(筑)이 번갈아 울리는 듯한 소리, 이 소리는 노기에 차 있는 것처럼 들린다. 별안간 떨어지는 천둥 같은 소리, 이 소리는 놀란 듯이 들린다. 약하기도 세기도 한 불에 찻물이 끓는 듯한 소리, 이 소리는 분위기 있게 들린다. 거문고가 궁조(宮調)·우조(羽調)로 울려 나오는 듯한 소리, 이 소리는 슬픔에 젖어 있는 듯이 들린다. 종이 바른 창문에 바람이 우는 듯한 소리, 이 소리는 회의(懷疑)스러운 듯 들린다. 그러나 이 모두가 똑바로 듣지 못한 것이다. 단지 마음속에 품

은 뜻이 귀로 소리를 받아들여 만들어 낸 것일 따름이다.

– 박지원, 〈일야구도하기〉 중에서

① 직유와 은유를 활용하여 대상을 묘사하였다.

② 세심한 관찰을 통해 사물의 본질을 이해할 수 있음을 역설하였다.

③ 일상에서의 경험을 자기 생각의 근거로 제시하였다.

④ 다른 이의 생각을 반박하기 위하여 서술하였다.

22

밑줄 친 '보다'의 활용형이 지닌 의미가 나머지 셋과 다른 것은?

① 어쩐지 그의 행동을 실수로 볼 수가 없었다.

② 손해를 보면서 물건을 팔 사람은 없다.

③ 그는 상대를 만만하게 보는 나쁜 버릇이 있다.

④ 날씨가 좋을 것으로 보고 우산을 놓고 나왔다.

23

다음 중 '을'이 '동의의 격률'에 따라 대화를 한 것은?

① 갑 : 저를 좀 도와주실 수 있어요?

을 : 무슨 일이지요? 지금 급히 해야 할 일이 있어요.

② 갑 : 글씨를 좀 크게 써 주세요.

을 : 귀가 어두워서 잘 들리지 않는데 좀 크게 말씀해 주세요.

③ 갑 : 여러 모로 부족한 점이 많은데, 앞으로 잘 부탁합니다.

을 : 저는 매우 부족한 사람이라서 제대로 도와
드릴 수 있을지 걱정입니다.

④ 갑 : 여러 침대 중에 이것이 커서 좋은데 살까
요?

을 : 그 침대가 크고 매우 우아해서 좋군요. 그
런데 좀 커서 우리 방에 들어가지 않을 것
같아요.

③ 한라산 – Hanrasan

④ 북한산 – Bukhansan

24

아래의 글에서 밑줄 친 단어들 중 고유어에 해당하
는 것은?

> 절간의 여름 수도(修道)인 하안거(夏安居)가 끝
> 나면 스님들은 바랑을 메고 바리를 들고서 <u>동냥</u>
> 수도에 나선다. 이 동냥이 경제적인 <u>구걸</u>로 타락
> 된 적도 없지 않지만 원래는 <u>중생</u>으로 하여금 자
> <u>비</u>를 베풀 기회를 줌으로써 업고(業苦)를 멸각시
> 키려는 수도 행사였다.

① 동냥　　　　② 구걸

③ 중생　　　　④ 자비

25

다음 중 밑줄 친 단어를 〈로마자 표기법〉에 맞게 표
기한 것은?

> 내 이름은 <u>복연필</u>이다.
> 어제 우리는 <u>청와대</u>를 다녀왔다.
> 작년에 나는 <u>한라산</u>을 등산하였다.
> 다음 주에 나는 <u>북한산</u>을 등산하려고 한다.

① 복연필 – Bok Nyeonphil

② 청와대 – Chungwadae

행정학

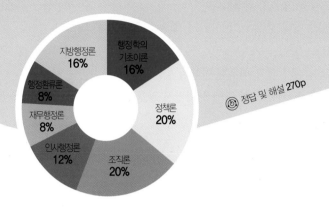

지방행정론 16%
행정학의 기초이론 16%
행정환류론 8%
재무행정론 8%
인사행정론 12%
조직론 20%
정책론 20%

정답 및 해설 270p

01

국가재정운용계획에 대한 설명으로 가장 옳지 <u>않은</u> 것은?

① 중기재정계획은 정부가 매년 당해 회계연도부터 5회계연도 이상의 기간에 대해 수립하는 재정운용계획이다.

② 예산안과 함께 국회에 제출하는 국가재정운용계획은 5년 단위 계획이다.

③ 국가재정운용계획은 국회가 심의하여 확정한다.

④ 국가재정운용계획은 중·장기 국가비전과 정책 우선순위를 고려한 중기적 시계를 반영하며, 단연도 예산편성의 기본틀이 된다.

02

전략기획(strategic planning)에 대한 설명으로 가장 옳지 <u>않은</u> 것은?

① 불확실한 미래에 체계적이고 능동적으로 대응하기 위한 전략을 만드는 과정이다.

② 상대적으로 정치 및 경제 등이 불안정한 환경 속에서 유용성이 높다.

③ 정책결정에 비해 외부환경에 개방되지 않고 전문가의 역할이 강조되는 편이다.

④ 환경에 대한 체계적인 분석과 조직진단을 통해 실현가능한 설계에 초점을 맞춘다.

03

정책결정모형에 대한 설명으로 가장 옳지 <u>않은</u> 것은?

① 합리모형은 합리적인 경제인을 가정하며 정책과정의 역동성을 고려하지 않는다.

② 만족모형은 조직 차원의 합리성과 정책결정자 개인 차원의 합리성 사이에 존재하는 괴리를 인정한다.

③ 점증모형은 정책을 이해관계자들 사이에 이루어지는 타협과 조정의 산물로 본다.

④ 최적모형은 합리모형의 한계를 극복하기 위해 만족모형과 점증모형의 강점을 취하고자 한다.

04

행정개혁에 대한 저항이 나타나는 원인이나 요인으로 가장 옳지 <u>않은</u> 것은?

① 행정개혁을 담당하는 조직의 중복성 혹은 가외성(redundancy)의 존재

② 행정개혁의 내용이나 그 실행계획의 모호성

③ 행정개혁에 요구되는 지식이나 기술의 부족

④ 행정개혁에 필요한 관련 법규의 제·개정의 어려움

05

정책결정요인론에 대한 비판으로 가장 옳지 <u>않은</u> 것은?

① 정치체제가 환경에 미치는 영향을 고려하지 않는다.

② 정치체제의 매개·경로적 역할을 고려하지 않는다.

③ 정치체제가 지니는 정량적 변수를 포함하지 않는다.

④ 정치체제가 정책에 미치는 영향을 과소평가한다.

06

우리나라의 자치입법권에 관한 설명으로 가장 옳지 <u>않은</u> 것은?

① 법령의 범위 안에서 자치법규를 제정할 수 있다.

② 주민에 대하여 형벌의 성격을 지닌 벌칙은 정할 수 없다.

③ 자치입법권에 근거한 자치법규로는 조례, 규칙 및 교육규칙 등이 있다.

④ 조례는 지방의회의 의결을 필요로 하지만, 규칙은 지방의회의 의결을 필요로 하지 않는다.

07

우리나라의 주민참여제도에 대한 설명으로 가장 옳지 <u>않은</u> 것은?

① 주민은 지방자치단체의 장을 상대로 소송을 제기할 수 있다.

② 주민은 지방자치단체의 장 및 지방의회의원(비례대표 지방의회의원은 제외)을 소환할 수 있다.

③ 주민은 지방자치단체의 장에게 조례의 제정과 개폐를 청구할 수 있다.

④ 주민은 지방예산 편성 등 예산과정에 참여할 수 있다.

08

정책유형에 대한 설명으로 가장 옳지 <u>않은</u> 것은?

① 구성정책은 대외적으로 가치배분에 직접 영향을 주지 않으나 대내적으로 '게임의 규칙(rule of game)'을 결정한다.

② 규제정책은 국가공권력을 통해 개인이나 집단의 행동에 제약을 가하여 순응을 확보하는 정책이다.

③ 분배정책은 집단 간에 '나눠먹기식 다툼(pork-barrel)'이 일어나는 특징을 지닌다.

④ 추출정책은 정부가 집단 간에 재산, 소득, 권리 등의 배정을 변동시켜 그들로부터 자원을 획득하는 정책이다.

09

우리나라의 시보제도에 대한 설명으로 가장 옳은 것은?

① 시보기간 동안은 신분이 보장되지 않기 때문에 그 기간은 공무원 경력에 포함되지 아니한다.

② 시보공무원은 공무원법상 공무원에 해당하기 때문에 시보기간 동안에도 보직을 부여받을 수 있다.

③ 시보기간 동안에 직권면직이 되면, 향후 3년간 다시 공무원으로 임용될 수 없는 결격사유에 해당한다.

④ 시보기간 동안은 신분이 보장되지 않기 때문에 징계처분에 대한 소청심사청구를 할 수 없다.

10

공직동기이론에 대한 설명으로 가장 옳지 않은 것은?

① 공직동기는 민간부문 종사자와는 차별화되는 공공부문 종사자의 가치체계를 의미한다.

② 공직동기이론에서는 공공부문의 종사자들을 봉사의식이 투철하고 공공문제에 더 큰 관심을 가지며 공공의 문제에 영향을 미칠 수 있다는 것에 큰 가치를 부여하고 있는 개인으로 가정한다.

③ 페리와 와이즈(Perry & Wise)에 따르면 공직동기는 합리적 차원과 규범적 차원, 그리고 정서적 차원으로 구성된다.

④ 1980년대 이후 급격히 확산된 신공공관리론의 외재적 보상에 의한 동기부여를 재차 강조한다.

11

베버(Max Weber)의 관료제에 대한 설명으로 가장 옳지 않은 것은?

① 합리성을 조직에 적용하여 목표달성을 위한 효과적인 수단으로 관료제를 간주한다.

② 실적을 인사행정의 기준으로 채택하는 실적주의를 바탕으로 한다.

③ 조직의 목표달성을 위해 절차나 방법을 문서화된 법규형태로 가진다.

④ 관료제의 구성원들은 조직 전반의 일반적인 업무에 대해 책임을 진다.

12

정치행정이원론과 관련된 설명으로 가장 옳지 않은 것은?

① 행정을 공공서비스의 효율적인 생산 및 공급, 분배와 관련된 비권력적 관리현상으로 이해한다.

② 엽관주의를 극복하기 위한 시대적 요청에 따라 미국 펜들턴법(Pendleton Civil Service Reform Act)이 제정되었다.

③ 정치로부터 행정의 독자성을 강조하면서 과학적 관리법에 기반한 행태주의적 관점을 지지한다.

④ 행정국가의 등장으로 행정의 능률성과 전문성이 강조되면서 행정개혁운동이 전개되었다.

13

공익(public interest)에 대한 '과정설'의 설명으로 가장 옳지 않은 것은?

① 공익은 인식 가능한 행동결정의 유용한 안내자 역할을 한다는 입장이다.

② 공익은 하나의 실체라기보다 다수의 이익들이 조정되면서 얻어진 결과로 본다.

③ 공무원의 행동을 경쟁관계에 있는 집단들의 이익을 돕는 조정자의 역할로 이해한다.

④ 실체설의 주장을 행정의 정당성 확보를 위해 도입된 상징적 수사로 간주한다.

14

다음 중 공무원 부패를 방지하기 위해 가장 중요한 가치로서 인식되는 것은?

① 형평성　　　　　② 민주성
③ 절차성　　　　　④ 투명성

15

정부간 관계 모형에 대한 설명으로 가장 옳지 <u>않은</u> 것은?

① 라이트(D. S. Wright)는 미국의 연방, 주, 지방 정부간 관계에 주목하여 분리형, 중첩형, 포함형으로 구분했다.

② 그리피스(J. A. Griffith)는 영국의 중앙·지방 관계는 중세 귀족사회에서 지주와 그 지주의 명을 받아 토지와 소작권을 관리하는 마름(steward)의 관계에 가깝다고 하여 지주-마름 모형을 제시했다.

③ 로데스(R. A.WRhodes)는 집권화된 영국의 수직적인 중앙·지방 관계 하에서도 상호의존 현상이 나타남을 권력의존모형으로 설명했다.

④ 무라마쓰(村松岐夫)는 일본의 중앙·지방 관계의 변화에 주목하여 수직적 행정통제모형과 수평적 정치경쟁모형을 제시했다.

16

시민단체 해석의 관점에 대한 설명으로 가장 옳지 <u>않은</u> 것은?

① 결사체 민주주의 입장에서는 이상적인 사회란 NGO 등의 자원조직이 많이 생겨서 효과적으로 활동하며 사회적 의미를 부여하는 형태를 의미한다.

② 공동체주의에서는 공동체를 위한 책임있는 개인의 자원봉사 정신을 강조한다.

③ 다원주의에서는 개인의 자유를 중시하는 전통적 자유주의와 개인의 책임을 강조하는 보수주의를 절충한 입장을 취하고 있다.

④ 사회자본론도 시민사회와 시민단체에 대해 의미있는 해석을 강화하며, 사회자본은 시민의 자발적 참여에 의해 생산되는 무형의 자본을 의미한다.

17

주민자치위원회와 주민자치회에 대한 설명으로 가장 옳지 <u>않은</u> 것은?

① 주민자치위원회위원은 시·군·구청장이 위촉하고, 주민자치회위원은 읍·면·동장이 위촉한다.

② 주민자치회가 주민자치위원회보다 더 주민 대표성이 강하다.

③ 주민자치위원회는 읍·면·동의 자문기구이고, 주민자치회는 주민자치의 협의·실행기구이다.

④ 지방자치단체와의 관계는 주민자치회가 주민자치위원회보다 더 대등한 협력적 관계이다.

18

다음 중 우리나라의 행정환경에 대한 설명으로 가장 옳지 <u>않은</u> 것은?

① 개방체제에서의 국가 간 관계로 인해 글로벌 환경은 행정에 사회, 기술 등 여러 측면에서 영향력이 확대되었다.

② 법 집행 과정에서 재량의 폭이 커지면 법의 일관

성과 공정성을 잃기 쉽다.

③ 경제환경의 불확실성은 정치적 환경에 의해 심화될 수도 있다.

④ 한국사회는 현재 공동체의식이 강하기 때문에 사회환경은 복잡하거나 불확실할 가능성이 낮다.

19

애드호크라시(adhocracy)에 대한 설명으로 가장 옳지 않은 것은?

① 탈관료화 현상의 하나로 등장했다.

② 구조적으로 높은 수준의 복잡성, 낮은 수준의 공식화, 낮은 수준의 집권화를 특징으로 한다.

③ 고도의 창의성과 환경적응성이 필요한 상황에서 유효한 조직이다.

④ 업무처리과정에서 갈등과 비협조가 일어나고, 창의적인 업무 수행 과정에서 직원들이 심적 스트레스를 많이 받는다는 단점이 있다.

20

기존 전자정부 대비 지능형 정부의 특징에 대한 설명으로 가장 옳지 않은 것은?

① 국민주도로 정책결정이 이루어진다.

② 현장 행정에서 복합문제의 해결이 가능하다.

③ 생애주기별 맞춤형 서비스를 제공한다.

④ 서비스 전달방식은 수요기반 온·오프라인 멀티채널이다.

21

켈리(Kelly)의 귀인(歸因)이론에서 주장되는 귀인의 성향으로 가장 옳지 않은 것은?

① 판단대상 외 다른 사람들이 다른 상황에서 동일한 행동을 보이는 정도가 높다면, 그 행동의 원인을 내적 요소에 귀인하는 경향이 나타난다.

② 판단대상이 다른 상황에서는 달리 행동하는 정도가 높다면, 그 행동의 원인을 외적 요소에 귀인하는 경향이 나타난다.

③ 판단대상이 동일한 상황에서 과거와 동일한 행동을 보이는 정도가 높다면, 그 행동의 원인을 내적 요소에 귀인하는 경향이 나타난다.

④ 판단대상 외 다른 사람들도 동일한 상황에 대해 동일한 행동을 보이는 정도가 높다면, 그 행동의 원인을 외적 요소에 귀인하는 경향이 나타난다.

22

중앙인사기관의 조직 형태에 대한 설명으로 가장 옳지 않은 것은?

① 1948년 대한민국 정부 수립 이후 비독립형 단독제 기관으로서 총무처를 두고 있었다.

② 1999년 독립형 합의제 기관으로서 중앙인사위원회가 설치되어 행정자치부와 업무를 분담하였으며, 2004년부터는 중앙인사위원회로 통합되어 정부 인사 기능이 일원화되었다.

③ 2008년 중앙인사위원회의 폐지 이후 2013년까지 행정안전부를 거쳐 안전행정부로 인사관리기능이 독립형 단독제 기관으로 통합되어 운영되었다.

④ 2014년 국무총리 소속으로 인사혁신처가 신설되어 현재까지 비독립형 단독제 기관의 형태로 중앙인사기관이 운영되고 있다.

23

조직구조에 대한 설명으로 가장 옳지 않은 것은?

① 기술(technology)과 집권화의 관계는 상관도가 높다.

② 우드워드(J.Woodward)는 대량 생산기술에는 관료제와 같은 기계적 구조가 효과적이라고 주장했다.

③ 톰슨(V. A. Thompson)은 업무 처리 과정에서 일어나는 조직 간·개인 간 상호의존도를 기준으로 기술을 분류했다.

④ 페로우(C. Perrow)는 과업의 다양성과 문제의 분석 가능성을 기준으로 조직의 기술을 유형화했다.

24

정책을 평가하기 위한 양적평가방법에 대한 설명으로 가장 옳지 않은 것은?

① 계량적 기법을 응용하여 수치화된 지표를 통해 정책의 결과를 측정한다.

② 정량평가라고도 하며 실험적 방법과 비실험적 방법 등이 해당한다.

③ 정책대안과 정책산출 및 영향 간에 어떠한 인과관계가 있는지를 분석한다.

④ 대부분 데이터 수집을 심층면담 및 참여관찰 등의 방법에 의존한다.

25

다음 중 우리나라의 예산심의에 대한 설명으로 가장 옳지 않은 것은?

① 정부의 시정연설 후에 국회에서 예비심사와 본회의 심의를 거쳐서 종합심사를 하고 의결을 한다.

② 예산심의는 행정부에 대한 관리통제기능이다.

③ 예산심의 과정에서 정당이 영향을 미친다.

④ 우리나라는 대통령 중심제로 인해 의원내각제인 나라에 비해 예산심의가 상대적으로 엄격하다.

행정법

◎ 정답 및 해설 275p

01

다음 중 행정법의 효력에 대한 설명으로 가장 옳지 <u>않은</u> 것은?

① 행정법령의 시행일을 정하지 않은 경우에는 공포한 날부터 20일이 경과함으로써 효력을 발생하는데, 이 경우 공포한 날을 첫날에 산입하지 아니하고 기간의 말일이 토요일 또는 공휴일인 때에는 그 말일의 다음날로 기간이 만료한다.

② 법령을 소급적용하더라도 일반 국민의 이해에 직접 관계가 없는 경우, 오히려 그 이익을 증진하는 경우, 불이익이나 고통을 제거하는 경우 등의 특별한 사정이 있는 경우에 한하여 예외적으로 법령의 소급적용이 허용된다.

③ 신청에 따른 처분은 신청 후 법령이 개정된 경우라도 법령 등에 특별한 규정이 있거나 처분 당시의 법령을 적용하기 곤란한 특별한 사정이 있는 경우를 제외하고는 개정된 법령을 적용한다.

④ 법령상 허가를 받아야만 가능한 행위가 법령 개정으로 허가 없이 할 수 있게 되었다 하더라도 개정의 이유가 사정의 변천에 따른 규제 범위의 합리적 조정의 필요에 따른 것이라면 개정 전 허가를 받지 않고 한 행위에 대해 개정 전 법령에 따라 처벌할 수 있다.

02

다음 중 행정법의 법원에 대한 설명으로 가장 옳은 것은?

① 행정청 내부의 사무처리준칙이 제정·공표되었다면 이 자체만으로도 행정청은 자기구속을 받게 되므로 이 준칙에 위배되는 처분은 위법하게 된다.

② 헌법재판소의 위헌결정이 있다면 행정청이 개인에 대하여 공적인 견해를 표명한 것으로 볼 수 있으므로 위헌 결정과 다른 행정청의 결정은 신뢰보호 원칙에 반한다.

③ 부당결부금지의 원칙은 판례에 의해 확립된 행정의 법원칙으로 실정법상 명문의 규정은 없다.

④ 법령의 규정만으로 처분 요건의 의미가 분명하지 아니한 경우에 법원이나 헌법재판소의 분명한 판단이 있음에도 합리적 근거가 없이 사법적 판단과 어긋나게 행정처분을 한 경우에 명백한 하자가 있다고 봄이 타당하다.

03

다음 중 허가에 대한 설명으로 가장 옳지 <u>않은</u> 것은?

① 한의사 면허는 허가에 해당하고, 한약조제 시험을 통해 약사에게 한약조제권을 인정함으로써 한의사들의 영업이익이 감소되었다고 하더라도 이는 법률상 이익 침해라고 할 수 없다.

② 건축허가는 기속행위이므로 건축법상 허가요건이 충족된 경우에는 항상 허가하여야 한다.

③ 허가신청 후 허가기준이 변경되었다 하더라도 그 허가관청이 허가신청을 수리하고도 정당한 이유 없이 그 처리를 늦추어 그 사이에 허가기준이 변경된 것이 아닌 이상 변경된 허가기준에 따라서 처분을 하여야 한다.

④ 석유판매업 등록은 대물적 허가의 성질을 가지고 있으므로, 종전 석유판매업자가 유사석유제품을 판매한 행위에 대해 승계인에게 사업정지 등 제재처분을 할 수 있다.

04

다음 중 처분의 사전통지에 대한 설명으로 가장 옳지 않은 것은?

① 고시 등에 의한 불특정 다수를 상대로 한 권익제한이나 의무부과의 경우 사전통지대상이 아니다.

② 수익적 처분의 신청에 대한 거부처분은 실질적으로 침익적 처분에 해당하므로 사전통지대상이 된다.

③ 「행정절차법」은 처분의 직접 상대방 외에 신청에 따라 행정절차에 참여한 이해관계인도 사전통지의 대상인 당사자에 포함시키고 있다.

④ 공무원의 정규임용처분을 취소하는 처분은 사전통지를 하지 않아도 되는 예외적인 경우에 해당하지 않는다.

05

다음 중 취소소송과 무효확인소송의 관계에 대한 설명으로 가장 옳지 않은 것은?

① 행정처분에 대한 취소소송과 무효확인소송은 단순 병합이나 선택적 병합의 방식으로 제기할 수 있다.

② 무효선언을 구하는 취소소송이라도 형식이 취소소송이므로 제소요건을 갖추어야 한다.

③ 무효확인을 구하는 소에는 당사자가 명시적으로 취소를 구하지 않는다고 밝히지 않는 한 취소를 구하는 취지가 포함되었다고 보아서 취소소송의 요건을 갖추었다면 취소판결을 할 수 있다.

④ 취소소송의 기각판결의 기판력은 무효확인소송에 미친다.

06

다음 중 판결의 효력에 대한 설명으로 가장 옳지 <u>않은</u> 것은?

① 취소판결 자체의 효력으로써 그 행정처분을 기초로 하여 새로 형성된 제3자의 권리까지 당연히 그 행정처분 전의 상태로 환원되는 것이라고는 할 수 없다.

② 처분의 취소를 구하는 청구에 대한 기각판결은 기판력이 발생하지 않는다.

③ 취소판결이 확정된 경우 행정청은 종전 처분과 다른 사유로 다시 처분할 수 있고, 이 경우 그 다른 사유가 종전 처분 당시 이미 존재하고 있었고 당사자가 이를 알고 있었다하더라도 확정판결의 기속력에 저촉되지 않는다.

④ 거부처분에 대한 취소판결이 확정된 후 법령이 개정된 경우 개정된 법령에 따라 다시 거부처분을 하여도 기속력에 반하지 아니하다.

07

다음 중 행정심판에 대한 설명으로 가장 옳지 <u>않은</u> 것은?

① 처분청이 처분을 통지할 때 행정심판을 제기할 수 있다는 사실과 기타 청구절차 및 청구기간 등에 대한 고지를 하지 않았다고 하여 처분에 하자가 있다고 할 수 없다.

② 행정심판청구서가 피청구인에게 접수된 경우, 피청구인은 심판청구가 이유 있다고 인정하면 직권으로 처분을 취소할 수 있다.

③ 수익적 처분의 거부처분이나 부작위에 대해 임시적 지위를 인정할 필요가 있어서 인정한 제도는 임시처분이다.

④ 의무이행심판에서 이행을 명하는 재결이 있음에도 불구하고 처분청이 이를 이행하지 아니할 때 위원회가 직접 처분을 할 수 있는데, 행정심판의 재결은 처분청을 기속하므로 지방자치단체는 직접 처분에 대해 행정심판위원회가 속한 국가기관을 상대로 권한쟁의심판을 청구할 수 없다.

08

다음 중 영조물의 설치 · 관리상 하자로 인한 손해배상에 대한 설명으로 가장 옳지 <u>않은</u> 것은?

① 공공의 영조물은 사물(私物)이 아닌 공물(公物)이어야 하지만, 공유나 사유임을 불문하고 행정주체에 의하여 특정 공공의 목적에 공여된 유체물이면 족하다.

② 도로의 설치 및 관리에 있어 완전무결한 상태를 유지할 정도의 고도의 안전성을 갖추지 아니하였다고 하여 하자가 있다고 단정할 수는 없고, 그것을 이용하는 자의 상식적이고 질서 있는 이용 방법을 기대한 상대적인 안전성을 갖추는 것으로 족하다.

③ 하천의 홍수위가 「하천법」상 관련규정이나 하천정비계획 등에서 정한 홍수위를 충족하고 있다고 해도 하천이 범람하거나 유량을 지탱하지 못해 제방이 무너지는 경우는 안전성을 결여한 것으로 하자가 있다고 본다.

④ 공군에 속한 군인이나 군무원의 경우 일반인에 비하여 공군비행장 주변의 항공기 소음 피해에 관하여 잘 인식하거나 인식할 수 있는 지위에 있다는 이유만으로 가해자가 면책되거나 손해배상액이 감액되지는 않는다.

09

통치행위에 관한 판례의 내용으로 가장 옳지 <u>않은</u> 것은?

① 외국에의 국군의 파견결정과 같이 성격상 외교 및 국방에 관련된 고도의 정치적 결단이 요구되는 사안에 대한 국민의 대의기관의 결정이 사법심사의 대상이 되지 아니한다.

② 선고된 형의 전부를 사면할 것인지 또는 일부만을 사면할 것인지를 결정하는 것은 사면권자의 전권사항에 속하는 것이고, 징역형의 집행유예에 대한 사면이 병과된 벌금형에도 미치는 것으로 볼 것인지 여부는 사면의 내용에 대한 해석문제에 불과하다.

③ 남북정상회담의 개최과정에서 재정경제부장관에게 신고하지 아니하거나 통일부장관의 협력사업 승인을 얻지 아니한 채 북한 측에 사업권의 대가 명목으로 송금한 행위는 사법심사의 대상이 되지 아니한다.

④ 비록 서훈취소가 대통령이 국가원수로서 행하는 행위라고 하더라도 법원이 사법심사를 자제하여야 할 고도의 정치성을 띤 행위라고 볼 수는 없다.

10

행정행위의 효력에 대한 설명으로 가장 옳지 <u>않은</u> 것은? (단, 다툼이 있는 경우 판례에 의함)

① 일반적으로 행정처분이나 행정심판 재결이 불복 기간의 경과로 확정될 경우에는 그 처분의 기초가 된 사실관계나 법률적 판단이 확정되고 당사자들이나 법원이 이에 기속되어 모순되는 주장이나 판단을 할 수 없게 된다.

② 제소기간이 이미 도과하여 불가쟁력이 생긴 행정처분에 대하여는 개별 법규에서 그 변경을 요구할 신청권을 규정하고 있거나 관계 법령의 해석상 그러한 신청권이 인정될 수 있는 등 특별한 사정이 없는 한 국민에게 그 행정처분의 변경을 구할 신청권이 있다 할 수 없다.

③ 불가쟁력이 발생한 행정행위로 손해를 입은 국민은 그 위법성을 들어 국가배상청구를 할 수 있다.

④ 불가변력이라 함은 행정행위를 한 행정청이 당해 행정행위를 직권으로 취소 또는 변경할 수 없게 하는 힘으로 실질적 확정력 또는 실체적 존속력이라고도 한다.

11

부관에 대한 판례의 내용으로 가장 옳지 <u>않은</u> 것은?

① 재량행위에 있어서는 관계 법령에 명시적인 금지규정이 없는 한 행정목적을 달성하기 위하여 조건이나 기한, 부담 등의 부관을 붙일 수 있다.

② 토지소유자가 토지형질변경행위허가에 붙은 기부채납의 부관에 따라 토지를 국가나 지방자치단체에 기부채납(증여)한 경우, 토지소유자는 원칙적으로 기부채납(증여)의 중요 부분에 착오가 있음을 이유로 증여계약을 취소할 수 있다.

③ 당초에 붙은 기한을 허가 자체의 존속기간이 아니라 허가조건의 존속기간으로 보더라도 그 후 당초의 기한이 상당 기간 연장되어 연장된 기간을 포함한 존속기간 전체를 기준으로 볼 경우 더 이상 허가된 사업의 성질상 부당하게 짧은 경우에 해당하지 않게 된 때에는 재량권의 행사로서 더 이상의 기간연장을 불허가할 수도 있다.

④ 일반적으로 행정처분에 효력기간이 정하여져 있는 경우에는 그 기간의 경과로 그 행정처분의 효력은 상실되며, 다만 허가에 붙은 기한이 그 허가된 사업의 성질상 부당하게 짧은 경우에는 이를 그 허가 자체의 존속기간이 아니라 그 허가조건의 존속기간으로 볼 수 있다.

12

행정계획에 관한 판례의 내용으로 가장 옳지 <u>않은</u> 것은?

① 관계 법령에는 추상적인 행정목표와 절차만이 규정되어 있을 뿐 행정계획의 내용에 관하여는 별다른 규정을 두고 있지 아니하므로 행정주체는 구체적인 행정계획을 입안·결정함에 있어서 비교적 광범위한 형성의 자유를 가진다.

② 행정주체가 가지는 이와 같은 형성의 자유는 무제한적인 것이 아니라 그 행정계획에 관련되는 자들의 이익을 공익과 사익 사이에서는 물론이고 공익 상호간과 사익 상호간에도 정당하게 비교 교량하여야 한다는 제한이 있다.

③ 판례에 따르면, 행정계획에 있어서 형량의 부존재, 형량의 누락, 평가의 과오 및 형량의 불비례 등 형량의 하자별로 위법의 판단기준을 달리하여 개별화하여 판단하고 있다.

④ 이미 고시된 실시계획에 포함된 상세계획으로

관리되는 토지 위의 건물의 용도를 상세계획 승인권자의 변경승인 없이 임의로 판매시설에서 상세계획에 반하는 일반목욕장으로 변경한 사안에서, 그 영업신고를 수리하지 않고 영업소를 폐쇄한 처분은 적법하다고 한 판례가 있다.

13

다음 중 취소소송의 대상이 되는 처분에 해당하는 것으로 옳은 것은 모두 몇 개인가?

> ㄱ. 한국마사회의 조교사나 기수에 대한 면허취소 · 정지
> ㄴ. 법규성 있는 고시가 집행행위 매개 없이 그 자체로서 이해당사자의 법률관계를 직접 규율하는 경우
> ㄷ. 행정계획 변경신청의 거부가 장차 일정한 처분에 대한 신청을 구할 법률상 이익이 있는 자의 처분자체를 실질적으로 거부하는 경우
> ㄹ. 국가공무원법상 당연퇴직의 인사발령

① 0개   ② 1개
③ 2개   ④ 3개

14

행정입법부작위에 대한 설명으로 가장 옳지 않은 것은? (단, 다툼이 있는 경우 판례에 의함)

① 현행법상 행정권의 시행명령제정의무를 규정하는 명시적인 법률규정은 없다.
② 삼권분립의 원칙, 법치행정의 원칙을 당연한 전제로 하고 있는 우리 헌법하에서 행정권의 행정입법 등 법집행의무는 헌법적 의무라고 보아야 한다.

③ 행정입법의 부작위가 위헌 · 위법이라고 하기 위하여는 행정청에게 행정입법을 하여야 할 작위의무를 전제로 하는 것이나, 그 작위의무가 인정되기 위하여는 행정입법의 제정이 법률의 집행에 필수불가결한 것일 필요는 없다.
④ 부작위위법확인소송의 대상이 될 수 있는 것은 구체적 권리의무에 관한 분쟁이어야 하고, 추상적인 법령에 관하여 제정의 여부 등은 그 자체로서 국민의 구체적인 권리의무에 직접적 변동을 초래하는 것이 아니어서 행정소송의 대상이 될 수 없다.

15

판례에 따르면 공법상 당사자소송과 가장 옳지 <u>않은</u> 것은?

① 조세부과처분의 당연무효를 전제로 하여 이미 납부한 세금의 반환청구
② 재개발조합을 상대로 조합원자격 유무에 관한 확인을 구하는 소송
③ 사업주가 당연가입자가 되는 고용보험 및 산재보험에서 보험료 납부의무 부존재확인소송
④ 한국전력공사가 한국방송공사로부터 수신료의 징수업무를 위탁받아 자신의 고유업무와 관련된 고지행위와 결합하여 수신료를 징수할 권한이 있는지 여부를 다투는 쟁송

16

행정소송법의 규정 내용으로 가장 옳지 <u>않은</u> 것은?

① 법원은 소송의 결과에 따라 권리 또는 이익의 침해를 받을 제3자가 있는 경우에는 당사자 또는 제3자의 신청 또는 직권에 의하여 결정으로써 그 제3자를 소송에 참가시킬 수 있다.

② 법원은 다른 행정청을 소송에 참가시킬 필요가 있다고 인정할 때에는 당사자 또는 당해 행정청의 신청 또는 직권에 의하여 결정으로써 그 행정청을 소송에 참가시킬 수 있다.

③ 법원이 제3자의 소송참가와 행정청의 소송참가에 관한 결정을 하는 경우에는 각각 당사자 및 제3자의 의견, 당사자 및 당해 행정청의 의견을 들어야 한다.

④ 법원은 취소소송을 당해 처분 등에 관계되는 사무가 귀속하는 국가 또는 공공단체에 대한 당사자소송 또는 취소소송 외의 항고소송으로 변경하는 것이 상당하다고 인정할 때에는 청구의 기초에 변경이 없는 한 사실심의 변론종결시까지 원고의 신청 또는 직권에 의하여 결정으로써 소의 변경을 허가할 수 있다.

17

판례에 따르면, 처분사유의 추가·변경 시 기본적 사실관계 동일성을 긍정한 사례로 가장 적절한 것은?

① 석유판매업허가신청에 대하여, 주유소 건축예정 토지에 관하여 도시계획법령에 의거하여 행위제한을 추진하고 있다는 당초의 불허가처분 사유와, 항고소송에서 주장한 위 신청이 토지형질변경허가의 요건 불비 및 도심의 환경보전의 공익상 필요라는 사유

② 석유판매업허가신청에 대하여, 관할 군부대장의 동의를 얻지 못하였다는 당초의 불허가 사유와, 토지가 탄약창에 근접한 지점에 있어 공익적인 측면에서 보아 허가신청을 불허한 것은 적법하다는 사유

③ 온천으로서의 이용가치, 기존의 도시계획 및 공공사업에의 지장 여부 등을 고려하여 온천발견신고수리를 거부한 것은 적법하다는 사유와, 규정온도가 미달되어 온천에 해당하지 않는다는 사유

④ 이주대책신청기간이나 소정의 이주대책실시(시행)기간을 모두 도과하여 이주대책을 신청할 권리가 없고, 사업시행자가 이를 받아들여 택지나 아파트공급을 해 줄 법률상 의무를 부담한다고 볼 수 없다는 사유와, 사업지구 내 가옥 소유자가 아니라는 사유

18

다음 중 허가에 대한 설명으로 가장 옳지 <u>않은</u> 것은? (단, 다툼이 있는 경우 판례에 의함)

① 개정 전 허가기준의 존속에 관한 국민의 신뢰가 개정된 허가기준의 적용에 관한 공익상의 요구보다 더 보호가치가 있다고 인정되는 경우에는 그러한 국민의 신뢰를 보호하기 위하여 개정된 허가기준의 적용을 제한할 여지가 있다.

② 법령상의 산림훼손 금지 또는 제한 지역에 해당하지 아니하더라도 중대한 공익상의 필요가 있다고 인정되는 경우, 산림훼손허가신청을 거부할 수 있다.

③ 어업에 관한 허가의 경우 그 유효기간이 경과하면 그 허가의 효력이 당연히 소멸하지만, 유효기간의 만료 후라도 재차 허가를 받게 되면 그 허

가기간이 갱신되어 종전의 어업허가의 효력 또는 성질이 계속된다.

④ 요허가행위를 허가를 받지 않고 행한 경우에는 행정법상 처벌의 대상이 되지만 당해 무허가행위의 법률상 효력이 당연히 부정되는 것은 아니다.

19

다음 중 행정행위의 철회에 대한 설명으로 가장 옳지 않은 것은? (단, 다툼이 있는 경우 판례에 의함)

① 부담부 행정처분에 있어서 처분의 상대방이 부담을 이행하지 아니한 경우에 처분행정청으로서는 이를 들어 당해 처분을 철회할 수 있다.

② 외형상 하나의 행정처분이라 하더라도 가분성이 있거나 그 처분대상의 일부가 특정될 수 있다면 그 일부만의 취소도 가능하고 그 일부의 취소는 당해 취소부분에 관하여 효력이 생긴다.

③ 행정행위의 철회는 적법요건을 구비하여 완전히 효력을 발하고 있는 행정행위를 사후적으로 효력을 장래에 향해 소멸시키는 별개의 행정처분이다.

④ 처분 후에 원래의 처분을 그대로 존속시킬 수 없게 된 사정변경이 생긴 경우 처분청은 처분을 철회할 수 있다고 할 것이므로, 이 경우 처분의 상대방에게 그 철회 · 변경을 요구할 권리는 당연히 인정된다고 할 것이다.

20

다음 중 이행강제금에 대한 설명으로 가장 옳지 않은 것은? (단, 다툼이 있는 경우 판례에 의함)

① 구 건축법상 이행강제금은 위반행위에 대하여 시정명령을 받은 후 시정기간 내에 당해 시정명령을 이행하지 아니한 건축주 등에 대하여 부과되는 간접강제의 일종으로서 금전제재의 성격을 가지므로 그 이행강제금 납부의무는 상속인 기타의 사람에게 승계될 수 있다.

② 행정청은 의무자가 행정상 의무를 이행할 때까지 이행강제금을 반복하여 부과할 수 있고, 의무자가 의무를 이행하면 새로운 이행강제금의 부과를 즉시 중지하되, 이미 부과한 이행강제금은 징수하여야 한다.

③ 장기 의무위반자가 이행강제금 부과 전에 그 의무를 이행하였다면 이행강제금의 부과로써 이행을 확보하고자 하는 목적은 이미 실현된 것이므로 이행강제금을 부과할 수 없다.

④ 이행강제금은 의무위반에 대하여 장래의 의무이행을 확보하는 수단이라는 점에서 과거의 의무위반에 대한 제재인 행정벌과 구별된다.

21

다음 중 행정상 손실보상에 대한 설명으로 가장 옳지 않은 것은? (단, 다툼이 있는 경우 판례에 의함)

① 「공익사업을 위한 토지 등의 취득 및 보상에 관한 법률」 시행령에서 이주대책의 대상자에서 세입자를 제외하고 있는 것이 세입자의 재산권을 침해하는 것이라 볼 수 없다.

② 공익사업으로 인하여 영업을 폐지하거나 휴업하는 자가 구 「공익사업을 위한 토지 등의 취득 및 보상에 관한 법률」에 규정된 재결절차를 거치지 않은 채 곧바로 사업시행자를 상대로 영업손실보상을 청구할 수 없다.

③ 사업시행자 스스로 공익사업의 원활한 시행을 위하여 생활대책을 수립 · 실시할 수 있도록 하는 내부규정을 두고 이에 따라 생활대책대상자

선정기준을 마련하여 생활대책을 수립·실시하는 경우, 생활대책대상자 선정기준에 해당하는 자기 자신을 생활대책대상자에서 제외하거나 선정을 거부한 사업시행자를 상대로 항고소송을 제기할 수 있다.

④ 보상청구권이 성립하기 위해서는 재산권에 대한 법적인 행위로서 공행정작용에 의한 침해를 말하고 사실행위는 포함되지 않는다.

22

다음 중 행정심판의 재결에 대한 설명으로 가장 옳지 않은 것은? (단, 다툼이있는 경우 판례에 의함)

① 조세부과처분이 국세청장에 대한 불복심사청구에 의하여 그 불복사유가 이유있다고 인정되어 취소되었음에도 처분청이 동일한 사실에 관하여 부과처분을 되풀이 한 것이라면 설령 그 부과처분이 감사원의 시정요구에 의한 것이라 하더라도 위법하다.

② 행정심판위원회는 의무이행재결이 있는 경우에 피청구인이 처분을 하지 아니한 경우에는 당사자의 신청 또는 직권으로 기간을 정하여 시정을 명하고 그 기간에 이행하지 아니하면 직접 처분을 할 수 있다.

③ 행정심판의 재결이 확정된 경우에도 처분의 기초가 된 사실관계나 법률적 판단이 확정되고 당사자들이나 법원이 이에 기속되어 모순되는 주장이나 판단을 할 수 없게 되는 것은 아니다.

④ 처분 취소재결이 있는 경우 당해 처분청은 재결의 취지에 반하지 아니하는 한 그 재결에 적시된 위법사유를 시정·보완하여 새로운 처분을 할 수 있는 것이고, 이러한 새로운 부과처분은 재결의 기속력에 저촉되지 아니한다.

23

X시의 공무원 甲은 乙이 건축한 건물이 건축허가에 위반하였다는 이유로 철거명령과 행정대집행법상의 절차를 거쳐 대집행을 완료하였다. 乙은 행정대집행의 처분들이 하자가 있다는 이유로 행정소송 및 손해배상소송을 제기하려고 한다. 다음 중 설명으로 가장 옳지 않은 것은? (단, 다툼이 있는 경우 판례에 의함)

① 乙이 취소소송을 제기하는 경우, 행정대집행이 이미 완료된 것이므로 소의 이익이 없어 각하판결을 받을 것이다.

② 乙이 손해배상소송을 제기하는 경우, 민사법원은 그 행정처분이 위법인지 여부는 심사할 수 없다.

③ 「행정소송법」은 처분 등의 효력 유무 또는 존재 여부가 민사소송의 선결문제로 되는 경우 당해 민사소송의 수소법원이 이를 심리·판단할 수 있는 것으로 규정하고 있다.

④ X시의 손해배상책임이 인정된다면 X시는 고의 또는 중대한 과실이 있는 甲에게 구상할 수 있다.

24

다음 중 취소소송에 대한 설명으로 가장 옳지 않은 것은? (단, 다툼이 있는 경우 판례에 의함)

① 제재적 행정처분의 효력이 제재기간 경과로 소멸하였더라도 관련 법규에서 제재적 행정처분을 받은 사실을 가중사유나 전제요건으로 삼아 장래의 제재적 행정처분을 하도록 정하고 있다면, 선행처분의 취소를 구할 법률상 이익이 있다.

② 행정처분의 취소소송 계속 중 처분청이 다툼의 대상이 되는 행정처분을 직권으로 취소하면 그 처분은 효력을 상실하여 더 이상 존재하지 않는 것이므로 존재하지 않는 처분을 대상으로 한 항

고소송은 원칙적으로 소의 이익이 소멸하여 부적법하다.

③ 고등학교 졸업이 대학 입학 자격이나 학력인정으로서의 의미밖에 없다고 할 수 없으므로 고등학교졸업학력검정고시에 합격하였다 하여 고등학교 학생으로서의 신분과 명예가 회복될 수 없는 것이니 퇴학처분을 받은 자로서는 퇴학처분의 위법을 주장하여 그 취소를 구할 소송상의 이익이 있다.

④ 소송계속 중 해당 처분이 기간의 경과로 그 효과가 소멸하더라도 예외적으로 그 처분의 취소를 구할 소의 이익을 인정할 수 있는 '행정처분과 동일한 사유로 위법한 처분이 반복될 위험성이 있는 경우'란 해당 사건의 동일한 소송 당사자 사이에서 반복될 위험이 있는 경우만을 의미한다.

지의 적극적 요건인 '회복하기 어려운 손해'에 해당한다.

④ 효력기간이 정해져 있는 제재적 행정처분에 대한 취소소송에서 법원이 본안소송의 판결선고 시까지 집행정지결정을 하면, 처분에서 정해 둔 효력기간은 판결 선고 시까지 진행하지 않다가 판결이 선고되면 그때 집행정지결정의 효력이 소멸함과 동시에 처분의 효력이 당연히 부활하여 처분에서 정한 효력기간이 다시 진행한다.

25

다음 중 「행정소송법」상 집행정지결정에 대한 설명으로 가장 옳지 <u>않은</u> 것은? (단, 다툼이 있는 경우 판례에 의함)

① 법원은 당사자의 신청 또는 직권에 의하여 처분 등의 효력이나 그 집행 또는 절차의 속행의 전부 또는 일부의 정지를 결정하거나, 또는 집행정지의 취소를 결정할 수 있다.

② 집행정지결정은 속행정지, 집행정지, 효력정지로 구분되고 이 중 속행정지는 처분의 집행이나 효력을 정지함으로써 목적을 달성할 수 있는 경우에는 허용되지 아니한다.

③ 과징금납부명령의 처분이 사업자의 자금사정이나 경영전반에 미치는 파급효과가 매우 중대하다는 이유로 인한 손해는 효력정지 내지 집행정

PART 04

2021년 기출문제

국어 · 행정학 · 행정법

국어

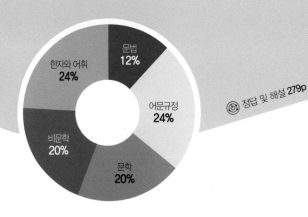

한자와 어휘 **24%**
문법 **12%**
어문규정 **24%**
비문학 **20%**
문학 **20%**

정답 및 해설 279p

01

밑줄 친 단어 중 어법에 맞지 <u>않는</u> 것은?

① 오늘 이것으로 치사를 <u>갈음하고자</u> 합니다.
② <u>내노라하는</u> 재계의 인사들이 한곳에 모였다.
③ 예산을 대충 <u>걸잡아서</u> 말하지 말고 잘 뽑아보시오.
④ 그가 무슨 잘못을 저질렀는지 나와 눈길을 <u>부딪치기</u>를 꺼려했다.

02

띄어쓰기 규정에 맞지 <u>않는</u> 것은?

① 모르는 척하고 넘어갈 만도 하다.
② 내가 몇 등일지 걱정이 가득했다.
③ 그 책을 다 읽는 데 삼 일이 걸렸다.
④ 그는 돕기는 커녕 방해할 생각만 한다.

03

밑줄 친 ㉠~㉣에 해당하는 한자로 적절하지 <u>않은</u> 것은?

> 목판이 오래되어 ㉠ <u>훼손</u>되거나 분실된 경우에는 판목을 다시 만들어 보충하는 경우가 있다. 이것을 ㉡ <u>보판</u> 혹은 보수판이라고 한다. 판목의 일부분에서 수정이 필요한 경우, 그 부분을 깎아 내고 대신 다른 나무판을 박아 글자를 새기는 경우가 있다. 이 나무판을 ㉢ <u>매목</u>이라고 하고, 매목에 글자를 새로 새긴 것을 ㉣ <u>상감</u>이라고 한다.

① ㉠ : 毁損　　　② ㉡ : 保版
③ ㉢ : 埋木　　　④ ㉣ : 象嵌

[04~05] 다음은 어떤 사전에 제시된 '고르다'의 내용이다.

> ■ 고르다1 [고르다]. 골라[골라], 고르니[고르니].
> 「동사」【…에서 …을】여럿 중에서 가려내거나 뽑다.
> ■ 고르다2 [고르다]. 골라[골라], 고르니[고르니].
> 「동사」【…을】
> 「1」울퉁불퉁한 것을 평평하게 하거나 들쭉날쭉한 것을 가지런하게 하다.

「2」 붓이나 악기의 줄 따위가 제 기능을 발휘하
도록 다듬거나 손질하다.
■ 고르다3 [고르다]. 골라[골라], 고르니[고르니].
「형용사」「1」 여럿이 다 높낮이, 크기, 양 따위의
차이가 없이 한결같다.
「2」 상태가 정상적으로 순조롭다.

04

위 사전에 대한 설명으로 가장 옳지 않은 것은?

① '고르다 1', '고르다 2', '고르다 3'은 서로 동음이
의어이다.

② '고르다 1', '고르다 2', '고르다 3'은 모두 불규칙
활용을 한다.

③ '고르다 2'와 '고르다 3'은 다의어이지만 '고르다1'
은 다의어가 아니다.

④ '고르다 1', '고르다 2', '고르다 3'은 모두 현재진
행형으로 사용할 수 있다.

05

**다음 밑줄 친 '고르다'가 위 사전의 '고르다2'의 「2」에
해당하는 것은?**

① 울퉁불퉁한 곳을 흙으로 메워 판판하게 골라놓
았다.

② 요즘처럼 고른 날씨가 이어지면 여행을 가도 좋
겠어.

③ 그는 이제 가쁘게 몰아쉬던 숨을 고르고 있다.

④ 이 문장의 서술어는 저 사전에서 골라 써.

06

**아래의 문장이 들어가기에 가장 적절한 위치로 옳은
것은?**

문학의 범위를 좁게 잡는 것은 나중에 나타난 새
로운 관습이다.

(가) 문학의 범위는 시대에 따라서 달라져왔다. 한
문학에서 '문(文)'이라고 하던 것은 '시(詩)'와
함께 참으로 큰 비중을 차지하고 실용적인 글
도 적지 않게 포함했다.

(나) 시대가 변하면서 '문'이라는 개념은 뒷전으로
밀려나고, 시·소설·희곡이 아닌 것 가운데
는 수필이라고 이름을 구태여 따로 붙이는 글
만 문학세계의 준회원 정도로 인정하기에 이
르렀다.

(다) 근래에 와서 사람이 하는 활동을 세분하면서
무엇이든지 전문화할 때 문학 고유의 영역을
좁게 잡았다.

(라) 문학의 범위를 좁게 잡는 오늘날의 관점으로
과거의 문학을 재단하지 말고, 문학의 범위에
관한 오늘날의 통념을 반성해야 한다.

① (가)문단 뒤

② (나)문단 뒤

③ (다)문단 뒤

④ (라)문단 뒤

07

한글 맞춤법 규정에 맞는 문장으로 옳은 것은?

① 아무래도 나 자리 뺐겼나 봐요.

② 오늘 하룻동안 해야 할 일이 엄청나네.

③ 그런 일에 발목 잡혀 번번히 주저앉았지.

④ 저희 아이의 석차 백분율이 1%만 올라도 좋겠습
니다.

08

아래 글의 (㉠)과 (㉡)에 들어갈 가장 적절한 접속어로 옳은 것은?

히포크라테스가 분류한 네 가지 기질이나 성격 유형에 대한 고대의 개념으로 성격에 대한 논의를 시작하는 것이 일반적인 방식이지만, 나는 여기에서 1884년 『포트나이트리 리뷰』에 실렸던 프랜시스 골턴 경의 논문 「성격의 측정」으로 이야기를 시작하겠다.

찰스 다윈의 사촌이었던 골턴은 초기 진화론자로서 진화가 인간에게도 영향을 끼쳤다고 주장한 사람이다. (㉠) 그의 관념은 빅토리아 시대적 편견을 가지고 있었고, (㉡) 그의 주장이 오늘날에는 설득력이 떨어진다. 그럼에도 불구하고 결국에는 자연 선택 이론이 인간을 설명하는 지배적인 학설이 될 것이라는 그의 직관은 옳았다.

	㉠	㉡
①	그래서	그리하여
②	그리고	그래서
③	그러나	따라서
④	그런데	그리고

09

밑줄 친 단어 중 외래어 표기법이 모두 맞는 문장으로 옳은 것은?

① <u>리모콘</u>에 있는 <u>버턴</u>의 번호를 눌러주세요.
② <u>벤젠</u>이나 <u>시너</u>, <u>알코올</u> 등으로 닦지 마세요.
③ 전원 <u>코드</u>를 <u>컨센트</u>에 바르게 연결해 주세요.
④ <u>썬루프</u> 안쪽은 수돗물을 적신 <u>스폰지</u>로 닦아냅니다.

[10~11] 다음 글을 읽고 물음에 답하시오.

紅塵에 뭇친 분네 이 내 生涯엇더ᄒᆞᆫ고
녯사름 風流를 미출가 못 미출가
天地間男子몸이 날만ᄒᆞᆫ 이 하건마ᄂᆞᆫ
山林에 뭇쳐 이셔 至樂을 ᄆᆞ를 것가
數間茅屋을 碧溪水앏픠두고
松竹鬱鬱裏예 風月主人되여셔라
엊그제 겨을 지나 새 봄이 도라오니
桃花杏花ᄂᆞᆫ 夕陽裏예 퓌여 잇고
綠楊芳草ᄂᆞᆫ 細雨中에 프르도다
칼로 몰아 낸가 붓으로 그려낸가
造化神功이 物物마다 헌ᄉᆞ롭다
(가) 수풀에 우는 새는 春氣를 못내 계워
소리마다 嬌態로다
物我一體어니 興이ᄋᆡ 다롤소냐
柴扉예 거러 보고 亭子애 안자 보니
逍遙吟詠ᄒᆞ야 山日이 寂寂ᄒᆞᆫ듸
閑中眞味를 알 니 업시 호재로다
이바 니웃드라 山水구경 가쟈스라

– 정극인, 「상춘곡」 –

10

이 글에 대한 설명으로 가장 적절한 것은?

① '홍진에 묻힌 분'과 묻고 대답하는 형식이다.
② '나'의 공간이동에 따라 시상을 전개하고 있다.
③ '이웃'을 끌어들임으로써 봄의 아름다움을 객관화하고 있다.
④ 서사 – 본사 – 결사가 진행되는 가운데 여음을 삽입하여 흥을 돋운다.

11

(가)에 나타난 화자의 정서로 가장 적절한 것은?

① 화자와 산수자연 사이에 가로놓인 방해물에 대한 불만

② 산수자연 속의 모든 존재들과 합일하는 흥겨움의 마음

③ 산수자연의 즐거움을 혼자서만 누리는 것에 대한 안타까움

④ 산수자연에 제대로 몰입하지 못하는 자신의 처지에 대한 회한

12

밑줄 친 ㉠~㉣에 대한 설명으로 가장 적절하지 않은 것은?

> 잠자코 앉아 있노라면 한 큼직한 사람이 느릿느릿 돌계단을 밟고 올라와서는 탑을 지나 종루의 문을 열고 무거운 망치를 꺼내어 들었다. 그는 한참동안 멍하니 서서는 음향에 귀를 ㉠ 기울였다. 음향이 끝나자마자 그는 망치를 ㉡ 매어 들며 큰 종을 두들겼다. 그 소리는 산까지 울리며 떨리었다. 우리는 그 ㉢ 종루지기를 둘러싸고 모여 몇 번이나 치는지 헤아려 보았다. 그러면 열이 되고 그래서 우리는 오른손으로 다시 열까지 셀 수 있도록 곧 왼손의 ㉣ 엄지손가락을 굽혔다.

① ㉠ : '기울다'의 피동사이다.

② ㉡ : '메어'로 표기되어야 한다.

③ ㉢ : 접미사 '-지기'는 "그것을 지키는 사람"을 뜻한다.

④ ㉣ : 가장 짧고 굵은 손가락으로 '무지(拇指)'라고도 한다.

13

다음 로마자 표기법 중 옳은 것은?

① 순대 sundai

② 광희문 Gwanghimun

③ 왕십리 Wangsibni

④ 정릉 Jeongneung

14

대괄호의 사용이 적절하지 않은 것은?

① 말소리[音聲]의 특징을 알아보자.

② 모두가 건물[에, 로, 까지] 달려갔다.

③ 이윽고 겨울이 오면 초록은 실색한다. [이상 전집3(1958), 235쪽 참조]

④ 난 그 이야기[합격 소식]를 듣고 미소 짓기 시작했다.

[15~17] 다음 글을 읽고 물음에 답하시오.

> (가) (㉠)의 확산은 1930년에 접어들어 보다 빠른 속도로 경성의 거리를 획일적인 풍경으로 바꿔 놓았는데, 뉴욕이나 파리의 (㉠)은 경성에서도 거의 동시에 (㉠)했다. 이는 물론 영화를 비롯한 근대 과학기술의 덕택이었다.
>
> (나) 하지만 뉴욕과 경성의 (㉠)이 모두 동일한 것은 아니었다. 뉴욕걸이나 할리우드 배우들이나 경성의 모던걸이 입은 패션은 동일해도, 그녀들 주변의 풍경은 근대적인 빌딩 숲과 초가집만큼 차이가 났기 때문이다. 경성 모던걸의 (㉠)은 이 같은 근대와 전근대의 아이러니를 내포하고 있었다.

(다) (㉠)은 "일초 동안에 지구를 네박휘"를 돈다는 전파만큼이나 빨라서, 1931년에 이르면 뉴욕이나 할리우드에서 (㉠)하던 파자마라는 '침의패션'은 곧 바로 서울에서도 (㉠)했다. 서구에서 시작한 (㉠)이 일본을 거쳐 한국으로 전달되는 속도는 너무나 빨라 거의 동시적이었다.

(라) 폐쇄된 규방에만 있었던 조선의 여성이 신문과 라디오로, 세계의 동태를 듣게 되면서부터, 지구 한 모퉁이에서 일어나는 일이 그 지구에 매달려 사는 자기 자신에도 큰 파동을 끼치고 있다는 사실을 깨닫게 되었다. 규방 여성이 근대여성이 되기까지는 그리 오랜 시간이 필요하지 않았다. 신문이나 라디오 같은 미디어를 통해 속성 세계인이 될 수 있었기 때문이다. 동시에 미디어는 식민지 조선 여성에게 세계적인 불안도 함께 안겨주었다. 자본주의적 근대의 환상과 그 이면의 불안을 동시에 던져 주었던 것이다.

(마) 근대로 이행하는 데 필요한 절대적인 시간을 뛰어넘어 조선에 근대가 잠입해 올 수 있었던 것은 한편으로 미디어 덕분이었다. 미디어는 근대를 향한 이행을 식민지 조선에 요구했고, 단기간에 조선 사람들을 '속성 세계인'으로 변모시키는 역할을 했다.

15

문맥상 ㉠에 들어갈 단어로 가장 적절한 것은?

① 성행(盛行)

② 편승(便乘)

③ 기승(氣勝)

④ 유행(流行)

16

내용에 따른 (나)~(마)의 순서 배열로 가장 적절한 것은?

① (나) – (다) – (라) – (마)

② (나) – (라) – (다) – (마)

③ (다) – (나) – (마) – (라)

④ (마) – (다) – (라) – (나)

17

위 글을 이해한 내용으로 가장 적절하지 않은 것은?

① 모던걸의 패션은 뉴욕걸이나 할리우드 배우들과 동일했다.

② 신문이나 라디오는 조선 사람이 속성 세계인이 되도록 해 주었다.

③ 파자마 '침의패션'은 뉴욕과 할리우드보다 일본에서 먼저 시작되었다.

④ 식민지 조선 여성은 근대적 환상과 그 이면의 불안을 함께 안고 있었다.

18

다음 밑줄 친 합성어를 구성하는 성분이 모두 고유어인 것은?

① 비지땀을 흘리며 공부하는구나.

② 이분을 사랑채로 안내해 드려라.

③ 이렇게 큰 쌍동밤을 본 적 있어?

④ 아궁이에는 장작불이 활활 타올랐다.

[19~20] 다음 글을 읽고 물음에 답하시오.

정 씨 옆에 앉았던 노인이 두 사람의 행색과 무릎 위의 배낭을 눈여겨 살피더니 말을 걸어왔다.

"어디 일들 가슈?" / "아뇨, 고향에 갑니다." / "고향이 어딘데……." / "삼포라구 아십니까?" / "어 알지, 우리 아들놈이 거기서 도자를 끄는데……." / "삼포에서요? 거 어디 공사 벌릴 데나 됩니까? 고작해야 ㉠ 고기잡이나 하구 ㉡ 감자나 매는데요." / "어허! 몇 년 만에 가는거요?" / "십 년."

노인은 그렇겠다며 고개를 끄덕였다.

"말두 말우. 거긴 지금 육지야. 바다에 방둑을 쌓아 놓구, 트럭이 수십 대씩 돌을 실어 나른다구." / "뭣 땜에요?" / "낸들 아나. 뭐 관광호텔을 여러 채 짓는담서, 복잡하기가 말할 수 없네." / "동네는 그대로 있을까요?" / "그대루가 뭐요. 맨 천지에 공사판 사람들에다 장까지 들어섰는걸." / "그럼 ㉢ 나룻배두 없어졌겠네요." / "바다 위로 ㉣ 신작로가 났는데, 나룻배는 뭐에 쓰오. 허허, 사람이 많아지니 변고지. 사람이 많아지면 하늘을 잊는 법이거든."

작정하고 벼르다가 찾아가는 고향이었으나, 정 씨에게는 풍문마저 낯설었다. 옆에서 잠자코 듣고 있던 영달이가 말했다.

"잘 됐군. 우리 거기서 공사판 일이나 잡읍시다."

그때에 기차가 도착했다. 정 씨는 발걸음이 내키질 않았다. 그는 마음의 정처를 방금 잃어버렸던 때문이었다. 어느 결에 정 씨는 영달이와 똑같은 입장이 되어 버렸다.

기차는 눈발이 날리는 어두운 들판을 향해서 달려갔다.

— 황석영, 「삼포 가는 길」 —

19

문맥적 성격이 다른 하나는?

① ㉠

② ㉡

③ ㉢

④ ㉣

20

이 글의 주제를 표현한 시구로 가장 적절한 것은?

① 빼앗긴 들에도 봄은 오는가.

② 죽어도 아니 눈물 흘리우리다.

③ 내가 사랑했던 자리마다 모두 폐허다.

④ 님은 갔지마는 나는 님을 보내지 아니하였습니다.

21

다음 시의 주된 정조를 가장 잘 나타내는 것은?

神策究天文妙算窮地理
戰勝功旣高知足願云止

— 乙支文德, 「與隋將于仲文」 —

① 悠悠自適

② 戀戀不忘

③ 得意滿面

④ 山紫水明

22

다음 예문의 밑줄 친 ㉠에 들어갈 말로 가장 적절한 것은?

시집갈 때 혼수를 간소하게 하라는 간절한 요청은 _____㉠_____ 부잣집과 사돈을 맺는 데 따르는 부담감을 일시에 벗겨주었다.

— 박완서, 「아주 오래된 농담」 —

① 불감청이언정 고소원이어서

② 배보다 배꼽이 더 크다고

③ 미운 자식 떡 하나 더 준다고

④ 똥 묻은 개가 겨 묻은 개를 나무라는 격이라

23

다음 시에 대한 설명으로 가장 옳은 것은?

> 차운 산 바위 위에
> 하늘은 멀어
> 산새가 구슬피
> 울음 운다
>
> 구름 흘러가는
> 물길은 칠백 리
>
> 나그네 긴 소매
> 꽃잎에 젖어
> 술 익는 강마을의
> 저녁노을이여
>
> 이 밤 자면 저 마을에
> 꽃은 지리라
>
> 다정하고 한 많음도
> 병인 양하여
> 달빛 아래 고요히
> 흔들리며 가노니……
>
> — 조지훈, 「완화삼」 —

① '구름, 물길'은 정처 없이 유랑하는 내적 현실을 암시한다.
② '강마을'은 방황하던 서정적 자아가 정착하고자 하는 공간이다.
③ '나그네'는 고향을 떠남으로써 현실의 질곡을 벗어나려는 의지를 상징한다.
④ '한 많음'은 민중적 삶 속에 구현된 전통적 미학에 맞닿아 있는 정서를 대변한다.

24

다음 한자어의 발음 중 표준 발음으로 옳지 <u>않은</u> 것은?

① 마천루(摩天樓) – [마천누]
② 공권력(公權力) – [공꿘녁]
③ 생산력(生産力) – [생산녁]
④ 결단력(決斷力) – [결딴녁]

25

다음 글의 중심내용으로 가장 옳은 것은?

> 이제 우리는 세계의 변방이 아니다. 세계화는 점점 더, 과거와는 분명 다르게 우리가 주목과 관심의 대상이 되는 방향으로 진행되고 있다. 이제 한국은 더 이상 '작은 나라'라고만 생각하지 않게 되었다. 한국인의 예술성을 세계에서 인정하고 있는 지금 이 시기에 가장 중요한 것은 무엇일까? 그 무엇보다 시급한 것이 바로 '전략'이다. 지금이야말로 세계 시장에 우리의 예술을 알릴 수 있는 기회가 왔고, 우리만의 전략이 필요한 시기가 왔다.
> 한국인의 끼는 각별하다. 신바람, 신명풀이가 문화유전자로 등록되어 있는 민족이다. 게다가 신이 나면 어깨춤 덩실덩실 추던 그 어깨 너머로 쓱 보고도 뚝딱 뭔가 만들어낼 줄 아는 재주와 감각도 있고, 문화선진국의 전문가들도 감탄하는 섬세한 재능과 디테일한 예술적 취향도 있다. 문화예술의 시대를 맞은 오늘날, 우리가 먹거리로 삼을 수 있고 상품화할 수 있는 바탕들이 다 갖추어진 유전자들이다. 선진이 선진이고 후진이 후진이면 역사는 바뀌지 않는다. 선진이 후진 되고 후진이 선진 될 때 시대가 바뀌고 새로운 역사가 시작되는 법이다. 우리 앞에 그런 전환점이 놓여 있다.

① 주어진 현실에 안주하는 실리감각
② 다가오는 미래에 대한 희망찬 포부
③ 냉엄한 국제질서에 따른 각박한 삶
④ 사라져 가는 미풍양속에 대한 아쉬움

행정학

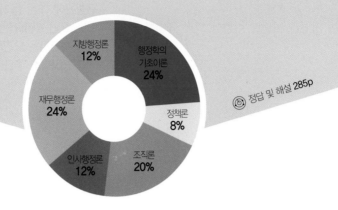

⊙ 정답 및 해설 285p

01

행정이론에 관한 다음의 기술 중 가장 옳지 <u>않은</u> 것은?

① 신공공관리론(New Public Management)은 국민을 고객으로 인식하고 공공부문에 시장원리를 도입하고자 하였다.

② 거버넌스(Governance)이론은 정부, 시장, 시민사회의 협력과 협치를 지향한다.

③ 신제도주의는 제도가 개인과 조직, 국가의 성패를 결정한다고 보고 있다.

④ 신행정학(New Public Administration)은 행태주의와 논리실증주의를 비판하면서 등장하였다.

02

막스 베버(Max Weber)의 관료제에 대한 설명으로 가장 옳지 <u>않은</u> 것은?

① 관료제는 계층제 구조를 본질로 하고 있다.

② 관료제를 현대사회의 보편적인 조직모형으로 보고 있다.

③ 신행정학에서는 탈(脫)관료제 모형으로서 수평적이고 임시적인 조직모형을 제안한다.

④ 행정조직 발전에 대한 패러다임(paradigm)의 관점에서 관료제 모형을 제시했다.

03

발생주의 회계제도에 대한 설명으로 옳은 것은?

> 가. 재화의 감가상각 가치를 회계에 반영할 수 있다.
>
> 나. 부채규모와 총자산의 파악이 용이하지 않다.
>
> 다. 현금이 거래되는 시점을 중심으로 기록한다.
>
> 라. 복식부기 기장방식을 채택하는 것이 일반적이다.

① 가, 라   ② 나, 라

③ 나, 다   ④ 가, 다

04

행정과 경영의 유사점에 대한 설명으로 가장 옳지 <u>않은</u> 것은?

① 행정과 경영은 어느 정도 관료제적 성격을 지니고 있다.

② 행정과 경영은 관리기술이 유사하다.

③ 행정과 경영은 목표는 다르지만 목표달성을 위한 수단으로 작동한다.
④ 행정과 경영은 비슷한 수준의 법적 규제를 받는다.

05

행정이념에 대한 설명으로 가장 옳지 않은 것은?

① 행정이념은 절대적인 것이 아니라 시대적 상황과 정치체제에 따라 변할 수 있다.
② 능률성은 투입 대비 산출의 비율을, 효과성은 목표의 달성도를 나타내는 개념이다.
③ 행정의 민주성은 대외적으로 국민 의사를 존중하고 수렴하며 대내적으로 행정조직을 민주적으로 운영한다는 두 가지 측면을 가지고 있다.
④ 수평적 형평성이란 동등하지 않은 것을 서로 다르게 취급하는 것, 수직적 형평성이란 동등한 것을 동등하게 취급하는 것을 의미한다.

06

신공공관리에 대한 설명으로 가장 옳지 않은 것은?

① 신공공관리는 전통적이고 관료적인 관리방식을 개혁하기 위해 1980년대부터 진행된 개혁 프로그램이다.
② 신공공관리는 정부의 크기와 관계없이 시장지향적인 효율적인 정부를 만들 수 있는 개혁방안에 관심을 갖는다.
③ 시장성 테스트, 경쟁의 도입, 민영화나 규제완화 등 일련의 정부개혁 아이디어가 적용된다.
④ 신공공관리 옹호론자들은 기존 관료제 중심의 패러다임을 대체할 수 있는 새로운 패러다임이 될 수 있다고 주장한다.

07

구성원에 대한 동기부여는 미충족 시 불만이 제기되는 요인(불만요인)의 충족과 함께 적극적으로 동기를 자극하는 요인(동기요인)이 동시에 충족되었을 때 가능하다고 주장한 학자로 옳은 것은?

① F. Herzberg   ② C. Argyris
③ A. H. Maslow   ④ V. H. Vroom

08

행정현상에 대한 접근방법의 설명으로 가장 옳지 않은 것은?

① 과학적 방법은 동작연구, 시간연구 등에서 같이 행정현상에 존재하는 규칙성을 찾아내 보편타당한 법칙성을 도출하는 데 가장 유용한 방법이다.
② 생태론적 접근방법은 행정변수 중에서 특히 환경변화와 사람의 행태를 연구대상으로 한다.
③ 역사적 접근방법과 법적 · 제도적 접근방법은 제도와 구조에 보다 초점을 맞춘 것으로 볼 수 있다.
④ 시스템적 방법의 장점은 시스템을 이루는 부분들 각각의 기능과 부분 간 유기적 상호작용을 잘 이해할 수 있다는 데 있다.

09

정책에 대한 설명으로 가장 옳지 않은 것은?

① 정책은 행정학의 발달과정에 있어 통치기능설과 관계가 있다.
② 정책은 공정성과 가치중립성(value-free)을 지향한다.
③ 정책은 행정국가화 경향의 산물이다.
④ 정책은 정부실패의 원인이 될 수 있다.

10

우리나라 공직자윤리법에 규정된 내용에 해당하지 않는 것은?

① 주식백지신탁
② 퇴직공직자의 취업제한
③ 선물신고
④ 상벌사항 공개

11

정책결정의 장에 대한 이론 설명으로 가장 옳지 않은 것은?

① 다원주의는 소수의 개인이나 집단이 아니라 다수의 집단이 정책결정의 장을 주도하고 이들이 정치적 조정과 타협을 거쳐 도달한 합의가 정책이 된다고 본다.
② 엘리트주의는 대중에게 영향력을 행사할 수 있는 위치에 있는 소수의 리더들에 의해서 정책결정이 지배된다고 본다.
③ 정책결정에서 정부의 역할을 줄이고 이익집단과의 상호협력을 보다 중시하는 이론이 조합주의이다.
④ 철의 삼각(iron triangle) 논의는 정부관료, 선출직 의원, 그리고 이익집단의 3자가 장기적이고 안정적이며 우호적인 연합을 형성하면서 정책결정을 지배하는 것으로 본다.

12

리더십에 대한 설명으로 가장 옳지 않은 것은?

① 리더십에 있어 자질론적 접근은 리더가 만들어지기보다는 특별한 역량을 타고나는 것임을 강조한다.
② 민주형 리더십은 권위와 최종책임을 위임하며 부하가 의사결정에 참여하도록 하는 쌍방향 의사전달의 특징을 지닌다.
③ 리더십에 있어 경로 – 목표모형은 리더의 행태가 어떻게 조직원으로 하여금 목표를 달성시키도록 하는 리더십 효과로 이어지는지를 설명해준다.
④ 상황론적 관점에서 보면 부하의 지식이 부족하고 공식적 규정이 마련되어 있지 않은 과업 환경에서는 지원적 리더십보다 지시적 리더십이 보다 부하의 만족을 높이고 효과적일 수 있다.

13

조직형태나 구조에 대한 설명으로 가장 옳지 않은 것은?

① 학습조직은 시스템적 사고에 의한 유기적, 체제적 조직관을 바탕으로 한다.
② 네트워크 조직에서는 서비스나 재화의 생산과 공급, 유통 등을 서로 다양한 조직에서 따로 수행한다.
③ 매트릭스 구조는 기능구조와 계층구조를 결합시킨 이원적 형태이다.
④ 가상조직은 영구적이라기보다는 잠정적이고 임시적 조직으로 볼 수 있다.

14

참여적(민주적) 관리와 가장 관련이 없는 것은?

① ZBB(영기준예산)
② MBO(목표에 의한 관리)
③ 브레인스토밍(brainstorming)
④ PPBS(계획예산)

15

계급제와 직위분류제에 대한 설명으로 가장 옳지 않은 것은?

① 계급제는 사람의 자격과 능력을 기준으로 분류하는 것이다.

② 직위분류제는 사람이 맡아 수행하는 직무와 그 직무수행에 수반되는 책임을 기준으로 하는 것이다.

③ 직위분류제는 전체 조직업무를 체계적으로 분업화하고 한 사람의 적정 업무량을 조직상 위계에서 고려하는 구조중심의 접근이다.

④ '동일업무에 대한 동일보수'라는 보수의 형평성 요구가 직위분류제의 출발을 촉진시켰다고 할 수 있다.

16

인사행정제도에 대한 설명으로 가장 옳지 않은 것은?

① 공직충원의 개방성을 확대하면 직업공무원제 확립에 보다 더 기여할 수 있다.

② 계급제는 직위분류제에 비해 인적자원의 탄력적 활용이 용이하다.

③ 엽관주의는 행정의 민주성을 강화하는 측면도 있다.

④ 대표관료제는 출신집단의 가치와 이익을 정책과정에 반영시킬 수 있다는 전제에서 출발한다.

17

예산과정 중에서 재정민주주의(fiscal democracy)와 가장 관련이 깊은 것은?

① 예산심의   ② 예산집행

③ 회계검사   ④ 예비타당성조사

18

예산제도에 대한 설명으로 가장 옳은 것은?

① 성과주의 예산제도는 업무단위 비용과 업무량의 파악을 통해 효과성을 높이고자 한다.

② 품목별 예산제도의 분석의 초점은 지출대상이며 이를 통해 통제성을 높이고자 한다.

③ 새로운 성과주의 예산제도는 산출물에 관심이 있으며 이를 통해 효율성을 높이고자 한다.

④ 계획예산제도는 목표와 예산의 연결을 통해 투명성과 대응성을 높이고자 한다.

19

지방분권의 장점으로 가장 옳지 않은 것은?

① 행정의 민주화 진작

② 지역 간 격차 완화

③ 행정의 대응성 강화

④ 지방공무원의 사기진작

20

단체자치에 대한 설명으로 옳은 것만을 모두 고르면?

> 가. 자치권에 대한 인식은 전래권으로 본다.
> 나. 권한부여 방식은 포괄적 위임주의이다.
> 다. 중앙정부와 지방자치단체의 관계는 기능적 협력관계이다.
> 라. 유럽대륙을 중심으로 발전해 왔다.

① 가, 나

② 가, 다, 라

③ 나, 다, 라

④ 가, 나, 다, 라

21

다음 중 예산과 관련된 이론으로 가장 옳지 <u>않은</u>
것은?

① 욕구체계이론
② 다중합리성 모형
③ 단절균형이론
④ 점증주의

22

지방재정 지표 중 총세입(總歲入)에서 자율적으로
사용가능한 재원의 비율을 나타내는 것은?

① 재정자립도
② 재정탄력도
③ 재정자주도
④ 재정력지수

23

조직이론과 인간관에 대한 설명으로 가장 옳지 <u>않은</u>
것은?

① 조직이론의 시작은 테일러의 과학적 관리론에서
찾을 수 있으며, 1900년대 초까지 효율성과 구
조중심의 사상을 담고 있었다.
② 기계적 조직으로서의 관료제는 합리적 경제인
의 인간관을 반영하고 있는데 테일러의 차등 성
과급제가 이러한 인간관에 기초한 보상 시스템
이다.
③ 계층구조는 피라미드 모양의 구조를 가지며 명
령과 통제가 위로부터 아래로 전달되는 특성을
가진다.
④ 관료제하에서 구성원들은 인간으로서의 감정
이나 충동을 멀리하는 정의적 행동(personal
conduct)이 기대된다.

24

공공선택론(public choice theory)에 대한 설명으로
가장 옳지 <u>않은</u> 것은?

① 방법론적 집단주의를 지향한다.
② 정치 · 행정현상을 경제학적 논리를 통해 분석하
고자 한다.
③ 개인 선호를 중시하여 공공서비스 관할권을 중
첩시킬 수도 있다.
④ 중위투표자이론(median vote theorem)도 공공
선택론의 일종이다.

25

우리나라 예산편성절차에 대한 설명으로 가장 옳지
<u>않은</u> 것은?

① 우리나라 예산담당부처인 기획재정부는 예산안
편성지침과 국가재정운용계획을 사전에 준비하
고 범부처 예산사정을 담당한다.
② 각 중앙행정기관은 기획재정부의 지침에 따라
사업계획서와 예산요구서 작성을 준비한다.
③ 기획재정부는 총액배분자율편성제도에 따라 각
부처의 세부사업에 대한 심사보다 부처예산요구
총액의 적정성을 집중적으로 심의한다.
④ 기획재정부는 조정된 정부예산안을 회계연도 개
시 120일전까지 국회에 제출한다.

행정법

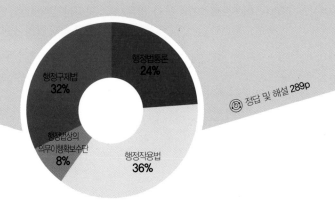

행정구제법 32%
행정법통론 24%
행정법상의 의무이행확보수단 8%
행정작용법 36%

◎ 정답 및 해설 289p

01

사인의 공법행위에 대한 설명으로 옳지 <u>않은</u> 것은? (단, 다툼이 있는 경우 판례에 의함)

① 국민이 어떤 신청을 한 경우에 그 신청의 근거가 된 조항의 해석상 행정발동에 대한 개인의 신청권을 인정하고 있다고 보이면 그 거부행위는 항고소송의 대상이 되는 처분으로 보아야 하고, 구체적으로 그 신청이 인용될 수 있는가 하는 점은 본안에서 판단하여야 할 사항이다.

② 민원사항의 신청서류에 실질적인 요건에 관한 흠이 있더라도 그것이 민원인의 단순한 착오나 일시적인 사정 등에 기한 경우에는 행정청은 보완을 요구할 수 있다.

③ 건축주 등은 건축신고가 반려될 경우 건축물의 건축을 개시하면 시정명령, 이행강제금, 벌금의 대상이 되거나 당해 건축물을 사용하여 행할 행위의 허가가 거부될 우려가 있어 불안정한 지위에 놓이게 되므로, 건축신고 반려행위는 항고소송의 대상성이 인정된다.

④ 건축법상의 건축신고가 다른 법률에서 정한 인가·허가 등의 의제효과를 수반하는 경우라도 특별한 사정이 없는 한 수리를 요하는 신고로 볼 수 없다.

02

평등원칙에 대한 설명으로 옳지 <u>않은</u> 것은? (단, 다툼이 있는 경우 판례에 의함)

① 국가기관이 채용시험에서 국가유공자의 가족에게 10%의 가산점을 부여하는 규정은 평등권과 공무담임권을 침해한다.

② 평등원칙은 동일한 것 사이에서의 평등이므로 상이한 것에 대한 차별의 정도에서의 평등을 포함하지 않는다.

③ 재량준칙이 공표된 것만으로는 행정의 자기구속의 원칙이 적용될 수 없고, 재량준칙이 되풀이 시행되어 행정관행이 성립한 경우에 적용될 수 있다.

④ 행정의 자기구속의 원칙이 인정되는 경우에는 행정관행과 다른 처분은 특별한 사정이 없는 한 위법하다.

03

행정소송제도에 대한 설명으로 옳지 <u>않은</u> 것은?

① 개별법령에 합의제 행정청의 장을 피고로 한다는 명문규정이 없는 한 합의제 행정청 명의로 한 행정처분의 취소소송의 피고적격자는 당해

합의제 행정청이 아닌 합의제 행정청의 장이다.

② 원고가 피고를 잘못 지정한 경우 피고경정은 취소소송과 당사자소송 모두에서 사실심 변론종결에 이르기까지 허용된다.

③ 법원은 당사자소송을 취소소송으로 변경하는 것이 상당하다고 인정할 때에는 청구의 기초에 변경이 없는 한 사실심의 변론종결시까지 원고의 신청에 의하여 결정으로써 소의 변경을 허가할 수 있다.

④ 당사자소송의 원고가 피고를 잘못 지정하여 피고경정신청을 한 경우 법원은 결정으로써 피고의 경정을 허가할 수 있다.

04

수익적 행정행위의 철회에 대한 설명으로 옳은 것은? (단, 다툼이 있는 경우 판례에 의함)

① 수익적 행정행위에 대한 취소권 등의 행사는 기득권의 침해를 정당화할 만한 중대한 공익상의 필요 또는 제3자의 이익을 보호할 필요가 있고, 이를 상대방이 받는 불이익과 비교·교량하여 볼 때 공익상의 필요 등이 상대방이 입을 불이익을 정당화할 만큼 강한 경우에 한하여 허용될 수 있다.

② 행정행위를 한 처분청은 비록 처분 당시에 별다른 하자가 없었고, 처분 후에 이를 철회할 별도의 법적 근거가 없더라도 원래의 처분을 존속시킬 필요가 없게 된 중대한 공익상 필요가 발생한 경우에도 그 효력을 상실케 하는 별개의 행정행위로 이를 철회할 수 없다.

③ 수익적 행정행위를 취소 또는 철회하거나 중지시키는 경우에는 이미 부여된 국민의 기득권을 침해하는 것이 되므로, 비록 취소 등의 사유가 있다고 하더라도 허용되지 않는다.

④ 행정행위를 한 처분청은 비록 처분 당시에 별다른 하자가 없었고, 처분 후에 이를 철회할 별도의 법적 근거가 없더라도 원래의 처분을 존속시킬 필요가 없게 된 사정변경이 생겼다는 이유만으로 그 효력을 상실케 하는 별개의 행정행위로 이를 철회하는 것은 허용되지 않는다.

05

행정법의 효력에 대한 설명으로 옳지 않은 것은?

① 조례와 규칙은 특별한 규정이 없으면 공포한 날부터 20일이 경과함으로써 효력을 발생한다.

② 행정법령은 특별한 규정이 없는 한 시행일로부터 장래에 향하여 효력을 발생하는 것이 원칙이다.

③ 법령을 소급적용하더라도 일반국민의 이해에 직접 관계가 없는 경우에는 법령의 소급적용이 허용된다.

④ 법률불소급의 원칙은 그 법률의 효력발생 전에 완성된 요건사실뿐만 아니라 계속 중인 사실이나 그 이후에 발생한 요건사실에 대해서도 그 법률을 소급적용할 수 없다.

06

「행정절차법」상 청문에 대한 설명으로 옳지 않은 것은?

① 청문 주재자에게 공정한 청문 진행을 할 수 없는 사정이 있는 경우 당사자 등은 행정청에 기피신청을 할 수 있다.

② 청문 주재자가 청문을 시작할 때에는 먼저 예정된 처분의 내용, 그 원인이 되는 사실 및 법적 근거 등을 설명하여야 한다.

③ 청문 주재자는 직권으로 또는 당사자의 신청에 따라 필요한 조사를 할 수 있으며, 당사자 등이 주장하지 아니한 사실에 대하여는 조사할 수 없다.

④ 행정청은 청문을 마친 후 처분을 할 때까지 새로운 사정이 발견되어 청문을 재개(再開)할 필요가 있다고 인정할 때에는 청문조서 등을 되돌려 보내고 청문의 재개를 명할 수 있다.

07

행정지도에 대한 설명으로 옳지 않은 것은?

① 행정지도가 그의 한계를 일탈하지 아니하였다면, 그로 인하여 상대방에게 어떤 손해가 발생하였다 하더라도 행정기관은 그에 대한 손해배상책임이 없다.

② 위법한 건축물에 대한 단전 및 전화통화 단절조치 요청행위는 처분성이 인정되는 행정지도이다.

③ 상대방이 행정지도에 따르지 아니하였다는 것을 직접적인 이유로 하는 불이익한 조치는 위법한 행위가 된다.

④ 국가배상법이 정한 배상청구의 요건인 공무원의 직무에는 행정지도도 포함된다.

08

개인정보 보호에 대한 설명으로 옳지 않은 것은?

① 정보통신서비스 제공자는 이용자가 필요한 최소한의 개인정보 이외의 개인정보를 제공하지 아니한다는 이유로 그 서비스의 제공을 거부할 수 있다.

② 개인정보처리자가 집단분쟁조정을 거부하거나 집단분쟁조정의 결과를 수락하지 아니한 경우에는 법원에 권리침해 행위의 금지·중지를 구하는 단체소송을 제기할 수 있다.

③ 개인정보보호법은 외국의 정보통신서비스 제공자 등에 대하여 개인정보보호규제에 대한 상호주의를 채택하고 있다.

④ 개인정보자기결정권의 보호대상이 되는 개인정보는 개인의 내밀한 영역에 속하는 영역뿐만 아니라 공적 생활에서 형성되었거나 이미 공개된 개인정보까지 포함한다.

09

「행정소송법」상 당사자소송에 대한 설명으로 옳지 않은 것은?

① 공법상 당사자소송이란 행정청의 처분 등을 원인으로 하는 법률관계에 관한 소송 그 밖에 공법상의 법률관계에 관한 소송으로서 그 법률관계의 한쪽 당사자를 피고로 하는 소송을 말한다.

② 공법상 계약의 한쪽 당사자가 다른 당사자를 상대로 효력을 다투거나 이행을 청구하는 소송은 공법상의 법률관계에 관한 분쟁이므로 분쟁의 실질이 공법상 권리·의무의 존부·범위에 관한 다툼에 관해서는 공법상 당사자소송으로 제기하여야 한다.

③ 원고가 고의 또는 중대한 과실 없이 행정소송으로 제기하여야 할 사건을 민사소송으로 잘못 제기한 경우, 수소법원으로서는 만약 그 행정소송에 대한 관할도 동시에 가지고 있다면 이를 행정소송으로 심리·판단하여야 하고, 그 행정소송에 대한 관할을 가지고 있지 아니하다면 관할 법원에 이송하여야 한다.

④ 당사자소송의 경우 법원은 필요하다고 인정할 때에는 직권으로 증거조사를 할 수 있으나, 당사자가 주장하지 아니한 사실에 대하여는 판단하여서는 안된다.

10

행정법상 허가에 대한 설명으로 옳지 않은 것은?

① 허가는 규제에 반하는 행위에 대해 행정강제나 제재를 가하기보다는 행위의 사법상 효력을 부인함으로써 규제의 목적을 달성하는 방법이다.

② 허가란 법령에 의해 금지된 행위를 일정한 요건을 갖춘 경우에 그 금지를 해제하여 적법하게 행위할 수 있게 해준다는 의미에서 상대적 금지와 관련되는 경우이다.

③ 전통적인 의미에서 허가는 원래 개인이 누리는 자연적 자유를 공익적 차원(공공의 안녕과 질서유지)에서 금지해 두었다가 일정한 요건을 갖춘 경우 그러한 공공에 대한 위험이 없다고 판단되는 경우 그 금지를 풀어줌으로써 자연적 자유를 회복시켜주는 행위이다.

④ 실정법상으로는 허가 이외에 면허, 인가, 인허, 승인 등의 용어가 사용되고 있기 때문에 그것이 학문상 개념인 허가에 해당하는지 검토할 필요가 있다.

11

「행정기본법」에 대한 설명으로 옳은 것만을 모두 고른 것은?

ㄱ. 행정은 공공의 이익을 위하여 적극적으로 추진되어야 한다.

ㄴ. 행정작용은 법률에 위반되어서는 아니 되며, 국민의 권리를 제한하거나 의무를 부과하는 경우와 그 밖에 국민생활에 중요한 영향을 미치는 경우에는 법률에 근거하여야 한다.

ㄷ. 행정청은 합리적 이유 없이 국민을 차별하여서는 아니 된다.

ㄹ. 행정청은 행정작용을 할 때 상대방에게 해당 행정작용과 실질적인 관련이 없는 의무를 부과해서는 아니 된다.

ㅁ. 행정청은 처분에 재량이 있는 경우에는 부관(조건, 기한, 부담, 철회권의 유보 등을 말한다)을 붙일 수 있다.

① ㄱ, ㄴ, ㄷ   ② ㄱ, ㄴ, ㄷ, ㄹ
③ ㄱ, ㄴ, ㄷ, ㄹ, ㅁ   ④ ㄴ, ㄷ, ㄹ, ㅁ

12

행정소송의 원고적격에 대한 설명으로 옳지 않은 것은? (단, 다툼이 있는 경우 판례에 의함)

① 면허나 인·허가 등의 수익적 행정처분의 근거가 되는 법률이 해당 업자들 사이의 과당경쟁으로 인한 경영의 불합리를 방지하는 것도 그 목적으로 하고 있는 경우, 다른 업자에 대한 면허나 인·허가 등의 수익적 행정처분에 대하여 미리 같은 종류의 면허나 인·허가 등의 처분을 받아 영업을 하고 있는 기존의 업자는 당해 행정처분의 취소를 구할 원고적격이 인정될 수 있다.

② 광업권설정허가처분과 그에 따른 광산 개발로 인하여 재산상·환경상 이익의 침해를 받거나 받을 우려가 있는 토지나 건축물의 소유자와 점유자 또는 이해관계인 및 주민들은 그 처분 전과 비교하여 수인한도를 넘는 재산상·환경상 이익의 침해를 받거나 받을 우려가 있다는 것을 증명하더라도 원고적격을 인정받을 수 없다.

③ 행정처분의 직접 상대방이 아닌 제3자라 하더라도 당해 행정처분으로 인하여 법률상 보호되는 이익을 침해당한 경우에는 취소소송을 제기하여 그 당부의 판단을 받을 자격이 있다.

④ 법인의 주주가 그 처분으로 인하여 궁극적으로 주식이 소각되거나 주주의 법인에 대한 권리가 소멸하는 등 주주의 지위에 중대한 영향을 초래하게 되는데도 그 처분의 성질상 당해 법인이 이를 다툴 것을 기대할 수 없고 달리 주주의 지위를 보전할 구제방법이 없는 경우에는 주주도 그 처분에 관하여 직접적이고 구체적인 법률상 이해관계를 가진다고 보이므로 그 취소를 구할 원고적격이 있다.

13

공법상 결과제거청구권에 대한 설명으로 옳지 않은 것은?

① 공법상 결과제거청구권의 대상은 가해행위와 상당인과관계가 있는 손해이다.

② 결과제거청구는 권력작용뿐만 아니라 관리작용에 의한 침해의 경우에도 인정된다.

③ 원상회복이 행정주체에게 기대가능한 것이어야 한다.

④ 피해자의 과실이 위법상태의 발생에 기여한 경우에는 그 과실에 비례하여 결과제거청구권이 제한되거나 상실된다.

14

행정심판의 재결에 대한 설명으로 옳지 않은 것은?

① 기각재결이 있은 후에도 원처분청은 원처분을 직권으로 취소 또는 변경할 수 있다.

② 재결의 기속력에는 반복금지효와 원상회복의무가 포함된다.

③ 행정심판에는 불고불리의 원칙과 불이익변경금지의 원칙이 인정되며, 처분청은 행정심판의 재결에 대해 불복할 수 없다.

④ 행정심판의 재결기간은 강행규정이다.

15

사례에 대한 설명으로 옳지 않은 것은? (단, 다툼이 있는 경우 판례에 의함)

> 병무청장이 법무부장관에게 '가수 甲이 공연을 위하여 국외여행허가를 받고 출국한 후 미국시민권을 취득함으로써 사실상 병역의무를 면탈하였으므로 재외동포 자격으로 재입국하고자 하는 경우 국내에서 취업, 가수활동 등 영리활동을 할 수 없도록 하고, 불가능할 경우 입국 자체를 금지해달라'고 요청함에 따라 법무부장관이 甲의 입국을 금지하는 결정을 하고, 그 정보를 내부전산망인 '출입국관리정보시스템'에 입력하였으나, 甲에게는 통보하지 않았다.

① 일반적으로 처분이 주체·내용·절차와 형식의 요건을 모두 갖추고 외부에 표시된 경우에는 처분의 존재가 인정된다.

② 행정의사가 외부에 표시되어 행정청이 자유롭게 취소·철회할 수 없는 구속을 받게 되는 시점에 처분이 성립한다.

③ 그 성립 여부는 행정청이 행정의사를 공식적인 방법으로 외부에 표시하였는지를 기준으로 판단해야 한다.

④ 위 입국금지결정은 항고소송의 대상이 되는 '처분'에 해당한다.

16

계획재량에 대한 설명으로 옳지 않은 것은?

① 통상적인 재량행위와 계획재량은 양적인 점에서 차이가 있을 뿐 질적인 점에서는 차이가 없다는 견해는 형량명령이 계획재량에 특유한 하자이론이라기보다는 비례의 원칙을 계획재량에 적용한 것이라고 한다.

② 행정주체는 그 행정계획에 관련되는 자들의 이익을 공익과 사익 사이에서는 물론이고 공익 상호간과 사익 상호간에도 정당하게 비교교량하여야 한다는 제한을 받는다.

③ 행정주체가 행정계획을 입안·결정함에 있어서 이익형량의 고려 대상에 마땅히 포함시켜야할 사항을 누락한 경우 이익형량을 전혀 행하지 아니하는 등의 사정이 없는 한 그 행정계획결정은 형량에 하자가 있다고 보기 어렵다.

④ 행정계획과 관련하여 이익형량을 하였으나 정당성과 객관성이 결여된 경우에는 그 행정계획결정은 형량에 하자가 있어 위법하게 된다.

17

「행정조사기본법」상 행정조사의 기본원칙에 대한 설명으로 옳지 않은 것은? (단, 다툼이 있는 경우 판례에 의함)

① 행정조사는 조사목적을 달성하는데 필요한 최소한의 범위 안에서 실시하여야 하며, 다른 목적 등을 위하여 조사권을 남용하여서는 아니 된다.

② 행정기관은 유사하거나 동일한 사안에 대하여는 공동조사 등을 실시함으로써 행정조사가 중복되지 아니하도록 하여야 한다.

③ 행정조사는 법령등의 위반에 대한 처벌에 중점을 두되 법령등을 준수하도록 유도하여야 한다.

④ 행정기관은 행정조사를 통하여 알게 된 정보를 다른 법률에 따라 내부에서 이용하거나 다른 기관에 제공하는 경우를 제외하고는 원래의 조사목적 이외의 용도로 이용하거나 타인에게 제공하여서는 아니 된다.

18

행정규칙에 대한 설명으로 옳지 않은 것은? (단, 다툼이 있는 경우 판례에 의함)

① 행정규칙인 고시가 법령의 수권에 의해 법령을 보충하는 사항을 정하는 경우에는 법령보충적 고시로서 근거법령규정과 결합하여 대외적으로 구속력 있는 법규명령의 효력을 갖는다.

② 행정규칙은 행정규칙을 제정한 행정기관에 대하여는 대내적으로 법적 구속력을 갖지 않는다.

③ 사실상의 준비행위 또는 사전안내로 볼 수 있는 국립대학의 대학입학고사 주요요강은 공권력 행사이므로 항고소송의 대상이 되는 처분이다.

④ 일반적인 행정처분절차를 정하는 행정규칙은 대외적 구속력이 없다.

19

「공익사업을 위한 토지 등의 취득 및 보상에 관한 법률」상의 환매권에 대한 설명으로 옳지 않은 것은? (단, 다툼이 있는 경우 판례에 의함)

① 토지의 협의취득일 또는 수용의 개시일부터 10년 이내에 해당 사업의 폐지·변경 또는 그 밖의 사유로 취득한 토지의 전부 또는 일부가 필요 없게 된 경우 취득일 당시의 토지소유자 또는 그 포괄승계인은 환매권을 행사할 수 있다.

② 환매권의 발생기간을 제한한 것은 사업시행자의 지위나 이해관계인들의 토지이용에 관한 법률관계 안정, 토지의 사회경제적 이용 효율 제고, 사회일반에 돌아가야 할 개발이익이 원소유자에게 귀속되는 불합리 방지 등을 위한 것이라 하더라도, 그 입법목적은 정당하다고 할 수 없다.

③ 환매권 발생기간 '10년'을 예외 없이 유지하게 되면 토지수용 등의 원인이 된 공익사업의 폐지 등으로 공공필요가 소멸하였음에도 단지 10년이 경과하였다는 사정만으로 환매권이 배제되는 결과가 초래될 수 있다.

④ 법률조항 제91조의 위헌성은 환매권의 발생기간을 제한한 것 자체에 있다기보다는 그 기간을 10년 이내로 제한한 것에 있다. 이 사건 법률조항의 위헌성을 제거하는 다양한 방안이 있을 수 있고 이는 입법재량 영역에 속한다.

20

「국가배상법」의 내용에 대한 설명으로 옳지 <u>않은</u> 것은? (단, 다툼이 있는 경우 판례에 의함)

① 국가나 지방자치단체는 공무를 위탁받은 사인이 직무를 집행하면서 고의 또는 과실로 법령을 위반하여 타인에게 손해를 입힌 때에는 국가배상법에 따라 그 손해를 배상하여야 한다.

② 도로 · 하천, 그 밖의 공공의 영조물(營造物)의 설치나 관리에 하자(瑕疵)가 있기 때문에 타인에게 손해를 발생하게 하였을 때에는 국가나 지방자치단체는 그 손해를 배상하여야 한다. 이 경우 군인 · 군무원의 2중배상금지에 관한 규정은 적용되지 않는다.

③ 직무를 집행하는 공무원에게 고의 또는 중대한 과실이 있으면 국가나 지방자치단체는 그 공무원에게 구상(求償)할 수 있다.

④ 군인 · 군무원이 전투 · 훈련 등 직무 집행과 관련하여 전사(戰死) · 순직(殉職)하거나 공상(公傷)을 입은 경우에 본인이나 그 유족이 다른 법령에 따라 재해보상금 · 유족연금 · 상이연금 등의 보상을 지급받을 수 있을 때에는 「국가배상법」 및 「민법」에 따른 손해배상을 청구할 수 없다.

21

「공공기관의 정보공개에 관한 법률」에 대한 설명으로 옳지 <u>않은</u> 것은?

① 정보공개의 원칙에 따라 공공기관이 보유 · 관리하는 정보는 국민의 알권리 보장 등을 위하여 이 법에서 정하는 바에 따라 적극적으로 공개하여야 한다.

② 모든 국민은 정보의 공개를 청구할 권리를 가진다.

③ 공공기관의 정보공개 담당자(정보공개 청구 대상 정보와 관련된 업무 담당자를 포함한다)는 정보공개 업무를 성실하게 수행하여야 하며, 공개여부의 자의적인 결정, 고의적인 처리 지연 또는 위법한 공개 거부 및 회피 등 부당한 행위를 하여서는 아니 된다.

④ 공공기관은 예산집행의 내용과 사업평가 결과 등 행정감시를 위하여 필요한 정보에 대해서는 공개의 구체적 범위, 주기, 시기 및 방법 등을 미리 정하여 정보통신망 등을 통하여 알릴 필요까지는 없으나, 정기적으로 공개하여야 한다.

22

행정의 실효성 확보수단에 대한 설명으로 옳지 않은 것은? (단, 다툼이 있는 경우 판례에 의함)

① 계고서라는 명칭의 1장의 문서로서 일정기간 내에 위법건축물의 자진철거를 명함과 동시에 그 소정기한 내에 자진철거를 하지 아니할 때에는 대집행할 뜻을 미리 계고한 경우라도 건축법에 의한 철거명령과 행정대집행법에 의한 계고처분은 독립하여 있는 것으로서 각 그 요건이 충족되었다고 볼 것이다.

② 이행강제금은 행정상 간접적인 강제집행 수단의 하나로서, 과거의 일정한 법률위반 행위에 대한 제재인 형벌이 아니라 장래의 의무이행 확보를 위한 강제수단일 뿐이어서, 범죄에 대하여 국가가 형벌권을 실행하는 과벌에 해당하지 아니한다.

③ 세무조사결정은 납세의무자의 권리·의무에 직접 영향을 미치는 공권력의 행사에 따른 행정작용으로 보기 어려우므로 항고소송의 대상이 될 수 없다.

④ 토지·건물 등의 인도의무는 비대체적 작위의무이므로 행정대집행법상 대집행 대상이 될 수 없다.

23

개인적 공권에 대한 설명으로 옳지 않은 것은? (단, 다툼이 있는 경우 판례에 의함)

① 한의사들이 가지는 한약조제권을 한약조제시험을 통하여 약사에게도 인정함으로써 감소하게 되는 한의사들의 영업상 이익은 법률에 의하여 보호되는 이익이라 볼 수 없다.

② 합병 이전의 회사에 대한 분식회계를 이유로 감사인 지정제외 처분과 손해배상공동기금의 추가 적립의무를 명한 조치의 효력은 합병 후 존속하는 법인에게 승계될 수 있다.

③ 당사자 사이에 석탄산업법시행령 제41조 제4항 제5호 소정의 재해위로금에 대한 지급청구권에 관한 부제소합의가 있는 경우 그러한 합의는 효력이 인정된다.

④ 석유판매업 허가는 소위 대물적 허가의 성질을 갖는 것이어서 양수인이 그 양수후 허가관청으로부터 석유판매업허가를 다시 받았다하더라도 이는 석유판매업의 양수도를 전제로 한 것이어서 이로써 양도인의 지위승계가 부정되는 것은 아니므로 양도인의 귀책사유는 양수인에게 그 효력이 미친다.

24

행정행위의 부관에 대한 설명으로 옳지 않은 것은? (단, 다툼이 있는 경우 판례에 의함)

① 재량행위에 있어서는 관계 법령에 명시적인 금지규정이 없는 한 행정목적을 달성하기 위하여 조건이나 기한, 부담 등의 부관을 붙일 수 있고, 그 부관의 내용이 이행 가능하고 비례의 원칙 및 평등의 원칙에 적합하며 행정처분의 본질적 효력을 저해하지 아니하는 이상 위법하다고 할 수 없다.

② 부담은 행정청이 행정처분을 하면서 일방적으로 부가하는 것이 일반적이므로 상대방과 협의하여 협약의 형식으로 미리 정한 다음 행정처분을 하면서 이를 부가하는 경우 부담으로 볼 수 없다.

③ 부관의 사후변경은, 법률에 명문의 규정이 있거나 그 변경이 미리 유보되어 있는 경우 또는 상대방의 동의가 있는 경우에 한하여 허용되는 것이 원칙이지만, 사정변경으로 인하여 당초에 부담을 부가한 목적을 달성할 수 없게 된 경우에도 그 목적달성에 필요한 범위 내에서 예외적으로 허용된다.

④ 건축허가를 하면서 일정 토지를 기부채납하도록 하는 내용의 허가조건은 부관을 붙일 수 없는 기속행위 내지 기속적 재량행위인 건축허가에 붙인 부담이거나 또는 법령상 아무런 근거가 없는 부관이어서 무효이다.

25

행정소송법상 행정입법부작위에 대한 설명으로 옳지 않은 것은?

① 행정권의 시행명령제정의무는 헌법적 의무이다.

② 시행명령을 제정해야 함에도 불구하고 제정을 거부하는 것은 법치행정의 원칙에 반하는 것이 된다.

③ 시행명령을 제정 또는 개정하였지만 그것이 불충분 또는 불완전하게 된 경우에는 행정입법부작위가 아니다.

④ 행정입법부작위는 부작위위법확인소송의 대상이 된다.

PART 04

2020년 기출문제

국어 · 행정학 · 행정법

국어

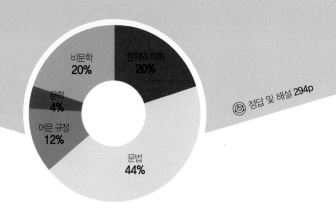

비문학 20%
한자와 어휘 20%
문학 4%
어문 규정 12%
문법 44%

◎ 정답 및 해설 294p

01

홀문장에 해당하는 것은?

① 어제 빨간 모자를 샀다.
② 봄이 오니 꽃이 피었다.
③ 남긴 만큼 버려지고, 버린 만큼 오염된다.
④ 우리 집 앞마당에 드디어 장미꽃이 피었다.

02

다음 중 가장 적절한 문장은?

① 인생을 살다 보면 남을 도와주기도 하고 도움을 받기도 한다.
② 형은 조문객들과 잠시 환담을 나눈 후 다시 상주 자리로 돌아왔다.
③ 가벼운 물건이라도 높은 위치에서 던지면 인명사고나 차량 파손을 일으킬 수 있다.
④ 증인이 보는 앞에서 병기에게 친히 불리어서 가까이 가는 것만 해도 여간한 우대였다.

03

국어 순화가 옳지 않은 것은?

① 핸드레일(handrail) → 안전손잡이
② 스크린 도어(screen door) → 차단문
③ 프로필(profile) → 인물 소개, 약력
④ 팝업창(pop-up 窓) → 알림창

04

밑줄 친 부분의 비유 방식이 다른 것은?

> 비유(比喩/譬喩) : 「명사」 어떤 현상이나 사물을 직접 설명하지 아니하고 다른 비슷한 현상이나 사물에 빗대어서 설명하는 일.

① 요즘은 회사의 경영진에 합류하는 블루칼라가 많아지고 있다.
② 암 진단 결과를 받아들자, 그의 마음은 산산조각이 났다.
③ 내부의 유리 천장은 없으며 여성들의 상위적 진출이 확대될 것이라고 전망했다.
④ 사업이 실패한 후 그는 사회의 가장 밑바닥으로 떨어졌다.

05

다음 글을 요약한 것으로 가장 적절한 것은?

요즘 들어 사람들은 건강에 대한 많은 관심을 보이고 있다. 특히 운동을 통한 건강 유지에 대한 관심이 각별하다고 할 수 있다. 부지런히 뛰고 땀을 흠뻑 흘린 뒤에 느끼는 개운함을 좋아한다. 그렇지만 무조건 신체를 움직인다고 해서 다 운동이 되는 것은 아니다. 무리하게 움직이면 오히려 역효과를 가져온다. 그러므로 운동의 강도를 결정할 때는 자신의 신체 조건을 우선적으로 고려해야 한다. 자신의 체력에 비추어 신체 기능을 충분히 자극할 수는 있어야 하지만 부담이 지나치지 않게 해야 한다. 운동의 시간과 빈도는 개인의 생활양식에 의해 많은 영향을 받게 되지만, 일반적으로는 일주일에 한 번씩 오랜 운동 시간을 하는 것보다는 운동 시간이 짧더라도 빈도를 높여서 규칙적으로 움직이는 것이 운동의 효과를 높이는데 효과적이다. 가장 바람직한 것은 매일 일정량의 운동을 실천하여 운동을 하나의 생활 습관으로 정착시키는 것이다.

① 운동의 효과는 운동의 빈도를 높일수록 좋다고 할 수 있으므로 가급적 쉬지 말고 부지런히 운동을 하는 것이 좋다.

② 운동의 효과를 높이기 위해서는 무리한 운동보다는 신체에 적절한 자극이 가해지는 운동을 생활 습관으로 정착시켜야 한다.

③ 신체를 무조건 움직인다고 해서 운동이 되는 것이 아니므로 자신의 신체 조건을 우선적으로 고려하여 운동의 강도를 결정한다.

④ 매일 일정량의 운동을 통해 운동을 생활습관으로 정착시키기 위해서는 운동의 긍정적인 측면과 부정적인 측면을 모두 고려해야 한다.

06

국어 로마자 표기법 규정에 어긋난 것은?

① 종로 2가 Jongno 2(i)-ga
② 신라 Silla
③ 속리산 Songnisan
④ 금강 Keumgang

07

사동사와 피동사를 만드는 형태와 방식이 <u>다른</u> 것은?

- 사동사(使動詞) : 『언어』 문장의 주체가 자기 스스로 행하지 않고 남에게 그 행동이나 동작을 하게 함을 나타내는 동사.
- 피동사(被動詞) : 『언어』 남의 행동을 입어서 행하여지는 동작을 나타내는 동사.

① 보다　　　　② 잡다
③ 밀다　　　　④ 안다

08

㉠의 처지와 관련된 속담으로 가장 적절한 것은?

"쥔 어른 계서유?"
　몸을 돌리어 바느질거리를 다시 들려 할 제 이번에는 짜장 인끼가 난다. 황급하게 "누구유?" 하고 일어서며 문을 열어보았다.
"왜 그리유?"
"저어, 하룻밤만 드새고 가게 해주세유."
　남정네도 아닌데 이 밤중에 웬일인가, 맨발에 짚신 짝으로. 그야 아무렇든,
"어서 들어와 불 쬐게유."

PART 05 **2020**

㉠ 나그네는 주춤주춤 방 안으로 들어와서 화로 곁에 도사려 앉는다. 낡은 치맛자락 위로 비어지려는 속살을 아무리자 허리를 지그시 튼다. 그리고는 묵묵하다. 주인은 물끄러미 보고 있다가 밥을 좀 주려느냐고 물어보아도 잠자코 있다.

그러나 먹던 대궁을 주워모아 짠지쪽하고 갖다 주니 감지덕지 받는다. 그리고 물 한 모금 마심 없이 잠깐 동안에 밥그릇의 밑바닥을 긁는다.

밥숟가락을 놓기가 무섭게 주인은 이야기를 붙이기 시작하였다. 미주알고주알 물어보니 이야기는 지수가 없다. 자기로도 너무 지쳐 물은 듯싶은 만치 대구 추근거렸다. 나그네는 싫단 기색도 좋단 기색도 별로 없이 시나브로 대구하였다. 남편 없고 몸 붙일 곳 없다는 것을 간단히 말하고 난 뒤,

"이리저리 얻어먹고 단게유." 하고 턱을 가슴에 묻는다.

① 패랭이에 숟가락 꽂고 산다.
② 태산 명동에 서일필이라.
③ 터진 방앗공이에 보리알 끼듯 하였다.
④ 보리누름까지 세배한다.

09

밑줄 친 단어의 품사가 다른 것은?

① 집에 들어가 보니 동생이 <u>혼자</u> 밥을 먹고 있었다.
② <u>정녕</u> 가시겠다면 고이 보내 드리리다.
③ 나는 과일 중에 사과를 <u>제일</u> 좋아한다.
④ <u>둘째</u> 며느리 삼아 보아야 맏며느리 착한 줄 안다.

10

밑줄 친 부분의 한자어로 적절하지 <u>않은</u> 것은?

코로나가 갖고 온 변화는 ㉠ <u>침체</u>된 것처럼 보이는 삶 - ㉡ <u>위축</u>된 경제와 단절된 관계와 불투명한 미래까지-에서부터 일상의 작은 규칙들, 마스크를 쓰고 손을 씻고 사회적 거리두기를 하는 것 등 삶의 전반에 크고 작은 영향을 끼쳤다. 그것이 우리 눈앞에 펼쳐진 코로나 이후의 맞닥뜨린 냉혹한 현실이지만 반대급부도 분명 존재한다. 가만히 들여다보면 차가운 현실의 이면에는 분명 또 다른 내용의 속지가 숨겨져 있다. 코로나로 인해 '국가의 감염병 예방 시스템이 새롭게 정비되고 ㉢ <u>방역</u> 의료체계가 발전하고 환경오염이 줄고'와 같은 거창한 것은 ㉣ <u>차치</u>하고라도 당장, 홀로 있음의 경험을 통해서 내 자신의 마음 들여다보기가 가능해졌다.

① ㉠ : 沈滯
② ㉡ : 萎縮
③ ㉢ : 紡疫
④ ㉣ : 且置

11

띄어쓰기가 옳지 <u>않은</u> 것은?

① 그녀는 사업차 외국에 나갔다.
② 들고 갈 수 있을 만큼만 담아라.
③ 그는 세 번만에 시험에 합격했다.
④ 쌀, 보리, 콩, 조, 기장 들을 오곡(五穀)이라한다.

12

언어 예절에 가장 알맞게 발화한 것은?

① (아침에 출근해서 직급이 같은 동료에게) 좋은 아침!

② (집에서 손님을 보낼 때 손위 사람에게) 살펴 가십시오.

③ (윗사람의 생일을 축하하며) 건강하십시오.

④ (관공서에서 손님이 들어올 때) 무엇을 도와 드릴까요?

14

(㉠)에 들어갈 접속부사로 가장 적절한 것은?

① 그리고   ② 그런데

③ 그러므로   ④ 왜냐하면

[13~14] 다음 글을 읽고 물음에 답하시오.

> 계해년(癸亥年) 겨울에 우리 전하께서 정음 28자를 처음으로 만들어 예의(例義)를 간략하게 들어 보이고 이름을 훈민정음(訓民正音)이라 하였다. (①) 천지인(天地人) 삼극(三極)의 뜻과 음양(陰陽)의 이기(二氣)의 정묘함을 포괄(包括)하지 않은 것이 없다. 28자로써 전환이 무궁하고 간요(簡要)하며 모든 음에 정통하였다. (㉠) 슬기로운 사람은 하루아침을 마치기도 전에 깨우치고, 어리석은 이라도 열흘이면 배울 수 있다. (②) 이 글자로써 글을 풀면 그 뜻을 알 수 있고, 이 글자로써 송사를 심리하더라도 그 실정을 알 수 있게 되었다. (③) 한자음은 청탁을 능히 구별할 수 있고 악기는 율려에 잘 맞는다. 쓰는 데 갖추어지지 않은 바가 없고, 가서 통달되지 않는 바가 없다. 바람 소리, 학의 울음, 닭의 홰치며우는 소리, 개 짖는 소리일지라도 모두 이 글자를 가지고 적을 수가 있다. (④)
>
> – 〈훈민정음 해례(解例)〉 정인지(鄭麟趾) 서문(序文) 중에서 –

15

우리말 어법에 맞고 가장 자연스러운 문장은?

① 그의 하루 일과를 일어나자마자 아침 신문을 읽는 데서 시작한다.

② 저녁노을이 지는 들판에서 농부 내외가 조용히 기도하는 모습이 멀리 보였다.

③ 졸업한 형도 못 푸는 문제인데, 하물며 네가 풀겠다고 덤볐다.

④ 제가 여러분에게 당부하고 싶은 것은 주변 환경을 탓하지 마시기 바랍니다.

13

위 글에서 다음 (가)의 위치로 가장 적절한 것은?

> (가) 상형을 기본으로 하고 글자는 고전(古篆)을 본떴고 사성을 기초로 하고 음(音)이 칠조(七調)를 갖추었다.

①   ②   ③   ④

16

밑줄 친 '성김'과 '빽빽함'의 의미 관계와 같지 <u>않은</u> 것은?

> 구도의 필요에 따라 좌우와 상하의 거리 조정, 허와 실의 보완, 성김과 빽빽함의 변화 표현 등이 자유로워졌다.

① 곱다 : 거칠다

② 무르다 : 야무지다

③ 넉넉하다 : 푼푼하다

④ 느슨하다 : 팽팽하다

17

한글 맞춤법에 옳게 쓰인 것을 모두 고른 것은?

> 나는 먼저 미역을 물에 ㉠ 담궈 두고 밥을 ㉡ 안쳤다. 불린 미역을 냄비에 넣고 불을 ㉢ 붙였다. 미역국이 끓는 동안 생선도 ㉣ 졸였다. 마지막으로 두부에 달걀옷을 입혀 ㉤ 부쳤다. 상을 차려놓고 어머니가 오시기를 기다렸다. ㉥ 하느라고 했는데 생일상 치고 영 볼품이 없는 것 같다.

① ㉠, ㉡, ㉣ ② ㉢, ㉤, ㉥
③ ㉡, ㉣, ㉤ ④ ㉡, ㉢, ㉤

18

다음 내용과 관계있는 한자성어로 가장 거리가 먼 것은?

> 선비는 단순한 지식 습득에 목적을 두지 않고 아는 것을 실천하는 것에 중점을 두고 있다. 또한 선비는 개인의 이익보다 사회 정의를 생각하며 행동하고 살아간다. 자신의 인격을 완성하고 그것을 통해 모든 사람에게 평안한 삶을 살게 하는 것이 그들의 궁극적 목적이다. 선비가 갖추어야 할 덕목은 많지만 상호 연결되어 있다. 자신을 낮추는 자세, 타인을 존중하는 마음, 검소하고 청렴결백한 삶 등이 하나로 연결되어 있는 것이다.

① 見利思義 ② 勞謙君子
③ 修己安人 ④ 梁上君子

19

다음 밑줄 친 '-의' 중에서 '기쁨의 열매'와 쓰임이 같은 것은?

① 조선의 독립국임
② 천(天)의 명명(明命)

③ 인도(人道)의 간과(干戈)
④ 대의(大義)의 극명(克明)

20

다음 글에서 밑줄 친 ㉠과 바꿔 쓰기에 가장 적절한 것은?

> 킬트의 독특한 체크무늬가 각 씨족의 상징으로 자리 잡은 것은, 1822년에 영국 왕이 방문했을 때 성대한 환영 행사를 마련하면서 각 씨족장들에게 다른 무늬의 킬트를 입도록 종용하면서부터이다. 이때 채택된 독특한 체크무늬가 각 씨족을 대표하는 의상으로 ㉠ 자리를 잡게 되었다.

① 정돈(整頓)되었다. ② 정제(精製)되었다.
③ 정리(整理)되었다. ④ 정착(定着)되었다.

21

다음 글의 내용과 가장 부합하는 것은?

> 심리학자 융은 인간에게는 '페르소나(persona)'와 '그림자(shadow)'의 측면이 있다고 한다. 페르소나란 한 개인이 사회에서 요구하는 역할에 적응하면서 얻어진 자아의 한 측면을 의미한다. 그런데 오로지 페르소나만 추구하려 한다면 그림자가 위축되어 결국 자기 자신으로부터 소외를 당해 무기력하고 생기가 없어지게 된다. 한편 그림자는 인간의 원시적인 본능 성향을 의미한다. 이것은 사회에서 부도덕하다고 생각하는 충동적인 면이 있지만, 자발성, 창의성, 통찰력, 깊은 정서 등 긍정적인 면이 있어 지나치게 억압해서는 안 된다.

① 페르소나는 현실적인 속성, 그림자는 근원적인 속성을 갖고 있다.

② 페르소나를 멀리 하게 되면, 자아는 무기력하게 된다.

③ 그림자는 도덕성을 추구할 때, 자발성과 창의성이 더욱 커진다.

④ 그림자를 억압하게 되면 페르소나를 더욱 추구하게 된다.

22

낱말의 발음이 옳지 않은 것은?

① 맑고 → [말꼬] ② 끊기다 → [끈기다]

③ 맏형 → [마텽] ④ 밟고 → [밥 : 꼬]

23

단어의 구조가 다른 것은?

① 도시락 ② 선생님

③ 날고기 ④ 밤나무

24

다음 글의 내용과 가장 거리가 먼 것은?

> 항생제는 세균에 대한 항균 효과가 있는 물질을 말한다. '프로폴리스'같이 자연적으로 존재하는 항생제를 자연 요법제라고 하고, '설파제'같이 화학적으로 합성된 항생제를 화학 요법제라고 한다. 현재 사용되고 있는 많은 항생제들은 곰팡이가 생성한 물질을 화학적으로보다 효과가 좋게 합성한 것들이어서 넓은 의미에서는 이들도 화학 요법제라고 할 수 있을 것이다.

> '페니실린', '세파로스포린' 같은 것은 우리 몸의 세포에는 없는 세균의 세포벽에 작용하여 세균을 죽이는 것이다. 그 밖의 항생제들은 '테트라사이클린', '클로로마이신' 등과 같이 세균세포의 단백합성에 장애를 만들어 항균 효과를 나타내거나, '퀴노론', '리팜핀' 등과 같이 세균세포의 핵산합성을 저해하거나, '포리믹신' 등과 같이 세균세포막의 투과성에 장애를 일으켜 항균 효과를 나타낸다.

① 항생제의 정의 ② 항생제의 내성 정도

③ 항균 작용의 기제 ④ 항생제의 분류 방법

25

주장하는 말이 범하는 논리적 오류 유형이 다른 하나는?

① 식량을 주면, 옷을 달라고 할 것이고, 그다음 집을 달라고 할 것이고, 결국 평생직장을 보장하라고 할 것이 틀림없어. 식량 배급은 당장 그만두어야 해.

② 네가 술 한 잔을 마시면, 다시 마시게 되고, 결국 알코올 중독자가 될 거야. 애초부터 술 마실 생각은 하지 마라.

③ 아이들에게 부드럽게 말하면, 아이들은 부모를 무서워하지 않게 되고, 그 부모는 아이들을 망치게 될 겁니다. 아이들에게 엄하게 말하는 것을 두려워하지 마세요.

④ 식이요법을 시작하면 영양 부족에 빠지고, 어설픈 식이요법이 알코올 중독에 이르게 한다는 것을 암시해. 식이요법을 시작하지 못하게 막아야 해.

행정학

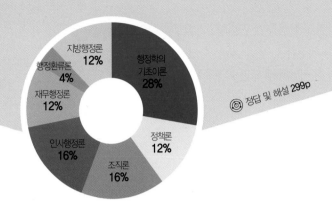

◎ 정답 및 해설 299p

01

행정학의 기술성과 과학성에 대한 설명으로 옳지 않은 것은?

① 왈도(D. Waldo)가 'practice'란 용어로 지칭한 기술성은 정해진 목표를 어떻게 효율적으로 달성하는가 하는 방법을 의미한다.

② 윌슨(W. Wilson) 등 초기 행정학자들은 관리 기술이나 행정의 원리 등을 발견하려는 데 초점을 두고 행정학의 기술성을 강조하였다.

③ 행태주의 학자들은 행정학 연구에서 처방보다는 학문의 과학화에 역점을 두고 가설의 경험적 검증 등을 강조했다.

④ 현실 문제의 해결은 언제나 과학에만 의존할 수 없으므로 행정학은 기술성과 과학성을 동시에 고려하여야 한다.

02

디목(M. Dimock)의 사회적 능률에 대한 설명으로 가장 적절하지 않은 것은?

① 사회적 형평성을 보장하기 위한 개념이다.

② 행정의 사회 목적 실현과 관련이 있다.

③ 경제성과 연계될 수 있는 개념이다.

④ 최소의 투입으로 최대의 산출을 추구한다.

03

레비트(H. Leavitt)가 제시하는 조직 혁신의 주요 대상 변수로 옳지 않은 것은?

① 업무   ② 인간

③ 구조   ④ 규범

04

지방자치단체의 사무배분에서 특례가 적용되는 경우로 옳지 않은 것은?

① 자치구

② 인구 30만 이상의 도시

③ 인구 50만 이상의 도시

④ 특별자치도

05

행정학에서 가치에 관한 연구가 본격적으로 관심을 끌기 시작한 학문적 계기로 옳은 것은?

① 신행정론의 시작
② 발전행정론의 대두
③ 뉴거버넌스 이론의 등장
④ 공공선택론의 태동

06

사이먼(H. A. Simon)의 정책결정만족모형에 대한 설명으로 옳지 않은 것은?

① 사이먼(H. A. Simon)은 합리모형의 의사결정자를 경제인으로, 자신이 제시한 의사결정자를 행정인으로 제시한다.
② 경제인은 목표달성의 극대화를, 행정인은 만족하는 선에서 그친다.
③ 경제인은 합리적 분석적 결정을, 행정인은 직관, 영감에 기초한 결정을 한다.
④ 경제인은 복잡하고 동태적인 모든 상황을 고려하지만, 행정인은 실제 상황을 단순화시키고, 무작위적이고 순차적으로 대안을 탐색한다.

07

민영화에 대한 문제점으로 가장 옳지 않은 것은?

① 공공성의 침해
② 서비스 품질의 저하
③ 경쟁의 심화
④ 행정책임 확보의 곤란성

08

조세지출예산제도에 대한 설명으로 옳지 않은 것은?

① 비과세, 감면 등의 세제혜택을 통해 포기한 액수를 조세지출이라 한다.
② 지방재정에는 지방세지출제도가 도입되지 않았다.
③ 조세지출의 내용과 규모를 주기적으로 공표해 관리하는 제도이다.
④ 국가재정법에 따라 조세지출예산서를 작성해 국가에 보고한다.

09

에치오니(A. Etzioni)의 조직목표유형으로 옳지 않은 것은?

① 질서 목표
② 문화적 목표
③ 경제적 목표
④ 사회적 목표

10

테일러(F. W. Taylor)의 과학적 관리론에 대한 설명으로 옳지 않은 것은?

① 테일러(F. W. Taylor)는 과학적 관리의 핵심을 개인적 기술에 두고, 노동자가 발전된 과학적 방법에 따라 작업이 되도록 한다.
② 어림식 방법을 지양하고 작업의 기본 요소 발견과 수행방법에 대해 과학적 방법을 발전시킨다.
③ 과업은 일류의 노동자만이 달성할 수 있는 충분한 것이어야 한다.
④ 노동자가 과업을 완수하는 경우 높은 보상, 실패하는 경우 손실을 받게 된다.

11
매트릭스 조직에 대한 설명으로 옳지 <u>않은</u> 것은?

① 이중 명령 및 보고체제가 허용되어야 한다.
② 기능부서의 장과 사업부서의 장이 자원배분권을
　공유할 수 있어야 한다.
③ 조직구성원 간 원만한 인간관계 형성에 기여한다.
④ 조직의 성과를 저해하는 권력투쟁이 발생하기
　쉽다.

12
파슨스(T. Parsons)의 조직유형 중 조직체제의 목표
달성기능과 관련된 유형으로 옳은 것은?

① 경제적 생산조직　　② 정치조직
③ 통합조직　　　　　④ 형상유지조직

13
통상적인 근무시간보다 짧은 시간(주 15~35시간)을
근무하는 공무원으로서 일반 공무원처럼 시험을 통
해 채용되고 정년이 보장되는 공무원으로 옳은 것은?

① 시간선택제 전환 공무원
② 시간선택제 임기제 공무원
③ 시간선택제 채용 공무원
④ 한시임기제 공무원

14
정부조직 개편으로 예산을 조직 간 상호 이용하는
것으로 예산의 원칙 중 목적 외 사용 금지 원칙의 예
외인 것으로 옳은 것은?

① 예산의 전용　　　② 예산의 이체
③ 예산의 이월　　　④ 예산의 이용

15
현대적 행정이념에 가장 적절하지 <u>않은</u> 것은?

① 민주성　　　　　② 가외성
③ 신뢰성　　　　　④ 성찰성

16
원터(S. Winter)가 제시하는 정책집행성과를 좌우하
는 주요 변수로 옳지 <u>않은</u> 것은?

① 정책형성과정의 특성
② 일선관료의 형태
③ 조직 상호 간의 집행형태
④ 정책결정자의 형태

17
시·군 통합의 긍정적 효과에 대한 설명으로 옳지
<u>않은</u> 것은?

① 행정의 대응성 제고
② 규모의 경제 실현
③ 생활권과 행정권의 일치
④ 광역적 문제의 효과적 해결

18
진보주의 정부에서 선호하는 정책으로 가장 적절하
지 <u>않은</u> 것은?

① 조세 감면 확대　　② 정부규제 강화
③ 소득재분배 강조　　④ 소수민족 기회 확보

19

옴브즈만(Ombudsman)제도에 대한 설명으로 옳지 않은 것은?

① 스웨덴에서 처음 도입된 제도이다.

② 행정 내부 통제의 한계를 보완하는 제도이다.

③ 시정을 촉구하거나 건의함으로써 국민의 권리를 구제하는 제도이다.

④ 대부분의 국가에서는 입법부에 소속되어 있다.

20

공무원의 임용에 대한 설명으로 옳지 않은 것은?

① 신규채용은 공개경쟁 채용시험을 통해 채용하지만 퇴직 공무원의 재임용의 경우에는 경력경쟁 채용시험에 의한다.

② 전입은 국회·행정부·지방자치단체 등 서로 다른 기관에 소속되어있는 공무원의 인사이동을 의미한다.

③ 고위공무원단이나 그에 상응하는 계급으로의 승진은 능력과 경력을 고려하며, 5급으로의 승진은 별도의 승진시험을 거쳐야 한다.

④ 국가직은 고위공무원단을 포함한 1~2급에 해당하는 직위 모두를 개방형 직위로 간주한다.

21

예산집행의 신축성을 확보하기 위한 제도에 대한 설명으로 옳지 않은 것은?

① 총괄예산제도　　② 예산의 이용

③ 예산의 전용　　　④ 예산의 재배정

22

우리나라 지방자치법이 인정하는 주민직접참여제도로 옳은 것은?

① 주민발안, 주민소환

② 주민소환, 주민참여예산

③ 주민투표, 주민감사청구

④ 주민소송, 주민총회

23

엽관주의 인사제도가 필요한 이유로 가장 옳은 것은?

① 행정의 안정성과 계속성 확보

② 행정의 공정성 확보

③ 국민의 요구에 대한 관료적 대응성 향상

④ 유능한 인재 등용

24

정책유형별 사례의 연결이 옳지 않은 것은?

① 구성정책 : 국경일의 제정, 정부기관 개편

② 보호적 규제정책 : 최저임금제, 장시간 근로 제한

③ 추출정책 : 조세, 병역

④ 분배정책 : 보조금, 사회간접자본

25

공직자윤리법상 재산등록 및 공개에 대한 설명으로 가장 옳지 않은 것은?

① 공직유관 단체에는 공기업이 포함된다.

② 재산등록의무자는 5급 이상의 국가공무원 및 지방공무원과 이에 상당하는 보수를 받는 별정직 공무원이다.

③ 등록할 재산에는 본인의 직계존속 것도 포함된다.

④ 등록할 재산에 혼인한 직계비속인 여성 것은 제외한다.

행정법

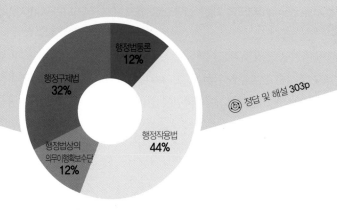

행정법통론 12%

행정구제법 32%

행정작용법 44%

행정법상의 의무이행확보수단 12%

ⓒ 정답 및 해설 303p

01

행정법의 효력에 대한 설명으로 옳지 <u>않은</u> 것은? (다툼이 있는 경우 판례에 의함)

① 행정법규는 시행일부터 그 효력을 발생한다.

② 법령이 변경된 경우 신 법령이 피적용자에게 유리하여 이를 적용하도록 하는 경과규정을 두는 등의 특별한 규정이 없는 한 「헌법」 제13조 등의 규정에 비추어 볼 때 그 변경 전에 발생한 사항에 대하여는 변경 후의 신 법령이 아니라 변경 전의 구 법령이 적용되어야 한다.

③ 법령불소급의 원칙은 법령의 효력발생 전에 완성된 요건 사실에 대하여 당해 법령을 적용할 수 없다는 의미일 뿐, 계속 중인 사실이나 그 이후에 발생한 요건 사실에 대한 법령적용까지를 제한하는 것은 아니다.

④ 진정소급입법의 경우에는 신뢰보호의 이익을 주장할 수 있으나 부진정소급입법의 경우에는 신뢰보호의 이익을 주장할 수 없다.

02

행정규칙 형식의 법규명령에 대한 설명으로 옳지 <u>않</u>은 것은?(다툼이 있는 경우 판례에 의함)

① 헌법이 인정하고 있는 위임입법의 형식은 예시적인 것으로 보아야 할 것이고, 그것은 법률이 행정규칙에 위임하더라도 그 행정규칙은 위임된 사항만을 규율할 수 있으므로, 국회입법의 원칙과 상치되지도 않는다.

② 재산권 등과 같은 기본권을 제한하는 작용을 하는 법률이 입법위임을 할 때에는 법규명령에 위임함이 바람직하고, 금융감독위원회의 고시와 같은 행정규칙 형식으로 입법위임을 할 때에는 적어도 「행정규제기본법」 제4조 제2항 단서에서 정한 바와 같이 법령이 전문적·기술적 사항이나 경미한 사항으로서 업무의 성질상 위임이 불가피한 사항에 한정된다.

③ 법률이 행정규칙 형식으로 입법위임을 하는 경우에는 행정규칙의 특성상 포괄위임금지의 원칙은 인정되지 않는다.

④ 상위법령의 위임에 의하여 정하여진 행정규칙은 위임한계를 벗어나지 아니하는 한 그 상위법령의 규정과 결합하여 대외적인 구속력이 있는 법규명령으로서의 효력을 갖게 된다.

03

인가에 대한 설명으로 옳지 <u>않은</u> 것은?(다툼이 있는 경우 판례에 의함)

① 기본행위가 적법·유효하고 보충행위인 인가처분 자체에 흠이 있다면 그 인가처분의 무효나 취소를 주장할 수 있다.

② (구)외자도입법에 따른 기술도입계약에 대한 인가는 기본행위인 기술도입계약을 보충하여 그 법률상 효력을 완성시키는 보충적 행정행위에 지나지 아니하므로 기본행위인 기술도입계약의 해지로 소멸되었다면 위 인가처분은 처분청의 직권취소에 의하여 소멸한다.

③ 「공유수면매립법」 등 관계법령상 공유수면매립의 면허로 인한 권리의무의 양도·양수에 있어서의 면허관청의 인가는 효력요건으로서, 면허로 인한 권리의무양도약정은 면허관청의 인가를 받지 않은 이상 법률상 아무런 효력도 발생할 수 없다.

④ 인가처분에 흠이 없다면 기본행위에 흠이 있다고 하더라도 따로 기본행위의 흠을 다투는 것은 별론으로 하고 기본행위의 흠을 내세워 바로 그에 대한 인가처분의 무효확인 또는 취소를 구할 수는 없다.

04

행정지도에 대한 설명으로 옳지 <u>않은</u> 것은?(다툼이 있는 경우 판례에 의함)

① 행정지도가 단순한 행정지도로서의 한계를 넘어 규제적·구속적 성격을 상당히 강하게 갖는 것이라면 헌법소원의 대상이 되는 공권력의 행사로 볼 수 있다.

② 행정관청이 국토이용관리법 소정의 토지거래계약 신고에 관하여 공시된 기준시가를 기준으로 매매가격을 신고하도록 행정지도를 하여 그에 따라 피고인이 허위신고를 한 것이라면 그 범법행위는 정당화된다.

③ 구 「남녀차별금지및구제에관한법률」상 국가인권위원회의 성희롱결정과 이에 따른 시정조치의 권고는 성희롱 행위자로 결정된 자의 인격권에 영향을 미침과 동시에 공공기관의 장 또는 사용자에게 일정한 법률상의 의무를 부담시키는 것이므로 국가인권위원회의 성희롱결정 및 시정조치권고는 행정소송의 대상이 되는 행정처분에 해당한다.

④ 적법한 행정지도로 인정되기 위해서는 우선 그 목적이 적법한 것으로 인정될 수 있어야 할 것이므로, 행정청이 행한 주식매각의 종용이 정당한 법률적 근거 없이 자의적으로 주주에게 제재를 가하는 것이라면 행정지도의 영역을 벗어난 것이라고 보아야 할 것이다.

05

헌법재판소 결정례와 대법원 판례의 내용으로 옳지 <u>않은</u> 것은?(다툼이 있는 경우 판례에 의함)

① 현역군인만을 국방부의 보조기관 및 차관보·보좌기관과 병무청 및 방위사업청의 보조기관 및 보좌기관에 보할 수 있도록 정하여 군무원을 제외하고 있는 정부조직법 관련 조항은 군무원인 청구인들의 평등권을 침해한다고 보아야 한다.

② 행정소송에 있어서 처분청의 처분권한 유무는 직권조사 사항이 아니다.

③ 행정권한의 위임이 행하여진 때에는 위임관청은 그 사무를 처리할 권한을 잃는다.

④ 자동차운전면허시험 관리업무는 국가행정사무

이고 지방자치단체의 장인 서울특별시장은 국가로부터 그 관리업무를 기관위임 받아 국가행정기관의 지위에서 그 업무를 집행하므로, 국가는 면허시험장의 설치 및 보존의 하자로 인한 손해배상책임을 부담한다.

06

개인정보보호법상 고유식별정보에 관한 설명으로 옳지 <u>않은</u> 것은?

① 「여권법」에 따른 여권번호나 「출입국관리법」에 따른 외국인등록번호는 고유식별정보이다.

② 고유식별정보를 처리하려면 정보주체에게 정보의 수집·이용·제공 등에 필요한 사항을 알리고 다른 개인정보의 처리에 대한 동의와 함께 일괄적으로 동의를 받아야 한다.

③ 개인정보처리자가 이 법에 따라 고유식별정보를 처리하는 경우에는 그 고유식별정보가 분실·도난·유출·위조·변조 또는 훼손되지 아니하도록 대통령령으로 정하는 바에 따라 암호화 등 안전성 확보에 필요한 조치를 하여야 한다.

④ 개인정보처리자는 다른 개인정보의 처리에 대한 동의와 별도로 동의를 받은 경우라 하더라도 주민등록번호는 법에서 정한 예외적 인정사유에 해당하지 않는 한 처리할 수 없다.

07

신뢰보호 원칙에 대한 설명으로 옳지 <u>않은</u> 것은? (다툼이 있는 경우 판례에 의함)

① 신뢰보호 원칙의 법적 근거로는 신의칙설 또는 법적 안정성을 드는 것이 일반적인 견해이다.

② 신뢰보호 원칙의 설정법적 근거로는 「행정절차법」 제4조 제2항, 「국세기본법」 제18조 제3항 등을 들 수 있다.

③ 대법원은 실권의 법리를 신뢰보호 원칙의 파생원칙으로 본다.

④ 조세법령의 규정내용 및 행정규칙 자체는 과세관청의 공적 견해 표명에 해당하지 아니한다.

08

정보공개에 대한 설명으로 옳지 <u>않은</u> 것은?

① 정보의 공개를 청구하는 자는 해당 정보를 보유하거나 관리하고 있는 공공기관에 법령상의 요건을 갖춘 정보공개 청구서를 제출하거나 말로써 정보의 공개를 청구할 수 있다.

② 공공기관은 공개 청구된 공개 대상 정보의 전부 또는 일부가 제3자와 관련이 있다고 인정할 때에는 그 사실을 제3자에게 지체 없이 통지하여야 하며, 필요한 경우에는 그의 의견을 들을 수 있다.

③ 「공공기관의 정보공개에 관한 법률」 제11조 제3항에 따라 공개 청구된 사실을 통지받은 제3자는 그 통지를 받은 날부터 7일 이내에 해당 공공기관에 대하여 자신과 관련된 정보를 공개하지 아니할 것을 요청할 수 있다.

④ 「공공기관의 정보공개에 관한 법률」 제21조 제2항에 따른 비공개 요청에도 불구하고 공공기관이 공개 결정을 할 때에는 공개 결정 이유와 공개 실시일을 분명히 밝혀 지체 없이 문서로 통지하여야 하며, 제3자는 해당 공공기관에 문서로 이의신청을 하거나 행정심판 또는 행정소송을 제기할 수 있다.

09

통고처분에 대한 설명으로 옳지 <u>않은</u> 것은?(다툼이 있는 경우 판례에 의함)

① 지방국세청장이 조세범칙행위에 대하여 고발을 한 후에 동일한 조세범칙행위에 대하여 통고처분을 하여 조세범칙행위자가 이를 이행하였다면 고발에 따른 형사절차의 이행은 일사부재리의 원칙에 반하여 위법하다.

② 「도로교통법」에 따른 경찰서장의 통고처분은 행정소송의 대상이 되는 행정처분이 아니다.

③ 통고처분은 상대방의 임의의 승복을 그 발효요 건으로 하는 것으로서 상대방의 재판받을 권리를 침해하는 것으로 인정되지 않는다.

④ 「관세법」상 통고처분을 할 것인지의 여부는 관세청장 또는 세관장의 재량에 맡겨져 있고, 따라서 관세청장 또는 세관장이 관세범에 대하여 통고처분을 하지 아니한 채 고발하였다는 것만으로는 그 고발 및 이에 기한 공소의 제기가 부적법하게 되는 것은 아니다.

10

다음은 1993년 8월 12일에 발하여진 대통령의 금융실명거래 및 비밀보장에 관한 긴급재정경제명령(이하 '긴급재정경제명령'이라 칭함)에 관한 위헌확인소원에서 헌법재판소가 내린 결정 내용이다. 옳지 <u>않은</u> 것은?(다툼이 있는 경우 판례에 의함)

① 대통령의 긴급재정경제명령은 국가긴급권의 일종으로서 고도의 정치적 결단에 의하여 발동되는 행위이다.

② 대통령의 긴급재정경제명령은 이른바 통치행위에 속한다고 할 수 있다.

③ 통치행위를 포함하여 모든 국가작용은 국민의 기본권적 가치를 실현하기 위한 수단이라는 한계를 반드시 지켜야 한다.

④ 국민의 기본권 침해와 직접 관련되는 경우라도 그 국가작용이 고도의 정치적 결단에 의하여 행해진다면 당연히 헌법재판소의 심판대상이 되지 않는다.

11

다음 중 대법원 판례의 내용과 <u>다른</u> 것은?(다툼이 있는 경우 판례에 의함)

① 일정한 자격을 갖추고 소정의 절차에 따라 국립대학의 장에 의하여 임용된 조교는 법정된 근무기간 동안 신분이 보장되는 교육공무원법상의 교육 공무원 내지 「국가공무원법」상의 특정직 공무원 지위가 부여되지만, 근무관계는 공법상 근무관계가 아닌 사법상의 근로계약관계에 해당한다.

② 행정규칙의 내용이 상위법령에 반하는 것이라면 법치국가원리에서 파생되는 법질서의 통일성과 모순금지 원칙에 따라 그것은 법질서상 당연무효이고, 행정내부적 효력도 인정될 수 없다.

③ 계약직공무원에 관한 현행 법령의 규정에 비추어 볼 때, 계약직공무원 채용계약해지의 의사표시는 일반공무원에 대한 징계처분과는 달라서 항고소송의 대상이 되는 처분 등의 성격을 가진 것으로 인정되지 아니한다.

④ 「국가공무원법」상 당연퇴직은 결격사유가 있을 때 법률상 당연히 퇴직하는 것이지, 공무원관계를 소멸시키기 위한 별도의 행정처분을 요하는 것이 아니며, 당연퇴직의 인사발령은 법률상 당연히 발생하는 퇴직사유를 공적으로 확인하여 알려주는 이른바 관념의 통지에 불과하고 공무원의 신분을 상실시키는 새로운 형성적 행위가 아니므로 행정소송의 대상이 되는 독립한 행정처분이라고 할 수 없다.

12

「병역법」에 관련한 설명으로 옳지 <u>않은</u> 것은?(다툼이 있는 경우 판례에 의함)

① 현역입영대상자인 피고인이 정당한 사유 없이 병역의무부과통지서인 현역입영통지서의 수령을 거부하고 입영기일부터 3일이 경과하여도 입영하지 않은 경우 통지서 수령거부에 대한 처벌만 인정될 뿐 입영의 기피에 대한 처벌은 인정되지 않는다.

② 병역의무부과통지서인 현역입영통지서는 그 병역의무자에게 이를 송달함이 원칙이고, 이러한 송달은 병역의무의 현실적인 수령행위를 전제로 하고 있다고 보아야 하므로, 병역의무자가 현역입영통지의 내용을 이미 알고 있는 경우에도 여전히 현역입영통지서의 송달은 필요하다.

③ 현역입영대상자로서는 현실적으로 입영을 하였다고 하더라도, 입영 이후의 법률관계에 영향을 미치고 있는 현역병입영통지처분 등을 한 관할 지방병무청장을 상대로 위법을 주장하여 그 취소를 구할 소송상의 이익이 있다.

④ 「병역법」상 보충역편입처분과 공익근무요원소집처분이 각각 단계적으로 별개의 법률효과를 발생하는 독립된 행정처분이 아니므로, 불가쟁력이 생긴 보충역편입처분의 위법을 이유로 공익근무요원소집처분의 효력을 다툴 수 있다.

13

다수의 당사자 등이 공동으로 행정절차에 관한 행위를 할 때에 정하는 대표자에 관한 행정절차법의 규정 내용으로 옳지 <u>않은</u> 것은?

① 당사자 등은 대표자를 변경하거나 해임할 수 있다.

② 대표자는 각자 그를 대표자로 선정한 당사자 등을 위하여 행정절차에 관한 모든 행위를 할 수 있다. 다만, 행정절차를 끝맺는 행위에 대하여는 당사자 등의 동의를 받아야 한다.

③ 대표자가 있는 경우에는 당사자 등은 그 대표자를 통하여서만 행정절차에 관한 행위를 할 수 있다.

④ 다수의 대표자가 있는 경우 그중 1인에 대한 행정청의 행위는 모든 당사자 등에게 효력이 있다. 다만, 행정청의 통지는 대표자 1인에게 하여도 그 효력이 있다.

14

사실행위에 관한 판례의 내용으로 옳지 <u>않은</u> 것은?(다툼이 있는 경우 판례에 의함)

① 교도소장이 수형자를 '접견내용 녹음 · 녹화 및 접견 시 교도관 참여대상자'로 지정한 행위는 수형자의 구체적 권리의무에 직접적 변동을 가져오는 행정청의 공법상 행위로서 항고소송의 대상이 되는 '처분'에 해당한다.

② 구청장이 사회복지법인에 특별감사 결과, 지적사항에 대한 시정지시와 그 결과를 관계서류와 함께 보고하도록 지시한 경우, 그 시정지시는 항고소송의 대상이 되는 행정처분에 해당하지 아니한다.

③ 교도소 수형자에게 소변을 받아 제출하게 한 것은, 형을 집행하는 우월적인 지위에서 외부와 격리된 채 형의 집행에 관한 지시, 명령을 복종하여야 할 관계에 있는 자에게 행해진 것으로서 권력적 사실행위이다.

④ 국세징수법에 의한 체납처분의 집행으로서 한 압류처분은, 행정청이 한 공법상의 처분이고,

따라서 그 처분이 위법이라고 하여 그 취소를 구하는 소송은 행정소송이다.

15

다음 중 대법원 판례의 내용과 <u>다른</u> 것은?(다툼이 있는 경우 판례에 의함)

① 방사능에 오염된 고철을 타인에게 매도하는 등으로 유통시킴으로써 거래 상대방이나 전전취득한 자가 방사능오염으로 피해를 입게 되었더라도 그 원인자는 방사능오염 사실을 모르고 유통시켰을 경우에는 「환경정책기본법」 제44조 제1항에 따라 피해자에게 피해를 배상할 의무는 없다.

② 토양은 폐기물 기타 오염물질에 의하여 오염될 수 있는 대상일 뿐 오염토양이라 하여 동산으로서 '물질'인 폐기물에 해당한다고 할 수 없고, 나아가 오염토양은 법령상 절차에 따른 정화 대상이 될 뿐 법령상 금지되거나 그와 배치되는 개념인 투기나 폐기 대상이 된다고 할 수 없다.

③ 행정청이 폐기물처리사업계획서 부적합 통보를 하면서 처분서에 불확정개념으로 규정된 법령상의 허가기준 등을 충족하지 못하였다는 취지만을 간략히 기재하였다면, 부적합 통보에 대한 취소소송절차에서 행정청은 그 처분을 하게 된 판단 근거나 자료 등을 제시하여 구체적 불허가 사유를 분명히 하여야 한다.

④ 불법행위로 영업을 중단한 자가 영업 중단에 따른 손해배상을 구하는 경우 영업을 중단하지 않았으면 얻었을 순이익과 이와 별도로 영업중단과 상관없이 불가피하게 지출해야 하는 비용도 특별한 사정이 없는 한 손해배상의 범위에 포함될 수 있다.

16

행정법규 위반에 대한 제재조치의 설명으로 옳지 <u>않</u>은 것은?(다툼이 있는 경우 판례에 의함)

① 행정법규 위반에 대한 제재조치는 행정목적의 달성을 위하여 행정법규 위반이라는 객관적 사실에 착안하여 가하는 제재이므로, 반드시 현실적인 행위자가 아니라도 법령상 책임자로 규정된 자에게 부과되며, 그러한 제재조치의 위반자에게 고의나 과실이 있어야 부과할 수 있다.

② 법규가 예외적으로 형사소추 선행 원칙을 규정하고 있지 않은 이상 형사판결 확정에 앞서 일정한 위반사실을 들어 행정처분을 하였다고 하여 절차적 위반이 있다고 할 수 없다.

③ 제재적 행정처분은 권익침해의 효과를 가져오므로 철회권이 유보되어 있거나, 법률유보의 원칙상 명문의 근거가 있어야 하며, 행정청이 이러한 권한을 갖고 있다고 하여도 그러한 권한의 행사는 의무에 합당한 재량에 따라야 한다.

④ 세무서장 등은 납세자가 허가 · 인가 · 면허 및 등록을 받은 사업과 관련된 소득세, 법인세 및 부가가치세를 대통령령으로 정하는 사유 없이 체납하였을 때에는 해당 사업의 주무관서에 그 납세자에 대하여 허가 등의 갱신과 그 허가 등의 근거 법률에 따른 신규 허가 등을 하지 아니할 것을 요구할 수 있다.

17

행정심판법의 규정 내용으로 옳지 <u>않</u>은 것은?

① 관계 행정기관의 장이 특별행정심판 또는 행정심판법에 따른 행정심판 절차에 대한 특례를 신설하거나 변경하는 법령을 제정 · 개정할 때에는 미리 법무부장관과 협의하여야 한다.

② 행정청의 처분 또는 부작위에 대하여는 다른 법률에 특별한 규정이 있는 경우 외에는 이 법에 따라 행정심판을 청구할 수 있다.

③ 대통령의 처분 또는 부작위에 대하여는 다른 법률에서 행정심판을 청구할 수 있도록 정한 경우 외에는 행정심판을 청구할 수 없다.

④ 행정청이란 행정에 관한 의사를 결정하여 표시하는 국가 또는 지방자치단체의 기관, 그 밖에 법령 또는 자치법규에 따라 행정권한을 가지고 있거나 위탁을 받은 공공단체나 그 기관 또는 사인(私人)을 말한다.

18

행정소송의 대상이 되는 처분에 관한 판례의 내용으로 옳지 <u>않은</u> 것은?(다툼이 있는 경우 판례에 의함)

① 당사자가 지방노동위원회의 처분에 대하여 불복하기 위해서는 처분 송달일로부터 10일 이내에 중앙노동위원회에 재심을 신청하고 중앙노동위원회의 재심판정서 송달일로부터 15일 이내에 고용노동부 장관을 피고로 하여 재심판정취소의 소를 제기하여야 할 것이다.

② 지방의회 의장에 대한 불신임의결은 의장으로서의 권한을 박탈하는 행정처분의 일종으로서 항고 소송의 대상이 된다.

③ 조례가 집행행위의 개입 없이도 그 자체로서 직접 국민의 구체적인 권리의무나 법적 이익에 영향을 미치는 등의 법률상 효과를 발생하는 경우 그 조례는 항고소송의 대상이 되는 행정처분에 해당한다.

④ 항정신병 치료제의 요양급여 인정기준에 관한 보건복지부 고시가 다른 집행행위의 매개 없이 그 자체로서 제약회사, 요양기관, 환자 및 국민

건강보험공단 사이의 법률관계를 직접 규율한다는 이유로 항고소송의 대상이 되는 행정처분에 해당한다.

19

소의 이익에 관한 판례의 내용으로 옳지 <u>않은</u> 것은?(다툼이 있는 경우 판례에 의함)

① 소음·진동배출시설에 대한 설치허가가 취소된 후 그 배출시설이 어떠한 경위로든 철거되어 다시 복구 등을 통하여 배출시설을 가동할 수 없는 상태라면 이는 배출시설 설치허가의 대상이 되지 아니하므로 외형상 설치허가 취소행위가 잔존하고 있다고 하여도 특단의 사정이 없는 한 이제 와서 굳이 위 처분의 취소를 구할 법률상의 이익이 없다.

② 원자로 및 관계 시설의 부지사전승인처분은 나중에 건설허가처분이 있게 되더라도 그 건설허가처분에 흡수되어 독립된 존재가치를 상실하는 것이 아니므로, 부지사전승인 처분의 취소를 구할 이익이 있다.

③ 법인세 과세표준과 관련하여 과세관청이 법인의 소득처분 상대방에 대한 소득처분을 경정하면서 증액과 감액을 동시에 한 결과 전체로서 소득처분금액이 감소된 경우, 법인이 소득금액변동통지의 취소를 구할 소의 이익이 없다.

④ 건물철거대집행계고처분취소 소송 계속 중 건물철거대집행의 계고처분에 이어 대집행의 실행으로 건물에 대한 철거가 이미 사실행위로서 완료된 경우에는 원고로서는 계고처분의 취소를 구할 소의 이익이 없게 된다.

20

재결 자체에 고유한 위법이 있는 경우와 관련된 내용으로 옳지 <u>않은</u> 것은?(다툼이 있는 경우 판례에 의함)

① 권한이 없는 행정심판위원회에 의한 재결의 경우가 그 예이다.

② 재결 자체의 내용상 위법도 재결 자체에 고유한 위법이 있는 경우에 포함된다.

③ 제3자효를 수반하는 행정행위에 대한 행정 심판청구의 인용재결은 원처분과 내용을 달리하는 것이므로 그 인용재결의 취소를 구하는 것은 원처분에는 없는 재결에 고유한 하자를 주장하는 것이라고 하더라도 당연히 항고소송의 대상이 되는 것은 아니다.

④ 행정처분에 대한 행정심판의 재결에 이유모순의 위법이 있다는 사유는 재결처분 자체에 고유한 하자로서 재결처분의 취소를 구하는 소송에서는 그 위법사유로서 주장할 수 있으나, 원처분의 취소를 구하는 소송에서는 그 취소를 구할 위법사유로서 주장할 수 없다.

21

「공공기관의 정보공개에 관한 법률」의 내용으로 옳지 <u>않은</u> 것은?(다툼이 있는 경우 판례에 의함)

① 정보공개를 거부하기 위해서는 반드시 그 정보가 진행 중인 재판의 소송기록 그 자체에 포함된 내용의 정보일 필요는 없으나, 재판에 관련된 일체의 정보가 그에 해당하는 것은 아니고 진행 중인 재판의 심리 또는 재판 결과에 구체적으로 영향을 미칠 위험이 있는 정보에 한정된다고 보는 것이 타당하다.

② 처분청이 처분 당시에 적시한 구체적 사실을 변경하지 아니하는 범위 내에서 단지 그 처분의 근거법령만을 추가·변경하거나 당초의 처분사유를 구체적으로 표시하는 것에 불과한 경우에는 새로운 처분사유를 추가하거나 변경하는 것이라고 볼 수 없다.

③ 학교환경위생구역 내 금지행위(숙박시설) 해제결정에 관한 학교환경위생정화위원회의 회의록에 기재된 발언내용에 대한 해당 발언자의 인적사항 부분에 관한 정보는 「공공기관의 정보공개에 관한 법률」 제7조 제1항 제5호 소정의 비공개대상에 해당한다고 볼 수 없다.

④ 의사결정과정에 제공된 회의 관련 자료나 의사결정과정이 기록된 회의록 등은 의사가 결정되거나 의사가 집행된 경우에는 더 이상 의사결정과정에 있는 사항 그 자체라고는 할 수 없으나, 의사결정과정에 있는 사항에 준하는 사항으로서 비공개대상정보에 포함될 수 있다.

22

「국가배상법」 제2조와 관련한 내용으로 옳지 <u>않은</u> 것은?(다툼이 있는 경우 판례에 의함)

① 국·공립대학 교원에 대한 재임용거부처분이 재량권을 일탈·남용한 것으로 평가되어 그것이 불법행위가 됨을 이유로 국·공립대학 교원임용권자에게 손해배상책임을 묻기 위해서는 당해 재임용거부가 국·공립대학 교원 임용권자의 고의 또는 과실로 인한 것이라는 점이 인정되어야 한다.

② 입법부가 법률로써 행정부에게 특정한 사항을 위임했음에도 불구하고 행정부가 정당한 이유 없이 이를 이행하지 않는다면 권력분립의 원칙과 법치국가 내지 법치행정의 원칙에 위배되는 것으로서 위법함과 동시에 위헌적인 것이 된다.

③ 유흥주점에 감금된 채 윤락을 강요받으며 생활하던 여종업원들이 유흥주점에 화재가 났을 때 미처 피신하지 못하고 유독가스에 질식해 사망한 사안에서, 지방자치단체의 담당 공무원이 위 유흥주점의 용도변경, 무허가 영업 및 시설기준에 위배된 개축에 대하여 시정명령 등 식품위생법상 취하여야 할 조치를 게을리 한 직무상 의무위반행위와 위 종업원들의 사망 사이에 상당인과관계가 존재한다.

④ 「국가배상법」 제2조 제1항의 '법령을 위반하여'라고 함은 엄격하게 형식적 의미의 법령에 명시적으로 공무원의 행위의무가 정하여져 있음에도 이를 위반하는 경우만을 의미하는 것은 아니고, 인권존중 · 권력남용금지 · 신의성실과 같이 공무원으로서 마땅히 지켜야 할 준칙이나 규범을 지키지 아니하고 위반한 경우를 비롯하여 널리 그 행위가 객관적인 정당성을 결여하고 있는 경우도 포함한다.

23

무효와 취소의 구별실익에 관한 내용으로 옳지 않은 것은?

① 취소할 수 있는 행정행위에 대하여서만 사정재결, 사정판결이 인정된다.

② 행정심판전치주의는 무효선언을 구하는 취소소송과 무효확인소송 모두에 적용되지 않는다.

③ 무효확인판결에 간접강제가 인정되지 않는 것은 입법의 불비라는 비판이 있다.

④ 판례에 따르면, 무효선언을 구하는 취소소송은 제소기한의 제한이 인정된다고 한다.

24

이행강제금에 대한 설명으로 옳지 않은 것은?(다툼이 있는 경우 판례에 의함)

① 현행 「건축법」상 위법건축물에 대한 이행강제수단으로 대집행과 이행강제금이 인정되고 있는데, 행정청은 개별사건에 있어서 위반내용, 위반자의 시정의지 등을 감안하여 대집행과 이행강제금을 선택적으로 활용할 수 있다.

② 「건축법」에서 무허가 건축행위에 대한 형사처벌과 「건축법」 제80조 제1항에 의한 시정명령위반에 대한 이행강제금의 부과는 「헌법」 제13조 제1항이 금지하는 이중처벌에 해당한다고 할 수 없다.

③ 비록 건축주 등이 장기간시정명령을 이행하지 아니하였더라도, 그 기간 중에는 시정명령의 이행 기회가 제공되지 아니하였다가 뒤늦게 시정명령의 이행 기회가 제공된 경우라면, 시정명령의 이행 기회가 제공되지 아니한 과거의 기간에 대한 이행강제금까지 한꺼번에 부과할 수 있다.

④ 「부동산 실권리자명의 등기에 관한 법률」상 장기미등기자가 이행강제금 부과 전에 등기신청의무를 이행하였다면 이행강제금의 부과로써 이행을 확보하고자 하는 목적은 이미 실현된 것이므로 이 법상 규정된 기간이 지나서 등기신청의무를 이행한 경우라 하더라도 이행강제금을 부과할 수 없다.

25

처분의 신청에 관한 행정절차법의 규정 내용으로 옳지 않은 것은?

① 행정청에 처분을 구하는 신청은 문서로 하여야 한다. 다만, 다른 법령 등에 특별한 규정이 있는

경우와 행정청이 미리 다른 방법을 정하여 공시한 경우에는 그러하지 아니하다.

② 행정청은 신청에 필요한 구비서류, 접수기관, 처리기간, 그 밖에 필요한 사항을 게시(인터넷 등을 통한 게시를 포함)하거나 이에 대한 편람을 갖추어 두고 누구나 열람할 수 있도록 하여야 한다.

③ 행정청은 신청에 구비서류의 미비 등 흠이 있는 경우에는 보완에 필요한 상당한 기간을 정하여 지체 없이 신청인에게 보완을 요구할 수 있다.

④ 행정청은 신청인의 편의를 위하여 다른 행정청에 신청을 접수하게 할 수 있다. 이 경우 행정청은 다른 행정청에 접수할 수 있는 신청의 종류를 미리 정하여 공시하여야 한다.

제1회

군무원 [행정직렬]

실전모의고사

평가 영역	문항 수	시험 시간
국어 행정학 행정법	75문항	75분

시스컴
SISCOM

군무원[행정직렬] 제1회 실전모의고사

정답 및 해설 310p

국어

01 다음 중 띄어쓰기가 바르게 사용되지 않은 것은?

① 구급차가 쏜살같이 달리고 있다.
② 그 사람은 변덕이 죽 끓듯 하다.
③ 차라리 실패할망정 친구를 버리지는 않겠다.
④ 그는 이름이 나지 않았다 뿐이지 참 성실한 사람이다.

02 다음 〈보기〉 중 밑줄 친 어휘의 맞춤법이 옳은 것은?

─ 보기 ─
㉠ 생각건대 그 일은 그에게 맡기는 게 좋겠어.
㉡ 우리 집 강아지가 숫강아지를 낳았다.
㉢ 그이와 만난 지 어느덧 햇수로 10년이 되었다.
㉣ 우리 집 셋째 이모가 이사를 가셨다.
㉤ 곳간에 가득 쌓인 곡식을 보기만 해도 배가 부르다.

① ㉠, ㉢, ㉣
② ㉠, ㉣, ㉤
③ ㉡, ㉣, ㉤
④ ㉡, ㉢, ㉤

03 다음 중 단어의 형성 방법이 다른 것은?

① 밤낮
② 곧잘
③ 힘들다
④ 부슬비

04 다음 중 사자성어의 한자 표기가 바르지 않은 것은?

① 횡설수설(橫說竪說)
② 이심전심(以心傳心)
③ 인과응보(因過應報)
④ 타산지석(他山之石)

05 다음 제시된 문장의 밑줄 친 부분과 같은 의미로 사용된 것은?

인터넷에서 그런 행동으로 처벌을 <u>받는</u> 일은 한 번도 본 적이 없다.

① 그 나라는 다시 독재자의 지배를 <u>받았다</u>.
② 고객으로부터 정성이 담긴 선물을 <u>받았다</u>.
③ 그녀는 우리 학교에서 석사학위를 <u>받았다</u>.
④ 두 사람은 달빛을 <u>받으며</u> 나란히 누워 있었다.

06 다음 중 어휘의 뜻이 바르지 않은 것은?

① 가뭇하다 : 빛깔이 조금 검은 듯하다.
② 아람치 : 개인이 사사로이 차지하는 몫
③ 생게망게 : 조금도 부끄러워하는 기색이 없고 비위가 좋아 뻔뻔한 모양
④ 노루목 : 넓은 들에서 다른 곳으로 이어지는 좁은 지역

[07~08] 다음 글을 읽고 물음에 답하라.

(가) 완적은 왜 그런 괴상한 일화를 남겼을까. 길이란 곧 인생이요, 길이 끊긴다는 것은 인생이 다한다는 말과 같은 말이지만 아무 볼일 없이 길을 헤매고 다니다가 길이 끊기면 통곡했다는 이야기는 인생의 한없는 부조리를 느끼게 해 준다. 사람은 항상 어느 길이든 선택해서 가야하고, 험난한 길, 구불구불한 길, 번화한 길, 고적한 길, 옆길, 모퉁이 길, 어수선한 길 등 어느 길이든지 희망을 품고 가야만 한다. 그것이 삶이다.

(나) 진나라 때 완적이라는 사람이 있었다. 완적에게는 한 가지 괴상한 취미가 있었는데, 아무 볼일도 없이 여기저기 말을 타고 돌아다녔다고 한다. 좁은 길을 선택하지 않았고 언제나 넓은 길만을 골라 다녔다고 한다. 그렇게 매일같이 길을 다니다가. 어디에선가 길이 끊기면 문득 통곡을 하고 한참 동안 통곡을 한 뒤에 되돌아왔다고 한다.

(다) 그러므로 우리 인간은 그렇게 모든 길을 애도해야 한다는 것을 완적의 행위는 의미하는 것

이 아닐까? 완적이 통곡을 하고 집으로 되돌아온 것처럼 우리의 삶도 결국은 죽음이라는 원점으로 회귀해 가는 것이지만 그렇다 하더라도 이리저리 길을 찾아 헤매고 어느 길을 선택해서 길을 가는 것은 참으로 더할 나위 없이 아름다운 길이다. 비극적인 아름다움이라고 해야 하리라.

(라) 그 숱한 길, 수많은 사람이 때로는 뜻을 품고 꿈을 꾸고 얻을 것을 생각하면서 지나갔을 길들이 사실은 한없이 힘든 길이라는 어려움을 완적은 극적으로 보여주고 있는 것이다. 모든 길은 그렇게 끊어지게 되어 있다.

07 다음 중 윗글의 배열 순서로 적절한 것은?

① (라) – (가) – (나) – (다)
② (라) – (나) – (다) – (가)
③ (나) – (라) – (가) – (다)
④ (나) – (가) – (라) – (다)

08 다음 중 윗글의 주제로 옳은 것은?

① 많은 길이 있으며, 모든 길은 끊어지게 되어 있다.
② 어떤 길이든 희망만 품고 가면 한없이 힘들지 않다.
③ 길을 찾아 헤매 다니다가 끊기면 다시 출발해야 한다.
④ 사람은 길을 찾아 헤매고 어느 길을 선택해서 가야 한다.

09 다음 〈보기〉와 같은 문학의 갈래에 대한 설명으로 바르지 않은 것은?

> ─── 보기 ───
> 이런들 엇더ᄒ며 뎌런들 엇더ᄒ료.
> 초야우생(草野遇生)이 이러타 엇더ᄒ료
> ᄒ믈며 천석고황(泉石膏肓)을 고텨 므슴ᄒ료.
> ─ 이황

① 3 · 3 · 2조의 3음보로 후렴구가 사용되었다.
② 총 12수의 연시조이다.
③ 조선시대에 가장 활발하게 창작되었다.
④ 종장의 첫 구는 3음절로 고정되어있다.

10 다음 밑줄 친 단어의 쓰임이 바르지 않은 것은?

① 그 사람들은 모두 <u>호사가</u>라서 소문이 금방 퍼질 것이다.
② 옆집 철민이는 겉보기가 <u>칠칠하여</u> 아무도 그와 친구를 하려하지 않았다.
③ 그는 신입사원의 일솜씨를 <u>탐탁하게</u> 생각하였다.
④ 김 사장에게는 직원들이 모두 <u>미쁘게</u> 보이지 않았다.

11 다음 중 로마자 표기법이 옳지 않은 것은?

① 해돋이 : haedoji
② 옥천 : Okcheon
③ 제주도 : Jeju-do
④ 독도 : Dok-do

12 다음 〈보기〉의 표준어 규정 복수표준어 제26항에 해당하지 않는 것은?

> ─── 보기 ───
> [제26항] 한 가지 의미를 나타내는 형태 몇 가지가 널리 쓰이며 표준어 규정에 맞으면, 그 모두를 표준어로 삼는다.

① 극성떨다 – 극성부리다
② 뒹굴다 – 딩굴다
③ 제가끔 – 제각기
④ 어저께 – 어제

13 다음 중 표준어 규정에 맞게 쓰인 것은?

① 푸주간 　　② 욕심장이
③ 거짓부리 　　④ 덩쿨

[14~15] 다음 글을 읽고 물음에 답하라.

(가) ⊙ 기술과 사회는 전 역사를 통해 서로 영향을 주고받았다. 때로는 기술이 사회에 미친 영향이 사회가 기술 발전에 미친 영향보다 훨씬 더 심대하거나 또는 그 역이 성립한 때가 종종 있었겠지만, 전체적으로 볼 때 기술과 사회는 상호 작용해 왔다고 보는 게 마땅하다. 이 상호 작용론의 관점에서 보면, 오늘날의 정보 통신 기술과 정치 형태의 상호관계는 보다 동태적으로 이론화될 수 있다.

(나) 중요한 문제는 정보 통신 기술이 가지고 있는 잠재력이 어떤 장치 형태를 발전시키는 데 유리한지 아니면 불리한지를 철저히 검토해서 그 잠재력을 가능한 한 민주주의를 촉진할 수 있는 방향으로 설계, 분배, 활용, 통제하는 것이다. 그리고 이 과제는 당연히 한 사회의 문화적 특수성, 정치 발전 수준, 경제 구조 및 국제적 상호 의존의 정도에 관한 논의를 포괄하지 않을 수 없을 것이다.

(다) 그렇다고 하더라도 기술은 또한 독자적으로 사회에 영향을 미칠 수 있는 잠재력을 지닐 수 있기 때문에 예측 불가능한 사회적·정치적 결과를 초래할 수 있음을 무시해서는 안 될 것이다.

(라) 정보 통신 기술의 잠재력을 아무리 철저하게 분석한다고 하더라도 그 기술은 인간의 인식이 포착할 수 없는 또 다른 잠재력을 지니고 있을 수 있다.

14 다음 중 〈보기〉의 지문이 들어가기에 적절한 곳은?

— 보기 —

정보 통신 기술의 발전이 일방적으로 민주주의 혹은 전체주의를 결정지을 수 없고, 마찬가지로 현재 정치 형태가 정보 통신 기술의 사용을 일방적으로 규정할 수 없기 때문이다.

① (가)의 뒤 　　　② (나)의 뒤
③ (다)의 뒤 　　　④ (라)의 뒤

15 윗글의 밑줄 친 ⊙에 대한 설명으로 잘못된 것은?

① 독자적으로 사회에 영향을 미칠 수 있는 잠재력을 지닐 수 있다.
② 인간의 인식 내에서 철저하게 분석해 나간다면, 민주주의를 촉진할 수 있는 방향으로 완전한 통제가 가능하다.
③ 정치 형태와의 상호 관계는 보다 동태적으로 이론화될 수 있다.
④ 예측 불가능한 사회적·정치적 결과를 초래할 수 있음을 무시해서는 안 된다.

16 다음 중 고전 문법에 대한 특징으로 옳지 않은 것은?

① 종성에서는 'ㄱ, ㄴ, ㄷ, ㄹ, ㅁ, ㅂ, ㅅ, ㅇ'의 8자만 허용되는 것이 원칙이다.

② 현대국어에는 적용되지 않는 연서법이 사용되었다.

③ 순경음(ㅱ, ㅸ, ㅹ, ㆄ)은 훈민정음 28자에 속한다.

④ 8종성법의 예외로 종성부용초성과 끊어적기(분철)가 있다.

17 다음 중 언어의 특성과 그 내용으로 바르게 연결된 것이 아닌 것은?

① 언어의 자의성 : 형식인 음성과 내용인 의미의 결합은 자의적 · 임의적 관계이다.

② 언어의 사회성 : 언어는 약속이므로 임의로 바꾸거나 변화시켜 사용할 수 없다.

③ 언어의 분절성 : 언어를 통해 상상의 사물이나 관념적이고 추상적인 개념까지도 만들어 낼 수 있다.

④ 언어의 역사성 : 언어는 시간의 흐름에 따라 변화한다.

[18~19] 다음 글을 읽고 물음에 답하라.

화이트(H. White)는 19세기의 역사 관련 저작들에서 역사가 어떤 방식으로 서술되어 있는지를 연구했다. 그는 특히 '이야기식 서술'에 주목했는데, 이것은 역사적 사건의 경과 과정이 의미를 지닐 수 있도록 서술하는 양식이다. 그는 역사적 서술의 타당성이 문학적 장르 내지는 예술적인 문체에 의해 결정된다고 보았다. 이러한 주장에 따르면 역사적 서술의 타당성은 결코 논증에 의해 결정되지 않는다. 왜냐하면 논증은 지나간 사태에 대한 모사로서의 역사적 진술의 '옳고 그름'을 사태 자체에 놓여 있는 기준에 의거해서 따지기 때문이다.

이야기식 서술을 통해 사건들은 서로 관련되면서 무정형적 역사의 흐름으로부터 벗어난다. 이를 통해 역사의 흐름은 발단 · 중간 · 결말로 인위적으로 구분되어 인식 가능한 전개 과정의 형태로 제시된다. 문학 이론적으로 이야기하자면, 사건 경과에 부여되는 질서는 '구성(plot)'이며 이야기식 서술을 만드는 방식은 '구성화(emplotment)'이다. 이러한 방식을 통해 사건은 원래 가지고 있지 않던 발단 · 중간 · 결말이라는 성격을 부여받는다. 또 사건들은 일종의 전형에 따라 정돈되는데, 이러한 전형은 역사가의 문화적인 환경에 의해 미리 규정되어 있거나 경우에 따라서는 로맨스 · 희극 · 비극 · 풍자극과 같은 문학적 양식에 기초하고 있다.

따라서 이야기식 서술은 역사적 사건의 경과 과정에 특정한 문학적 형식을 부여할 뿐만 아니라 의미도 함께 부여한다. 우리는 이야기식 서술을 통해서야 비로소 이러한 역사적 사건의 경과 과정을 인식할 수 있게 된다는 말이다. 사건들 사이에서 만들어지는 관계는 사건들 자체에 내재하는 것이 아니다. 그것은 사건에 대해 사고하는 역사가의 머릿속에만 존재한다.

18 다음 글에서 추론할 수 있는 내용으로 옳은 것은?

① 역사의 의미는 절대적인 것이 아니라 현재 시점에서 새롭게 규정되는 것이다.

② 역사가가 속한 문화적인 환경은 역사와 문학의 기술 내용과 방식을 규정한다.

③ 역사적 사건에서 객관적으로 드러나는 발단에서 결말까지의 일정한 과정을 서술하는 일이 역사가의 임무이다.

④ 이야기식 역사 서술은 문학적 서술 방식을 원용하여 역사적 사건의 경과 과정에 의미를 부여한다.

19 윗글의 내용과 일치하지 않는 것은?

① 화이트는 문학적 장르 혹은 예술적인 문체에 의해 역사적 서술의 타당성이 결정된다고 보았다.

② 문학 이론적으로 사건 경과에 부여되는 질서를 '구성화'라고 한다.

③ 이야기식 서술은 특정한 문학적 형식뿐만 아니라 의미도 함께 부여한다.

④ 역사적 사건들의 전형은 역사가의 문화적인 환경에 의해 미리 규정되어있다.

20 다음 중 밑줄 친 어휘의 맞춤법이 올바른 것은?

① <u>협수룩하게</u> 차린 할아버지 한 분이 차비를 좀 빌려 달라며 다가왔다.

② 벌레 한 마리 때문에 학생들이 <u>법썩</u>을 떨었다.

③ 그 아이는 <u>눈꼬리</u>를 치켜뜨며 나를 노려봤다.

④ 뒷모습만 보면 남자인지 여자인지 <u>구분</u>하기 어렵다.

[21~22] 다음 글을 읽고 물음에 답하라.

> 山산中듕을 미양 보랴, ㉠ 東동海ᄒᆡ로 가쟈스라.
> 籃남輿여緩완步ᄒᆞ야 山산映영樓누의 올나ᄒᆞ니,
> 玲녕瓏농碧벽溪계와 數수聲셩啼데鳥됴는 ㉡ 離니
> 別별을 怨원ᄒᆞ는 듯,
> 旌졍旗긔를 썰티니 五오色ᄉᆞ이 넘노는 듯,
> 鼓고角각을 섯부니 海ᄒᆡ雲운이 다 것는 듯
> 鳴명沙사길 니근 몰이 醉취仙션을 빗기 시러,
> 바다ᄒᆞᆯ 겻티 두고 ㉣ 海ᄒᆡ棠당花화로 드러가니,
> [가] 白ᄇᆡᆨ鷗구야 ᄂᆞᆯ디 마라, 네 버딘 줄 엇디아는

21 윗글의 [가]에 나타난 화자의 심리로 적절한 것은?

① 자연속에서 백구와 함께 노닐고 싶은 마음이 드러나 있다.

② 자신을 알아주지 못하는 임에 대한 원망이 드러나 있다.

③ 자신을 벗인 줄 착각하는 백구를 꾸짖고자 하는 마음이 드러나 있다.

④ 백구에게 우국지정 하고자 하는 마음을 토로하고자 한다.

22 윗글의 ㉠~㉣을 현대어로 해석한 것으로 바르지 않은 것은?

① ㉠ : 동해로 가자꾸나.

② ㉡ : 이별을 원하는 듯

③ ㉢ : 취한 신선을 비스듬히 태우고

④ ㉣ : 해당화가 핀 (꽃밭으로) 들어가니

23 다음 중 제시된 문장의 빈칸에 들어갈 단어로 가장 옳은 것은?

> • 그는 자신의 지위와 ( )하는 대우를 요구했다.
> • 외교 정책은 중국 사회의 변화에 ( )하여 신축성 있게 전개되어 갔다.

① 부응(符應) ② 상통(相通)

③ 대응(對應) ④ 상응(相應)

[24~25] 다음 글을 읽고 물음에 답하라.

> 모란이 피기까지는,
> 나는 아직 나의 ㉠ 봄을 기다리고 있을 테요.
> 모란이 뚝뚝 떨어져 버린 날,
> 나는 비로소 봄을 여읜 설움에 잠길 테요.
> ㉡ 오월 어느 날, 그 하루 무덥던 날,
> 떨어져 누운 꽃잎마저 시들어 버리고는
> 천지에 모란은 자취도 없어지고,
> 뻗쳐 오르던 ㉢ 내 보람 서운케 무너졌느니,

> 모란이 지고 말면 그뿐,
> 내 한 해는 다 가고 말아,
> 삼백 예순 날 하냥 섭섭해 우옵내다.
> ㉣ 모란이 피기까지는,
> 나는 아직 기다리고 있을 테요,
> 찬란한 슬픔의 봄을

24 다음 중 화자가 기다리는 대상이 아닌 것은?

① ㉠ ② ㉡

③ ㉢ ④ ㉣

25 다음 중 '찬란한 슬픔의 봄'과 같은 표현 기법이 쓰이지 않은 것은?

① 이것은 소리 없는 아우성

② 임은 갔지만 나는 임을 보내지 아니하였습니다.

③ 먼 훗날 당신이 찾으시면, 그때 내 말이 잊었노라

④ 결별이 이룩하는 축복에 싸여 지금은 가야 할 때

행정학

01 우리나라 회계검사에 대한 설명으로 옳지 않은 것은?

① 회계검사의 목적은 지출의 합법성 확보, 재정낭비의 방지와 비위·부정의 적발 및 시정하는데 있다.

② 회계기록은 타인이 작성한 것이어야 한다.

③ 합법성 감사는 재무감사와 함께 가장 보편적으로 사용되며, 법력이나 규칙에 따라 수행했는가에 대한 감사이다.

④ 감사원은 대통령 소속의 헌법기관이며 직무상 독립되어있고, 감사원장은 국무총리가 임명한다.

02 다음 중 〈보기〉에 해당하는 지방행정의 특징은?

――― 보기 ―――
일정한 지역에서 주민이나 독립된 법인격을 가진 자치단체, 또는 주민이 선출한 기관이 지방 사무를 자기 의사와 책임에 따라 자주적으로 처리하는 행정

① 지역행정　　② 자치행정
③ 종합행정　　④ 생활행정

03 다음 중 우리나라의 광역행정의 방식 중 처리수단별 방식으로 옳지 않은 것은?

① 자치단체연합체
② 공동기관(특별기관)
③ 사무위탁
④ 행정협의회

04 G. Almond와 G. Powell의 정책분류에 대한 설명으로 옳지 않은 것은?

① 스포츠 행사나 축제를 개최하는 것은 분배정책의 예시에 해당한다.

② 개인 혹은 집단의 활동이나 재산에 대해 정부가 통제를 가하는 것은 규제정책이다.

③ 상징정책은 정부의 정통성과 신뢰성을 확보하기 위한 정책이다.

④ 병역(징집)정책은 추출정책에 해당한다.

05 다음 중 신공공관리론(NPM)에 대한 내용으로 옳지 않은 것은?

① 성과급 도입 및 근무성적평정제도의 대폭적인 강화를 강조한다.

② 국제협력을 증진하고 정부 간 협력을 추구한다.

③ 정부의 감독, 통제를 완화하고 융통성 및 관리자의 재량권을 확대하는 특징을 갖고 있다.

④ 세계화, 정보화 사회에서 계층제 중심의 공식체제를 강조한다.

06 다음 중 공공부문의 민영화에 대한 설명으로 옳은 것은?

① 지정·허가 등에 의한 독점판매권(franchising) 부여는 내부민영화 방식이다.

② 계약에 의한 민간위탁(contracting-out)은 외부 민영화 방식이다.

③ 서비스 공급의 공공성과 안정성을 올릴 수 있다는 장점이 있다.

④ 소외된 약자나 저소득층에게 서비스를 기피하여 형평성의 문제가 발생할 수 있다.

07 M. E. Dimock의 행정기능 분류로 옳지 않은 것은?

① 보호(protection)의 기능

② 규제(regulation)의 기능

③ 간접봉사(Indirect service)의 기능

④ 원호(assistance)의 기능

08 다음 중 품목별 예산(LIBS)의 특징으로 옳지 않은 것은?

① 예산의 통제기능을 강조하여 입법부 우위의 예산원칙이 적용된다.

② 예산을 품목별로 표시하여 사업별 비교가 가능하다.

③ 매년 반복되는 1년 주기의 단기예산으로 단년도 지출에 초점을 둔다.

④ 기관의 지출에 대해서만 관심을 가지므로 지출효과나 예산절감에는 관심을 두지 않는다.

09 다음 중 합리주의의 한계로 옳지 않은 것은?

① 자원이 부족할 경우 이론을 적용하기 곤란하다.

② 문제나 목표가 불명확하며 목표설정이 곤란하다.

③ 경제적, 기술적 합리성을 지나치게 강조한다.

④ 계량화가 불가능한 예산단위를 무리하게 수량화, 전산화하고자 한다.

10 다음 중 후기 행태론에 관한 설명으로 옳지 않은 것은?

① 논리실증주의적 접근방법을 취한다.

② 가치판단적, 가치평가적 정책연구를 지향한다.

③ 하류층 및 소외계층의 복지 향상을 위하여 새로운 행정이론 등장하였다.

④ D. Easton이 후기행태주의의 시작을 선언했다.

11 다음 중 현장훈련(On the Job Training)과 교육원훈련(Off the Job Training)의 장단점에 대한 설명으로 옳은 것은?

① 훈련이 구체적·실제적이며, 업무와 병행이 가능하다는 것은 교육원훈련의 장점이다.

② 계획에 따라 실시하기가 어렵다는 것은 교육원 훈련의 단점이다.

③ 다수의 피훈련자를 동시에 교육할 수 있다는 것은 현장훈련의 장점이다.

④ 구성원간의 이해와 협동정신을 강화할 수 있다는 것은 현장훈련의 장점이다.

12 시장 실패의 주요원인과 내용이 바르게 연결되지 않은 것은?

① 불완전 경쟁 : 소수가 시장을 점유하여 경쟁이 결여되는 경우 시장실패 초래
② 정보의 비대칭성 : 거래 일방만이 정보를 가지고 있어 정보의 편재가 존재하여 시장실패 초래
③ 공공재의 존재 및 공급부족 : 배제성과 경합성이 있는 공공재를 시장에 맡겨두었을 때 충분히 공급되지 못하여 시장실패를 초래함
④ 규모의 경제 존재 : 해당 산업의 평균비용은 감소, 평균수익은 증가하여 독점현상으로인한 시장실패 초래

13 다음 중 L. Daft의 조직유형 중 사업구조에 대한 설명으로 옳지 않은 것은?

① 각 사업부 밑에 모든 기능구조가 소속되어 있는 자기 완결적 조직구조이다.
② 특정 산출물별 운영에 따라 고객만족도가 제고된다는 장점이 있다.
③ 역할과 책임, 권한 한계가 불명확하다는 단점이 있다.
④ 사업부별 분권화로 인해 최고결정자는 전략적 업무에 집중할 수 있다.

14 다음 중 「국가공무원법」상의 징계에 해당하는 것 모두 몇 개인가?

㉠ 대기명령	㉡ 정직
㉢ 파면	㉣ 좌천
㉤ 견책	㉥ 해임
㉦ 감봉	㉧ 직권면직

① 3개   ② 4개
③ 5개   ④ 6개

15 다음 중 R. Cobb와 Ross의 정책의제설정 모형 중 적절하지 않은 것은?

① 외부주도형은 외부집단에 의해 문제가 제기되고 확대되어 공중의제를 거쳐 공식의제가 되는 모형이다.
② 동원형의 예시로는 가족계획사업, 의료보험제도, 국민연금실시 결정 등이 있다.
③ 선진국과 후진국에서 모두 나타날 수 있으며, 호의적 결정과 성공적인 집행의 가능성이 높은 모형은 내부접근형이다.
④ 외부주도형은 부와 지위가 집중된 사회, 엘리트계층에 의해 발생될 가능성이 높으며, 이슈가 공중에게 확산되기를 원하지 않는다.

16 중앙인사행정기관의 기능으로 옳지 않은 것은?

① 준사법적 기능   ② 준행정적 기능
③ 감사 및 감독기능   ④ 권고 · 보좌적 기능

17 다음 중 A. H. Maslow의 인간욕구 5단계설에 대한 설명 중 옳지 않은 것은?

① 집단에 소속하고 인간관계를 맺으며 고류하고 싶은 욕구는 사회적 욕구에 해당한다.
② 인간의 욕구는 저차원으로부터 고차원의 욕구로 단계적으로 상승한다는 이론이다.
③ 존경의 욕구는 가장 추상적이고 고차원적인 욕구로 능력발전, 자율성 부여 등의 내용을 갖는다.
④ 욕구의 개인차나 상황 등은 고려되지 않고 획일적으로 단계를 설정했다는 한계점을 갖는다.

18 다음 중 예산집행의 신축성을 유지하기 위한 방안에 대한 설명으로 옳지 않은 것은?

① 재이월이 제한되는 경우는 사고이월된 경비의 재차이월은 금지되며, 사고이월된 경비를 제외하고는 재이월에 특별한 제한이 없다.
② 예산의 이체는 당해 중앙관서장의 요구에 의해 기획재정부장관이 행하며, 책임소관 외에 사용목적과 금액은 변경되지 않는다.
③ 국고채무부담행위는 예외적 사유에 해당하는 경우 당해 연도 국회의 의결을 거쳐 행할 수 있다.
④ 연도 내에 지출을 끝내지 못할 것이 예측되는 때에는 세입세출예산에 그 취지를 명시하여 미리 기획재정부장관의 승인을 얻은 후 다음 연도에 이월하여 사용 가능하다.

19 다음 〈보기〉에서 설명하고 있는 지방교부세의 종류로 옳은 것은?

┌─── 보기 ───
• 지방 간의 재정격차 시정(수평적 조정)을 위해 교부하는 일반재원
• 용도제한 없이 교부하는 무조건적·무대응적 교부금
└─────────

① 보통교부세   ② 특별교부세
③ 분권교부세   ④ 부동산교부세

20 다음 중 예비비 지출, 재정상의 긴급명령을 예외로 두고 있는 예산의 원칙으로 옳은 것은?

① 단일성의 원칙   ② 명료성의 원칙
③ 절차성의 원칙   ④ 통일성의 원칙

21 다음 중 신행정론의 주요 내용에 대한 설명으로 옳지 않은 것은?

① 현실적 적실성(social relevance)과 처방성·실천성을 강조한다.
② 행정통제기능이 강하고 개발도상국에 적용하기 알맞음
③ 행정책임을 강화하고, 행정철학이나 행정윤리를 중시한다.
④ 계층제를 타파하고 비계층적·분권적·동태적 조직을 모색함

22 다음 중 뉴거버넌스(new governance)의 주요 이론과 내용이 바르게 연결되지 않은 것은?

① 신공공관리론(NPM) : 시장의 경영방식이나 유인체제를 도입하여 작고 효율적인 정부를 구현하려는 것

② 사회적 인공지능 체계 : 정보화 기술의 발달을 기초로 한 사이버 거버넌스나 전자정부와 관련되는 것

③ 자기조직화 연결망 : 국가의 업무를 관리하기 위해 정치권력을 행사하는 것

④ 기업(법인)적 거버넌스 : 기업의 최고관리자들이 주주 및 기타 관련자의 이익을 보장하기 위한 역할을 수행하는 것처럼 정부의 역할을 강조한 것

23 다음 〈보기〉에서 설명하는 근무성적평정기법으로 옳은 것은?

─ 보기 ─

적절한 평가의 판단 기준이 되는 표준행동 목록을 미리 작성해 두고, 평정자가 피평정자에게 해당하는 목록의 항목을 골라 단순히 가부를 표시하게 한 후 선택 항목의 점수합계로 결정하는 방법

① 도표식 평정척도법 ② 체크리스트법
③ 강제선택법   ④ 목표관리법

24 다음 중 기업형 정부(기업가적 정부)의 구현방안으로 옳지 않은 것은?

① 조직의 지능화 · 학습조직화
② 일선창구로의 권한위임
③ 정부의 자원절약과 각종 사업의 타당성에 대한 비용효과분석 실시
④ 시민사회의 견제역량의 결집

25 다음 중 중앙통제의 통제방식에 대한 설명으로 옳지 않은 것은?

① 임면, 승인, 감사 등은 비권력적 통제 방식에 해당한다.

② 입법적 · 사법적 통제에 비해 탄력성과 유연성을 띠며 효율적인 통제방식은 행정통제이다.

③ 감사, 재의요구, 지방재정진단제도 등은 통제의 시기에 따른 방식 중 사후적 통제에 해당한다.

④ 입법통제는 입법기관이 행하는 통제로, 입법권과 국정감사권을 통해 행사한다.

행정법

01 다음 중 법치행정에 관한 설명으로 옳지 않은 것은? (다툼이 있는 경우에는 판례에 의함)

① 형식적 법치주의에서는 법률의 내용이나 목적의 합헌성은 고려되지 않았다.

② 합헌적 법률우위의 원칙은 행정의 합헌적 법률에의 종속성을 의미한다.

③ 국가유공자 단체의 대의원 선출에 관한 사항에서 헌법재판소는 침해유보 원칙에 위배된다고 판결하였다.

④ 급부행정유보설은 급부행정의 범위가 불분명하며, 법률이 없으면 급부가 불가능하다는 점에서 비판이 제기된다.

02 다음은 행정행위의 효력발생요건에 관한 설명이다. 옳지 않은 것은? (다툼이 있는 경우에는 판례에 의함)

① 행정행위는 법규 또는 부관에 의한 제한이 있는 경우를 제외하고는 성립과 동시에 효력이 발생하는 것이 원칙이다.

② 정보통신망을 이용한 송달은 송달받을 자가 동의하는 경우에만 해당한다.

③ 도달이란 상대방이 행정행위를 수령하여 요지하여야 한다는 것은 아니고 상대방이 요지 할 수 있는 상태에 이른 것을 말한다.

④ 공고의 경우 다른 법령 등에 특별한 규정이 있는 경우를 제외하고는 공고일로부터 7일이 지난 때에 그 효력이 발생한다.

03 다음은 행정법의 일반원칙에 관한 판례의 일부이다. ( )안에 들어갈 것으로 올바르게 짝지어진 것은? (다툼이 있는 경우에는 판례에 의함)

> 1. 국·공립학교의 채용시험에 있어 만점의 10%를 가산하도록 규정한 국가유공자 가산점제도는 (㉠)에 위반된다고 본다.
> 2. 지방자치단체장이 사업자에게 주택사업계획승인을 하면서 그 주택사업과는 아무런 관련이 없는 토지를 기부채납하도록 하는 부관을 주택사업계획승인에 붙인 경우, 그 부관은 (㉡)의 원칙에 위반되어 위법하다.

	㉠	㉡
①	신뢰보호의 원칙	신의성실의 원칙
②	평등의 원칙	비례의 원칙
③	평등의 원칙	부당결부금지의 원칙
④	신뢰보호의 원칙	부당결부금지의 원칙

04 다음 중 법규명령에 대한 내용으로 옳지 않은 것은? (다툼이 있는 경우에는 판례에 의함)

① 집행명령은 상위법령의 수권이 있어야 위임이 가능하다.

② 위임명령은 상위법령에서 구체적 범위를 정하여 위임한 사항을 규정하는 보충명령이다.

③ 집행명령은 권리의무에 대한 새로운 법규사항을 규정할 수 없다.

④ 위임명령은 수임된 범위 내에서 새로운 법규사항을 정할 수 있다.

05 다음 중 개인적 공권에 대한 설명으로 옳지 않은 것은? (다툼이 있는 경우에는 판례에 의함)

① 개인 또는 단체가 자기의 이익을 위하여 행정주체에게 일정한 행위를 요구할 수 있는 법률상의 힘을 말한다.

② 이전이 인정되는 공권은 국가배상법상의 손해배상청구권, 국가나 지자체에 대한 보조금청구채권 등이 있다.

③ 귀속재한불하처분취소 후 그 귀속재산에 대한 권리를 양도받은 자가 갖는 이해관계는 원고적격을 부정한 판례에 해당한다.

④ 개인적 공권의 종류는 자유권, 수익권, 참정권이 있다.

06 다음 중 공무수탁사인에 해당하지 않는 것은? (다툼이 있는 경우에는 판례에 의함)

① 자동차 사고현장에서 경찰의 도움요청을 받은 시민

② 항해 중인 선박의 선장

③ 도시 및 주거환경정비법에 따른 주택재건축정비사업조합

④ 교정업무를 수행하는 교정법인이나 민영교도소

07 다음 중 행정의 분류 기준과 그 종류가 바르게 연결된 것은?

① 주체에 의한 분류 – 국가행정/자치행정/재무행정

② 법적 구속의 정도에 따른 분류 – 기속행정/재량행정

③ 법형식에 따른 분류 – 공법상 행정/사법상 행정

④ 수단에 의한 분류 – 권력행정/비권력행정

08 행정상 법률관계에서 입법예고에 대한 설명으로 옳지 않은 것은? (다툼이 있는 경우에는 판례에 의함)

① 입법예고가 공공의 안전 또는 복리를 현저히 해칠 우려가 있는 경우에는 예고를 하지 않을 수 있다.

② 행정청은 의견접수기관, 의견제출기간, 그 밖에 필요한 사항을 입법안을 예고할 때 함께 공고하여야 하나, 이 경우 입법안에 관한 공청회는 개최할 수 없다.

③ 입법예고기간은 예고할 때 정하되, 특별한 사정이 없으면 40일, 자치법규는 20일 이상으로 한다.

④ 행정청은 대통령령을 입법예고하는 경우 국회 소관 상임위원회에 이를 제출하여야 한다.

09 다음 〈보기〉에서 설명하는 행정행위의 효력으로 가장 알맞은 것은?

> ─── 보기 ───
> 법무부장관이 갑(甲)에 대해 귀화허가를 하였
> 다. 행정안전부장관은 그 귀화허가가 당연 무
> 효가 아닌 한 갑을 외국인으로 취급할 수 없다.

① 불가쟁력　　　② 공정력
③ 자력집행력　　④ 구속력

10 다음 중 행정심판 당사자의 절차적 권리에 해당하지 않는 것은?

① 보충서면제출권
② 행정심판위원회의 위원 또는 직원에 대한 회피신청권
③ 증거조사신청권
④ 구술심리신청권

11 다음 중 「행정대집행법」상의 대집행에 관한 설명으로 옳지 않은 것은? (다툼이 있는 경우에는 판례에 의함)

① 행정법상의 대체적 작위의무의 불이행이 있는 경우 이를 대상으로 행정청이 행하는 강제집행을 말한다.
② 토지·건물을 점유하고 있는 사람의 퇴거는 대체적 작위의무라고 볼 수 있다. 판례도 토지·건물의 인도에 관한 사항을 대집행이 가능하다고 판시하였다.
③ 대집행에서는 강제집행에 따른 비용을 의무자가 부담하나, 직접강제에서는 행정청이 이를 부담한다.
④ 대집행을 하기 위해서는 미리 상당한 이행기간을 정하여 그 기한까지 이행되지 않을 때에는 대집행을 한다는 뜻을 미리 문서로 계고하여야 한다.

12 다음 중 행정계획에 대한 설명으로 옳지 않은 것은? (다툼이 있는 경우에는 판례에 의함)

① 행정계획의 효력은 특별히 정함이 없으면 공포일로부터 20일이 경과함으로써 효력이 발생한다.
② 대법원에 의하면 구 도시계획법상의 도시기본계획, 구 하수도법에 의한 하수도정비기본계획, 환지계획 등의 처분성을 부정하였다.
③ 산업교육진흥계획, 체육진흥계획, 인구계획 등은 비구속적 계획에 해당한다.
④ 고시, 공람은 행정계획의 효력발생요건에 해당하지 않는다.

13 다음 〈보기〉에서 설명하고 있는 통치행위의 근거로 옳은 것은? (다툼이 있는 경우에는 판례에 의함)

— 보기 —

사법권은 내재적인 한계가 있기 때문에 정치 문제에 대한 판단권은 법원이 아니라 의회에서 정치적으로 해결하거나 국민의 판단과 감시에 의해 민주적으로 통제하여야 한다는 견해

① 권력분립설　　② 재량행위설
③ 독자성설　　　④ 제한적 긍정설

14 다음 중 「공공기관의 정보공개에 관한 법률」의 내용으로 옳지 않은 것은? (다툼이 있는 경우에는 판례에 의함)

① 비공개 대상과 공개 가능한 부분이 혼합된 경우 공개 가능한 부분만 공개한다.
② 공개 시 재산 보호에 현저한 지장을 줄 우려가 있는 정보는 비공개 대상이다.
③ 정보공개의 청구인은 정보공개 청구서를 제출하거나 말로써 청구할 수 있다.
④ 지방자치단체도 정보공개청구를 할 수 있다.

15 다음 중 행정행위의 부관에 대한 설명으로 옳은 것은? (다툼이 있는 경우에는 판례에 의함)

① 행정행위의 부관은 새로 부과가 가능하며, 이미 부과된 부관도 변경할 수 있다.
② 부담부 행정행위의 경우에는 부담을 이행해야 주된 행정행위의 효력이 발생한다.
③ 재량행위에는 부관을 붙일 수 있으나 기속행위에는 붙일 수 없는 것이 원칙이다.
④ 부담을 제외한 부관은 독립하여 행정소송의 대상이 될 수 있다는 것이 판례의 입장이다.

16 다음 중 행정지도에 대한 설명으로 옳지 않은 것은? (다툼이 있는 경우에는 판례에 의함)

① 행정지도의 원칙에는 비례원칙, 임의성의 원칙, 불이익조치의 금지원칙이 있다.
② 행정지도는 비권력적 · 임의적 행정작용으로, 권력적 성질을 지닌 처분성이 없어 법적 근거를 요하지 않는다는 것이 다수설의 입장이다.
③ 헌법재판소는 행정지도로서의 한계를 넘어 규제적 · 구속적 성격을 강하게 띠는 경우 헌법소원의 대상이 된다고 판시했다.
④ 행정지도는 일정한 법적 효과의 발생을 목적으로 하는 의사표시이며 강제력을 수반한다.

17 다음 중 사인의 공법행위에 관한 설명으로 옳지 않은 것은? (다툼이 있는 경우에는 판례에 의함)

① 판례에서 민법상 비진의 의사표시의 무효에 관한 규정은 사인의 공법행위에 적용된다는 입장을 취하고 있다.

② 다른 특별규정이 없는 한 민법상의 법원칙이나 법률행위에 대한 규정을 유추적용하는 것이 원칙이다.

③ 사법관계에서 의사표시가 상대방에게 도달한 경우에는 그것을 철회할 수 없다.

④ 법령이 정한 요건을 구비한 적법한 신고가 있으면 행정청은 의무적으로 수리하여야 한다.

18 다음 중 개인정보보호에 대한 설명으로 옳지 않은 것은? (다툼이 있는 경우에는 판례에 의함)

① 개인정보보호의 헌법상 근거로 「헌법」 제10조와 제17조를 들 수 있다.

② 개인정보 보호에 관한 사항을 심의·의결하기 위하여 대통령 소속으로 개인정보 보호위원회를 둔다.

③ 개인정보처리자는 필요한 동의를 받거나 법령상의 근거가 있는 경우를 제외하고는 법령에 따라 개인을 고유하게 구별하기 위하여 부여된 식별정보로서 대통령령으로 정하는 정보(고유식별정보)를 처리할 수 없다.

④ 공공기관의 장은 개인정보파일을 운용할 때 개인정보파일에 관한 사항을 행정안전부장관에게 등록할 필요는 없다.

19 다음 중 법률행위적 행정행위에 대한 설명으로 옳은 것은? (다툼이 있는 경우에는 판례에 의함)

① 마약류취급면허, 입목의 벌채허가는 행정행위 중 허가에 해당한다.

② 하명을 위반·불이행한 경우에는 행정상 강제집행 또는 행정벌의 대상이 된다.

③ 특허는 신청을 전제로 한 일방적 행정행위로 공무원 임용, 도로점용허가 등이 있다.

④ 허가, 특허, 인가는 모두 법률적 행정행위에 해당한다.

20 다음 중 행정상 즉시강제에 대한 설명으로 옳지 않은 것은? (다툼이 있는 경우에는 판례에 의함)

① 행정상 즉시강제는 사실행위와 법적 행위가 결합한 행위로서 항고소송의 대상이 되는 처분의 성질을 갖고 있다.

② 대법원은 행정목적의 달성을 위해 불가피하다고 인정할 만한 특별한 사유가 있는 경우에는 사전영장주의를 적용받지 않는다고 본다.

③ 행정상 즉시강제와 행정상 강제집행은 권력적 사실행위이며, 의무의 불이행을 전제요소로 한다는 점에서 같다.

④ 행정쟁송, 행정상 손해배상, 인신보호제도는 위법한 즉시강제에 대한 구제 방안에 해당한다.

21 다음 중 행정소송에 관한 설명으로 옳지 않은 것은? (다툼이 있는 경우에는 판례에 의함)

① 토지의 수용 기타 부동산 또는 특정의 장소에 관계된 처분에 대한 취소소송은 그 부동산 또는 장소의 소재지 관할 행정법원에 제기한다.

② 중앙행정기관이나 그 부속기관의 장이 피고인 경우 취소소송의 제1심 관할법원은 대법원 소재지를 관할하는 행정법원에 제기할 수 있다.

③ 취소소송의 시·도지사가 피고인 경우 제1심 관할법원은 대법원 소재지를 관할하는 행정법원에 제기하여야 한다.

④ 대통령 선거 및 국회의원 선거에 있어서 선거의 효력에 관한 소송의 경우 제1심 관할법원을 대법원으로 하여 제기할 수 있다.

22 다음 중 위임명령에 관한 설명으로 옳지 않은 것은? (다툼이 있는 경우에는 판례에 의함)

① 위임명령은 「헌법」 제75조와 제95조에 따라 법률이나 상위명령에서 구체적·개별적으로 범위를 정한 상위명령의 수권이 있어야 제정할 수 있다.

② 처벌대상은 위임법률에서 구체적 기준을 정하여 위임할 수 있으며, 처벌의 내용인 형벌의 종류나 형량은 위임법률에서 상한과 폭을 명백히 정하여 위임할 수 있다.

③ 현행법에서는 조세의 종목과 세율, 과세요건 등을 대통령령이나 부령으로 정하도록 위임하고 있다.

④ 법률에서 위임된 사항에 관하여 대통령령에서 위임받은 사항에 관한 요강을 정한 다음 그의 세부적인 사항의 보충을 다시 부령과 같은 하위명령에 위임하는 것은 허용한다.

23 다음 중 「행정절차법」에 관한 설명으로 옳지 않은 것은? (다툼이 있는 경우에는 판례에 의함)

① 국회 또는 지방의회의 의결을 거치거나 동의 또는 승인을 받아 행하는 사항, 헌법재판소의 심판을 거쳐 행하는 사항 등은 행정절차법의 적용배제 사항에 해당한다.

② 행정법의 일반원칙으로는 신의성실의 원칙, 신뢰보호의 원칙, 투명성의 원칙이 있다.

③ 처분의 상대방이나 이해관계인이 당해 사안에 대한 기록 등을 미리 열람함으로써 청문절차의 실효성을 확보할 수 있다.

④ 특별공고의 경우에는 다른 법령 등에 특별한 규정이 있는 경우를 제외하고는 공고일로부터 30일이 지난 때에 그 효력이 발생한다.

24 다음 중 행정상 법률관계에서 공법관계에 해당하지 않는 것은? (다툼이 있는 경우에는 판례에 의함)

① 국가재정법에 의한 입찰보증금 국고귀속조치
② 상하수도이용관계 및 수도료 강제징수관계
③ 무단점유자에 대한 국유재산관리청의 변상금부과처분
④ 국가나 지방자치단체에 근무하는 청원경찰에 대한 징계처분

25 다음 중 행정심판의 재결에 대한 설명으로 옳지 않은 것은? (다툼이 있는 경우에는 판례에 의함)

① 재결은 위원회의 종국적 의사표시로서 확인행위, 기속행위, 준사법행위의 성질을 지닌다.
② 위원회는 불이익변경금지의 원칙에 의해 심판청구의 대상이 되는 처분보다 청구인에게 유리한 재결을 하지 못한다.
③ 재결은 피청구인이나 위원회가 심판청구서를 받은 날부터 60일 이내에 하는 것이 원칙이다.
④ 재결의 종류에는 요건재결, 본안재결, 사정재결이 있다.

제2회

군무원 [행정직렬]
실전모의고사

평가 영역	문항 수	시험 시간
국어 행정학 행정법	75문항	75분

군무원[행정직렬] 제2회 실전모의고사

정답 및 해설 327p

국어

01 다음 중 밑줄 친 어휘의 맞춤법이 옳은 것은?

① 편지봉투에 우표를 <u>붙였다</u>.
② 올해는 모두 건강하리라는 <u>바램</u>을 가져 본다.
③ 그는 땅콩 한 <u>웅큼</u>을 집어 입안에 털어 넣었다.
④ 우리는 숙제를 <u>맞힌</u> 후 놀러가기로 했다.

02 다음 중 준말이 아닌 것은?

① 엊그저께   ② 뭣을
③ 꽜다   ④ 미덥다

03 다음 〈보기〉의 한글 맞춤법 제27항에 해당하지 않는 것은?

― 보기 ―
[제27항] 둘 이상의 단어가 어울리거나 접두사가 붙어서 이루어진 말은 각각 그 원형을 밝히어 적는다.
[붙임1] 어원은 분명하나 소리만 특이하게 변한 것은 변한 대로 적는다.
[붙임2] 어원이 분명하지 아니한 것은 원형을 밝히어 적지 아니한다.
[붙임3] '이[齒, 虱]'가 합성어나 이에 준하는 말에서 '니' 또는 '리'로 소리날 때에는 '니'로 적는다.

① 꽃잎(꽃+잎)
② 군식구(군+식구)
③ 송곳니(송곳+이)
④ 헛웃음(헛+웃음)

04 다음 중 현대어 풀이로 옳지 않은 것은?

○ ㉠ 댁(宅)들에 동난지이 사오.
○ ㉡ 져 쟝스야, 네 황화 긔 무서시라 웨는다.
사쟈
왜골내육(外骨內肉) 양목(兩目)이 상천(上天) 전행(前行) 후행(後行) 소(小)아리 팔족(八足) 대(大)아리 이족(二足) ㉢ 청장(淸醬) 으스슥 ㅎ는 동난지이 사오
○ ㉣ 쟝스야 하 거복이 웨지 말고 게젓이라 ㅎ렴은

① ㉠ : 여러분(손님)들 동난지 사시오
② ㉡ : 저 장사야 너의 물건이 꽤나 무섭게 생겼구나, 사자
③ ㉢ : 연한 간장 맛이 나는 동난지 사시오
④ ㉣ : 장사야 그리 거북하게 말하지 말고 게젓이라 하렴

214

05 다음 중 제시된 문장의 빈칸에 들어갈 단어로 가장 옳은 것은?

> 우리 경제의 건전성을 확보하기 위해 무엇보다 필요한 것은 경제 단체들과 정치권의 오래된 (　　)관계를 조속하게 근절하는 것이다.

① 안착(安着)　　② 토착(土着)
③ 집착(執着)　　④ 유착(癒着)

06 다음 〈보기〉에 나와 있는 높임법이 모두 쓰인 것은?

> ─── 보기 ───
> 할아버지께서는 아침 일찍 할머니를 모시러 가셨습니다.

① 선생님께 여쭈어 보려고 합니다.
② 민수는 나에게 천 원을 빌려주었습니다.
③ 어머니께서는 선생님을 뵈러 학교에 오셨습니다.
④ 아버지께서는 저녁을 잡수시고 계십니다.

07 다음 빈칸에 들어갈 한자 성어로 옳은 것은?

> 교과부는 그간의 운영체제에 대한 비판이 계속 제기돼 왔다는 점을 들어 이번 계획의 정당성을 밝히려 했지만 일반인이 보기에 이번 교과부의 정책 결정은 의·치의학 교육계의 부정적 시각을 결국 극복하지 못해 나온 (　　)이라는 느낌을 떨치기 어렵다.

① 苦肉之策　　② 糊口之策
③ 結草報恩　　④ 寤寐不忘

[08~09] 다음 글을 읽고 물음에 답하라.

> (가) 학문을 한다면서 논리를 불신하거나 논리에 대해서 의심을 가지는 것은 용납할 수 없다. 논리를 불신하면 학문을 하지 않는 것이 적절한 선택이다. 학문이란 그리 대단한 것이 아닐 수 있다. 학문보다 더 좋은 활동이 얼마든지 있어 학문을 낮추어 보겠다고 하면 반대할 이유가 없다.
>
> (나) 학문에서 진실을 탐구하는 행위라 하더라도 논리화되지 않은 체험에 의지하거나 논리적 타당성이 입증되지 않은 사사로운 확신을 근거로 한다면 학문이 아니다. 예술도 진실을 탐구하는 행위의 하나라고 할 수 있으나 논리를 필수적인 방법으로 사용하지는 않으므로 학문이 아니다.
>
> (다) 교수이기는 해도 학자가 아닌 사람들이 학문을 와해시키기 위해 애쓰는 것을 흔히 볼 수 있다. 편하게 지내기 좋은 직업인 것 같아 교수가 되었는데 교수는 누구나 논문을 써야 한다는 악법에 걸려 본의 아니게 학문을 하는 흉내는 내야 하니 논리를 무시하고 논문을 쓰는 편법을 마련하고 논리 자체에 대한 악담으로 자기 행위를 정당화하게 된다. 그래서 생기는 혼란을 방지하려면 교수라는 직업이 아무 매력도 없게 하거나 아니면 학문을 하지 않으려는 사람이 교수가 되는 길을 원천 봉쇄해야 한다.

(라) 논리를 어느 정도 신뢰할 수 있는가 의심스러울 수 있다. 논리에 대한 불신을 아예 없애는 것은 불가능하고 무익하다. 논리를 신뢰할 것인가는 개개인이 자유롭게 선택할 수 있는 기본권의 하나라고 해도 무방하다. 그러나 학문은 논리에 대한 신뢰를 자기 인생관으로 삼은 사람들이 독점해서 하는 행위이다.

08 다음 중 윗글의 배열 순서로 적절한 것은?

① (가) – (나) – (다) – (라)

② (나) – (라) – (가) – (다)

③ (다) – (가) – (라) – (나)

④ (라) – (가) – (나) – (다)

09 다음 중 윗글의 주제로 옳은 것은?

① 학문은 학문 본연의 가치에 충실해야 한다.

② 논리에 의지하지 않는 학문을 탐구하기 위해 노력해야 한다.

③ 학문을 하기 위해서는 논리를 신뢰할 수 있어야 한다.

④ 교수는 논문을 작성하기 위해 학문을 해야 한다.

10 다음 중 띄어쓰기가 바르게 사용되지 않은 것은?

① 네가 뜻한 바는 알겠으니 이제 그만 하여라

② 보고 싶던 차에 이렇게 만나다니 반갑다.

③ 그는 어머니가 시키는 대로만 한다.

④ 내가 고향을 떠난지도 벌써 10년이 되었다.

11 다음 중 표준어 규정에 맞게 쓰인 것은?

① 깡총깡총

② 풋나기

③ 금새

④ 마구간

12 다음 제시된 문장의 밑줄 친 부분과 같은 의미로 사용된 것은?

미국은 쿠바보다 힘센 나라이지만 궐련의 생산에 있어서는 쿠바보다 떨어진다.

① 아이가 부모와 떨어져 지내는 것은 무척이나 힘든 일이다.

② 여행 갔다 오는 길에 나 혼자만 대열에서 떨어져 삼촌 댁에 갔다.

③ 그는 인물이 비교적 남에 비해 떨어진다.

④ 만약 그 지역이 적의 손에 떨어진다면 전세는 급격하게 불리해질 것이다.

[13~15] 다음 글을 읽고 물음에 답하라.

철이나 석탄이나 물을 어떻게 얻는가는 누구나가 다 알고 있는 사실이다. 그런데 시간이라는 것은 어떻게 얻는 것일까? 이것을 아는 사람은 그리 많지 않을 것이다.

인간이 시간을 얻을 줄 알게 된 것은 꽤 오랜 옛날의 일이었다. 인간이 도구를 만들기 시작했을 때 그 생활 속에는 새로운 일, 즉 참으로 인간다운 일은 노동이라는 관념이 생기게 되었다. 그리고 이 노동이라는 것은 시간을 필요로 했다. 돌연장을 만들기 위해서는 우선 그것에 적합한 돌을 찾아내야 했다. 그러나 그것은 그다지 수월한 일이 아니다. 아무 돌이나 연장으로 ㉠ 쓸 수 있는 것은 아니기 때문이다.

연장으로 만드는 데 가장 적합한 것은 단단하고 모진, 부싯돌이 될 만한 돌이다. 그런데 그런 부싯돌은 아무 데나 뒹굴고 있지는 않다. 그런 돌을 찾아내려면 적지 않은 시간이 필요하다. 그러나 많은 시간을 들인 탐색도 때로는 헛수고가 될 수도 있다. 그럴 때는 결국 그다지 훌륭하지 않은 돌이라도 집어 들어야 했으며, 사암(砂巖)이나 횟돌 같은 부실한 재료로도 만족하지 않으면 안 되었다.

그러나 마침내 알맞은 돌을 찾아냈다 할지라도 그 돌로 어떤 연장을 만들기 위해서는 다른 돌을 이용하여 두드리고 문지르고 깎아야 한다. 이 일은 또 많은 시간을 필요로 한다. 당시 인간의 손은 아직 현재 우리의 손처럼 재주를 부리지도 못했고 민활하지도 못했다. 단지 일하는 것을 익혔을 뿐이었다. 돌을 깎는 데는 많은 시간을 소비해야만 했다. 하지만 그 대신, 그 깎아낸 날카로운 돌 덕분에 나무껍질 밑의 애벌레를 파내는 일이 아주 쉬워졌다. 돌로 나뭇가지를 다듬는 데도 오랜 시간을 소비해야만 했다.

그러나 그 막대기가 다듬어지고 나면 땅속에서 식용(食用)이 되는 나무뿌리를 캐내는 일도, 숲 속에 사는 작은 동물을 사냥하는 일도 전보다 훨씬 수월하게 할 수 있었다.

그리하여 식량을 모으는 일이 전보다 쉬워지고 훨씬 빨라졌다. 식량을 찾아 돌아다니는 일에서 해방되고, 그 시간을 활용하여 연장을 만들거나 그 연장을 더욱더 예리하고 우수한 것으로 발전시켜 나감으로써 많은 식량을 얻게 되었던 것이다. 즉, 인간은 다른 노동에 쓸 수 있는 시간을 얻게 된 셈이다.

13 윗글의 내용과 일치하지 않는 것은?

① 과거 인간의 손은 현재 우리의 손처럼 기민하지 못했다.
② 도구를 만들기 시작한 이후로 인간다운 일이라는 관념이 잡히기 시작하였다.
③ 처음 돌을 깎는 데 많은 시간이 들었지만 이후 애벌레를 파내는 일은 시간이 적게 걸렸다.
④ 돌연장을 만들기 위한 재료로는 횟돌이 가장 적합하였다.

14 윗글의 중심 내용으로 옳은 것은?

① 인간은 환경에 순응할 줄 안다.
② 인간은 노동 지향성을 지닌 존재이다.
③ 인간은 무한한 가능성을 지닌 존재이다.
④ 인간은 많은 시간을 활용해 도구를 만들었다.

15 윗글의 밑줄 친 ㉠의 '쓰다'와 같은 의미로 사용된 것은?

① 나는 쓰다 남은 양초 서너 개 찾아다가 그 애의 몸 주위에 여기저기 밝혀 놓았다.

② 그녀는 그 일을 준비하는 데 너무 많은 돈을 썼다.

③ 청사 보수를 위해 30여 명의 인부를 새로 썼다.

④ 공을 더 빠르게 던지기 위해서는 어깨와 손목 외에 허리를 잘 써야 한다.

16 다음 〈보기〉에 제시된 단어에서 알 수 있는 로마자표기의 기본 원칙이 아닌 것은?

┌─────── 보기 ───────┐
구미(Gumi)   옥천(Okcheon)
샛별(saetbyeol)   남산(Namsan)
└────────────────────┘

① 인공 축조물명은 붙임표(-)없이 붙여 쓴다.

② 된소리표기를 반영하여 표기한다.

③ 'ㄱ, ㄷ, ㅂ'은 모음 앞에서 'g, d, b'로, 어말에서는 'k, t, p'로 표기한다.

④ 고유명사는 첫 글자를 대문자로 표기한다.

[17~18] 다음 글을 읽고 물음에 답하라.

우리의 사대주의는 하나의 '정책'일 뿐, 그 이상의 것은 아니었다. 특히 고려 시대에 있어서는 사대 일변도라는 것은 없었다. 고려 성종 때 거란군 10만이 침입해 들어왔을 때 그들은 제한된 목적을 지니고 있었다. 즉, 거란과 송의 대립 시 고려가 송나라의 동맹국으로서 움직이는 것을 방지함으로써 배후의 위협이 되지 않게 하기 위한 것이었다. 이에 서희는 혼미 분란한 상황 속에서 거란군의 목적을 통찰하고 중립을 약속함으로써 한 방울의 피도 흘리지 않고 10만 거란군을 물러가게 하였을 뿐 아니라, 종래 소속이 분명치 않던 압록강·청천강 사이의 완충 지대를 확실한 고려 영토로 인정받는 등 그야말로 도랑 치고 가재 잡는 성공을 거두었다. 17세기 초 광해군 때의 북방 정세도 서희 당시의 그것을 방불케 하는 것이었다. 즉, 신흥 만주족은 조선이 명나라의 동맹국으로서 움직일 것을 우려하고 있었다. 광해군은 '우리의 힘이 이들을 대적할 수 없다면 헛되이 고지식한 주장을 내세워 나라를 위망의 경지로 몰 것이 아니라 안으로 자강, 밖으로 유화의 책을 씀에 고려와 같이하는 것이 보국의 길'이라고 하였으나, 정부의 반대에 부딪혀 인조반정을 맞이하게 되었다. 인조 정권은 광해군의 불충분한 사대를 반정의 명분으로 내세웠던 만큼 대명 일변도적(一邊倒的) 사대를 입국지본(立國之本)으로 삼았는데, 그것은 현실주의로부터 명분주의에로의 전환을 의미하는 것이었다. 복잡 다난한 정세에서 그러한 비현실적이고 융통성 없는 정책이 전쟁을 자초·유발하리라는 것은 충분히 예견할 수 있는 일이었다. 두 차례의 호란과 삼전도에서의 굴욕적인 항복은 이러한 사태의 결산이었으며, 그것은 정책으로서의 사대주의가 이성과 주체성을 잃고 국가 이익보다 사대의 명분을 중시하는 자아상실의 사대주의 중독증에 걸린 탓이었다. 사대주의의 중독적 단계를 모화(慕華)라고 부른다.

17 다음 중 윗글의 설명 방식으로 옳은 것은?

① 상반되는 관점들을 설명하며 장단점을 분석하고 있다.

② 타인의 견해를 인용하며 논지를 전개하고 있다.

③ 질문을 던짐으로써 독자의 호기심을 유발하고 있다.

④ 구체적인 사례를 언급하며 주장을 구체화하고 있다.

18 다음 중 윗글에서 추론할 수 있는 내용으로 옳은 것은?

① 사대주의는 우리나라를 중국에 예속되게 만들었다.

② 사대주의는 중국을 교란시키기 위한 외교 정책이었다.

③ 사대주의는 민족 정체성을 보존하기 위한 수단이기도 했다.

④ 사대주의는 이성과 주체성을 상실하여 중독적 단계를 반드시 수반하게 되었다.

19 다음 중 피동 표현이 바르게 사용되지 않은 것은?

① 개선될 것으로 보여집니다.

② 열려 있는 대문

③ 합격이 예상됩니다.

④ 잘 해결될 것이라 생각된다.

20 다음 중 띄어쓰기가 올바른 것은?

① 장미의 검붉은빛이 흰옷과 대조를 이루고 있다.

② 아버지의 동생이 작은아버지이다.

③ 그 물건은 필요한데 보내는 것이 좋다.

④ 나는 하늘 만큼 엄마를 좋아한다.

[21~22] 다음 글을 읽고 물음에 답하라.

향단아 그넷줄을 밀어라.
머언 바다로
배를 내어 밀듯이, 향단아.

이 다소곳이 흔들리는 수양버들나무와
베갯모에 놓이듯 한 풀꽃데미로부터,
자잘한 나비 새끼 꾀꼬리들로부터,
아주 내어 밀듯이, 향단아.

산호도 섬도 없는 저 하늘로
나를 밀어 올려 다오.

채색(彩色)한 구름같이 나를 밀어 올려 다오.
이 울렁이는 가슴을 밀어 올려 다오.

㉠ 서(西)으로 가는 달같이는
나는 아무래도 갈 수가 없다.

바람이 파도를 밀어 올리듯이
그렇게 나를 밀어 올려 다오.
향단아.

21 위 시에 대한 설명으로 적절하지 않은 것은?

① 통사 구조를 반복하여 리듬감을 형성하고
있다.

② 화자의 간절한 마음을 말을 건네는 방식으로
풀어내고 있다.

③ 화자는 이상세계로 갈 수 없다는 운명적 한
계를 느끼고 체념하고 있다.

④ 고전 소설을 모티프로 하여 화자의 초월적
세계에 대한 갈망을 형상화하고 있다.

22 위 시에서 밑줄 친 ㉠과 같은 상징적 의미를 가
지는 시어로 옳은 것은?

① 그네   ② 수양버들나무
③ 산호   ④ 바다

23 다음 제시문 아래 주어진 〈보기〉가 들어갈 곳으
로 가장 알맞은 것은?

건널목을 지키는 일은 인명을 존중하는 일이
므로 훌륭한 직업이다. (㉠) 단, 그 직업
이 기계도 할 수 있는 일이며, 또한 그런 일
을 함으로써 자신의 능력이나 기술이 진보
하는 일도 없거니와 체력을 다질 수도 인격
을 높일 수도 없으므로, 그 일을 충실히 하
는 것만으로 만족할 수 있을지는 의문이다.
(㉡) 그러므로 그런 일을 하는 사람은 일
을 충실히 함과 동시에 여가를 이용하여 무
엇인가를 할 필요가 있다. 그러나 그 일에 만
족할 수 있다면 그것을 비난하고 싶은 생각
은 없다. (㉢) 그 직무에 충실하고, 인명
을 구하기 위하여 내 몸을 희생하는 이야기
들이 있는데, 사람들은 그 이야기에서 숭고
한 감정을 느끼며 그 이야기는 미담이 된다.
(㉣) 그러나 좀 더 주의를 기울여 아무런
사고도 일어나지 않았다면, 그 쪽이 오히려
더 칭찬받아 마땅할 것인지도 모른다.

───── 보기 ─────
사람들은 그런 사람에게 경의를 표해야 한다.

① ㉠   ② ㉡
③ ㉢   ④ ㉣

24 다음 중 표준어 규정을 적용하였을 때 옳지 않은 것은?

① 열둘째
② 윗니
③ 부조금
④ 동댕이치다

25 다음 중 어휘의 뜻이 바르지 않은 것은?

① 손이 걸다 : 일 다루는 솜씨가 꼼꼼하지 못하다.
② 초들다 : 어떤 사실을 입에 올려서 말하다.
③ 발이 뜨다 : 이따금씩 다니다.
④ 잔뼈가 굵다 : 오랜 기간 일정한 곳이나 직장에서 일을 하여 그 일에 익숙하다.

01 다음 중 행정(학)에 관한 설명으로 옳지 않은 것은?

① 넓은 의미의 행정에는 중앙 정부의 기관, 지방자치단체, 책임운영기관도 포함된다.
② 좁은 의미의 행정은 공공 목적 달성을 위한 행정부의 조직 및 구성원의 활동을 의미한다.
③ 현대 행정에는 공공문제의 해결을 위해 정부 외의 공·사 조직들 간의 연결 네트워크를 관리하는 활동인 거버넌스(governance)가 중요하다.
④ 행정법학적 행정개념에서 소극설은 행정을 국가의 행정목적 내지 공익의 실현을 목적으로 하는 작용으로 본다.

02 다음 중 중층제의 단점으로 옳지 않은 것은?

① 광역적 행정수행이나 개발사무처리에 부적합하다.
② 행정의 지체와 낭비, 비능률을 야기한다.
③ 상하 자치단체 간의 책임의 모호성, 기능배분의 불명확성이 나타난다.
④ 행정기능의 중복과 이중행정의 우려가 발생한다.

03 다음 중 행정통제가 필요한 이유로 옳지 않은 것은?

① 과도한 행정정보공개로 인한 내부문건 유출
② 공무원의 부정부패 및 비리, 비윤리적 행위의 방지

③ 행정의 권한남용 방지와 책임확보

④ 시민적 정치의식의 결여와 정치·행정문화의 낙후성 극복을 통한 행정 민주성 확보

④ 국가나 정부관료제의 절대적 자율성과 지도적·개입적 역할을 인정하는 이론이다.

04 다음 중 지방자치단체의 기관 구성형태에 대한 설명으로 옳지 않은 것은?

① 기관통합형의 유형에는 의회형과 위원회형 등이 있다.

② 기관대립형은 의결기관과 집행기관이 분리된 채 엄격한 견제와 균형을 유지하는 집행기관 중심의 유형이다.

③ 기관통합형은 일본과, 이탈리아등에서 주로 사용하고 있다.

④ 기관대립형은 의회와 집행기관의 엄격한 견제와 균형을 토대로 한 대통령중심제와 비교적 유사하다.

05 다음 중 다원론(pluralism)에 관한 설명으로 옳은 것은?

① 정책과정의 주도자는 정부이며 이익집단은 갈등적 이익을 조정하는 중재인의 역할을 한다.

② 권력의 소유를 권력의 행사와 동일하게 해석하며, 소수집단이 그들의 이익을 우선하여 결정을 내리게 된다고 본다.

③ 민주사회를 정치적 시장으로 보며 정치인들은 정치적 지지를 얻기 위하여 경쟁한다.

06 다음 〈보기〉 중 행정의 공공재적 특성에 해당하는 것은 모두 몇 개인가?

보기
ㄱ. 비시장성   ㄴ. 비분할성
ㄷ. 배제성   ㄹ. 경쟁성
ㅁ. 등량소비성   ㅂ. 경합성

① 2개   ② 3개
③ 4개   ④ 5개

07 다음 중 근무성적평정의 오차에 대한 설명으로 옳지 않은 것은?

① 연쇄효과(halo effect)의 오류를 방지하기 위해서는 강제선택법을 사용하여 평정요소 간의 연상효과를 배제해야 한다.

② 논리적 오차(logical error)는 평정요소의 상관관계에 의한 오차를 나타낸다.

③ 시간적 오차(recency effect error)를 방지하기 위해서는 평정요소마다 용지를 교환하거나 평정요소별 배열순서를 조정해야 한다.

④ 상동적 오차(stereotype)는 평정자의 편견이나, 선입견, 고정관념 등이 영향을 미치는 것을 말한다.

08 다음 〈보기〉에 해당하는 불확실성의 대처방안은?

보기

정책상황의 변화 등에 따라 정책결과가 어떻게 영향을 받는지를 분석하는 방안

① 민감도 분석　　② 상황의존도 분석
③ 분기점 분석　　④ 악조건 가중분석

09 다음 중 행태론에 관한 특징으로 옳지 않은 것은?

① 행정의 과학적인 연구를 위해 자연과학을 행정학에 적용하였다.
② 논리실증주의를 토대로 가치와 사실을 구분하여 가치를 배제하고, 경험적 검증가능성이 있는 사실 연구에 치중한다.
③ 외면적 형태를 통해 인간 내면의 심리나 의도를 파악하는 데 한계가 따른다는 비판을 받는다.
④ 인간의 사고나 의식은 그가 속한 집단의 고유한 속성에 의해 규정된다는 방법론적 전체주의에 입각한 논리이다.

10 다음 중 만족모형에 관한 설명으로 옳은 것은?

① 대안에 대한 체계적이고 과학적인 분석으로, 대안 선택에 대한 객관적 평가가 가능하다.
② 모든 대안을 총체적으로 비교하고 분석할 수 있는 합리적 정책 결정체제가 존재한다는 전제가 필요하다.
③ 규범적·합리적 결정이 아닌 현재보다 나은 결정을 추구하며, 선진 다원주의사회에 적합한 이론 모형이다.
④ 만족기준이 불명확하며 개인의 심리적 만족기준이 지나치게 주관적이라는 한계가 있다.

11 다음 중 정부실패의 대응방안에 대한 설명으로 옳지 않은 것은?

① 외부민영화의 구체적 방식에는 사회기반시설에 대한 민간투자 유치, 계약에 의한 민간위탁(contracting-out) 등이 있다.
② 권력 통제를 통한 민주화, 민간가능 활성화를 통한 행정기능의 재정립 등은 작은 정부의 구현 방향에 해당한다.
③ 감축관리의 방안으로는 영기준예산(ZBB), 일몰법 도입 등이 있다.
④ 조직의 존속 지향성과 조직구성원의 심리적 저항은 감축관리의 저해 요인에 해당한다.

12 다음 〈보기〉 중 정책집행의 현대적·상향적 접근방법과 관련이 없는 것은?

―― 보기 ――

ㄱ 최고결정권자의 리더십과 이를 토대로 한 계층제적 조직관계

ㄴ 집행자는 결정자의 목표, 의도를 분명히 하고 목표실현을 위한 집행 단계를 구체화함

ㄷ 집행과정에서 실질적인 정책결정이 이루어진다고 봄

ㄹ 집행관료의 재량권을 필수요소로 보며 지식과 능력을 강조

① ㄱ, ㄴ ② ㄴ, ㄹ
③ ㄱ, ㄷ ④ ㄷ, ㄹ

13 다음 중 네트워크조직의 특징으로 옳지 않은 것은?

① 비공식적 지원체제를 확립함으로써 변화에 적응

② 부드러운 서비스를 중시

③ 명령계통은 다원화되어 있고 구성원은 양 구조에 중복소속되어 기능적 관리자와 프로젝트 관리자 간 권한이 분담

④ 지식과 정보의 교류를 중시하고, 정보흡수·활용뿐만 아니라 새로운 정보를 지속적으로 창조

14 다음 중 국무총리 소속 위원회에 해당하는 것은?

① 경제사회노동위원회

② 규제개혁위원회

③ 금융위원회

④ 정책기획위원회

15 다음 〈보기〉의 장·단점을 갖고 있는 예산제도는?

―― 보기 ――

• 장점
 – 정부의 순자산상태 변동파악과 신용도 제고에 도움
 – 불경기 때 적자예산을 편성해 불황 극복 및 경기회복에 도움
• 단점
 – 인플레이션 조장 우려
 – 수익이 있는 사업에만 치중하고 선심성 사업이 등장할 우려

① 자본예산(CBS)

② 성과주의예산(PBS)

③ 품목별예산(LIBS)

④ 계획예산(PPBS)

16 다음 중 이익집단의 정치적 역할에 대한 설명으로 옳은 것은?

① 정책결정의 공식적 참여자에 해당한다.
② 정권획득을 목표로 이익을 결집하는 정치적 이해관계집단이다.
③ 입법과정에서 입법부와 행정부를 대상으로 압력을 행사함으로써 영향을 미친다.
④ 다양한 대중매체를 통해 여론을 형성하고 사회문제를 제기한다.

17 다음 중 적극적 인사행정의 확립 방안으로 옳지 않은 것은?

① 엽관주의적 요소 가미
② 인사권의 집권화
③ 재직자의 능력발전
④ 인사행정의 인간화

18 다음 〈보기〉 중 예산의 통일성(예산통일)의 원칙의 예외에 해당하는 것은?

```
────── 보기 ──────
㉠ 이용          ㉡ 목적세
㉢ 특별회계      ㉣ 신임예산
```

① ㉠, ㉡   ② ㉡, ㉢
③ ㉠, ㉣   ④ ㉡, ㉣

19 다음 중 신공공서비스론(NPS)에 관한 설명으로 옳지 않은 것은?

① 정부의 책임은 시장지향적인 이윤추구에 한정되며 이외의 영역에 간섭하지 않는다.
② 대의민주주의의 한계를 극복하기 위해 시민의 양성과 정책결정상 시민참여를 강조한다.
③ 주인으로서의 시민, 다양세력의 협력, 시민에 대한 정부의 봉사 등을 강조하는 제3의 대안적 이론모형이다.
④ 조직의 생산성보다 인간에게 높은 가치와 초점을 부여하여 협력적 구조, 공유된 리더십, 분권화 등 인간주의적 접근을 모색한다.

20 다음 중 현대적 예산원칙에 해당하지 않는 것은?

① 재무부 재량의 원칙
② 보고의 원칙
③ 다원적 절차의 원칙
④ 행정부 계획의 원칙

21 다음 중 V. Ostrom의 민주행정모형에 관한 설명으로 옳지 않은 것은?

① 계층제적 관료제를 능률적 조직으로 평가한 Wilson의 이론을 고전적 패러다임이라고 비판하며 제시된 모형이다.
② 권력의 집중은 부패되고 권력의 남용을 초래하므로 개인의 권리를 제한해야 한다는 권한, 권력의 분산을 주장한다.

③ 권한의 분산과 관할권의 중첩을 특징으로 하는 다중공공관료제를 통해 민주적 행정이 가능하다고 주장한다.

④ 정부활동은 정치적 환경과 독립되어 수행되므로 행정과 정치는 별개라는 정치행정이원론을 제시한다.

22 다음 중 예산 편성방식 및 절차에 대한 설명으로 옳지 않은 것은?

① 정부는 대통령의 승인을 얻은 예산안을 회계연도 개시 120일 전까지 국회에 제출해야 한다.

② 기획재정부장관은 국무회의의 심의를 거쳐 대통령의 승인을 얻은 다음 연도의 예산안편성지침을 매년 5월 31일까지 각 중앙관서의 장에게 통보해야 한다.

③ 정부는 예산을 국회에 제출 후 그 내용을 수정하고자 할 때에는 국무회의의 심의를 거쳐 대통령의 승인을 얻은 수정예산안을 국회에 제출할 수 있다.

④ 기획재정부장관은 예산요구서에 따라 예산안을 편성하여 국무회의의 심의를 거친 후 대통령의 승인을 얻어야 한다.

23 우리나라의 고위공무원단제도에 관한 설명으로 옳지 않은 것은?

① 고위직의 개방을 확대하고 경쟁을 촉진한다.

② 고위공무원단 소속공무원은 계급제가 적용되고 직무 중심의 인사관리가 이루어진다.

③ 신분불안에 따른 사기 저하와 직무수행의 자율성을 훼손할 위험이 있다.

④ 우수한 공무원 확보와 인사교류의 촉진을 통한 인사침체를 완화할 수 있다.

24 다음 〈보기〉에서 설명하는 동기부여의 과정이론은?

─── 보기 ───

행위를 선택함에 있어 결과가 가져다 줄 유인과 행위를 달성할 수 있는 가능성, 행위를 하고 싶어 하는 욕구의 정도가 복합적으로 작용하여 동기부여의 강도가 결정된다는 이론으로, 어떤 행위 선택에 대하여 수행 또는 회피하려는 경우 두 가지를 고려하여 양자 간 교호작용에 의해 개인의 동기가 결정된다고 본다.

① J. S. Adams의 형평성 이론

② V. Vroom의 기대이론

③ Porter & Lawler의 업적만족이론

④ J. Atkinson의 기대이론

25 우리나라 공무원에 관한 설명으로 옳지 않은 것은?

① 경력직 공무원에는 일반직과 특정직이 있다.

② 정무직 공무원은 선거로 취임하거나 임명할 때 국회의 동의가 필요하다.

③ 별정직공무원은 실적주의 및 직업공무원제의 적용을 받는다.

④ 특수경력직공무원은 계급구분이 없고, 신분이 보장되지 않는 공무원이다.

행정법

01 다음 중 행정법상 확약에 대한 설명 중 옳지 않은 것은?

① 본 처분에 관한 권한 없는 기관의 확약은 무효이다.

② 확약의 구속력의 근거는 신뢰보호의 원칙이다.

③ 확약에 관하여는 현행법상 규정이 없으므로 구술에 의한 확약도 가능하다.

④ 행정청이 본 처분을 할 수 있는 권한을 가지고 있는 경우에도 확약에 관한 별도의 법적 근거를 요한다.

02 다음 중 행정법의 법원에 대한 설명으로 옳은 것은?

① 국내법은 조약과 국제법규보다 우위에 있어 우선 적용된다.

② 관습법과 성문법의 관계에서 성문법을 보충하는 것을 넘어 개폐하는 범위까지 효력을 갖는다는 것이 통설과 판례의 태도이다.

③ 조리는 행정법 분야에 있어서 입법의 불비 또는 법의 흠결이 있는 경우 법원으로 가능할 수 있다.

④ 판례법은 성문법원의 일종으로 행정사건에 대한 법원의 판결이 동종사건에 대한 재판의 준거가 될 때 법원으로서의 효력을 가지게 되는 것을 말한다.

03 「행정절차법」상 행정절차에 대한 설명으로 옳지 않은 것은?

① 단순·반복적인 처분 또는 경미한 처분으로서 당사자가 그 이유를 명백히 알 수 있는 경우라 하더라도 처분 후 당사자가 요청하는 경우에는 행정청은 그 근거와 이유를 제시하여야 한다.

② 행정청이 처분을 할 때에는 다른 법령 등에 특별한 규정이 있는 경우를 제외하고는 문서로 하여야 하며, 전자문서로 하는 경우에는 당사자 등의 동의가 있어야 한다.

③ 행정청은 대통령을 입법예고하는 경우에는 이를 국회 소관 상임위원회에 제출하여야 한다.

④ 인허가 등의 취소 또는 신분·자격의 박탈, 법인이나 조합 등의 설립허가의 취소 시 의견제출기한 내에 당사자 등의 신청이 있는 경우에 공청회를 개최한다.

04 과태료에 대한 설명으로 옳지 않은 것은? (다툼이 있는 경우 판례에 의함)

① 질서위반행위 후 법률이 변경되어 그 행위가 질서위반행위에 해당하지 아니하게 되거나 과태료가 변경되기 전의 법률보다 가볍게 된 때에는 법률에 특별한 규정이 없는 한 변경된 법률을 적용한다.

②「질서위반행위규제법」에 따르면 고의 또는 과실이 없는 질서 위반행위에는 과태료를 부과하지 아니한다.

③ 지방자치단체의 조례도 과태료 부과의 근거가 될 수 있다.

④「질서위반행위규제법」에 따른 과태료부과처분은 항고소송의 대상인 행정처분에 해당한다.

05 공공의 영조물의 설치·관리의 하자로 인한 국가배상책임에 대한 판례의 입장으로 옳지 않은 것은?

① '공공의 영조물'이라 함은 강학상 공물을 뜻하므로 국가 또는 지방자치단체가 사실상의 관리를 하고 있는 유체물은 포함되지 않는다.

② '공공의 영조물의 설치·관리의 하자'에는 영조물이 공공의 목적에 이용됨에 있어 그 이용 상태 및 정도가 일정한 한도를 초과하여 제3자에게 사회통념상 참을 수 없는 피해를 입히고 있는 경우가 포함된다.

③ 영조물의 설치 및 관리에 있어서 항상 완전 무결한 상태를 유지할 정도의 고도의 안전성을 갖추지 아니하였다고 하여 영조물의 설치 또는 관리에 하자가 있다고 단정할 수 없다.

④ 소음 등을 포함한 공해 등의 위험지역으로 이주하여 들어가서 거주하는 경우와 같이, 그 피해가 정신적 고통이나 생활방해의 정도에 그치고 그 침해행위에 고도의 공공성이 인정되는 때에는, 위험에 접근한 후 실제로 그 위험이 특별히 증대하였다는 등의 특별한 사정이 없는 한 가해자의 면책을 인정하여야 하는 경우도 있다.

06 다음 중 법규명령에 대한 내용으로 옳지 않은 것은?

① 집행명령은 상위법령의 수권이 있어야 위임이 가능하다.

② 위임명령은 상위법령에서 구체적 범위를 정하여 위임한 사항을 규정하는 보충명령이다.

③ 위임명령은 수임된 범위 내에서 새로운 법규사항을 정할 수 있다.

④ 집행명령은 권리의무에 대한 새로운 법규사항을 규정할 수 없다.

07 건축법에는 건축허가를 받으면 국토의 계획 및 이용에 관한 법률에 의한 토지의 형질변경허가도 받은 것으로 보는 조항이 있다. 이 조항의 적용을 받는 甲이 토지의 형질을 변경하여 건축물을 건축하고자 건축허가신청을 하였다. 이에 대한 설명으로 옳은 것은? (다툼이 있는 경우 판례에 의함)

① 甲은 건축허가절차 외에 형질변경허가절차를 별도로 거쳐야 한다.

② 건축불허가처분을 하면서 건축불허가 사유 외에 형질변경 불허가 사유를 들고 있는 경우, 甲은 건축불허가처분취소 청구소송에서 형질변경불허가 사유에 대하여도 다툴 수 있다.

③ 건축불허가처분을 하면서 건축불허가 사유 외에 형질변경불허가 사유를 들고 있는 경우, 그 건축불허가처분 외에 별개로 형질변경불허가처분이 존재한다.

④ 甲이 건축불허가처분에 관한 쟁송과는 별개로 형질변경불허가 처분취소소송을 제기하지 아니한 경우 형질변경불허가 사유에 관하여 불가쟁력이 발생한다.

08 행정대집행에 대한 설명으로 옳지 않은 것은? (다툼이 있는 경우 판례에 의함)

① 구 대한주택공사가 대집행권한을 위탁받아 공무인 대집행을 실시하기 위하여 지출한 비용을 「행정대집행법」 절차에 따라 「국제징수법」의 예에 의하여 징수할 수 있음에도 민사소송절차에 의하여 그 비용의 상환을 구하는 청구는 소의 이익이 없어 부적법하다.

② 건물의 점유자가 철거의무자일 때에는 건물철거의무에 퇴거의무도 포함되어 있는 것이어서 별도로 퇴거를 명하는 집행권원이 필요하지 않다.

③ 철거명령에서 주어진 일정기간이 자진철거에 필요한 상당한 기간이라고 하여도 그 기간 속에는 계고 시에 필요한 '상당한 이행기간'이 포함되어 있다고 볼 수 없다.

④ 행정청이 행정대집행의 방법으로 건물철거의무의 이행을 실현할 수 있는 경우에는 건물의 점유자들에 대한 퇴거 조치를 할 수 있고, 적법한 행정대집행을 위력을 행사하여 방해하는 경우 형법상 공무집행방해죄가 성립하므로, 경찰의 도움을 받을 수도 있다.

09 행정입법에 대한 판례의 입장으로 옳지 않은 것은?

① 행정입법에 관여하는 공무원이 시행령이나 시행규칙을 제정함에 있어서 상위법규에 위반된 시행령 등을 제정하게 되었다면 그가 법률전문가가 아닌 행정공무원이라고 하여 과실이 없다고 할 수는 없다.

② 국민에게 납세의 의무를 부과하기 위해서는 조세의 종목과 세율 등 납세의무에 관한 사항은 국회가 제정한 법률로 규정하여야 하고, 법률의 위임 없이 행정입법으로 과세요건 등 납세의무에 관한 사항을 규정하는 것은 헌법이 정한 조세법률주의 원칙에 위배된다.

③ 대법원은 재량준칙이 되풀이 시행되어 행정관행이 성립된 경우에는 당해 재량준칙에 자기구속력을 인정한다. 따라서 당해 재량준칙에 반하는 처분은 법규범인 당해 재량준칙을 직접 위반한 것으로서 위법한 처분이 된다고 한다.

④ 헌법재판소는 법률이 일정한 사항을 행정규칙에 위임하더라도 그 위임은 전문적·기술적 사항이나 경미한 사항으로서 업무의 성질상 위임이 불가피한 사항에 한정된다고 한다.

10 다음 중 당사자소송에 대한 내용으로 옳지 않은 것은?

① 시립합창단원 위촉은 공법상 근로계약에 해당하므로, 재위촉 거부에 대해서는 공법상 당사자소송을 제기하여야 한다.

② 당사자소송에서 원고가 고의 또는 중대한 과실 없이 당사자소송으로 제기하여야 할 것을 항고소송으로 잘못 제기한 경우에, 소송요건을 결하고 있음이 명백하여 당사자소송으로 제기되었더라도 법원으로서는 원고가 당사자소송으로 소 변경을 하도록 하여 심리·판단하여야 한다.

③ 구 「도시 및 주거환경정비법」상 재개발조합과 조합장 또는 조합임원의 지위에 관한 소송은 공법상 당사자소송에 의하여야 한다.

④ 당사자소송은 국가·공공단체 그 밖의 권리주체를 피고로 하여 제기한다.

11 법규명령에 대한 설명 중 옳지 않은 것은?

① 법규명령은 대외적으로 일반적 구속력이 있는 법규의 성질이 가지는 행정입법을 말한다.

② 법률에 의하여 위임된 사항을 전면적으로 하위명령에 재위임하는 것도 허용된다.

③ 위임명령은 법률이나 상위명령에서 구체적으로 범위를 정한 개별적인 위임이 있을 때에 가능하고, 여기에서 구체적인 위임의 범위는 규제하고자 하는 대상의 종류와 성격에 따라 달라지는 것이어서 일률적 기준을 정할 수는 없다.

④ 오늘날에는 입법 내용이 복잡하고 전문화되어, 법률에서 대강을 정하고 보다 상세한 것은 법규명령에 위임하는 현상이 늘어나고 있다.

12 다음 판례 중 **법률상 보호이익**으로 보아 원고적격을 인정한 것으로 옳지 않은 것은?

① 납골당 설치장소에서 500m 내에 20호 이상의 인가가 밀접한 지역에 거주하는 주민
② 상수원에서 급수를 받고 있는 지역주민들이 가지는 상수원의 오염 방지를 통해 양질의 급수를 받을 이익
③ 공설화장장 설치 금지로 보호되는 부근 주민들의 이익
④ 연탄공장건축허가취소청구

13 다음 **법령**에 관한 설명 중 옳지 않은 것은?

① 하위법령의 규정이 상위법령의 규정에 저촉되는지 여부가 명백하지 않은 경우에, 하위법령의 의미를 상위법령에 합치되는 것으로 해석하는 것이 가능한 경우라면, 하위법령이 상위법령에 위반된다는 이유로 쉽게 무효를 선언할 것은 아니다.
② 절차법상 모든 법령은 입법예고를 해야 한다.
③ 대통령령은 법제처 심사와 국무회의 심의를 거치며, 부령은 법제처 심사로 제정된다.
④ 법규명령은 조문의 형식으로 한다.

14 다음 **행정행위의 부관**에 대한 설명 중 옳지 않은 것은?

① 행정행위의 부관은 행정행위의 일반적인 효력이나 효과를 제한하기 위하여 의사표시의 주된 내용에 부가되는 종된 의사표시이지 그 자체로서 직접 법적 효과를 발생하는 독립된 처분이 아니다.
② 법률효과의 일부배제는 법률자체가 인정하고 있는 법률효과의 일부를 행정기관이 배제하는 것이므로, 법률에 근거가 있어야 한다.
③ 대법원은 수익적 행정처분이라 하더라도 법률상 근거가 있어야 그 부관으로서 부담을 붙일 수 있다고 한다.
④ 법률행위에 붙은 부관이 조건인지 기한인지가 명확하지 않은 경우 법률행위의 해석을 통해서 이를 결정해야 한다.

15 다음 중 **하자의 승계**에 대한 설명으로 옳지 않은 것은?

① 하자승계가 인정되기 위해서는 선행행위와 후행행위가 둘 다 처분일 필요는 없다.
② 선행행위가 불가쟁력이 발생하고 후행행위는 하자가 없어야 한다.
③ 2개 이상의 행정처분이 연속적 또는 단계적으로 이루어지는 경우 선행처분과 후행처분이 서로 합하여 1개의 법률효과를 완성하는 때에는 선행처분에 하자가 있으면 그 하자는 후행처분에 승계된다.
④ 판례는 개별공시지가결정과 과세처분의 경우 하자의 승계를 인정하고 있다.

16 다음 중 「개인정보보호법」에 대한 내용으로 옳지 않은 것은?

① 정보주체는 처리되는 정보를 통해 알 수 있는 사람으로서 그 정보의 주체가 되는 자를 말한다.

② 개인정보 보호에 관한 사항을 심의·의결하기 위하여 대통령 소속으로 개인정보 보호위원회를 둔다.

③ 개인정보 보호위원회는 상임위원 2명을 포함한 9명의 위원으로 구성한다.

④ 자신의 개인정보를 열람한 정보주체는 개인정보처리자에게 그 개인정보의 정정 또는 삭제를 요구할 수 있다.

17 다음 〈보기〉에서 설명하는 행정법의 일반원칙은?

─── 보기 ───

• 적합성의 원칙, 필요성의 원칙, 상당성의 원칙의 3가지 원칙으로 구성되며, 이는 적합한 수단 중에서도 필요한 수단을, 그중에서도 상당성 있는 수단을 선택해야 한다는 단계구조를 이루고 있다.

• 침해행정이든 급부행정이든 관계없이 행정의 전영역에 적용되는 것을 원칙으로 한다. 다만, 사법관계에서는 사적 자치가 적용되는 까닭에 적용되지 아니한다.

① 행정의 자기구속의 원칙

② 평등의 원칙

③ 비례의 원칙

④ 신뢰보호의 원칙

18 행정강제에 대한 설명으로 옳지 않은 것은? (다툼이 있는 경우 판례에 의함)

① 관계 법령상 행정대집행의 절차가 인정되어 행정청이 행정대집행의 방법으로 건물의 철거 등 대체적 작위의무의 이행을 실현할 수 있는 경우에는 따로 민사소송의 방법으로 그 의무의 이행을 구할 수 없다.

② 「국세징수법」상 체납자 등에 대한 공매통지는 체납자 등의 법적 지위나 권리·의무에 직접적인 영향을 주는 행정처분에 해당하지 아니하므로 공매통지가 적법하지 아니한 경우에도 그에 따른 공매처분이 위법하게 되는 것은 아니다.

③ 이행강제금 납부의무는 상속인 기타의 사람에게 승계될 수 없는 일신전속적인 성질의 것이므로 이미 사망한 사람에게 이행강제금을 부과하는 내용의 처분이나 결정은 당연무효이다.

④ 행정청은 해가 뜨기 전이나 해가 진 후에는 대집행을 하여서는 아니 된다.

19 사립학교법에 의하면, 학교법인의 임원은 정관으로 정하는 바에 따라 학교법인의 이사회에서 선임하고 관할청의 승인을 얻어 취임하는 것으로 규정하고 있다. A 사립 학교법인은 이사회를 소집하지 않은 채 B를 임원으로 선임하여 취임승인을 요청하였고, 이에 대하여 관할청은 취임을 승인하였다. 이에 대한 설명으로 옳은 것은? (다툼이 있는 경우 판례에 의함)

① 관할청의 임원 취임승인으로 선임절차상의 하자는 치유되고 B는 임원으로서의 지위를 취득한다.

② 임원 선임절차상의 하자를 이유로 관할청의 취임승인처분에 대한 취소를 구하는 소송은 허용되지 않는다.

③ A 학교법인의 임원선임행위에 대해서는 선임처분취소소송을 제기하여 그 효력을 다툴 수 있다.

④ 「사립학교법」 제4조 제1항, 제20조의2 제1항에 규정된 이사회의 학교법인 임원취임의 승인취소권은 이사회가 지방자치단체의 교육·학예에 관한 사무의 특별집행기관으로서 가지는 권한이다.

20 다음 중 행정행위의 철회에 관한 설명으로 옳지 않은 것은?

① 철회권의 유보사유가 발생하면 행정행위를 철회할 수 있다.

② 처분청은 행정행위의 철회에 있어 이익형량은 고려하지 않는다.

③ 부담적 행정행위의 철회는 예외적인 경우를 제외하고는 행정청의 재량에 속한다.

④ 행정행위의 '철회'는 적법요건을 구비하여 완전히 효력을 발하고 있는 행정행위를 사후적으로 효력의 전부 또는 일부를 장래에 향해 소멸시키는 별개의 행정처분이다.

21 항고소송에서 수소법원이 하여야 하는 판결에 대한 설명으로 옳지 않은 것은? (다툼이 있는 경우 판례에 의함)

① 항고소송으로 제기하여야 할 사건을 민사소송으로 잘못 제기한 경우에 수소법원이 항고소송에 대한 관할도 동시에 가지고 있다면, 항고소송으로서의 소송요건을 갖추지 못했음이 명백하여 항고소송으로 제기되었더라도 원고로 하여금 항고소송으로 소 변경을 하도록 석명권을 행사하여 절차에 따라 심리·판단하여야 한다.

② 행정처분이 있음을 안 날부터 90일을 넘겨 행정심판을 청구하였다가 각하재결을 받은 후 그 재결서를 송달받은 날부터 90일 내에 원래의 처분에 대하여 취소소송을 제기한 경우, 수소법원은 각하판결을 하여야 한다.

③ 허가처분 신청에 대한 부작위를 다투는 부작위법확인소송을 제기하여 제1심에서 승소판결을 받았는데 제2심 단계에서 피고 행정청이 허가처분을 한 경우, 제2심 수소법원은 각하판결을 하여야 한다.

④ 행정심판을 청구하여 기각재결을 받은 후 재결 자체에 고유한 위법이 있음을 주장하며

그 기각재결에 대하여 취소소송을 제기한 경우, 수소법원은 심리 결과 재결 자체에 고유한 위법이 없다면 각하판결을 하여야 한다.

22 다음 중 행정심판에 대한 설명으로 옳지 않은 것은?

① 청구인이 피청구인을 잘못 지정한 경우에는 위원회는 직권으로 또는 당사자의 신청에 의하여 결정으로써 피청구인을 경정할 수 있다.

② 의무이행심판에서는 사정재결이 적용되지만, 심판청구 기간의 제한은 적용되지 않는다.

③ 행정심판의 결과에 이해관계가 있는 제3자나 행정청은 해당 심판청구에 대한 위원회나 소위원회의 의결이 있기 전까지 그 사건에 대하여 심판참가를 할 수 있다.

④ 심판청구서를 받은 피청구인은 그 심판청구가 이유 있다고 인정하는 경우 그 취지에 따라 직원으로 처분을 취소·변경할 수 있다.

23 다음 중 사인의 공법행위에 대한 내용으로 옳지 않은 것은?

① 사인의 공법행위와 행정행위는 모두 공법적 효과의 발생을 목적으로 한다.

② 사인의 공법행위는 명문으로 금지되거나 성질상 불가능한 경우가 아닌 한 그에 의거한 행정행위가 행하여질 때까지 자유로이 보정이 가능하다.

③ 의사표시가 진의(眞意)가 아닌 경우 효력이 발생하지 않는다.

④ 사인의 공법행위는 법령에 의하여 대리가 허용되지 않는 경우나 성질상 허용되지 않는 경우를 제외하고는 대리가 가능하다.

24 다음 중 수리를 요하지 않는 신고(자기완결적 신고)의 내용으로 올바른 것은?

① 신고필증은 법적 의미
② 완화된 허가제의 성질
③ 접수거부는 항고소송의 대상인 처분이 아님
④ 수리가 있어야 법적 효과 발생

25 다음 중 행정소송에 대한 설명으로 옳지 않은 것은?

① 행정소송에 대한 대법원판결에 의하여 명령·규칙이 헌법 또는 법률에 위반된다는 것이 확정된 경우에는 대법원은 지체 없이 그 사유를 행정안전부장관에게 통보하여야 한다.

② 처분사유 추가·변경은 처분의 동일성이 있으면 사실심 이후 상고심에서도 가능하다.

③ 행정소송 제도는 행정청의 위법한 처분 등으로 인한 국민의 권리 또는 이익의 침해를 구제하고 공법상 권리관계 또는 법률 적용에 관한 다툼을 해결함을 목적으로 한다.

④ 무효를 주장하여 그 무효확인을 구하는 행정소송의 경우 원고가 입증해야 한다.

정답 및 해설

2024년
기출문제

정답 및 해설

국어

출제 문항 분석

영역	문항 수
문법	4
어문 규정	5
문학	4
비문학	7
한자와 어휘	5

정답

01 ②	02 ②	03 ③	04 ②	05 ①
06 ③	07 ④	08 ③	09 ④	10 ④
11 ①	12 ②	13 ①	14 ①	15 ③
16 ①	17 ①	18 ①	19 ②	20 ③
21 ②	22 ④	23 ④	24 ④	25 ③

01 군무원 필수

정답 ②

핵심주제 : 표준 발음법

표준발음법 제10항에서 겹받침 'ㄳ', 'ㄵ', 'ㄼ', 'ㄽ', 'ㄾ', 'ㅄ'은 어말 또는 자음 앞에서 각각 [ㄱ, ㄴ, ㄹ, ㅂ]으로 발음하도록 규정하고 있다. 그러므로 '넓다'를 [널따]로 발음한 것은 적절하다.

오답해설

① 뚫는 : [뚤는] → [뚤른]
③ 끝으로 : [끄츠로] → [끄트로]
④ 젖먹이 : [점머기] → [전머기]

02 군무원 필수

정답 ②

핵심주제 : 띄어쓰기

공부 밖에 → 공부밖에

'밖에'가 '그것 말고는', '그것 이외에는'의 뜻을 나타내는 보조사로 사용되었으므로, '공부밖에'처럼 체언인 '공부' 뒤에 붙여 써야 한다.

오답해설

① '집 밖에'에서 '밖'은 '겉이 되는 쪽 또는 그런 부분'을 뜻하는 명사이므로, 앞의 명사 '집'과 띄어 쓰고 조사 '-에'와 붙여쓴 것은 적절하다.
③ '맨손'은 '아무것도 끼거나 감지 아니한 손'을 뜻하는 파생어로, 하나의 단어이므로 '맨손'처럼 붙여 써야 한다.
④ '한겨울'은 '추위가 한창인 겨울'을 뜻하는 파생어로, 하나의 단어이므로 '한겨울'처럼 붙여 써야 한다.

03

정답 ③

핵심주제 : 형태소

형태소는 '의미를 가진 가장 작은 말의 단위'로, 구체적인 대상이나 동작·상태를 표시하는 실질 형태소와 말과 말 사이의 관계를 표시하는 형식 형태소로 구분한다.
① 홀로 설 수 있는 말의 단위 → 낱말
② 뜻을 구별하는 소리의 최소 단위 → 음운
④ 끊어 읽기의 단위 → 어절

04

정답 ②

핵심주제 : 맞춤법

바꼈다 → 바뀌었다

'바꾸다'의 피동형인 '바뀌다'가 기본형이므로 과거시제 선어말어미인 '-었'이 결합되면 '바꼈다'가 아니라 '바뀌었다'로 써야한다.

05

정답 ①

핵심주제 : 맞춤법

깨끗히 → 깨끗이

부사의 끝음절이 분명히 '이'로만 나는 것은 '-이'로 적고, '히'로만 나거나 '이'나 '히'로 나는 것은 '-히'로 적는다는 한글 맞춤법 제51항의 규정에 따라 '깨끗이[깨끄시]'로만 적는다.

06 군무원 필수   정답 ③

핵심주제 : 문장 성분 간의 호응

다음처럼 문장 성분을 분석해 보면 문장 성분 간의 호응이 자연스럽다.

이번 연극에서	영희는	주인공 역할을	맡았다.
(부사어)	(주어)	(목적어)	(서술어)

오답해설

① '책'과 호응하는 서술어 성분인 '읽다'가 누락되어 있어 문장 성분 간의 호응이 부자연스럽다.

> 오늘은 잔디밭에서 책과 그림을 그렸다.
> → 오늘은 잔디밭에서 책을 <u>읽고</u> 그림을 그렸다.'

② '모름지기'와 호응하는 서술어 성분인 '-해야 한다'가 누락되어 있어 문장 성분 간의 호응이 부자연스럽다.

> 사람은 모름지기 욕심을 다스릴 줄 안다.
> → 사람은 모름지기 욕심을 다스릴 줄 <u>알아야 한다.</u>

④ '치고'는 '그 전체가 예외 없이'란 뜻의 보조사로, 앞의 내용과 반대되는 말이 뒤따른다.

> 그녀는 초보치고는 운전을 썩 잘하지는 못한다.
> → 그녀는 초보치고는 운전을 썩 <u>잘한다.</u>

07   정답 ④

핵심주제 : 중의성

남편과 아내 모두 축구 중계를 좋아하지만 남편이 아내보다 축구 중계를 더 좋아한다는 의미인지, 아니면 남편이 아내를 좋아하는 것보다 축구 중계를 더 좋아한다는 의미인지가 불분명하다. 이는 밑줄 친 '비교 구문에서 나타나는 중의성'에 해당한다.

오답해설

① **연결 관계에 따른 중의성** : '나' 혼자 '철수'와 '선생님'을 각각 만나는 것인지, 아니면 '나'와 '철수'가 함께 '선생님'을 만나는 것인지가 불분명하다.

② **부정문의 중의성** : 결혼식장에 손님들 전체가 들어오지 않은 것인지, 아니면 일부만 들어오지 않은 것인지가 불분명하다.

③ **수식에 따른 중의성** : 아버지가 소유한 그림인지, 아버지가 그린 그림인지 혹은 아버지를 그린 그림인지가 불분명하다.

08   정답 ③

핵심주제 : 어휘

살천스럽다 : 쌀쌀하고 매섭다. 예 그렇게 살천스러우니까 주변에 사람이 없지.

오답해설

① **성마르다** : 참을성이 없고 성질이 조급하다. 예 성마른 성격

② **돈바르다** : 성미가 너그럽지 못하고 까다롭다. 예 그는 돈바른 성격으로 친구가 없다.

④ **암상스럽다** : 보기에 남을 시기하고 샘을 잘 내는 데가 있다. 예 암상스러운 늙은이 같으니라고.

09   정답 ④

핵심주제 : 고전 시가

ⓒ에서 '미타찰'은 아미타불이 있는 극락세계'를 뜻하는 불교 용어로, 화자는 이를 통해 누이의 죽음을 승화하고 있다. 즉, 누이의 죽음에 의한 슬픔에서 벗어나고자 욕망으로 가득한 현실적 공간을 제시하는 것이 아니라, 죽은 누이의 극락왕생을 기원하는 이상적 공간을 제시하고 있다.

오답해설

① 신라시대의 10구체 향가이다.

② ㉠에서 '잎'은 누이를 상징하며 '잎이 떨어진다'는 하강적 이미지를 활용하여 '누이의 죽음'을 상징적으로 드러내고 있다.

③ 죽은 누이에 대한 명복을 빌면서 죽은 누이의 극락왕생을 기원하고 있다.

모르면 간첩

〈 작품해석 〉

월명사(김완진 해독), 〈제망매가〉

- 갈래 : 향가
- 성격 : 서정적, 애상적 추모적, 종교적
- 제재 : 누이의 죽음
- 주제 : 누이의 죽음으로 인한 슬픔과 극복 의지
- 특징
  - 10구체 향가의 정제된 형식미와 서정성이 드러남
  - 불교의 윤회 사상을 바탕으로 슬픔을 종교적으로 승화함
  - 누이와의 사별을 자연현상에 비유함

PART 01 2024

10 　　　정답 ④

핵심주제 : 글의 개요

②의 '노약자를 위한 시설 관리 대책'은 탑골공원 내 시설관리 대책에 해당하기 때문에 탑골공원 이용객의 실태와는 연관성이 부족한 항목이다.

오답해설

① · ② ③의 '편의 시설과 주변 상가' 그리고 ⓒ의 '인근 공원의 위치와 거리' 모두 탑골공원의 지리적 조건과 관련이 있으므로 적절한 항목이다.

③ ⓒ의 '선호하는 공원 시설 및 행사'는 탈골공원 이용객의 실태를 파악한 것으로 적절한 항목이다.

11 　　　정답 ①

핵심주제 : 접속어

③ 일반적으로 동료끼리는 '해요체'를 사용해야 하지만 같은 동료라 하더라도 상대방의 나이가 위이거나 공식적인 자리에서는 '합쇼체'를 사용해야 한다고 앞뒤의 상황이 서로 반대되는 내용이다. 그러므로 ③에는 역접의 접속부사 '그러나'가 적절하다.

ⓒ 앞에서 직장 내 언어 예절에 대해 설명한 것과 달리 뒤에서는 가정 내 언어 예절에 대해 설명을 이어가고 있다. 그러므로 ⓒ에는 앞에서 말한 측면과 다른 측면을 말할 때 쓰는 '한편'이 들어갈 말로 적절하다.

ⓒ 직장에서는 가족 관계와 달리 어느 정도 높게 대우해 주어야 하며, 그것이 직장에서 과장이 자신의 부하 직원에게 높임 표현을 써야 하는 이유라고 설명하고 있다. 그러므로 ⓒ에는 앞의 내용이 뒤의 내용의 원인이나 근거가 될 때 사용하는 접속부사 '그래서'가 들어갈 말로 적절하다.

12 　　　정답 ②

핵심주제 : 한자어

ⓒ의 '自由意志'는 '자유의사'가 아니라 '자유의지'로 읽어야 한다. '志'는 '뜻 지'이다.

> 자유의지(自 스스로 자, 由 말미암을 유, 意 뜻 의, 志 뜻 지)

13 　　　정답 ①

핵심주제 : 사자성어

'막역지우(莫逆之友)'는 서로 거스름이 없는 친구라는 뜻으로, 허물이 없이 아주 친한 친구를 이르는 말이다. 그러므로 밑줄 친 '우열을 가리기 힘들고'와 어울리지 않는 사자성어이다.

오답해설

② 백중지세(伯仲之勢) : 서로 우열을 가리기 힘든 형세

③ 난형난제(難兄難弟) : 누구를 형이라 하고 누구를 아우라 하기 어렵다는 뜻으로, 두 사물이 비슷하여 낫고 못함을 정하기 어려움을 이르는 말

④ 막상막하(莫上莫下) : 더 낫고 더 못함의 차이가 거의 없음

14 　　　정답 ①

핵심주제 : 비문학

글의 서두에서 문학 작품의 외적 맥락으로 작가의 맥락, 사회 · 문화적 맥락, 문학사적 맥락, 상호 텍스트적 맥락을 제시하였고, 이후 문단에서 이들 맥락에 대해 차례대로 설명하고 있다. 그러므로 빈칸에는 마지막 외적 맥락에 해당하는 '상호 텍스트적 맥락'이 들어갈 말로 적절하다.

15 　　　정답 ③

핵심주제 : 비문학

제시문의 마지막 문장에서 생명과학이 갖는 무한한 가능성에 큰 기대를 거는 동시에 그것이 갖는 가공할 만한 위험성을 항상 경계하고 있다며 생명과학이 갖는 긍정적 측면과 부정적 측면에 대해 서술하고 있다. 그러므로 빈칸에는 한 가지 사물에 속하여 있는 서로 맞서는 두 가지의 성질을 뜻하는 '양면성'이 들어갈 말로 적절하다.

오답해설

① 개연성 : 절대적으로 확실하지 않으나 아마 그럴 것이라고 생각되는 성질

② 합리성 : 이론이나 이치에 합당한 성질

④ 일관성 : 방법이나 태도 따위가 한결같은 성질

16

정답 ①

핵심주제 : 품사

문장 전체를 꾸며 주는 문장 부사는 양태 부사, 접속 부사, 파생 부사로 구분되는 데, 이 중 말하는 사람의 심리적인 태도를 나타내는 문장 부사는 양태 부사이다. ①의 '설마'는 '그럴 리는 없겠지만'이라며 부정적인 추측을 강조할 때 쓰는 양태 부사에 해당한다.

오답해설

② '빨리'는 뒤의 동사 '달린다'를 꾸며 주는 성분 부사이다.
③ '멀리'는 뒤의 동사 '던졌다'를 꾸며 주는 성분 부사이다.
④ '가지런히'는 뒤의 동사 '놓다'를 꾸며 주는 성분 부사이다.

17

정답 ①

핵심주제 : 비문학

〈보기〉의 첫 번째 문장에서 해부학적으로 불가능한 자세의 사람을 그린 이집트 그림에 대해 소개하고 있고, 주어진 문장에서 서양인이나 중동인이 해부학적으로 측면의 얼굴이 인상적이기 때문에 사람의 측면만 그리는 '프로필(프로파일)'이라는 미술 장르가 발달했다고 서술하고 있다. 그러므로 주어진 문장은 글의 맥락에 비추어 볼 때, 〈보기〉의 ㉠에 들어가는 것이 가장 적절하다.

18

정답 ①

핵심주제 : 수사법

역설법은 모순되거나 논리에 맞지 않는 표현으로 의미를 강조하는 표현법으로, 해당 작품에서는 사용되지 않았다.

오답해설

② '채찍보다 세차고 폭포수보다 시원한 빗줄기'에서 소나기가 내리는 모양을 과장법을 사용하여 묘사하고 있다.
③ '불화로처럼 단 몸뚱이'에서 여름 불볕더위에 뜨거워진 몸뚱이를 직유법을 사용하여 묘사하고 있다.
④ '모든 곡식과 무성귀와 풀들도 축 늘어졌던 잠에서 깨어나 일제히 웅성대며 소요를 일으킨다.'에서 활유법을 사용하여 '곡식, 무성귀, 풀' 등의 무생물을 감정이 있는 생물처럼 묘사하였다.

19

정답 ②

핵심주제 : 비문학

제시문에서는 '대통령'이란 단어의 어원과 번역 오류를 지적하고 있으나, '명품'이란 단어의 어원이나 번역 오류를 지적하고 있지는 않다.

오답해설

① 에코가 '기호학'을 "거짓말을 하기 위해 사용될 수 있는 모든 것을 연구하는 학문 분야"라고 정의했는데, 여기서 '모든 것'은 인간의 언어뿐만 아니라 몸짓, 행동, 생각 등도 포함된다. 따라서 제시문의 내용은 언어에 국한되고 있으므로, 에코의 말은 과장에 해당한다고 볼 수 있다.
③ 두 번째 문단에서 돈이 되기만 하면 달려드는 상업주의 장사꾼들과 시청률과 구독률만 높이기만 하면 된다는 언론의 합작품이 '명품'이라며 일부 기업과 언론의 행태를 비판하고 있다.
④ '대통령'이라는 용어의 어원과 번역 오류를 설명한 후 이와 비교하여 '명품'이라는 용어를 설명하고 있다.

20

정답 ③

핵심주제 : 비문학

1문단에서 시대와 사회에 따라 다르게 나타나는 관념의 예시로 운명론을 제시하고 있고, 글 (다)에서 운명론이 지배하는 사회에서 개인이나 특정 집단이 고통을 겪어야 하는 문제에 대해 설명하고 있다. 다음으로 글 (가)에서 이에 대한 고통은 사회적 관심사가 되고 규범을 파괴하는 문제를 발생시킨다고 서술하고 있다. 마지막으로 글 (나)에서 운명론의 배격에 대해 언급한 후, 인간의 고통이 사회의 문제이지 개인의 책임이 아니라고 밝히고 있다. 그러므로 글의 문맥상 제시문은 (다) → (가) → (나)의 순서로 배열되어야 한다.

21

정답 ②

핵심주제 : 외래어 표기

메세지 → 메시지

외래어 표기법 제2장의 규칙에 따라 [ɪ] 발음은 'ㅣ'로 적어야 하므로, 'message[mesɪdʒ]'는 '메세지'가 아니라 '메시지'로 적어야 옳다.

22　　　　정답 ④

핵심주제 : 고대 시가

주어진 작품은 정극인의 〈상춘곡〉으로 봄 풍경을 즐기며 자연과 하나가 되는 물아일체의 경지와 세속적인 욕망에서 벗어나 이상적인 삶으로서의 안빈낙도를 추구하고 있다. 마찬가지로 송순의 시조인 ④도 가난함과 소박함에 스스로 만족하며 사는 안빈낙도의 삶을 잘 표현하고 있다.

오답해설

① 길재가 지은 시조로, 고려의 수도인 개성을 돌아보며 자연은 그대로인데 고려가 멸망하여 없어진 것을 한탄하고 있다.
② 성삼문이 지은 시조로, 백이숙제의 고사를 인용하며 세조에 의해 폐위당한 단종에게 굳은 지조와 절의를 표현하고 있다.
③ 퇴계 이황이 지은 〈도산십이곡〉 중 제11곡으로, 변하지 않는 자연처럼 끊임없는 학문수양과 정진을 다짐하고 있다.

> 모르면 간첩
>
> 〈 작품해석 〉
> 정극인, 〈상춘곡〉
> • 갈래 : 서정가사, 양반가사, 은일가사, 강호한정가
> • 성격 : 서정적, 묘사적, 예찬적, 자연친화적
> • 운율 : 3(4) · 4조, 4음보 연속체
> • 제재 : 봄의 아름다운 풍경
> • 주제 : 봄 경치를 즐기는 강호가도와 안빈낙도
> • 특징
> 　– 조선 시대 최초의 양반가사
> 　– 화자의 시선의 이동에 따라 시상을 전개함
> 　– 대구법, 직유법, 의인법 등 다양한 수사법을 사용함

23　　　　정답 ③

핵심주제 : 비문학

종래의 거시적인 역사 서술이 보통 사람들의 개별적인 삶을 통계수치로 환원시켜 익명성의 바다 속으로 사라지게 하며, 이를 20세기 후반에 등장한 미시사적인 역사 서술이 비판하고 있는 것이다.

오답해설

① 제시문에는 역사를 바라보는 거시적 관점과 미시적 관점이라는 상반된 입장이 나타나 있다.
② 제시문에 따르면 종래 역사 서술의 주류를 형성해 온 것은 거시적인 전망에서 역사의 거대한 흐름, 즉 경제 · 사회 구조

의 변화과정을 포괄적으로 서술하는 입장이었다.
④ 제시문에 따르면 거시적인 역사 서술은 특정 지역의 역사를 자본주의 경제의 확립이나 민족국가의 성립과 같은 어떤 목표점을 향해 전개되어 온 도정으로 서술한다.

24　　　　정답 ④

핵심주제 : 속담

제시문의 ㉠ 다음 문장에서 실천은 성향이 되고 성향은 습관이 될 때 비로소 성품이 탄생하게 되는 것이라며 성품을 갖추기 위한 꾸준한 실천의 중요성을 일깨우고 있다. 그러므로 ④의 '제비가 한 마리 날아왔다고 봄이 오는 것이 아니다.'가 빈칸에 들어갈 속담으로 가장 적절하다.

오답해설

① 바늘허리에 실을 매어 쓸 수는 없다.
　→ 급하다고, 욕심이 난다고 일을 서두르면 오히려 일을 그르치게 된다.
② 사공이 많으면 배가 산으로 가는 법이다.
　→ 여러 사람이 제 뜻대로 하려 들면 일이 제대로 되기 어렵다.
③ 산에 가야 범을 잡고 물에 가야 고기를 잡는다.
　→ 목적하는 방향을 제대로 잡아 노력하여야만 그 목적을 제대로 이룰 수 있다.

25　　　　정답 ③

핵심주제 : 비문학

제시문은 실천은 성향이 되고 성향은 습관이 될 때 비로소 성품이 탄생하게 되는 것이라며 성품을 갖추기 위한 꾸준한 실천의 중요성을 일깨우고 있다. 그러므로 ③의 '실천과 습관의 중요성'이 제시문의 제목으로 가장 적절하다.

행정학

출제 문항 분석

영역	문항 수
행정학의 기초이론	6
정책론	5
조직론	5
인사행정론	4
재무행정론	3
지방행정론	2

정답

01 ①	02 ③	03 ②	04 ③	05 ②
06 ④	07 ①	08 ③	09 ①	10 ④
11 ③	12 ③	13 ④	14 ②	15 ②
16 ④	17 ①	18 ③	19 ②	20 ④
21 ③	22 ①	23 ②	24 ②	25 ①

01
정답 ①

핵심주제 : 공유재

국공립 도서관, 국립공원은 누구나 사용할 수 있는 공공시설이나 경합성과 비배재성을 지닌 공유재에 해당한다. 그러나 국방, 치안은 비경합성과 비배재적 성격을 지닌 공공재에 해당한다.

오답해설

② 공유재는 다른 사람이 소비할 경우 이로 인해 나의 소비가 지장을 받거나 소비에서 얻는 효용이 감소되는 경합성을 지닌다.

③ 공유재는 가격을 지불하지 않더라도 소비 행위에서 배제되지 않는 비배제성을 지닌다.

④ 공유재는 정당한 대가를 치르지 않아도 소비를 배제할 수 없어 과잉 소비의 문제가 발생할 수 있다.

02
정답 ③

핵심주제 : 기계적 조직구조

기계적 조직은 공식적 권한계층이 존재하고 명령계통의 원칙이 적용되는 통제 중심의 조직구조로, 조직이 처해 있는 환경적 상황이 안정적이며 동태적으로 확실성이 높은 경우에 적합하다.

03
정답 ②

핵심주제 : 무의사결정론

무의사결정론(non-decision making theory)은 지배엘리트의 이익이나 가치에 반하거나 잠재적인 도전가능성이 있는 것을 억압·방해하는 의도적 무결정으로, 정책결정권자의 무관심이나 무능력과는 관계가 없다.

04
정답 ③

핵심주제 : 공공재의 공급 규모

보몰병(Baumol's Disease)에 따르면 정부나 공공부문의 서비스는 노동집약적 성격과 낮은 생산성으로 양적 팽창을 지속하여 감축이 어려우므로 공공재가 과다 공급된다고 본다.

05
정답 ②

핵심주제 : 직업공무원제

직업공무원제가 실적주의의 확립을 기초로 하고 있으나 폐쇄적 직업관료제가 대응성이 떨어진다는 비판에 따라 미국의 공무원 제도는 직위분류제와 개방형 공무원제를 채택하고 있다. 즉, 실적주의가 직업공무원제 확립의 필요조건이지만 충분조건은 아니다.

모르면 간첩

직업공무원제와 실적주의의 비교

- **공통점** : 신분보장, 정치적 중립, 자격이나 능력에 의한 채용·승진, 공직임용 시의 기회균등
- **차이점**

직업공무원제	실적주의
• 영국·독일·프랑스 등, 농업사회 전통 • 폐쇄형 실적주의 • 신분의 절대적 보장 • **결원보충** : 내부 충원형 • **임용 시** : 제약된 기회 균등 • 생활급 • 계급제 • 인간 중심(생애성), 비합리성(감정 등) • 연령이나 학력의 잠재 능력 • 경력 중심(일반행정가)	• 미국, 산업사회 • 개방형 또는 폐쇄형 • 신분의 상대적 보장 • **결원보충** : 외부 충원형 • **임용 시** : 완전한 기회 균등 • 직무급 보수제도 • 직위분류제 • 직무 중심(업적성), 합리성(과학성, 객관성 등) • 채용 당시의 능력이 임용기준 • 경력 무시(전문행정가)

06 정답 ④

핵심주제 : 정부규제

포지티브(positive) 규제란 어떤 행위를 원칙적으로 금지하되, 허용되는 행위만 예외적으로 규정하는 방식을 말한다. 즉, 특정 행위만 허용하고 나머지는 모두 금지시키는 규제이다. 포지티브 규제로 인해 피규제자의 자율성이 상대적으로 더 제약되는 효과가 나타난다.

07 정답 ①

핵심주제 : 정책네트워크 모형

정책공동체는 비교적 균등한 권력을 보유한 행위자들이 공동의 이익을 추구하는 포지티브섬 게임(positive-sum game)의 성격을 띠지만, 정책문제망(이슈네트워크)은 불균등한 권력을 보유한 행위자들이 개인의 이익을 극대화하는 제로섬게임(zero-sum game)의 성격을 띤다.

모르면 간첩

정책공동체 & 정책문제망(이슈네트워크)	
정책공동체	정책문제망
• 지속적, 안정적, 상호 협력적 · 의존적 관계 • 비교적 균등한 권력 보유 • positive-sum game	• 경쟁적, 갈등적, 유동적, 불안정적 관계 • 불균등한 권력 보유 • zero-sum game 또는 negative-sum game

08 정답 ③

핵심주제 : 행정과 경영의 유사성

행정은 관료제, 수단성, 관리기법, 협동행위, 의사결정 등에서 경영과 유사하나 다양한 법적 규제와 국회나 감사기관의 심의 등을 받는다는 점에서 경영과 다르다.

09 정답 ①

핵심주제 : 책임운영기관

소속 책임운영기관의 기관장은 공개모집 절차(개방형 임용)에 따라 행정이나 경영에 관한 지식 · 능력이나 관련 분야의 경험이 풍부한 사람 중에서 선발하여 「국가공무원법」에 따른 임기제 공무원으로 임용한다. 또한 소속 책임운영기관은 정부 부처의 일부이며 따라서 법인격이 없고 소속 직원은 공무원 신분에 해당한다.

10 정답 ④

핵심주제 : 재무행정

예비비는 편성 시 예측할 수 없는 예산 외 지출이나 예산초과지출 충당을 위한 것이므로, 성립 전에 이미 발생한 사유나 국회 개회 중의 대규모 예비비지출, 국회에서 부결된 용도의 지출 등은 지출이 제한된다. 또한 일반예비비가 그 사용 목적을 특정하지 않고 국회의 사전 의결을 거친 경비라 하더라도 회계연도를 달리하여 사용할 수 있는 것은 아니다.

11 정답 ③

핵심주제 : 민츠버그(Mintzberg)의 전문적 관료제

민츠버그(Mintzberg)의 전문적 관료제는 전문가로 구성된 핵심 운영계층이 중심이 되는 분권화된 조직으로, 전문적 · 기술적 구성원에 의한 작업 기술의 표준화와 자율적 과업 조정을 중시한다. 또한 핵심운영계층의 조직환경이 상대적으로 안정되고 외부 통제가 없다. 즉, 민츠버그의 전문적 관료제는 복잡하지만 안정된 환경에 적절하다(예 대학, 종합병원, 사회복지기관, 컨설팅회사 등).

12 정답 ④

핵심주제 : 공공선택이론

고위직 관료들은 직무와 관련된 내재적 효용을 극대화하려는 관청형성전략을 구사하는데, 이는 소속조직을 계선적 책임계통에서 벗어난 소규모의 참모적 조직으로 개편하는 조직형태 변화전략이다. 따라서 고위직 관료들의 관청형성전략(bureau-shaping strategy)은 정부조직의 계서적 구조를 약화시키고 탈관료화의 성향을 강화시키는 전략을 제시한다.

13 정답 ③

핵심주제 : 이념에 따른 정부관

조세 감면 확대는 보수주의 정부에서 선호하는 정책이며, 진보주의 정부에서는 조세제도를 통한 소득재분배 정책을 선호한다.

이념에 따른 정부관		
구분	보수주의 정부관 (우파, 작은 정부론)	진보주의 정부관 (좌파, 큰 정부론)
이념	자유방임적 자본주의, 최소한의 정부(소극국가, 야경국가), 기독교적 보수주의	개혁주의, 규제된 자본주의, 사회주의, 평등주의, 혼합자본주의국가, 복지국가
인간관	• 오류의 가능성이 없는 인간 • 합리적 이기적인 인간(경제인간)	• 욕구, 협동, 오류의 가능성이 있는 인간 • 경제인의 인간관 부정
시장관	• 정부개입은 정부실패를 초래 : X-비효율 등 • 조세감면 및 경제적 규제 완화	• 시장실패는 정부개입에 의해 치유가능 • 조세제도를 통한 소득재분배
가치관	• 교환적(평균적) 정의(거래의 공정성) • 기회의 평등(기회 균등) • 간섭이 없는 소극적 자유, 정부로부터의 자유 강조(보수적 자유주의)	• 배분적 정의(부의 공정한 분배) • 결과의 평등(실질적 평등) • 적극적 자유, 정부에로의 자유(진보적 자유주의)

14 정답 ②

핵심주제 : 고위공무원단제도

고위공무원단은 직무의 곤란성과 책임도가 높은 고위공무원단 직위에 임용되어 재직 중이거나 파견·휴직 등으로 인사관리되고 있는 일반직·별정직·특정직공무원의 군(群)을 말한다. ③은 지방자치단체 및 지방교육행정기관의 국가공무원(지방공무원 X) 중 국장급 직위에 상당하는 직위가 고위공무원단에 해당한다.

15 정답 ②

핵심주제 : 지방자치단체

• 강원특별자치도·전북특별자치도 → 중층제(하나의 자치단체가 다른 자치단체를 구역 안에 포괄하는 경우)
• 제주특별자치도·세종특별자치시 → 단층제(한 구역에 하나의 자치단체만이 존재하는 경우)

16 정답 ④

핵심주제 : 지방자치단체

지방자치단체가 중앙정부 등 외부의 간섭이나 통제 없이 자주적으로 편성·집행할 수 있는 재원의 비율은 재정자립도가 아니라 재정자주도이다. 재정자립도는 지방자치단체의 일반회계 세입 중 자체수입이 차지하는 비중을 뜻하고, 재정자주도는 지방세·세외수입·지방교부세 등 지방자치단체 재정수입 중 특정 목적이 정해지지 않는 일반재원의 비중을 뜻한다.

17 정답 ④

핵심주제 : 네트워크 조직

네트워크 조직은 조직의 자체 기능은 핵심 역량 위주로 합리화하고, 여타 기능은 외부기관과 계약관계를 통해 수행하는 조직구조로, 수평적 협력관계에 바탕을 둔다. ④의 계층의 통합과 단일의 지도자는 전통적인 관료제 조직의 특징에 해당한다.

네트워크 조직의 특징
• 구조와 계층을 중시하는 조직을 파괴하며, 유연한 구조와 기술을 가지고 환경변화에 신축적으로 적응 • 비공식적(수평적) 지원체제를 확립함으로써 변화에 적응 • 정보를 네트워크망으로 연결하여 교류·통합하는 조직 간 연계를 중시 • 지식과 정보의 교류를 중시하고, 정보흡수·활용뿐만 아니라 새로운 정보를 지속적으로 창조 • 부드러운 서비스를 중시하는 조직

18 군무원 필수   정답 ③

핵심주제 : 델파이 기법

장래에 일어날 사건의 줄거리를 가상적 시나리오로 구성하는 것은 시나리오 작성 기법에 대한 설명이다. 델파이 기법은 예측하려는 현상에 대하여 관련 있는 전문가의 자문을 설문지를 통하여 근접한 의견에 이를 때까지 체계적으로 유도하고 분석하는 직관적인 미래 예측 기법이다.

19   정답 ②

핵심주제 : 탈신공공관리론

탈신공공관리론은 재집권과 재규제를 통하여 신공공관리론의 한계를 보완하기 위한 일련의 조치를 통칭하는 개념으로, 거버넌스와 신공공서비스를 포함한다. 즉, 탈신공공관리는 신공공관리의 주요 아이디어를 대체·부정하려는 이론이 아니라 조정하고 보완하는 개념이다.

20   정답 ④

핵심주제 : 정책결정

증거기반 정책결정은 엄격하게 검증된 객관적인 증거에 기반하여 정책적인 결정을 하려는 시도이다. 그러나 정책과 관련된 지식이 모두 정량적으로 평가될 수 있는 것은 아니기 때문에 모든 정치적 결정 과정을 증거기반 정책결정으로 대체할 수 있다고 보기는 어렵다.

21 군무원 필수   정답 ③

핵심주제 : 정부회계

감가상각은 시간의 흐름에 따른 유형자산의 가치 감소를 회계에 반영하는 것으로, 현금주의 회계에서는 감가상각을 비용으로 인식하지 못하는 반면, 발생주의 회계에서는 감가상각을 비용으로 인식한다.

모르면 간첩

구분	현금주의	발생주의
인식 내용	미지급비용·미수수익은 인식 안 됨	미지급비용은 부채로, 미수수익은 자산으로 인식
	선급비용은 비용으로 선수수익은 수익으로 인식	선급비용은 자산으로, 선수수익은 부채로 인식
	감가상각·대손상각·제품보증비·퇴직급여충당금은 인식 못함	감가상각·대손상각·제품보증비·퇴직급여충당금은 비용으로 인식
	무상거래는 인식 안 됨	무상거래는 이중거래로 인식(정부는 비용으로 인식)
	상환이자지급액은 지급시기에 비용으로 인식	상환이자지급액은 기간별 인식

현금주의와 발생주의 인식내용 비교

22   정답 ①

핵심주제 : 조직의 인간관

유연하고 다원적이며 세분화된 관리 전략을 사용하는 것은 복잡한 인간관이다. 복잡한 인간관은 오늘날의 복잡·다양한 상황 조건 및 역할에 따라 인간도 복잡한 형태를 표출하는 다양한 존재로 파악하는 인간관으로 현대조직이론에서 가장 중시된다.

23 군무원 필수   정답 ②

핵심주제 : 공무원 부패

공무원 부패에 대해 사회의 법과 제도상의 결함이나 이러한 것들에 대한 관리기구와 운영상의 문제들 또는 예기치 않았던 부작용이 부패의 원인으로 작용한다고 보는 입장은 체제론적 접근이 아니라 제도적 접근에 해당한다.

24

정답 ②

핵심주제 : 역량평가제도

특정 피평가자에 대해 다양한 사람으로부터 입체적이고 다면적인 평가 결과를 도출함으로써 평가의 공정성을 확보할 수 있는 평가제도는 다면평가이다.

25

정답 ①

핵심주제 : 정책집행의 접근법

정책목표의 명확성과 그 실현을 위한 다양한 수단의 필요성을 강조하는 것은 하향적 접근법이다. 합리모형은 정책결정자가 이성과 고도의 합리성에 따라 결정하고 행동한다고 보며, 목표나 가치가 명확하고 고정되어 있다는 가정 아래 목표 달성의 극대화를 위한 합리적 대안을 포괄적으로 탐색 · 평가 · 선택한다.

출제 문항 분석

영역	문항 수
행정법통론	4
행정작용법	7
행정법상 의무이행 확보수단	6
행정구제법	8

정답				
01 ②	02 ③	03 ④	04 ④	05 ③
06 ③	07 ②	08 ④	09 ①	10 ③
11 ③	12 ④	13 ②	14 ①	15 ④
16 ①	17 ①	18 ②	19 ①	20 ④
21 ②	22 ③	23 ②	24 ①	25 ①

01
정답 ②

핵심주제 : 행정질서벌

하나의 행위가 2 이상의 질서위반행위에 해당하는 경우에는 각 질서위반행위에 대하여 정한 과태료 중 가장 중한 과태료를 부과한다(질서위반행위규제법 제13조 수개의 질서위반행위의 처리).

02
정답 ③

핵심주제 : 행정법의 원칙

법률우위의 원칙은 행정의 모든 영역, 즉 공법형식이든 사법형식이든 구분 없이 모든 국가작용에 적용된다. 법률우위의 원칙은 국가의 모든 행정작용이 헌법에 부합하는 법률에 위반되어서는 안 된다는 법원칙이다.

03
정답 ④

핵심주제 : 행정행위

구 「교통안전공단법」에 의하여 설립된 교통안전공단의 사업목

적과 분담금의 부담에 관한 같은 법 제13조, 그 납부통지에 관한 같은 법 제17조, 제18조 등의 규정 내용에 비추어 교통안전공단이 그 사업목적에 필요한 재원으로 사용할 기금 조성을 위하여 같은 법 제13조에 정한 분담금 납부의무자에 대하여 한 분담금 납부통지는 그 납부의무자의 구체적인 분담금 납부의무를 확정시키는 효력을 갖는 행정처분이라고 보아야 할 것이고, 이는 그 분담금 체납자로부터 국세징수법에 의한 강제징수를 할 수 있음을 정한 규정이 없다고 하여도 마찬가지이다(대법원 2000.9.8. 2000다12716).

04
정답 ④

핵심주제 : 행정소송

행정처분을 취소한다는 확정판결이 있으면 그 취소판결의 형성력에 의하여 당해 행정처분의 취소나 취소통지 등의 별도의 절차를 요하지 아니하고 당연히 취소의 효과가 발생한다(대판 1991.10.11. 90누5443).

오답해설

① 도시 및 주거환경정비법(이하 '도시정비법'이라고 한다)상 주택재개발사업조합의 조합설립인가처분이 법원의 재판에 의하여 취소된 경우 그 조합설립인가처분은 소급하여 효력을 상실하고, 이에 따라 당해 주택재개발사업조합 역시 조합설립인가처분 당시로 소급하여 도시정비법상 주택재개발사업을 시행할 수 있는 행정주체인 공법인으로서의 지위를 상실하므로, 당해 주택재개발사업조합이 조합설립인가처분 취소 전에 도시정비법상 적법한 행정주체 또는 사업시행자로서 한 결의 등 처분은 달리 특별한 사정이 없는 한 소급하여 효력을 상실한다고 보아야 한다(대판 2012.3.29. 2008다95885)

② 행정소송법 제30조 제1항에 의하여 인정되는 취소소송에서 처분 등을 취소하는 확정판결의 기속력은 주로 판결의 실효성 확보를 위하여 인정되는 효력으로서 판결의 주문뿐만 아니라 그 전제가 되는 처분 등의 구체적인 위법사유에 관한 이유 중의 판단에 대하여도 인정되고, 같은 조 제2항의 규정상 특히 거부처분에 대한 취소판결이 확정된 경우에는 그 처분을 행한 행정청은 판결의 취지에 따라 다시 처분을 하여야 할 의무를 부담하게 되므로, 취소소송에서 소송의 대상이 된 거부처분을 실체법상의 위법사유에 기하여 취소하는 판결이 확정된 경우에는 당해 거부처분을 한 행정청은 원칙적으로 신청을 인용하는 처분을 하여야 하고, 사실심 변론종결 이전의 사유를 내세워 다시 거부처분을 하는 것은 확정판결의 기속력에 저촉되어 허용되지 아니한다(대판 2001.3.23. 99두5238).

③ 징계처분의 취소를 구하는 소에서 징계사유가 될 수 없다고 판결한 사유와 동일한 사유를 내세워 행정청이 다시 징계처분을 한 것은 확정판결에 저촉되는 행정처분을 한 것으로서, 위 취소판결의 기속력이나 확정판결의 기판력에 저촉되어 허용될 수 없다(대판 1992.7.14. 92누2912).

05 정답 ③

핵심주제 : 개인정보보호법

공공기관의 장은 대통령령으로 정하는 기준에 해당하는 개인정보파일의 운용으로 인하여 정보주체의 개인 정보 침해가 우려되는 경우에는 그 위험요인의 분석과 개선 사항 도출을 위한 평가를 하고 그 결과를 개인정보보호위원회에 제출하여야 한다(개인정보보호법 제33조 개인정보 영향평가).

06 정답 ③

핵심주제 : 항고소송

행정처분의 무효 확인 또는 취소를 구하는 소가 제소 당시에는 소의 이익이 있어 적법하였는데, 소송계속 중 해당 행정처분이 기간의 경과 등으로 그 효과가 소멸한 때에 처분이 취소되어도 원상회복이 불가능하다고 보이는 경우라도, 무효 확인 또는 취소로써 회복할 수 있는 다른 권리나 이익이 남아 있거나 또는 그 행정처분과 동일한 사유로 위법한 처분이 반복될 위험성이 있어 행정처분의 위법성 확인 내지 불분명한 법률문제에 대한 해명이 필요한 경우에는 행정의 적법성 확보와 그에 대한 사법통제, 국민의 권리구제 확대 등의 측면에서 예외적으로 그 처분의 취소를 구할 소의 이익을 인정할 수 있다. 여기에서 '그 행정처분과 동일한 사유로 위법한 처분이 반복될 위험성이 있는 경우'란 불분명한 법률문제에 대한 해명이 필요한 상황에 대한 대표적인 예시일 뿐이며, 반드시 '해당 사건의 동일한 소송 당사자 사이에서' 반복될 위험이 있는 경우만을 의미하는 것은 아니다(대판 2020.12.24. 2020두30450)

07 정답 ②

핵심주제 : 위임명령

국회입법의 전속사항은 오로지 법률로만 규율되어야 하지만, 국회의 심의를 거쳐야 하는 사항은 반드시 법률로만 규율되어야 하는 것은 아니고 법규명령의 형식으로도 정할 수 있다.

08 정답 ④

핵심주제 : 법규명령

일반적으로 법률의 위임에 의하여 효력을 갖는 법규명령의 경우, 구법에 위임의 근거가 없어 무효였더라도 사후에 법개정으로 위임의 근거가 부여되면 그때부터는 유효한 법규명령이 되나, 반대로 구법의 위임에 의한 유효한 법규명령이 법개정으로 위임의 근거가 없어지게 되면 그때부터 무효인 법규명령이 되므로, 어떤 법령의 위임 근거 유무에 따른 유효 여부를 심사하려면 법개정의 전·후에 걸쳐 모두 심사하여야만 그 법규명령의 시기에 따른 유효·무효를 판단할 수 있다(대판 1995.6.30. 93추83).

09 정답 ①

핵심주제 : 행정조사

행정기관이 조사대상자의 자발적인 협조를 얻어 실시하는 행정조사의 경우 행정조사의 개시와 동시에 출석요구서 등을 조사대상자에게 제시하거나 행정조사의 목적 등을 조사대상자에게 구두로 통지할 수 있다(행정조사기본법 제17조 조사의 사전통지).

〈 작품해석 〉
행정조사기본법 제17조(조사의 사전통지)
다음 각 호의 어느 하나에 해당하는 경우에는 행정조사의 개시와 동시에 출석요구서 등을 조사대상자에게 제시하거나 행정조사의 목적 등을 조사대상자에게 구두로 통지할 수 있다.
1. 행정조사를 실시하기 전에 관련 사항을 미리 통지하는 때에는 증거인멸 등으로 행정조사의 목적을 달성할 수 없다고 판단되는 경우
2. 「통계법」 제3조 제2호에 따른 지정통계의 작성을 위하여 조사하는 경우
3. 제5조 단서에 따라 조사대상자의 자발적인 협조를 얻어 실시하는 행정조사의 경우

PART 01 **2024**

10 정답 ③

핵심주제 : 이의신청

과태료의 부과 및 징수에 관한 사항에 대하여는 「행정기본법」 상의 이의신청 규정을 적용하지 않으나, 과징금 부과 및 징수에 관한 사항에 대하여는 「행정기본법」상의 이의신청 규정을 적용 한다(행정기본법 제36조 처분에 대한 이의신청).

> **모르면 간첩**
>
> 〈 작품해석 〉
> **행정기본법 제36조(처분에 대한 이의신청)**
> 다음 각 호의 어느 하나에 해당하는 사항에 관하여는 이 조를 적용하지 아니한다.
> 1. 공무원 인사 관계 법령에 따른 징계 등 처분에 관한 사 항
> 2. 국가인권위원회법 제30조에 따른 진정에 대한 국가인 권위원회의 결정
> 3. 노동위원회법 제2조의2에 따라 노동위원회의 의결을 거쳐 행하는 사항
> 4. 형사, 행형 및 보안처분 관계 법령에 따라 행하는 사항
> 5. 외국인의 출입국 · 난민인정 · 귀화 · 국적회복에 관한 사항
> 6. 과태료 부과 및 징수에 관한 사항

11 정답 ③

핵심주제 : 손해배상

국가배상법 제2조의 배상책임과 제5조의 공공시설 등의 하자로 인한 책임이 모두 성립하는 경우 피해자는 제2조와 제5조 중 선 택하여 배상을 청구할 수 있다.

> **모르면 간첩**
>
> 〈 작품해석 〉
> **국가배상법 제15조(신청인의 동의와 배상금 지급)**
> ① 배상결정을 받은 신청인은 지체 없이 그 결정에 대한 동의서를 첨부하여 국가나 지방자치단체에 배상금 지 급을 청구하여야 한다.
> ② 배상금 지급에 관한 절차, 지급기관, 지급시기, 그 밖에 필요한 사항은 대통령령으로 정한다.
> ③ 배상결정을 받은 신청인이 배상금 지급을 청구하지 아 니하거나 지방자치단체가 대통령령으로 정하는 기간 내에 배상금을 지급하지 아니하면 그 결정에 동의하지 아니한 것으로 본다.

12 정답 ④

핵심주제 : 행정심판위원회

행정심판위원회가 직접처분을 하였을 때에는 그 사실을 해당 행정청에 통보하여야 하며, 그 통보를 받은 행정청은 행정심판 위원회가 한 처분을 자기가 한 처분으로 보아 관계 법령에 따라 관리 · 감독 등 필요한 조치를 하여야 한다(행정심판법 제50조 위원회의 직접 처분).

13 정답 ②

핵심주제 : 행정대집행

피수용자 등이 기업자에 대하여 부담하는 수용대상 토지의 인 도의무에 관한 구 토지수용법 63조, 64조, 77조 규정에서의 '인 도'에는 명도도 포함되는 것으로 보아야 하고, 이러한 명도의무 는 그것을 강제적으로 실현하면서 직접적인 실력행사가 필요한 것이지 대체적 작위의무라고 볼 수 없으므로 특별한 사정이 없 는 한 행정대집행법에 의한 대집행의 대상이 되지 않는다(대판 2005.8.19. 2004다2809).

14 정답 ①

핵심주제 : 공법상 계약

시 · 군조합의 설립행위는 공법상 계약이 아니라 합동행위에 해 당한다. 시 · 군조합의 설립은 복수당사자간의 동일 방향의 의사 합치로 성립된다는 점에서 공법상 합동행위에 해당된다. 계약은 반대 방향의 의사의 합치라는 점에서 합동행위와 다르다.

15 정답 ④

핵심주제 : 신뢰보호원칙

국세기본법 제15조, 제18조 제3항의 규정이 정하는 신의칙 내지 비과세관행이 성립되었다고 하려면 장기간에 걸쳐 어떤 사항에 대하여 과세하지 아니하였다는 객관적 사실이 존재할 뿐만 아 니라 과세관청 자신이 그 사항에 대하여 과세할 수 있음을 알면 서도 어떤 특별한 사정에 의하여 과세하지 않는다는 의사가 있 고 이와 같은 의사가 대외적으로 명시적 또는 묵시적으로 표시 될 것임을 요한다고 해석되며, 특히 그 의사표시가 납세자의 추

상적인 질의에 대한 일반론적인 견해표명에 불과한 경우에는 위 원칙의 적용을 부정하여야 한다(대판 1993.7.27. 90누10384).

16 정답 ①

핵심주제 : 행정쟁송

국가 등 과세주체가 당해 확정된 조세채권의 소멸시효 중단을 위하여 납세의무자를 상대로 제기한 조세채권존재확인의 소는 공법상 당사자소송에 해당한다(대판 2020.3.2. 2017두41771)..

오답해설

② 광주광역시문화예술회관장의 단원 위촉은 광주광역시문화예술회관장이 행정청으로서 공권력을 행사하여 행하는 행정처분이 아니라 공법상의 근무관계의 설정을 목적으로 하여 광주광역시와 단원이 되고자 하는 자 사이에 대등한 지위에서 의사가 합치되어 성립하는 공법상 근로계약에 해당한다고 보아야 할 것이므로, 광주광역시립합창단원으로서 위촉기간이 만료되는 자들의 재위촉 신청에 대하여 광주광역시문화예술회관장이 실기와 근무성적에 대한 평정을 실시하여 재위촉을 하지 아니한 것을 항고소송의 대상이 되는 불합격처분이라고 할 수는 없다(대판 2001.12.11. 2001두7794).

③ '민주화운동관련자 명예회복 및 보상 심의위원회'의 보상금 등의 지급 대상자에 관한 결정은 행정처분에 해당하므로 「민주화운동관련자 명예회복 및 보상 등에 관한 법률」에 따른 보상금 등의 지급을 구하는 소송의 형태는 취소소송이어야 한다(대판 2008.4.17. 2005두16185전원합의체).

④ 공무원연금관리공단의 지급정지처분 여부에 관계없이 개정된 구 공무원연금법시행규칙이 시행된 때부터 그 법 규정에 의하여 당연히 퇴직연금 중 일부 금액의 지급이 정지되는 것이므로, 공무원연금관리공단이 위와 같은 법령의 개정 사실과 퇴직연금 수급자가 퇴직연금 중 일부 금액의 지급정지대상자가 되었다는 사실을 통보한 것은 단지 위와 같이 법령에서 정한 사유의 발생으로 퇴직연금 중 일부 금액의 지급이 정지된다는 점을 알려주는 관념의 통지에 불과하고, 그로 인하여 비로소 지급이 정지되는 것은 아니므로 항고소송의 대상이 되는 행정처분으로 볼 수 없다(대판 2004.12.24. 2003두15195).

17 정답 ①

핵심주제 : 손해배상

국가 또는 지방자치단체라 할지라도 공권력의 행사가 아니고 단순한 사경제의 주체로 활동하였을 경우에는 그 손해배상책임에 국가배상법이 적용될 수 없고 민법상의 사용자책임 등이 인정되는 것이고 국가의 철도운행사업은 국가가 공권력의 행사로서 하는 것이 아니고 사경제적 작용이라 할 것이므로, 이로 인한 사고에 공무원이 간여하였다고 하더라도 국가배상법을 적용할 것이 아니고 일반 민법의 규정에 따라야 하지만, 공공의 영조물인 철도시설물의 설치 또는 관리의 하자로 인한 불법행위를 원인으로 하여 국가에 대하여 손해배상청구를 하는 경우에는 국가배상법이 적용된다(대판 1999.6.22. 99다7008).

오답해설

② 국가배상법이 정한 손해배상청구의 요건인 '공무원의 직무'에는 국가나 지방자치단체의 권력적 작용뿐만 아니라 비권력적 작용도 포함되지만 단순한 사경제의 주체로서 하는 작용은 포함되지 않는다(대판 2004.4.9. 2002다10691).

③ 어떠한 행정처분이 후에 항고소송에서 취소되었다고 할지라도 그 기판력에 의하여 당해 행정처분이 곧바로 공무원의 고의 또는 과실로 인한 것으로서 불법행위를 구성한다고 단정할 수는 없는 것이고, 그 행정처분의 담당공무원이 보통 일반의 공무원을 표준으로 하여 볼 때 객관적 주의의무를 결하여 그 행정처분이 객관적 정당성을 상실하였다고 인정될 정도에 이른 경우에 국가배상법 제2조 소정의 국가배상책임의 요건을 충족하였다고 봄이 상당할 것이며, 이 때에 객관적 정당성을 상실하였는지 여부는 피침해이익의 종류 및 성질, 침해행위가 되는 행정처분의 태양 및 그 원인, 행정처분의 발동에 대한 피해자측의 관여의 유무, 정도 및 손해의 정도 등 제반 사항을 종합하여 손해의 전보책임을 국가 또는 지방자치단체에게 부담시켜야 할 실질적인 이유가 있는지 여부에 의하여 판단하여야 한다(대판 2000.5.12. 99다70600).

④ 공무원이 직무수행 중 불법행위로 타인에게 손해를 입힌 경우에 국가 등이 국가배상책임을 부담하는 외에 공무원 개인도 고의 또는 중과실이 있는 경우에는 불법행위로 인한 손해배상책임을 지고, 공무원에게 경과실이 있을 뿐인 경우에는 공무원 개인은 손해배상책임을 부담하지 아니한다. 이처럼 경과실이 있는 공무원이 피해자에 대하여 손해배상책임을 부담하지 아니함에도 피해자에게 손해를 배상하였다면 그것은 채무자 아닌 사람이 타인의 채무를 변제한 경우에 해당하고, 이는 민법 제469조의 '제3자의 변제' 또는 민법 제744조의 '도의관념에 적합한 비채변제'에 해당하며 피해자는 공무원에 대하여 이를 반환할 의무가 없고, 그에 따라 피해자의

국가에 대한 손해배상청구권이 소멸하여 국가는 자신의 출연 없이 채무를 면하게 되므로, 피해자에게 손해를 직접 배상한 경과실이 있는 공무원은 특별한 사정이 없는 한 국가에 대하여 국가의 피해자에 대한 손해배상책임의 범위 내에서 공무원이 변제한 금액에 관하여 구상권을 취득한다고 봄이 타당하다(대판 2014.8.20. 2012다54478).

18　　　　　　　　　　　　　　　　　　　정답 ②
핵심주제 : 공공기관의 정보공개

정보공개 청구권은 법률상 보호되는 구체적인 권리이므로 <u>청구인이 공공기관에 대하여 정보공개를 청구하였다가 거부처분을 받는 것 자체가 법률상 이익의 침해에 해당한다고 할 것이고</u>, 거부처분을 받은 것 이외에 추가로 어떤 법률상의 이익을 가질 것을 요구하는 것은 아니다(대판 2004.9.23. 2003두1370).

19　　　　　　　　　　　　　　　　　　　정답 ①
핵심주제 : 행정소송

<u>당사자소송은 국가·공공단체 그 밖의 권리주체를 피고로 한다</u>(행정소송법 제39조 피고적격).

20 　　　　　　　　　　정답 ④
핵심주제 : 부관

행정행위의 부관은 부담인 경우를 제외하고는 독립하여 행정소송의 대상이 될 수 없는바, 기부채납 받은 행정재산에 대한 사용·수익허가에서 공유재산의 관리청이 정한 사용·수익허가의 기간은 그 허가의 효력을 제한하기 위한 행정행위의 부관으로서 이러한 사용·수익허가의 기간에 대해서는 <u>독립하여 행정소송을 제기할 수 없다</u>(대판 2001.6.15. 99두509).

21　　　　　　　　　　　　　　　　　　　정답 ②
핵심주제 : 행정벌

도로교통법 제118조에서 규정하는 <u>경찰서장의 통고처분은 행정</u>

<u>소송의 대상이 되는 행정처분이 아니므로 그 처분의 취소를 구하는 소송은 부적법하고</u>, 도로교통법상의 통고처분을 받은 자가 그 처분에 대하여 이의가 있는 경우에는 통고처분에 따른 범칙금의 납부를 이행하지 아니함으로써 경찰서장의 즉결심판청구에 의하여 법원의 심판을 받을 수 있게 될 뿐이다(대판 1995.6.29. 95누4674).

22 　　　　　　　　　　정답 ③
핵심주제 : 행정행위의 하자

법률에 근거하여 행정처분이 발하여진 후에 헌법재판소가 그 행정처분의 근거가 된 법률을 위헌으로 결정하였다면 결과적으로 행정처분은 법률의 근거가 없이 행하여진 것과 마찬가지가 되어 하자가 있는 것이 되나, 하자 있는 행정처분이 당연무효가 되기 위하여는 그 하자가 중대할 뿐만 아니라 명백한 것이어야 하는데, 일반적으로 법률이 헌법에 위반된다는 사정이 헌법재판소의 위헌결정이 있기 전에는 객관적으로 명백한 것이라고 할 수는 없으므로 <u>헌법재판소의 위헌결정 전에 행정처분의 근거되는 당해 법률이 헌법에 위반된다는 사유는 특별한 사정이 없는 한 그 행정처분의 취소소송의 전제가 될 수 있을 뿐 당연무효사유는 아니라고 봄이 상당하다</u>(대판 1994.10.28. 92누9463).

23　　　　　　　　　　　　　　　　　　　정답 ②
핵심주제 : 행정상 법률관계

광주광역시문화예술회관장의 단원 위촉은 광주광역시문화예술회관장이 행정청으로서 공권력을 행사하여 행하는 행정처분이 아니라 공법상의 근무관계의 설정을 목적으로 하여 광주광역시와 단원이 되고자 하는 자 사이에 대등한 지위에서 의사가 합치되어 성립하는 공법상 근로계약에 해당한다고 보아야 할 것이므로, 광주광역시립합창단원으로서 위촉기간이 만료되는 자들의 재위촉 신청에 대하여 광주광역시문화예술회관장이 실기와 근무성적에 대한 평정을 실시하여 <u>재위촉을 하지 아니한 것을 항고소송의 대상이 되는 불합격처분이라고 할 수는 없다</u>(대판 2001.12.11. 2001두7794).

24 정답 ①

핵심주제 : 행정의 실효성 확보수단

구 「공유재산 및 물품 관리법」에 따라 지방자치단체장은 행정대집행의 방법으로 공유재산에 설치한 시설물을 철거할 수 있고, 이러한 행정대집행의 절차가 인정되는 경우에는 민사소송의 방법으로 시설물의 철거를 구하는 것은 허용되지 아니한다(대판 2017.4.13. 2013다207941).

오답해설

② 한국토지공사는 구 한국토지공사법 제2조, 제4조에 의하여 정부가 자본금의 전액을 출자하여 설립한 법인이고, 같은 법 제9조 제4호에 규정된 한국토지공사의 사업에 관여하는 공익사업을 위한 토지 등의 취득 및 보상에 관한 법률 제89조 제1항, 위 한국토지공사법 제22조 제6호 및 같은 법 시행령 제40조의3 제1항의 규정에 의하여 본래 시·도지사나 시장·군수 또는 구청장의 업무에 속하는 대집행권한을 한국토지공사에게 위탁하도록 되어 있는바, 한국토지공사는 이러한 법령의 위탁에 의하여 대집행을 수권받은 자로서 공무원 대집행을 실시함에 따르는 권리·의무 및 책임이 귀속되는 행정주체의 지위에 있다고 볼 것이지 지방자치단체 등의 기관으로서 국가배상법 제2조 소종의 공무원에 해당한다고 볼 것은 아니다(대판 2010.1.28. 2007다82950).

③ 이행강제금은 부작위의무나 비대체적 작위의무 위반의 경우뿐만 아니라 대체적 작위의무 위반에 대하여도 부과될 수 있는 것이다(헌재 2011.10.25. 2009헌바140).

④ 공매통지 자체가 그 상대방인 체납자 등의 법적 지위나 권리·의무에 직접적인 영향을 주는 행정처분에 해당한다고 할 것은 아니므로 다른 특별한 사정이 없는 한 체납자 등은 공매통지의 결여나 위법을 들어 공매처분의 취소 등을 구할 수 있는 것이지 공매통지 자체를 항고소송의 대상으로 삼아 그 취소 등을 구할 수는 없다(대판 2011.3.24. 2010두25527).

25 정답 ①

핵심주제 : 청문

당사자 요청은 행정청의 청문 실시 요건에 해당하지 않는다.

〈 작품해석 〉

행정절차법 제22조(의견청취)

① 행정청이 처분을 할 때 다음 각 호의 어느 하나에 해당하는 경우에는 청문을 한다.
1. 다른 법령 등에서 청문을 하도록 규정하고 있는 경우
2. 행정청이 필요하다고 인정하는 경우
3. 다음 각 목의 처분을 하는 경우
　가. 인허가 등의 취소
　나. 신분·자격의 박탈
　다. 법인이나 조합 등의 설립허가의 취소

2023년 기출문제

2023년도 07월 15일 시행

정답 및 해설

국어

출제 문항 분석

영역	문항 수
문법	2
어문 규정	5
문학	8
비문학	7
한자와 어휘	3

정답				
01 ④	02 ③	03 ②	04 ②	05 ④
06 ③	07 ②	08 ③	09 ④	10 ①
11 ④	12 ②	13 ④	14 ③	15 ④
16 ①	17 ③	18 ①	19 ④	20 ①
21 ①	22 ③	23 ④	24 ②	25 ②

01

정답 ④

핵심주제 : 맞춤법

'아무튼지'는 '의견이나 일의 성질, 형편, 상태 따위가 어떻게 되어 있든지'를 뜻하는 부사로 올바르게 사용되었다.

오답해설

① 붓기 → 부기

'붓기'는 '부종으로 인하여 부은 상태'를 뜻하는 말인 '부기'로 고쳐 써야 옳다. '부기(浮氣)'는 한자어이므로 원칙적으로 사이시옷을 사용하지 않는다.

② 유명세를 타기 → 유명세를 치르기

'유명세(有名稅)'는 '세상에 이름이 널리 알려져 있는 탓으로 당하는 불편이나 곤욕을 속되게 이르는 말'로, 유명하기 때문에 발생하는 불편함을 세금에 빗대어 표현한 것이기 때문에 '주어야 할 돈을 내주다'의 뜻인 '치르다'와 어울린다.

③ 어리버리해 보이는 → 어리바리해 보이는

'어리버리해'는 '정신이 또렷하지 못하거나 기운이 없어 몸을 제대로 놀리지 못하고 있는 상태'를 뜻하는 '어리바리해'로 고쳐 써야 옳다.

02

정답 ③

핵심주제 : 품사

③의 '쓰다'는 '달갑지 않고 싫거나 괴롭다'는 뜻의 형용사이고, 나머지 ① · ② · ④의 '쓰다'는 모두 동사이다.

오답해설

① 쓰다(동사) : 시체를 묻고 무덤을 만들다.

② 쓰다(동사) : 다른 사람에게 베풀거나 내다.

④ 쓰다(동사) : 사람이 죄나 누명 따위를 가지거나 입게 되다.

03

정답 ②

핵심주제 : 사자성어

제시문에서 휴대용 암 진단기가 몸을 간편하게 스캔해 종양을 진단하지만, 종양의 크기 또는 종양의 정확한 위치는 판별할 수는 없다고 그 한계를 설명하고 있다. 그러므로 ㉠에는 휴대용 암 진단기가 모든 기능을 가진 것은 아니라는 의미에서, '하지 못하는 일이 없음'을 뜻하는 '무소불위(無所不爲)'가 들어가는 것이 가장 적절하다.

오답해설

① 변화무쌍(變化無雙) : 변하는 정도가 비할 데 없이 심함

③ 선견지명(先見之明) : 어떤 일이 일어나기 전에 미리 앞을 내다보고 아는 지혜

④ 괄목상대(刮目相對) : 눈을 비비고 상대편을 본다는 뜻으로, 남의 학식이나 재주가 놀랄 만큼 부쩍 늚을 이르는 말

04

정답 ②

핵심주제 : 로마자 표기법

Hong Binna → Hong Bitna

로마자 표기는 소리 나는 대로 적는 것을 원칙으로 하나, 사람의 이름에서 일어나는 음운 변화는 반영하지 않는다. 그러므로 홍빛나가 [홍빈나]로 발음된다고 해서 'Hong Binna'로 표기하면 안 되며, 'Hong Bitna'로 표기해야 옳다.

05 정답 ④

핵심주제 : 어휘

칠칠맞다고 → 칠칠맞지 못하다고
'칠칠맞다'는 '성질이나 일 처리가 반듯하고 야무지다'라는 뜻의 긍정적 의미이다. 그러므로 ④에서처럼 부정적 의미로 사용하려면 '않다, 못하다'와 같은 부정 서술어와 함께 쓰여야 한다. 따라서 '칠칠맞다고'를 '칠칠맞지 못하다'로 고쳐 써야 옳다.

오답해설

① 쇠다 : 명절, 생일, 기념일 같은 날을 맞이하여 지내다.
② 심심(甚深)하다 : 마음의 표현 정도가 매우 깊고 간절하다.
③ 게걸스럽다 : 몹시 먹고 싶거나 하고 싶은 욕심에 사로잡힌 듯하다.

06 정답 ③

핵심주제 : 맞춤법

한글 맞춤법 제39항에 따라 '만만하지 않다'는 어미 '-하지' 뒤에 '않-'이 어울려 '-찮-'이 되어야 하므로, 그 준말은 '만만찮다'로 적어야 옳다.

〈 작품해석 〉
한글 맞춤법 제39항
• -지 + 않- ⇒ -잖-
  예 그렇지 않은 ⇒ 그렇잖은
  예 적지 않은 ⇒ 적잖은
• -하지 + 않- ⇒ -찮-
  예 만만하지 않다 ⇒ 만만찮다
  예 변변하지 않다 ⇒ 변변찮다

07 정답 ②

핵심주제 : 띄어쓰기

읽는데 → 읽는∨데
'읽는데'의 '데'는 '일'이나 '것'의 뜻을 지닌 의존 명사이므로, '읽는∨데'와 같이 앞말과 띄어 써야 옳다.

오답해설

① '이나마'는 어떤 상황이 이루어지거나 어떻다고 말해지기에는 부족한 조건이지만 아쉬운 대로 인정됨을 나타내는 보조사이므로, '몸이나마'와 같이 앞말에 붙여 쓰는 것이 옳다.

③ '만한'은 앞말이 뜻하는 행동을 하는 것이 가능함을 나타내는 말인 보조 형용사 '만하다'의 활용형이므로, '살∨만한'과 같이 본 용언 다음에 띄어 쓰는 것이 옳다.

④ '따위'는 앞에 나온 대상을 낮잡거나 부정적으로 이르는 말인 의존 명사이므로 앞말과 띄어 써야 하고, '는'은 보조사이므로 '따위'에 붙여 '괴로움∨따위는'과 같이 써야 옳다.

08 정답 ③

핵심주제 : 한자어

'敬聽(경청)'은 '공경하는 마음으로 들음'을 뜻하므로, 제시문의 내용상 '귀를 기울여 들음'을 뜻하는 '傾聽(경청)'으로 고쳐 써야 옳다.

오답해설

㉠ 체감(體感) : 몸으로 어떤 감각을 느낌
㉡ 혁파(革罷) : 묵은 기구, 제도, 법령 따위를 없앰
㉢ 일몰(日沒) : 해가 짐

09 정답 ④

핵심주제 : 문법

'갈텐데'에서 '텐데'는 '터인데'의 줄임말이고 '터'는 '처지'나 '형편'을 뜻하는 의존 명사이므로, '갈∨텐데'와 같이 앞말과 띄어 써야 옳다. 또한 '갈'은 관형사형 어미 '-ㄹ'이 붙어 뒤의 '터'를 꾸미고 있으므로, '-ㄹ∨텐데'와 같이 띄어 써야 옳다. 즉, '-ㄹ∨텐데'가 하나의 단어가 아니기 때문에 국어사전에서 찾을 수 없고, 결국 의존 명사 '터'를 먼저 찾아야 한다.

10 정답 ①

핵심주제 : 비문학

쟁점 제기
제시문은 지적 판단이 필요한 상황에서 합리적 결정을 내릴 수 있는 인공지능을 반길 일인지, 아니면 경계해야 할 일인지 독자들에게 묻고 있다. 즉, 저자는 인공지능이 인류에게 축복이 될지 아니면 재앙이 될지 논지의 쟁점을 제기하고 있는 것이다.

PART 02 **2023**

11

정답 ④

핵심주제 : 속담

사또의 생일인 다음 날 죽을 위기에 처한 춘향이에게 어사또가 '천붕우출'이라며 춘향이를 위로하고 있다. 여기서 '천붕우출(天崩牛出)'이란 '하늘이 무너져도 솟아날 구멍이 있다'는 뜻으로, 아무리 어려운 경우에 처하더라도 살아 나갈 방도가 있음을 암시하고 있다.

오답해설

① 도둑이 제 발 저리다 : 지은 죄가 있으면 자연히 마음이 조마조마하여짐을 비유적으로 이르는 말
② 웃는 낯에 침 못 뱉는다 : 좋은 낯으로 접근해 오는 사람에게는 모질게 굴지 못한다는 말
③ 모로 가도 서울만 가면 된다 : 무슨 수단이나 방법으로라도 목적만 이루면 된다는 말

〈 작품해석 〉
작자 미상. 〈춘향가〉
• 갈래 : 판소리계 소설
• 성격 : 해학적, 풍자적, 평민적
• 배경 : 조선 후기 전라도 남원 지방
• 제재 : 춘향과 몽룡의 사랑
• 주제 : 신분을 초월한 남녀 간의 사랑
• 특징
  – 해학과 풍자에 의한 골계미가 나타남
  – 언어유희의 말하기 방식이 두드러짐
  – 춘향과 변학도를 중심으로 한 갈등 양상이 뚜렷함

12

정답 ②

핵심주제 : 고전문법

'써잇노라'에서 '–노라'는 자기의 동작을 장중하게 선언하거나 감동의 느낌을 주는 종결 어미로, 현대국어에서 '–고 있다'를 이용해 '(이미) 쓰고 있다'로 해석할 수 있다.

오답해설

① '년닙희'의 '닙'은 '잎'을 뜻하는 말로 중세국어에서 본래 '닙'이라 표기하였는데, 첫소리의 모음 'ㅣ' 앞에서 'ㄴ'이 탈락하는 두음 법칙에 의해 '잎'이 된 것이다. 그러므로 ㄴ첨가 현상이 표기에 반영된 것은 아니다.
③ 중세국어에서 'ㄱ, ㄴ, ㄷ, ㄹ, ㅁ, ㅂ, ㅅ, ㅇ'은 '초종성통용팔자'라고 하여 초성과 종성에 두루 쓸 수 있었으므로, '닫'과 '좃노가'의 받침 'ㄷ, ㅅ, ㄴ'을 당시의 실제 발음대로 적은 것인지 알 수 없다.
④ '반찬으란'의 '으란'은 현대국어에서 '어떤 대상이 다른 것과 대조됨'을 뜻하는 보조사 '은'에 해당한다.

〈 작품해석 〉
윤선도. 〈어부사시사〉
• 갈래 : 연시조
• 성격 : 풍류적, 전원적, 자연친화적
• 제재 : 어촌의 자연과 어부의 삶
• 주제 : 어촌에서 자연을 즐기며 한가롭게 살아가는 여유와 흥취
• 특징
  – 대구적 표현 구조 안에서 다채로운 감각적 묘사를 시도함
  – 여음구와 후렴구가 규칙적으로 등장하여 평시조에 변화를 줌
  – 여음구를 통해 화자의 동선을, 후렴구를 통해 화자의 행동을 보여 줌

13

정답 ④

핵심주제 : 비문학

주어진 글은 공감하는 방법에 대해 설명하고 있다. 제시문의 (라)에서 상대방의 말투, 표정, 자세는 비언어적 표현에 해당하며, 상대방의 관점, 심정, 분위기, 태도에 맞추는 것은 상대방의 감정과 느낌을 헤아리는 행동이다. 그러므로 주어진 글은 제시문의 (라)에 들어가는 것이 가장 적절하다.

14

정답 ③

핵심주제 : 고려가요

고려가요는 기록되어 있던 것을 다시 한글로 기록한 것이 아니라, 구전되어 오던 것을 나중에 한글로 기록한 것이다. 고려가요가 불리던 당시에는 우리말이 없었기 때문에 민요로 구전되다가, 훈민정음 창제 이후 악학궤범, 악장가사, 시용향악보 등에서 한글로 기록되었다.

〈 작품해석 〉
작자 미상, 〈가시리〉
- **갈래** : 고려가요(속요), 서정시
- **성격** : 서정적, 전통적, 여성적, 민요적
- **운율** : 3 · 3 · 2조의 3음보
- **어조** : 애상적, 자기희생적
- **제재** : 임과의 이별
- **주제** : 이별의 정한
- **특징**
  – 민족 전통의 정서인 한(恨)의 정서를 형상화 함
  – 한시와 같은 '기–승–전–결'의 4단 구성을 취함
  – 화자의 정서를 간결한 형식에 담아 절묘하게 표현함

15 정답 ④

핵심주제 : 고전 시가

㉣의 '셜온 님 보내옵노니'는 '서러운 임을 보내 드린다'는 의미로, 여기서 '서러운 임'은 '서러운'의 주체에 따라 '이별을 서러워하는 임' 또는 '나를 서럽게 하는 임'으로 해석할 수 있다.

오답해설
㉠ '나는'은 의미 없이 운율을 맞추기 위한 여음구로, 시가에서 일정한 간격을 두고 반복되어 나타나는 말이나 소리이다.
㉡ '잡ᄉ아 두어리마ᄂᆞᆫ'은 임을 가지 못하게 '붙잡아두고 싶지만'의 의미이다.
㉢ '선ᄒᆞ면 아니 올셰라'는 '서운하면 오지 않을까 두려워'라는 의미로, 사랑하는 임이 돌아오지 않을까봐 걱정하는 염려의 마음을 담고 있다.

16 정답 ①

핵심주제 : 문장 부호

①은 한 문장 안에 몇 개의 선택적인 물음이 이어진 경우이므로, '너는 중학생이냐, 고등학생이냐?'처럼 맨 끝의 물음에만 물음표(?)를 써야 한다.

17 정답 ③

핵심주제 : 현대 시

㉢의 '부끄러운 일이다.'는 친일파 지식인에 대한 비판 정신을

보여주는 것이 아니라, 암울한 현실에 적극적으로 대항하지 못하는 자신의 모습을 반성하고 성찰한 것이다.

〈 작품해석 〉
윤동주, 〈쉽게 씌어진 시〉
- **갈래** : 자유시, 서정시
- **성격** : 저항적, 반성적, 미래지향적
- **제재** : 현실 속의 자신의 삶
- **주제** : 어두운 시대 현실에서 비롯된 고뇌와 자기 성찰
- **특징**
  – 상징적 시어를 대비하여 시적 의미를 강화함
  – 두 자아의 대립과 화해를 통해 시상을 전개함

18 정답 ①

핵심주제 : 현대 시

ⓐ, ⓑ의 '나'는 '침전하는 나'이므로 현실을 극복하려는 적극성이 결여된 현실적 자아이다.
ⓒ의 '나'는 '최후의 나'로 '시대처럼 올 아침'을 기다린다고 하였으므로, 반성을 통해 성숙해진 성찰적 자아이다.
ⓓ의 '나'가 ⓔ의 '나'에게 작은 손을 내민다고 하였으므로, ⓓ의 '나'는 적극적인 성찰적 자아이며 ⓔ의 '나'는 수동적인 현실적 자아이다.
그러므로 ⓐ, ⓑ, ⓔ는 현실적 자아이고, ⓒ, ⓓ는 성찰적 자아이다.

19 정답 ④

핵심주제 : 현대 시

'쉽게 쓰여진 시'에서 작가는 일제 강점기의 암울한 현실 속에서 시를 쉽게 쓰고 있는 것에 대한 부끄러움을 엄격한 자기반성을 통해 성찰하고 있다. 그러므로 '쉽게 쓰여진 시'라는 제목은 시인으로서의 인간적 갈등과 자아 성찰을 담아 어렵게 쓴 작품에 대한 반어적 표현이라고 볼 수 있다.

20 정답 ①

핵심주제 : 비문학

제시문에서 행루오리(幸漏誤罹)는 운 좋게 누락되거나 잘못 걸려드는 것을 말한다고 하였다. 빈칸 뒤의 걸려든 사람만 억울한

것은 '잘못 걸려든 경우'에 해당하므로, 빈칸에는 '운 좋게 누락된 경우'가 들어가면 된다. 똑같이 죄를 지었는데 당국자의 태만이나 부주의로 법망을 빠져나간 경우는 '운 좋게 누락된 경우'에 해당하므로, ⓵이 빈칸에 들어갈 말로 가장 적절하다.

> **오답해설**

②·③·④ 모두 행루오리(幸漏誤罹)의 '잘못 걸려든 경우'에 해당한다.

21　　　정답 ①

> 핵심주제 : 비문학

제시문은 에이아이(AI) 산업의 모멘텀으로 알파고에 이은 챗지피티의 등장을 주목하면서, 앞으로 이를 활용한 서비스 기업들이 부상할 것으로 내다봤다. 그러면서 글의 말미에 우리나라도 국가 경쟁력을 높이기 위해 많은 서비스 기업들이 나와야 한다고 주문하고 있다. 따라서 제시문의 제목으로는 '챗지피티, 이제 서비스다'가 가장 적절하다.

22　　　정답 ③

> 핵심주제 : 비문학

제시문의 네 번째 문단에서 챗지피티는 '지식 모델'이 아니고 '언어 모델'이라 정보를 종합하고 추론하는 능력은 매우 우수하지만, 최신 지식은 부족하다고 서술하고 있다. 그러므로 챗지피티가 정보를 종합하여 추론하는 언어 모델이 아니라 최신 정보를 축적하는 지식 모델이라는 ③의 설명은 적절하지 않다.

> **오답해설**

① 두 번째 문단에서 챗지피티가 알파고와 다른 점은 대중성이라고 하였다.

② 세 번째 문단에 많은 사람이 챗지피티가 모든 산업에 지각변동을 불러일으킬 것으로 기대한다고 서술되어 있다.

④ 마지막 문단에서 현재 대형 언어 모델을 만드는 빅테크 기업들이 주목받고 있지만, 실리콘밸리에서는 여러 서비스 기업들이 부상 중이라고 밝히고 있다.

23 　　　정답 ④

> 핵심주제 : 현대 소설

해당 작품에서 주인공은 어디로 가야할지 삶의 방향을 찾지 못하고 방황하지만, 날개를 달고 다시 한 번 비상하기를 소망한다.

즉, 자아 상실의 무기력한 삶에서 벗어나 본래의 자아를 회복하려는 의지를 보여주고 있다.

> 〈 작품해석 〉
> **이상, 〈날개〉**
> • **갈래** : 단편 소설, 심리 소설
> • **성격** : 고백적, 상징적
> • **시점** : 1인칭 주인공 시점
> • **배경** : 시대 - 1930년대 / 장소 - 경성
> • **주제** : 자아가 분열된 삶 속에서 진정한 정체성을 회복하기 위한 내면적 욕구
> • **특징**
> 　– 의식의 흐름 기법에 의해 내용이 전개됨
> 　– 상징적인 소재로 주제 의식을 드러냄
> 　– 공간의 대조를 통해 인물 간의 차이를 보여줌

24　　　정답 ②

> 핵심주제 : 비문학

'회고적'이란 지나간 일을 돌이켜 생각하는 것으로, 제시문에서 과거를 회상하는 서술 내용은 보이지 않는다.

> **오답해설**

① 노인들의 낙상 사고가 잦은 이유와 노화가 빨라지는 원인을 논리적 태도로 서술하고 있다.

③ 노년층에게 적극적인 근력운동을 처방하지 않는 것을 비판적 태도로 서술하고 있다.

④ 노인들에 대한 정확한 처방 없이 요양병원만 늘어나는 것에 대해 안타까운 일이라며 동정적 대토로 서술하고 있다.

25　　　정답 ②

> 핵심주제 : 비문학

(가)의 앞 문장에서는 상사에게 보고할 때 결론부터 말하라고 되어 있고, 뒤 문장에서는 일부러 결론을 뒤로 미뤄 상대의 관심을 끌어야 할 때도 있다고 하였다. 그러므로 (가)에는 앞뒤의 내용이 상반될 때 사용하는 '하지만'이 들어가는 것이 적절하다. (나)의 앞 문장에서는 사무적인 관계라면 쓸데없는 시간과 노력을 들이지 않아도 된다고 하였고, 뒤 문장에서는 라이벌 관계라면 차이가 없는 만큼 미묘한 줄다리기가 필요하다고 하였다. 그러므로 (나)에는 앞뒤의 내용이 상반될 때 사용하는 '하지만'이 들어가는 것이 적절하다.

행정학

출제 문항 분석

영역	문항 수
행정학의 기초이론	7
정책론	5
조직론	3
인사행정론	4
재무행정론	3
행정환류론	1
지방행정론	2

정답				
01 ④	02 ②	03 ②	04 ①	05 ②
06 ①	07 ④	08 ②	09 ③	10 ①
11 ④	12 ③	13 ④	14 ②	15 ①
16 ③	17 ④	18 ①	19 ②	20 ④
21 ④	22 ①	23 ④	24 ③	25 ③

01 정답 ④

핵심주제 : 비교행정론

비교행정론은 각국의 행정에 영향을 미치는 여러 환경적 요인을 비교하여 행정을 과학화하고 행정 개선전략을 도출하려는 접근방법이므로, 행정학의 기술성보다는 과학성을 강조한다.

02 정답 ②

핵심주제 : 동기부여 이론

허츠버그(F. Herzberg)의 욕구충족이론에 의하면 만족요인이 충족되는 경우 동기가 부여된다. 위생요인(hygiene factor)의 충족은 불만을 제거할 뿐이며 직무수행에 대한 동기를 유발하지 못한다.

허츠버그(F. Herzberg)의 욕구충족이론

- 불만요인이 제거된다고 하여 만족하는 것이 아니며, 만족요인이 없다고 해서 불만이 야기되는 것도 아님
- 불만요인(위생요인)의 충족은 불만을 제거할 뿐이며 직무수행에 대한 동기를 유발하지 못함
- 만족요인(동기요인)이 충족되어야 직무수행을 위한 동기가 유발됨

- 구성원들의 만족을 통해 직무동기를 높이기 위해서는 동기요인에 중점을 둔 동기화 전략이 중요하며, 그 처방으로서 직무충실을 제시함

03 정답 ②

핵심주제 : 로위(T. J. Lowi)의 정책유형

종합소득세, 임대주택, 노령연금은 로위(T. J. Lowi)의 정책유형 중 재분배정책에 해당한다. 분배정책은 국민에게 권리나 편익·재화·서비스를 제공하는 정책으로 보조금 지급, 국공립학교 교육서비스, SOC(사회간접자본) 구축, 주택자금 대출, 국유지 불하(拂下), 택지분양, 벤처기업 창업지원금 지원, 무의촌 보건진료, 농어촌소득증대사업, 박물관·미술관 건립, 공원 조성, 기업에 대한 수출보조금 지급 및 수출정보 제공 등 주로 급부행정에 해당한다.

04 정답 ①

핵심주제 : 조직관리

조직 내 구성원 간의 목표는 다를 수 있으므로 이를 전제로 관리전략을 수립해서는 안 되며, 조직목표와 성과를 달성하기 위한 방향으로 구성원을 조정·통합하는 관리전략이 필요하다.

05 정답 ②

핵심주제 : 정책의제

정책의제(policy agenda)란 사회적 문제를 해결하기 위해 정책담당자가 공식적으로 다루기로 한 정책문제이므로, 정부가 적극적으로 개입하여 해결하기 위해 채택한 문제라고 볼 수 있다.

06 정답 ①

핵심주제 : 예산제도

준예산은 새로운 회계연도가 개시될 때까지 예산안이 의결되지 못한 때 정부가 예산안이 의결될 때까지 다음의 목적을 위한 경비를 전년도 예산에 준하여 집행하는 것을 말한다.

- 헌법이나 법률에 의하여 설치된 기관 또는 시설의 유지·운영
- 법률상 지출의무의 이행
- 이미 예산으로 승인된 사업의 계속

07 정답 ④

핵심주제 : 추가경정예산

정부는 예산에 변경을 가할 필요가 있을 때 추가경정예산안을 편성하여 국회에 제출할 수 있으나, 국회에서 추가경정예산안이 확정되기 전에 이를 미리 배정하거나 집행할 수 없다.

08 정답 ②

핵심주제 : 지방자치의 기능

지역 간 행정의 통일성 확보는 중앙집권의 장점에 해당한다. 지방자치는 행정상의 의사결정권 등 권한이 지방정부에 위임 · 분산되어 있으므로 지역 간 행정의 통일성을 확보하기 어렵다.

모르면 간첩

중앙집권 & 지방분권

중앙집권	지방분권
• 전국적인 계획행정과 강력한 통제행정에 유리 • 국가적 차원의 신속한 위기극복 • 정책의 통일성 · 안정성 · 균일성 · 형평성 유지 • 대규모 사업에 유리 • 행정능률의 향상에 기여	• 행정에 대한 민주통제와 민의반영 강화 • 지역실정에 맞는 행정이 가능 • 자치단체 간의 경쟁 촉진 및 혁신 유도 • 참여와 정치훈련으로 사기 양양 • 일선에서의 신속한 업무 처리

09 정답 ③

핵심주제 : 뉴거버넌스(New Governance)

행정의 경영화와 시장화를 중시하기 때문에 행정과 정치의 관계를 이원론적으로 보는 입장은 신공공관리론이다. 뉴거버넌스는 행정의 정치화와 시민참여를 중시하는 정치 · 행정 일원론적 입장이다.

10 정답 ①

핵심주제 : 신공공관리론

신공공관리론은 1980년대 행정의 탈정치화를 강조하면서 작지만 효율적인 정부를 구현하고 시장지향, 성과지향, 고객지향의 개혁을 주장하였다.

오답해설

② 신공공관리론은 행정조직의 확대가 아닌 작고 효율적인 정부를 추구하며, 행정의 공동화를 초래한다는 한계가 있다.

③ 정부, 시장, 시민사회의 평등한 관계를 중시하는 것은 뉴거버넌스이다.

④ 신공공관리론은 과정이나 절차보다 성과나 결과에 가치를 둔다.

11 정답 ④

핵심주제 : 시장실패

불완전경쟁에 대해서는 정부가 법적 · 제도적 권위나 규제, 부담금 부과 등을 시장 개입수단으로 활용하는 공적 규제(정부 규제)로 대응할 수 있다.

모르면 간첩

시장실패에 대한 정부의 대응

• **공적 공급(조직)** : 정부가 조직을 구성하여 시장 개입수단으로 활용
• **공적 유도(유인)** : 정부가 조세감면, 보조금 지급 등의 경제적 유인책을 시장 개입수단으로 활용
• **공적 규제(권위)** : 정부가 법적 · 제도적 권위나 규제, 부담금 부과 등을 시장 개입수단으로 활용

구분	공적 공급 (조직)	공적 유도 (유인)	공적 규제 (권위)
공공재의 존재	○		
불완전 경쟁 (독과점)			○
자연독점	○		○
외부효과의 발생		○	○
정보의 격차		○	○

12 정답 ③

핵심주제 : Nakamura & Smallwood의 정책집행유형

고전적 기술자형은 정책결정자가 정책집행자의 활동을 통제하며, 목표를 달성하기 위한 미미한 재량권만을 정책집행자에게 위임하는 유형이다.

① 정책결정자가 집행자에게 광범위한 재량권을 위임하게 되는 유형은 재량적 실험가형이다.

② 고전적 기술자형은 집행자가 많은 재량권을 갖지 않는다.

④ 집행자들이 정책결정자와 목표나 목표달성을 위한 수단에 관하여 협상하는 유형은 협상가형이다.

모르면 간첩

Nakamura & Smallwood의 정책집행유형

〈고전적 기술자형〉

- 정책결정자가 정책과정 전반을 지배
- 결정자는 구체적인 목표와 내용, 정책수단을 수립
- 결정자는 집행자의 활동을 통제하며, 목표를 달성하기 위한 미미한 재량권(기술적 권한)만을 집행자에게 위임
- 집행자는 결정자가 결정한 정책목표와 내용을 지지하고 이를 실행
- 정책실패 시 그 원인을 집행자의 기술자 능력 부족(기술적 결함) 때문이라고 봄

---

13 정답 ④

핵심주제 : 점증모형

정보접근성은 합리모형의 논리적 근거에 해당한다. 점증모형은 정보접근성이 제약되어 정책결정자의 인지능력, 정보, 시간, 비용 등에 한계가 있음을 인정한다.

① 매몰 비용 : 점증모형은 매몰비용과 관련된 정책결정 방법을 설득력 있게 설명한다.

② 실현가능성 : 점증모형은 다양한 이해관계자의 참여와 정치적 합의를 통해 정치적 갈등을 줄이고 실현가능성을 높이다.

③ 제한적 합리성 : 점증모형은 만족모형의 제한된 합리성과 미국 다원주의 사회의 정책적 제약까지 고려한 모형이다.

---

14 정답 ②

핵심주제 : 공공부문의 민영화

자원봉사(volunteers) 방식은 직접적인 보수는 받지 않으면서 서비스 생산과 관련된 현금지출(실비)만 보상받고 정부를 위해 봉사하는 사람들을 활용하는 방식이다.

---

15 정답 ①

핵심주제 : 시민사회조직

대체적 → 보완적

비정부조직이 생산하는 공공재나 집합재의 생산비용을 정부가 지원하는 경우에는 정부와 보완적 관계를 형성한다. 대체적 관계는 국가가 공급에 실패한 공공재·집합재를 비정부조직이 대신 공급하게 되는 경우에 형성된다.

---

16 정답 ③

핵심주제 : 엽관제 공무원제도

엽관제(spoils system)는 정치적 요인을 근거로 한 임용 때문에 정권교체 시 대량 경질로 인한 행정의 안정성과 중립성을 저해한다. 엽관제가 공직경질제, 교체임용제, 공직교체제 등으로 불리는 이유이다.

모르면 간첩

엽관제의 장·단점

장점	• 공무원의 적극적 충성심을 확보 • 공직경질제를 통한 공직특권화 방지 및 민주통제 강화 • 관료주의화와 공직침체의 방지 • 참여기회의 제공으로 평등이념에 부합 • 공약실현 및 정당정치 발전에 기여 • 지도자의 정치적 리더십 강화
단점	• 행정의 안정성·일관성·계속성·중립성 저해 • 행정능률의 저하, 위인설관(爲人設官)으로 인한 국가예산 낭비 • 공직의 정치적·행정적 부패, 공익 저해 • 공직의 기회균등정신 위배, 임용의 공평성 상실 • 관료의 정당사병화 • 신분보장의 임의성으로 인한 직업공무원제 성립 저해

---

17 정답 ④

핵심주제 : 전략적 인적자원관리

전략적 인적자원관리는 인적자원을 조직의 주요한 자산이자 전략적 자원으로 활용하므로, 조직의 전략적 목표달성을 위해 개인의 욕구가 희생되어야 한다고 보지 않는다.

18

정답 ①

핵심주제 : 성과주의 예산

프로그램을 이용하여 장기적인 계획과 연차별 예산이 유기적으로 연계되는 것은 계획예산의 장점에 해당한다.

모르면 간첩

성과주의예산(PBS)의 장점
- 관리층에 효율적인 관리수단을 제공하며, 의사결정력 제고
- 국민과 의회가 정부사업의 목적과 활동을 이해하기 쉬움
- 사업별 산출근거가 제시되므로 의회의 예산심의가 간편함
- 실적평가 및 장기계획 수립 및 실시에 유용하며, 차기 회계연도 예산 반영 가능
- 예산편성에 있어 자원배분의 합리화·효율화에 기여함
- 통제가 아닌 관리 중심의 예산이므로 예산 집행의 자율적 관리 및 신축성 확보가 용이함

19

정답 ②

핵심주제 : 정책(policy)

정책(policy)은 공익 또는 공적 목표를 위한 정부·공공기관의 행정지침이나 주요 결정 및 활동으로, 정부의 정책결정은 행정의 정책결정기능을 강조한 정치행정일원론과 밀접한 관련이 있다.

20

정답 ③

핵심주제 : 정부 규제

정부의 경제적 규제는 기업의 본원적 활동을 제한하는 것이다. 경제적 규제는 경제 질서의 확립·구현을 위해 민간 경제활동에 정부가 직접 개입하여 설립·생산·판매·유통·가격·퇴출 등 기업의 본원적 경제활동 등을 제약한다.

21

정답 ④

핵심주제 : 애드호크라시(Adhocracy)

네트워크조직은 결정과 기획 같은 핵심 기능만 수행하는 조직을 중심에 놓고 다수의 독립된 조직들을 협력 관계로 묶어 수행하는 조직 형태로, 조직의 자체 기능은 핵심 역량 위주로 합리화하고 그 외의 기능은 외부와의 계약을 통해 수행하는 조직형태이다.

22

정답 ①

핵심주제 : 임파워먼트

임파워먼트(empowerment)는 고객 니즈에 대한 신속한 대응과 함께 구성원이 직접 의사결정에 참여하여 현장에서 개선·변혁이 신속 정확하게 이루어지도록 한다. 즉, 임파워먼트는 변화의 장애가 되는 일체의 요소를 즉각 제거한다.

23

정답 ④

핵심주제 : 고위공무원단

경력개방형직위제도는 개방형 직위 중 특히 공직 외부의 경험과 전문성을 적극 활용할 필요가 있는 직위를 공직 외부에서만 적격자를 선발하는 제도이다. 즉, 경력개방형직위에 공무원은 지원하지 못한다.

24

정답 ③

핵심주제 : 직업공무원제

계급제 → 직위분류제
팬들턴법은 1883년에 제정된 미국의 공무원임용법으로 엽관주의의 폐해를 막고자 실적주의 원칙을 도입하였고, 직위분류제 형태로 전문행정가 중심의 행정체제를 제도화하였다.

25

정답 ③

핵심주제 : 행정서비스

지방자치법 제3조 1항에 '지방자치단체는 법인으로 한다.'고 명시되어 있다. 즉, 지방자치단체는 독자적인 법인격을 가지며 국가의 위임사무나 자치사무를 수행한다.

출제 문항 분석	
영역	문항 수
행정법통론	4
행정작용법	10
행정법상 의무이행 확보수단	3
행정구제법	8

정답				
01 ③	02 ①	03 ③	04 ②	05 ①
06 ③	07 ④	08 ②	09 ②	10 ④
11 ①	12 ④	13 ③	14 ②	15 ④
16 ③	17 ①	18 ③	19 ①	20 ②
21 ②	22 ④	23 ④	24 ②	25 ①

01 군무원 필수 　　　정답 ③

핵심주제 : 행정법의 원칙

행정청은 공익 또는 제3자의 이익을 현저히 해칠 우려가 있는 경우를 제외하고는 행정에 대한 국민의 정당하고 합리적인 신뢰를 보호하여야 한다(행정기본법 제12조 신뢰보호의 원칙).

02 　　　정답 ①

핵심주제 : 행정행위

상대방 있는 행정처분은 특별한 규정이 없는 한 의사표시에 관한 일반법리에 따라 상대방에게 고지되어야 효력이 발생하고, 상대방 있는 행정처분이 상대방에게 고지되지 아니한 경우에는 상대방이 다른 경로를 통해 행정처분의 내용을 알게 되었다고 하더라도 행정처분의 효력이 발생한다고 볼 수 없다(대판 2019.8.9. 2019두38656).

03 군무원 필수 　　　정답 ③

핵심주제 : 부관

부관은 해당 처분의 목적을 달성하기 위하여 필요한 최소한의 범위여야 한다.

오답해설

① 행정청은 부관을 붙일 수 있는 처분의 경우 그 처분을 한 후에도 당사자의 동의가 있다면 부관을 새로 붙일 수 있다.
② 행정청은 처분에 재량이 있는 경우에는 법률에 근거가 없어도 부관을 붙일 수 있다.
④ 부담은 행정행위의 불가분적인 요소가 아니며, 부담 그 자체를 독립하여 행정쟁송의 대상으로 할 수 있다.

〈 법령 〉
행정기본법
제17조(부관) ④ 부관은 다음 각 호의 요건에 적합하여야 한다.
1. 해당 처분의 목적에 위배되지 아니할 것
2. 해당 처분과 실질적인 관련이 있을 것
3. 해당 처분의 목적을 달성하기 위하여 필요한 최소한의 범위일 것

04 　　　정답 ②

핵심주제 : 행정행위

처분의 근거 법령이 행정청에 처분의 요건과 효과 판단에 일정한 재량을 부여하였는데도, 행정청이 자신에게 재량권이 없다고 오인한 나머지 처분으로 달성하려는 공익과 그로써 처분상대방이 입게 되는 불이익의 내용과 정도를 전혀 비교형량 하지 않은 채 처분을 하였다면, 이는 재량권 불행사로서 그 자체로 재량권 일탈·남용으로 해당 처분을 취소하여야 할 위법사유가 된다(대판 2019.7.11. 2017두38874).

05 　　　정답 ①

핵심주제 : 손해배상

「국가배상법」이 정한 손해배상청구의 요건인 '공무원의 직무'에는 국가나 지방자치단체의 권력적 작용뿐만 아니라 비권력적 작용도 포함되지만, 단순한 사경제의 주체로서 하는 작용은 포함되지 아니한다(대판 1999.11.26. 98다47245).

06 정답 ③

핵심주제 : 정보공개제도

정보공개제도는 공공기관이 보유·관리하는 정보를 그 상태대로 공개하는 제도라는 점 등에 비추어 보면, 정보공개를 구하는 자가 공개를 구하는 정보를 행정기관이 보유·관리하고 있을 상당한 개연성이 있다는 점을 입증함으로써 족하다 할 것이다(대판 2014.6.12. 2013두4309).

오답해설

① 정보의 공개 및 우송에 드는 비용은 실비(實費)의 범위에서 청구인이 부담한다.
② 사립대학교도 정보공개를 할 의무가 있는 공공기관에 해당한다.
④ 국내에 사무소를 두고 있는 외국법인 또는 외국단체는 목적과 상관없이 정보공개를 청구할 수 있다.

07 정답 ④

핵심주제 : 손실보상

사업인정의 고시 절차를 누락한 경우 이는 절차상의 위법으로서 수용재결 단계 전의 사업인정 단계에서 다툴 수 있는 취소 사유에 해당하기는 하나, 더 나아가 그 사업인정 자체를 무효로 할 중대하고 명백한 하자라고 보기는 어렵고, 따라서 이러한 위법을 들어 수용재결처분의 취소를 구하거나 무효확인을 구할 수는 없다(대판 2000.10.13. 2000두5142).

08 정답 ②

핵심주제 : 공법·사법관계

공기업·준정부기관이 계약에 근거한 권리행사로서 입찰참가자격 제한 조치를 하였더라도 입찰참가자격 제한 조치는 행정처분이 아니라, 사법상 통지로서 항고소송 대상이 아니다.

09 정답 ②

핵심주제 : 대법원 판례

같은 정도의 비위를 저지른 자들 사이에 있어서도 그 직무의 특성 등에 비추어, 개전의 정이 있는지 여부에 따라 징계의 종류의 선택과 양정에 있어서 차별적으로 취급하는 것은 사안의 성질에 따른 합리적 차별로서 이를 자의적 취급이라고 할 수 없는 것이어서 평등원칙 내지 형평에 반하지 아니한다(대판 1999.8.20. 99두2611).

10 정답 ④

핵심주제 : 재건축·재개발사업

「도시 및 주거환경정비법」상 조합설립추진위원회 구성승인처분을 다투는 소송 계속 중에 조합설립인가처분이 이루어진 경우에는 추진위원회 구성승인처분에 위법이 존재하여 조합설립인가 신청행위가 무효라는 점 등을 들어 직접 조합설립인가처분을 다툼으로써 정비사업의 진행을 저지하여야 하고, 이와는 별도로 추진위원회 구성승인처분에 대하여 취소 또는 무효확인을 구할 법률상의 이익은 없다(대판 2013.1.31. 2011두11129).

11 정답 ①

핵심주제 : 행정계획

국립대학인 서울대학교의 '94학년도 대학입학고사 주요요강'은 사실상의 준비행위 내지 사전안내로서 행정쟁송의 대상이 될 수 있는 행정처분이나 공권력의 행사는 될 수 없지만 그 내용이 국민의 기본권에 직접 영향을 끼치는 내용이고 앞으로 법령의 뒷받침에 의하여 그대로 실시될 것이 틀림없을 것으로 예상되어 그로 인하여 직접적으로 기본권 침해를 받게 되는 사람에게는 사실상의 규범작용으로 인한 위험성이 이미 현실적으로 발생하였다고 보아야 할 것이므로 이는 헌법소원의 대상이 되는 소정의 공권력행사에 해당된다(헌재결 1992.10.1. 92헌마68, 76).

12 정답 ④

핵심주제 : 행정행위

행정행위를 한 처분청은 그 행위에 하자가 있는 경우에는 별도의 법적 근거가 없더라도 스스로 이를 취소할 수 있고, 다만 수익적 행정처분을 취소할 때에는 이를 취소해야 할 공익상의 필요와 그 취소로 인하여 당사자가 입게 될 기득권과 신뢰보호 및 법률생활 안정의 침해 등 불이익을 비교·교량한 후 공익상의 필요가 당사자가 입을 불이익을 정당화할 만큼 강한 경우에 한하여 취소할 수 있다(대판 2008.11.13. 2008두8628).

13

정답 ③

> **핵심주제 : 행정지도**

행정기관은 행정지도의 상대방이 행정지도에 따르지 아니하였다는 것을 이유로 불이익한 조치를 하여서는 아니 된다(행정절차법 제48조 2항).

14

정답 ②

> **핵심주제 : 행정강제**

「행정대집행법」에 따른 행정대집행에서 건물의 점유자가 철거의무자일 때에는 건물철거의무에 퇴거의무도 포함되어 있는 것이어서 별도로 퇴거를 명하는 집행권원이 필요하지 않다(대판 2017.4.28. 2016다213916).

15

정답 ④

> **핵심주제 : 법률관계**

개발부담금 부과처분이 취소된 이상 그 후의 부당이득으로서의 과오납금 반환에 관한 법률관계는 단순한 민사관계에 불과한 것이고, 행정소송절차에 따라야 하는 관계로 볼 수 없다(대판 1995.12.22. 94다51253).

16

정답 ③

> **핵심주제 : 헌법재판소와 대법원 판례**

법령이 특정한 행정기관 등으로 하여금 다른 행정기관을 상대로 제재적 조치를 취할 수 있도록 하면서, 그에 따르지 않으면 그 행정기관에 대하여 과태료를 부과하거나 형사처벌을 할 수 있도록 정하는 경우, 권리구제나 권리보호의 필요성이 인정된다면 예외적으로 그 제재적 조치의 상대방인 행정기관 등에게 항고소송 원고로서의 당사자능력과 원고적격을 인정할 수 있다(대판 2018.8.1. 2014두35379).

17

정답 ①

> **핵심주제 : 행정절차**

「국가공무원법」상 직위해제처분은 당해 행정작용의 성질상 행정절차를 거치기 곤란하거나 불필요하다고 인정되는 사항 또는 행정절차에 준하는 절차를 거친 사항에 해당하므로, 처분의 사전통지 및 의견청취 등에 관한 「행정절차법」의 규정이 별도로 적용되지 않는다(대판 2014.5.16. 2012두26180).

18

정답 ③

> **핵심주제 : 행정행위**

사증발급의 법적 성질, 출입국관리법의 입법 목적, 사증발급 신청인의 대한민국과의 실질적 관련성, 상호주의원칙 등을 고려하면 우리 출입국관리법의 해석상 외국인에게는 사증발급 거부처분의 취소를 구할 법률상 이익이 인정되지 않는다(대판 2018.5.15. 2014두42506).

19 군무원 필수

정답 ①

> **핵심주제 : 공공의 영조물**

「도로교통법」 제3조 제1항에 의하여 특별시장·광역시장·제주특별자치도지사 또는 시장·군수의 권한으로 규정되어 있는 도로에서 경찰서장 등이 설치·관리하는 신호기의 하자로 인한 「국가배상법」 제5조에 따라 지방자치단체는 사무의 귀속 주체로서, 국가는 비용부담자로서 배상의 책임을 진다(대판 1999.6.25. 99다11120).

20

정답 ②

> **핵심주제 : 행정심판**

행정심판의 재결은 피청구인인 행정청을 기속하는 효력을 가지므로 재결청이 취소심판의 청구가 이유 있다고 인정하여 처분청에 처분을 취소할 것을 명하면 처분청으로서는 재결의 취지에 따라 처분을 취소하여야 하지만, 나아가 재결에 판결에서와 같은 기판력이 인정되는 것은 아니어서 재결이 확정된 경우에도 처분의 기초가 된 사실관계나 법률적 판단이 확정되고 당사자들이나 법원이 이에 기속되는 모순되는 주장이나 판단을 할 수 없게 되는 것은 아니다(대판 2015.11.27. 2013다6759).

21

정답 ②

핵심주제 : 개인정보보호

개인정보처리자는 정보주체가 필요한 최소한의 정보 외의 개인
정보 수집에 동의하지 아니한다는 이유로 정보주체에게 재화
또는 서비스의 제공을 거부하여서는 아니 된다(개인정보보호법
제16조 개인정보의 수집 제한)

22

정답 ④

핵심주제 : 헌법재판소와 대법원의 판례

당사자의 신청을 받아들이지 않은 거부처분이 재결에서 취소된
경우에 행정청은 종전 거부처분 또는 재결 후에 발생한 새로운
사유를 내세워 다시 거부처분을 할 수 있다. 그 재결의 취지에
따라 이전의 신청에 대하여 다시 어떠한 처분을 하여야 할지는
처분을 할 때의 법령과 사실을 기준으로 판단하여야 하기 때문
이다(대판 2017.10.31. 2015두45045).

23

정답 ④

핵심주제 : 개인적 공권

환경부장관의 생태 · 자연도 등급결정으로 1등급 권역의 인근
주민들이 가지는 환경상 이익은 환경보호라는 공공의 이익이
달성됨에 따라 반사적으로 얻게 되는 이익에 불과하므로 등급
변경처분의 무효확인을 구할 원고적격이 없다(대판 2014.2.21.
2011두29052).

24

정답 ②

핵심주제 : 행정처분

법령상 토사채취가 제한되지 않는 산림 내에서의 토사채취에
대하여 국토와 자연의 유지, 환경보전 등 중대한 공익상 필요를
이유로 그 허가를 거부할 수 있다(대판 2007.6.15. 2005두9736).

25

정답 ①

핵심주제 : 행정소송

「공기업 · 준정부기관 계약사무규칙」에 따른 낙찰적격 세부기준
은 공공기관이 사인과 사이의 계약관계를 공정하고 합리적 · 효
율적으로 처리할 수 있도록 관계 공무원이 지켜야 할 계약사무
처리에 관한 필요한 사항을 규정한 것으로서 공공기관의 내부
규정에 불과하여 대외적 구속력이 없는 것임을 알 수 있다(대판
2014.12.24. 2010두6700).

2022년도 07월 16일 시행

2022년
기출문제
정답 및 해설

국어

출제 문항 분석

영역	문항 수
문법	4
어문 규정	4
문학	4
비문학	7
한자와 어휘	6

정답				
01 ③	02 ②	03 ④	04 ④	05 ①
06 ②	07 ③	08 ②	09 ③	10 ①
11 ①	12 ④	13 ③	14 ③	15 ②
16 ④	17 ②	18 ①	19 ④	20 ①
21 ②	22 ②	23 ④	24 ①	25 ④

01 군무원 필수   정답 ③

핵심주제 : 띄어쓰기

'좀∨더∨큰∨것'처럼 단음절로 된 단어가 연이어 나타날 때는 붙여 쓸 수 있다는 한글 맞춤법 규정에 따라 '좀더∨큰것'으로 붙여 쓸 수 있다.

오답해설

① → 지난달에 나는 딸도 만날∨겸 여행도 할∨겸 미국에 다녀왔어.
'이달의 바로 앞의 달'을 의미하는 '지난달'은 한 단어이므로 붙여 써야 옳고, '두 가지 이상의 동작이나 행위를 아울러 함'을 의미하는 '겸'은 의존 명사이므로 앞말과 띄어 써야 한다.

② → 이 회사의 경비병들은 물샐틈없이 경비를 선다.
'물샐틈없이'는 '조금도 빈틈이 없이'라는 뜻의 부사로, 한 단어이므로 붙여 써야 옳다.

④ → 그 사람은 감사하기는커녕 적게 주었다고 원망만 하더라.

앞말을 지정하여 어떤 사실을 부정하는 뜻을 강조하는 보조사 '는커녕'은 앞 말과 붙여 써야 옳다.

02   정답 ②

핵심주제 : 문법

'살펴보다'는 동사 '살피다'와 동사 '보다'가 결합하여 만들어진 합성어로, 두 개의 실질 형태소가 결합하여 하나의 단어가 된 말이다.

오답해설

① '교육자답다'는 '교육자'라는 어근에 '특성이나 자격이 있음'을 뜻하는 접미사 '-답다'가 결합한 파생어이다.

③ '탐스럽다'는 '탐'이라는 어근에 '그러한 성질이 있음'을 뜻하는 접미사 '-스럽다'가 결합한 파생어이다.

④ '순수하다'는 '순수'라는 어근에 형용사를 만드는 접미사 '-하다'가 결합한 파생어이다.

03   정답 ④

핵심주제 : 사자성어

전화위복(轉禍爲福)은 '재앙과 근심, 걱정이 바뀌어 오히려 복이 됨'을 뜻하는 사자성어로, 좋지 않은 일이 오히려 좋은 일로 바뀌는 것을 말한다. 그러므로 ④는 "이번에 우리 팀이 크게 진 것을 전화위복(轉禍爲福)으로 여기자."로 고쳐 써야 사자성어의 쓰임이 적절하다.

오답해설

① 견강부회(牽强附會) : 이치에 맞지 않는 말을 억지로 끌어 붙여 자기에게 유리하게 함

② 호시우보(虎視牛步) : 범처럼 노려보고 소처럼 걷는다는 뜻으로, 예리한 통찰력으로 꿰뚫어 보며 성실하고 신중하게 행동함을 이르는 말

③ 도청도설(道聽塗說) : 길에서 듣고 길에서 말한다는 뜻으로, 길거리에 퍼져 돌아다니는 뜬소문을 이르는 말

04 군무원 필수   정답 ④

핵심주제 : 한자어

①·②·③의 '마'는 모두 '磨(갈 마)' 자를 사용하나, ④의 '마'는

'痲(저릴 마)' 자를 사용한다.

① 마모(磨耗)
② 절차탁마(切磋琢磨)
③ 연마(研磨/練磨/鍊磨)
④ 마비(痲痺)

05 정답 ①

핵심주제 : 띄어쓰기

'한'은 관형사이고 '번'은 '일의 차례나 횟수'를 나타내는 의존 명사이므로 '한∨번'처럼 띄어 써야 옳다. '두∨번', '세∨번', '네∨번'도 마찬가지로 띄어 써야 한다.

오답해설

② '지난 어느 때나 기회'를 의미하는 '한번'은 명사로, 한 단어이므로 붙여 쓴다.
③ 어떤 행동이나 상태를 강조하는 뜻을 나타내는 말인 '한번'은 부사로, 한 단어이므로 붙여 쓴다.
④ 어떤 일을 시험 삼아 시도함을 나타내는 말인 '한번'은 부사로, 한 단어이므로 붙여 쓴다.

06 정답 ②

핵심주제 : 비문학

제시문에 따르면 자연은 인간이 배워야 할 진리이며 모든 행동의 도덕적 및 실용적 규범이며 지침이며 길이라고 하였다. 또한 자연은 정복과 활용이 아니라 감사와 보존의 대상이라고 하였다. 그러므로 글쓴이는 세계의 모든 현상과 그 변화의 근본원리가 자연에 있다고 보는 자연주의자이다.

오답해설

① 낭만주의 : 꿈이나 공상의 세계를 동경하고 감상적인 정서를 중시하는 창작 태도
③ 신비주의 : 우주를 움직이는 신비스러운 힘의 감지자인 신이나 존재의 궁극 원인과의 합일은 합리적 추론이나 정하여진 교리 및 의식의 실천을 통하여서는 이루어질 수 없고 초이성적 명상이나 비의(祕儀)를 통하여서만 가능하다고 보는 종교나 사상
④ 실용주의 : 실제 결과가 진리를 판단하는 기준이라고 주장하는 철학 사상으로, 행동을 중시하며 사고나 관념의 진리성은 실험적인 검증을 통하여 객관적으로 타당한 것이어야 한다는 주장

07 정답 ③

핵심주제 : 비문학

자연은 정복과 활용이 아니라 감사와 보존의 대상이라는 제시문의 주제가 문단의 끝에 위치하고 있다. 그러므로 제시문의 구성 방식은 중심 내용이 문단이나 글의 끝부분에 오는 미괄식이다.

08 정답 ②

핵심주제 : 비문학

제시문의 첫 번째 단락에서 인간이 후천적, 인위적으로 구조를 만들었다고 생각하는 것은 잘못이며, 인간은 단지 구조되어 있는 질서에 참여할 뿐이라고 하였다. 또한 두 번째 단락에서 구조란 의식되지 않는 가운데 인간 문화의 기저에서 인간의 행위를 규정함을 뜻하고, 여기에서 인간은 무의식적 주체라고 하였다. 그러므로 주체의 의식적 사유와 행위에 의해 새로운 문화 질서가 창조된다는 ②의 설명은 라캉의 생각과 다르다.

09 정답 ③

핵심주제 : 현대문학

작품에서 시적 화자는 해바라기의 중심을 생의 근원을 향한 아폴로의 호탕한 눈동자로, 해바라기 씨를 의욕의 씨로 묘사하고 있다. 그러므로 해바라기의 외양 묘사를 통해 나타는 '생명에 대한 강렬한 의욕'이 시의 주제로 가장 적절하다.

모르면 간첩

〈 작품해석 〉
김광섭, 〈해바라기〉
• 갈래 : 자유시, 서정시
• 성격 : 비유적, 시각적, 감각적, 예찬적
• 어조 : 의욕적
• 주제 : 해바라기를 통해 보는 생명에 대한 강한 의욕

10 정답 ①

핵심주제 : 비문학

첫 번째 단락에서는 수학 이외의 다양한 분야에서 '방정식'이라는 용어의 적절할 사용 사례를 제시하고 있다. 두 번째 단락에

서는 상황에 영향을 미치는 변수의 개수에 따라 m원 방정식, 상황의 복잡도에 따라 n차 방정식으로 구분할 필요가 있음을 제안하고 있다. 그러므로 '수학 용어의 올바른 활용'이 제시문의 제목으로 가장 적절하다.

11 정답 ①

핵심주제 : 비문학

㉠ 앞쪽 / ㉡ 뒤쪽 / ㉢ 앞쪽

먼 곳의 물체가 흐리게 보이는 근시는 망막의 앞쪽에 초점이 맺혀 초점이 맞지 않는 상이 망막에 맺히기 때문이다. 그런데 물체가 눈에 가까워지면 망막의 ㉠ (앞쪽)에 맺혔던 초점이 ㉡ (뒤쪽)으로 이동하여 망막에 초점이 맺히게 되므로, 흐리게 보이던 물체가 선명하게 보인다. 또한 근시가 심할수록 눈 속에 맺히는 초점이 망막으로부터 더 ㉢ (앞쪽)에 맺히게 되어 가까운 곳의 잘 보이는 거리가 더 짧아진다.

12 정답 ④

핵심주제 : 사자성어

㉠은 좋지 않은 일이 반복적으로 일어나는 상황을 묘사한 것이므로 설상가상(雪上加霜), 전호후랑(前號後狼), 복불단행(福不單行)과 그 의미가 일치한다. 고장난명(孤掌難鳴)은 외손뼉만으로는 소리가 울리지 않는다는 뜻으로, 혼자의 힘만으로 어떤 일을 이루기가 어려움을 이르는 말이다.

오답해설
① 설상가상(雪上加霜) : '눈 위에 서리가 덮인다.'는 뜻으로, 난처한 일이나 불행한 일이 잇따라 일어남을 이르는 말
② 전호후랑(前號後狼) : '앞문에서 호랑이를 막고 있으려니까 뒷문으로 이리가 들어온다.'는 뜻으로, 재앙이 끊일 사이 없이 닥침을 비유적으로 이르는 말
③ 복불단행(福不單行) : '복은 홀로 오지 않는다.'는 뜻으로, 화를 동반하여 나쁜 일도 함께 일어남을 이르는 말

13 정답 ③

핵심주제 : 한자어

'아수라장(阿修羅場)'은 한자어끼리 결합한 단어로, 싸움이나 그 밖의 다른 일로 큰 혼란에 빠진 곳 또는 그런 상태를 뜻한다.

오답해설
① 가욋돈(加外돈) : 한자어와 고유어가 결합한 단어로, 정해진 기준이나 정도를 넘어서는 돈을 뜻한다.
② 고자질(告者질) : 한자어와 고유어가 결합한 단어로, 남의 잘못이나 비밀을 일러바치는 짓을 뜻한다.
④ 관자놀이(貫子놀이) : 한자어와 고유어가 결합한 단어로, 귀와 눈 사이의 맥박이 뛰는 곳을 말한다.

14 정답 ③

핵심주제 : 고전문학

해당 작품은 매화를 꺾어 임 계신 곳에 보내고 싶다며 임에 대한 애절한 그리움과 충절을 노래하고 있다. 마찬가지로 ③의 홍랑의 시조도 묏버들을 꺾어 보내며 임에 대한 그리움을 드러내고 있다. 그러므로 주어진 작품과 내용 및 주제가 가장 비슷한 것은 ③의 홍랑의 시조이다.

오답해설
① 이황의 〈도산십이곡〉으로, 학문 수양에 정진하겠다는 다짐을 드러내고 있다.
② 조식의 시조로, 임금의 승하 소식을 듣고 슬픈 심정을 노래하고 있다.
④ 박인로의 시조로, 돌아가신 어머니에 대한 그리움과 안타까움을 드러내고 있다.

모르면 간첩

〈 작품해석 〉
정철, 〈사미인곡〉
• **갈래** : 양반 가사, 서정 가사
• **성격** : 서정적, 연모적
• **주제** : 임을 향한 일편단심(연군지정)
• **특징**
 – 여성의 목소리에 의탁해 임(임금)에 대한 애절한 그리움과 충절을 노래함
 – 본사는 계절의 흐름에 따라 시상을 전개함
 – 다양한 비유와 상징적 기법을 통해 정서를 효과적으로 드러냄

15 정답 ②

핵심주제 : 어문 규정

깡총깡총(X) → 깡충깡충(O)

'깡충깡충'은 비표준어로, '짧은 다리를 모으고 자꾸 힘 있게 솟구쳐 뛰는 모양'을 뜻하는 '깡충깡충'이 표준어이다.

오답해설
① 발가숭이 : '옷을 모두 벗은 알몸뚱이'라는 뜻의 표준어이다.
③ 뻗정다리 : '벋정다리'의 센말로 표준어이다.
④ 오뚝이 : '밑을 무겁게 하여 아무렇게나 굴려도 오뚝오뚝 일어서는 어린아이들의 장난감'을 뜻하는 표준어이다.

16 정답 ④

핵심주제 : 문법

'주무시다'와 '가다'의 두 용언 중 마지막 용언인 '가다'에 선어말 어미인 '-시-'가 사용되었고, '자다'에 대한 높임의 특수 어휘인 '주무시다'도 사용하고 있으므로, 주어진 제시문의 조건들을 모두 포괄하고 있다.

오답해설
① 높임의 특수 어휘인 '편찮다'와 선어말 어미인 '-시-'가 사용되었으나, 여러 개의 용언이 함께 사용된 경우가 아니다.
② '돌아보다'와 '부탁하다'의 두 용언에 선어말 어미인 '-시-'를 사용하였고, 높임의 특수 어휘도 사용되지 않았다.
③ 마지막 용언인 '웃었다'에 선어말 어미인 '-시-'가 사용되었으나, 높임의 특수 어휘는 사용되지 않았다.

17 정답 ②

핵심주제 : 비문학

유추란 비슷한 대상이나 사실, 개념과의 대비를 통해 전개하는 방식으로, 주어진 제시문에는 유추의 설명 방식이 나타나 있지 않다.

오답해설
① 정의는 어떤 대상이나 용어의 의미, 법칙 등을 명백히 밝혀 진술하는 방식으로, 제시문의 두 번째 단락에서 자막을 '관객이나 시청자가 읽을 수 있도록 화면에 보여 주는 글자'로 정의하고 있다.
③ 예시는 구체적인 사례를 제시하여 일반적인 원리나 법칙 등을 구체화하는 방식으로, 제시문의 첫 번째 단락에서 텔레비전에 사용되는 여러 종류의 자막을 구체적인 사례를 들어 설명하고 있다.
④ 대조는 대상들 간의 차이점을 들어 서술하는 방식으로, 제시

문의 두 번째 단락에서 텔레비전의 자막과 영화의 자막을 대조하여 설명하고 있다.

18 정답 ①

핵심주제 : 비문학

제시문의 서두에서 세계 각국의 정부들이 환경보호 조치를 공격적으로 취해왔음을 언급하고 있고, (나)에서 이러한 환경보호 조치로 인해 성과가 있었음을 사례를 덧붙여 설명하고 있다. (가)에서는 역접의 접속사 '그러나'를 사용해 환경보호 조치가 실패한 경우도 있었음을 설명하고 있으며, 마지막으로 (다)에서는 (나)에서 언급한 환경보호 조치의 실패 사례를 예시하고 있다. 그러므로 제시문은 (나) → (가) → (다)순으로 배열되어야 문맥상 적절하다.

19 정답 ④

핵심주제 : 현대 시

흰 수건, 흰 고무신, 흰 저고리 치마, 흰 띠는 우리 민족이 '흰옷'을 주로 입는 백의민족(白衣民族)이라는 점에서 '우리 민족'을 형상화한 대유법이 사용되었다. 마찬가지로 ④에서 '칼날'은 '고통, 아픔, 위험'의 속성을 상징하는 대유법이다.

오답해설
① '내 누님'을 '꽃'과 같다고 직접적으로 표현한 직유법이 사용되었다.
② '나의 마음'이라는 원관념을 '고요한 물결'이라는 보조관념으로 표현한 은유법이 사용되었다.
③ 무생물인 '파도'를 생물인 것처럼 표현한 활유법이 사용되었다.

> **모르면 간첩**
>
> 〈 작품해석 〉
> **윤동주, 〈슬픈 족속〉**
> • 갈래 : 자유시, 서정시
> • 성격 : 관조적
> • 주제 : 우리 민족의 고단한 삶에 대한 연민
> • 특징
>   – 흰 색의 이미지를 통해 우리 민족의 모습을 형상화 함
>   – 현재형 시제로 대상의 모습을 객관적으로 표현함

20 정답 ①

핵심주제 : 맞춤법

공기밥 → 공깃밥

한자어 '공기(空器)'와 우리말인 '밥'의 합성어인 '공깃밥'은 '공기'와 '밥' 사이에 사이시옷을 받치어 적는다. '공기에 담은 밥'을 뜻하는 '공깃밥'은 사잇소리 현상이 나타나 [공긷빱/공기빱]으로 발음된다.

21 정답 ②

핵심주제 : 고전문학

글쓴이는 문 앞에 흐르는 냇물 소리를 구별해서 들어 본 경험을 통해 단지 마음속에 품은 뜻이 귀로 소리를 받아들여 만들어 낸 것일 따름이라고 설명하고 있다. 즉, 글쓴이는 관찰을 통해 사물의 본질을 이해할 수 있음을 주장한 것이 아니라, 사물의 본질은 마음에 달려 있으므로 외부의 사물에 현혹되지 말아야 함을 역설하고 있다.

오답해설

① '솔바람 같은 소리, 개구리들이 다투어 우는 듯한 소리'에서는 직유법을 활용하고 있고, '수레와 말, 대포와 북의 소리'에서는 은유법을 활용하고 있다.

③ 글쓴이는 문 앞에 흐르는 냇물 소리를 구별해서 들어 본 경험을 통해 물소리는 듣기 여하에 달린 것이라는 자기 생각의 근거로 제시하였다.

④ 글의 서두에서 '이곳이 옛 전쟁터였기 때문에 물소리가 그렇다'고 하는 다른 이의 생각을 반박하기 위하여 이 글을 서술하고 있음을 알 수 있다.

모르면 간첩

〈 작품해석 〉

박지원, 〈일야구도하기〉

• 갈래 : 고전 수필, 기행 수필, 한문 수필
• 성격 : 체험적, 분석적, 교훈적, 설득적
• 제재 : 하룻밤에 강을 아홉 번 건넌 경험
• 주제 : 외부의 사물에 현혹되지 않는 삶의 자세
• 특징
  − 자신의 체험을 바탕으로 주장하고자 하는 바를 뒷받침함
  − 치밀한 관찰력으로 사물의 본질을 꿰뚫어 보는 사색적이고 관조적인 태도를 보임

22 정답 ②

핵심주제 : 어휘

②의 '보다'는 '이익을 보다, 손해를 보다'처럼 '어떤 일을 당하거나 겪거나 얻어 가지다'의 의미로 사용되었고, ① · ③ · ④의 '보다'는 '대상을 평가하다'는 의미로 사용되었다.

23 정답 ④

핵심주제 : 화법(말하기)

침대가 커서 좋다는 갑의 말에 을은 침대가 크고 매우 우아해서 좋다고 동의한 후 침대가 커서 방에 들어가지 않을 것 같다고 자신의 의견을 덧붙이고 있다. 그러므로 을은 자신의 의견과 다른 사람의 의견 사이의 차이점을 최소화하고 자신의 의견과 다른 사람의 의견의 일치점을 극대화하는 '동의의 격률'에 따라 대화하고 있다.

오답해설

① 좀 도와달라는 갑의 요청에 을이 지금 급히 해야 할 일이 있다며 거절하고 있으므로, 을의 대화는 공손성의 원리에 부적절하다.

② 을이 귀가 어두워서 잘 들리지 않는다며 좀 크게 말해달라고 부탁하고 있으므로, 을은 화자 자신에게 혜택을 주는 표현을 최소화하고 화자 자신에게 부담을 주는 표현은 최대화하는 '관용의 격률'에 따라 대화하고 있다.

③ 갑과 을 모두 자기 자신에 대한 칭찬은 최소화하고 자신에 대한 비방을 극대화하는 '겸양의 격률'에 따라 대화하고 있다.

모르면 간첩

공손성의 원리

• 요령의 격률 : 상대방에게 부담이 가는 표현을 최소화하고 상대방의 이익을 극대화하는 것이다.
• 관용의 격률 : 화자 자신에게 혜택을 주는 표현을 최소화하고 화자 자신에게 부담을 주는 표현은 최대화하는 것이다.
• 찬동의 격률 : 다른 사람에 대한 비방을 최소화하고 칭찬을 극대화하는 것이다.
• 겸양의 격률 : 자기 자신에 대한 칭찬은 최소화하고 자신에 대한 비방을 극대화하는 것이다.
• 동의의 격률 : 자신의 의견과 다른 사람의 의견 사이의 차이점을 최소화하고 자신의 의견과 다른 사람의 의견의 일치점을 극대화하는 것이다.

24 정답 ①

핵심주제 : 어휘

①의 '동냥'은 고유어이고, ② · ③ · ④는 모두 한자어이다.

오답해설
② 구걸(求乞) : 돈이나 곡식, 물건 따위를 거저 달라고 빎
③ 중생(衆生) : 많은 사람, 모든 살아 있는 무리
④ 자비(慈悲) : 남을 깊이 사랑하고 가엾게 여김 또는 그렇게 여겨서 베푸는 혜택

25 정답 ④

핵심주제 : 로마자 표기법

체언에서 'ㄱ, ㄷ, ㅂ' 뒤에 'ㅎ'이 따를 때에는 'ㅎ'을 밝혀 적으므로, 북한산을 발음 [부칸산]에 따라 'Bukhansan'으로 표기한 것은 올바르다.

오답해설
① 복연필 – Bok Nyeonphil(X) → Bok Yeonpil(O)
사람의 이름에서 일어나는 음운변화는 표기에 반영하지 않으므로, 'ㄴ'을 첨가하여 표기한 'Nyeonphil'은 잘못된 표기이다. 또한 'ㅍ'은 'p'로 표기해야 하므로 'Yeonpil'로 표기해야 옳다.
② 청와대 – Chungwadae(X) → Cheongwadae(O)
청와대에서 'ㅓ'는 'eo'로 표기하므로 'Cheongwadae'로 표기해야 옳다.
③ 한라산 – Hanrasan(X) → Hallasan(O)
한라산은 [할라산]으로 발음되므로, 유음화를 반영하여 'Hallasan'으로 표기해야 옳다.

행정학

출제 문항 분석

영역	문항 수
행정학의 기초이론	4
정책론	5
조직론	5
인사행정론	3
재무행정론	2
행정환류론	2
지방행정론	4

정답				
01 ③	02 ②	03 ④	04 ①	05 ③
06 ②	07 ③	08 ④	09 ②	10 ④
11 ④	12 ③	13 ①	14 ④	15 ②
16 ③	17 ①	18 ④	19 ②	20 ③
21 ①	22 ②,③	23 ①	24 ④	25 ①

01 정답 ③

핵심주제 : 국가재정운용계획

국가재정운용계획은 기획재정부의 최종 결정으로 확정되는 행정내부계획으로, 국무회의의 심의를 거쳐 정부예산안과 함께 국회에 제출되나 국회의 심의로 확정되는 것은 아니다.

국가재정운용계획의 수립 등

국가재정법 제7조 ① 정부는 재정운용의 효율화와 건전화를 위하여 매년 해당 회계연도부터 5회계연도 이상의 기간에 대한 재정운용계획(이하 "국가재정운용계획"이라 한다)을 수립하여 회계연도 개시 120일 전까지 국회에 제출하여야 한다.

02 정답 ②

핵심주제 : 전략기획

전략기획(strategic planning)은 환경에 대한 분석과 조직진단을 통해 실현가능한 계획 설계에 중점을 두기 때문에 상대적으로 정치 및 경제 등이 안정한 환경 속에서 유용성이 높다.

03 정답 ④

핵심주제 : 정책결정모형

Y.Dror의 최적모형(Optimal Model)은 합리모형의 경제적 합리성에 초합리성을 추가하여 합리모형을 보완한 이론이다. 즉, 합리모형의 한계를 극복하거나 만족모형과 점증모형의 강점을 취한 모형이 아니다.

04 정답 ①

핵심주제 : 행정개혁

행정개혁을 담당하는 조직의 중복성은 개혁기구의 중복에 따른 혼란을 야기할 수 있지만 행정개혁에 대한 저항의 원인은 아니며, 가외성(redundancy)은 오히려 행정개혁의 안정적 추진에 도움이 된다.

05 정답 ③

핵심주제 : 정책결정요인론

정책결정요인론은 정책을 종속변수로 보고 정책에 영향을 미치는 환경요인을 밝혀내는 이론으로, 계량화가 가능한 정략적 변수에만 치중한 나머지 정치체제가 지니는 정성적 변수를 포함하지 않았다는 비판을 받는다.

06 정답 ②

핵심주제 : 자치입법권

지방자치법 상 법률의 위임이 있으면 벌칙을 제정할 수 있으며, 지방자치법 제34조에서는 조례 위반에 대한 과태료를 규정하고 있다.

조례 위반에 대한 과태료

지방자치법 제34조 ① 지방자치단체는 조례를 위반한 행위에 대하여 조례로써 1천만원 이하의 과태료를 정할 수 있다.

07 정답 ③

핵심주제 : 주민참여제도

주민조례발안에 관한 법률 제2조에 따라 18세 이상의 주민(선거권이 없는 사람 제외)은 해당 지방자치단체의 의회에 조례를 제정하거나 개정 또는 폐지할 것을 청구할 수 있다. 즉, 주민은 지방자치단체의 장이 아니라 지방의회에 직접 조례의 제정과 개폐를 청구할 수 있다.

08 정답 ④

핵심주제 : 정책유형

정부가 집단 간에 재산, 소득, 권리 등의 배정을 변동시켜 그들로부터 자원을 획득하는 정책은 재분배정책이다. 추출정책은 국내적·국제적 환경에서 물적·인적 자원이나 수단을 확보하는 것과 관련된 정책이다.

G.Almond & G.Powell의 정책분류

- **추출정책** : 국내적·국제적 환경에서 물적·인적 자원이나 수단을 확보하는 것과 관련된 정책
- **규제정책** : 개인·집단의 활동이나 재산에 대해 정부가 통제나 일정 제한을 가하는 정책
- **재분배정책** : 정부가 각종 재화나 서비스, 지위·권리·이익·기회 등을 정책대상에게 제공하는 정책
- **상징정책** : 국민의 순응과 정부의 정통성·신뢰성을 확보하기 위해 정부가 가치나 규범, 상징·이미지 등을 만들어 사회나 국제적 환경에 유출하는 것과 관련된 정책

09 정답 ②

핵심주제 : 시보제도

시보공무원도 공무원법상 공무원에 해당하기 때문에 시보기간 동안에도 보직을 부여받을 수 있으며, 근무성적이 양호하면 정규직 공무원으로 임용되어 초임 보직을 부여받을 수 있다.

오답해설

① 시보기간 동안은 신분보장이 제한적이지만, 정식 임용 후에 시보기간도 공무원 경력에 포함된다.
③ 시보기간 동안에 직권면직이 되면 해당 정규직 공무원으로 임용되지 않을 뿐, 향후 3년간 다시 공무원으로 임용될 수 없는 결격사유가 발생하는 것은 아니다.
④ 시보기간 동안은 원칙적으로 징계처분에 대한 소청 등의 구제수단이 인정되지 않지만, 인사상 불이익 조치에 대해서는 소청심사청구가 가능하다.

10 정답 ④

핵심주제 : 공직동기이론

Perry & Wise의 공직동기이론은 금전적이고 물질적인 외재적 보상보다 국민과 사회, 그리고 국가를 위해 봉사하려는 이타적 동기부여를 강조한다.

> **모르면 간첩**
>
> **공직동기이론의 3가지 차원**
> - **합리적 차원** : 정책형성과정에 참여, 공공정책에 대한 일체감, 특정한 이해관계에 지지하는 정도
> - **규범적 차원** : 공익적 봉사에 대한 요구, 의무감과 정부 전체에 대한 충성도, 사회적 형평성의 추구
> - **감성적 차원** : 사회적으로 중요한 정책에 대한 몰입, 선의의 애국심

11 정답 ④

핵심주제 : 베버의 관료제

베버(Max Weber)의 관료제에서 조직은 일정한 자격 또는 능력에 따라 규정된 기능을 수행하는 분업의 원리를 따르기 때문에, 관료제의 구성원들은 조직 전반의 일반적인 업무가 아니라 자신에게 배분된 업무에 대해서만 책임을 진다.

12 정답 ③

핵심주제 : 정치행정이원론

행태주의는 과학적관리론의 기계적 인간을 비판하고 인간관계론의 인간관계적 측면을 발전시킨 행정관리론이므로, 행태주의가 과학적 관리법에 기반을 둔 것은 아니다.

13 정답 ①

핵심주제 : 공익의 과정설

공익(public interest)이 인식 가능한 행동결정의 유용한 안내자 역할을 한다는 입장은 과정설이 아니라 실체설에 대한 설명이다.

> **모르면 간첩**
>
> **공익의 과정설**
> - 공익은 실체적 내용이 선험적으로 존재하지 않으며, 사익 간 경쟁·대립을 조정하는 과정에서 형성된다고 본다.
> - 다양한 이해관계가 조정을 통해 공익이 되는 점에서 다원화된 사회의 특성을 반영하며 뉴거버넌스도 이러한 맥락에서 이해된다.
> - 공익개념을 소극적으로 정의하므로 소극설이라고도 하며 다원주의, 현실주의, 개인주의적 관점이다.

14 정답 ④

핵심주제 : 공무원 부패

공무원 부패를 방지하기 위한 가장 중요한 가치는 투명성이다. 투명성의 제고로 공직사회에서 의사결정과 집행과정 등 다양한 공적 활동이 명확하게 드러남에 따라 공직부패를 사전에 예방하는 효과가 있다.

15 정답 ②

핵심주제 : 정부간 관계 모형

영국의 중앙·지방 관계가 중세 귀족사회에서 지주와 그 지주의 명을 받아 토지와 소작권을 관리하는 마름(steward)의 관계에 가깝다고 하여 지주-마름 모형을 제시한 인물은 챈들러(J. Chandler)이다. 그리피스(J. A. Griffith)는 중앙·지방의 관계 모형을 자유방임형, 규제형, 장려형의 3가지 유형으로 나누어 설명하였다.

16 정답 ③

핵심주제 : 시민단체

시민단체의 해석에서 개인의 자유를 중시하는 전통적 자유주의와 개인의 책임을 강조하는 보수주의를 절충한 입장을 취하고 있는 것은 공동체주의이다. 다원주의는 시민단체를 사회적 다원화의 결과물로 본다.

시민단체에 대한 해석의 관점

- **공동체주의** : 개인의 자유를 중시하는 전통적인 자유주의와 개인의 책임을 강조하는 보수주의를 절충한 입장을 취한다.
- **다원주의** : 사회적 다원성을 전제로 하는 민주주의체제 하에서 정부를 보완하는 측면에서 시민단체가 등장한 것으로 본다.
- **사회자본론** : 시민단체의 특성은 신뢰, 규범, 네트워크를 특징으로 하는 사회자본의 특성과 일치한다고 본다.
- **결사체 민주주의** : 이상적 사회는 시민단체와 같은 많은 자발적 결사체가 효과적으로 활동으로 사회이다.

17 정답 ①

핵심주제 : 주민자치

주민자치위원회위원은 읍 · 면 · 동장이 위촉하고, 주민자치회위원은 시 · 군 · 구청장이 위촉한다.

주민자치회와 주민자치위원회의 비교

구분	주민자치회	주민자치위원회
법적 근거	지방자치분권 및 지방행정체제개편에 관한 특별법	없음 (자치단체 개별조례)
성격	법정기구	임의기구
위촉권자	시 · 군 · 구청장	읍 · 면 · 동장
대표성	높음	낮음
기능	주민의견 수렴, 자치계획 수립 등 실질적 주민대표기구	자치사무에 관한 단순 자문기구
자치단체와의 관계	대등한 협력관계	자문관계

18 정답 ④

핵심주제 : 우리나라의 행정환경

한국사회는 현재 전통적인 공동체의식이 약화되고 정보화 · 세계화 등 거시적인 사회환경의 변화로 복잡하고 불확실성이 높아지고 있다.

19 정답 ②

핵심주제 : 애드호크라시(adhocracy)

애드호크라시(adhocracy)는 고정된 계층구조를 갖지 않고 기계적 관료제와 서로 다르게 분권화된 유기적 구조이므로, 구조적으로 낮은 수준의 복잡성, 낮은 수준의 공식화, 낮은 수준의 집권화를 특징으로 한다.

20 정답 ③

핵심주제 : 지능형 정부

생애주기별 맞춤형 서비스를 제공하는 것은 기존 전자정부의 특징에 해당하며, 지능형 정부는 일상틈새를 파고드는 생애주기별 비서형 서비스를 제공한다.

전자정부와 지능형 정부의 비교

구분	전자정부	지능형 정부
정책결정	정부 주도	국민 주도
행정업무	국민/공무원 문제 제기 → 개선	문제 자동인지 → 스스로 대안 제시 → 개선
서비스 목표	양적 · 효율적 서비스 제공	질적 · 공감적 서비스 제공
서비스 내용	생애주기별 맞춤형	일상틈새+생애주기별 비서형
서비스 전달방식	온라인+모바일 채널	수요 기반 온 · 오프라인 멀티채널

21 정답 ①

핵심주제 : 귀인(歸因) 이론

켈리(Kelly)의 귀인이론에 따르면 판단대상 외 다른 사람들이 동일 상황에서 동일 행동을 보이는 정도, 즉 '합의성'이 높다면 그 행동의 원인은 외적 요소에 귀인한 것으로 본다.

켈리(Kelley)의 귀인이론

행동 유형	행동 개념	행동원인	
		내면적	외면적
합의성	동일한 상황에서 여러 사람이 동일하게 행동하는 정도	낮음	높음
일관성	같은 사람이 다른 시간에도 동일하게 행동하는 정도	높음	낮음
특이성	같은 사람이 다른 상황에서도 동일하게 행동하는 정도	높음	낮음

22 정답 ②,③

핵심주제 : 중앙인사기관

② 1999년 중앙인사위원회는 대통령 직속기관이었으므로, 비독립형 합의제 기관이었다.

③ 2008년 중앙인사위원회의 폐지 이후 2013년까지 행정안전부를 거쳐 안전행정부로 인사관리기능이 비독립형 단독제 기관으로 통합되어 운영되었다.

23 정답 ①

핵심주제 : 조직구조

집권화(centralization)는 의사결정 권한의 집중 정도를 나타내는데, 기술(technology)과 집권화의 관계는 다른 변수들 간의 관계에 비해 상관도가 비교적 낮다.

24 정답 ④

핵심주제 : 정책평가

심층면담 및 참여관찰 등의 데이터 수집 방법은 질적 평가방법에 해당한다. 양적 평가방법은 계량적인 자료 분석을 통해 사실적 가치에 초점을 둔 과학적·연역적 접근법으로, 주로 총괄평가에서 많이 사용하는 실험접근법이다.

25 정답 ①

핵심주제 : 우리나라 예산심의

우리나라 예산심의는 정부의 시정연설 후 상임위원회의 예비심사와 예산결산특별위원회의 종합심사를 거쳐 국회에서 의결을 한다. 즉, 본회의 심의에 앞서 종합심사가 이루어진다.

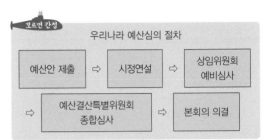

우리나라 예산심의 절차

예산안 제출 ⇨ 시정연설 ⇨ 상임위원회 예비심사

⇨ 예산결산특별위원회 종합심사 ⇨ 본회의 의결

따라 법령 규정을 해석 · 적용하는 데에 아무런 법률상 장애가 없는데도 합리적 근거 없이 사법적 판단과 어긋나게 행정처분을 하였다면 그 하자는 객관적으로 명백하다고 봄이 타당하다(대판 2017.12.28. 2017두30122).

오답해설

① 행정청 내부의 사무처리준칙이 제정 · 공표된 것 자체만으로도 행정청은 자기구속을 받게 되지 않는다.
② 헌법재판소의 위헌결정은 행정청이 개인에 대하여 신뢰의 대상이 되는 공적인 견해를 표명한 것이라고 할 수 없으므로 그 결정에 관련한 개인의 행위에 대하여는 신뢰보호의 원칙이 적용되지 아니한다(대판 2003.6.27. 2002두6965).
③ 부당결부금지의 원칙은 "행정청은 행정작용을 할 때 상대방에게 해당 행정작용과 실질적인 관련이 없는 의무를 부과해서는 아니 된다."라고 행정기본법 제13조에 규정되어 있다.

출제 문항 분석	
영역	문항 수
행정법통론	4
행정작용법	6
행정법상의 의무이행확보수단	3
행정구제법	12

행정법

정답				
01 ①	02 ④	03 ②	04 ②	05 ①
06 ②	07 ④	08 ③	09 ③	10 ①
11 ②	12 ③	13 ③	14 ③	15 ①
16 ④	17 ①	18 ③	19 ④	20 ①
21 ④	22 ②	23 ②	24 ④	25 ②

01

정답 ①

핵심주제 : 행정법의 효력

말일의 다음날 → 말일

법령 등을 공포한 날부터 일정 기간이 경과한 날부터 시행하는 경우 그 기간의 말일이 토요일 또는 공휴일인 때에는 그 말일로 기간이 만료한다.

〈 법령 〉

행정기본법 제7조(법령 등 시행일의 기간 계산)
법령 등(훈령 · 예규 · 고시 · 지침 등을 포함)의 시행일을 정하거나 계산할 때에는 다음의 기준에 따른다.
1. 법령 등을 공포한 날부터 시행하는 경우에는 공포한 날을 시행일로 한다.
2. 법령 등을 공포한 날부터 일정 기간이 경과한 날부터 시행하는 경우 법령 등을 공포한 날을 첫날에 산입하지 아니한다.
3. 법령 등을 공포한 날부터 일정 기간이 경과한 날부터 시행하는 경우 그 기간의 말일이 토요일 또는 공휴일인 때에는 그 말일로 기간이 만료한다.

02

정답 ④

핵심주제 : 행정법

법령이 정한 처분 요건의 구체적 의미 등에 관하여 법원이나 헌법재판소의 분명한 판단이 있고, 행정청이 그러한 판단 내용에

03

정답 ②

핵심주제 : 허가

건축허가는 공익상 필요가 없음에도 불구하고 요건을 갖춘 자에 대한 허가를 관계 법령에서 정하는 제한사유 이외의 사유를 들어 거부할 수 없다(대판 1995.6.13. 94다56883). 즉, 공익상 필요가 있으면 요건을 갖추더라도 허가를 거부할 수 있다.

04

정답 ②

핵심주제 : 처분의 사전통지

신청에 대한 거부처분이라고 하더라도 직접 당사자의 권익을 제한하는 것은 아니어서 신청에 대한 거부처분을 여기에서 말하는 '당사자의 권익을 제한하는 처분'에 해당한다고 할 수 없는 것이어서 처분의 사전통지대상이 된다고 할 수 없다(대판 2003.11.28. 2003두674).

05

정답 ①

핵심주제 : 행정소송

행정처분에 대한 무효확인과 취소청구는 서로 양립할 수 없는 청구로서 주위적 · 예비적 청구로서만 병합이 가능하고 선택적 청구로서의 병합이나 단순병합은 허용되지 아니한다(대판 1999.8.20. 97누6889).

06
정답 ②

핵심주제 : 행정소송

처분의 취소를 구하는 청구에 대한 기각판결이 확정되면 그 처분이 적법하다는 점에 관하여 기판력이 생긴다.

07
정답 ④

핵심주제 : 행정심판

지방자치단체는 행정심판위원회의 직접 처분에 대해 행정심판위원회가 속한 국가기관을 상대로 권한쟁의심판을 청구할 수 있다.

〈 성남시와 경기도 간의 권한쟁의 사건 〉
피청구인이 행한 두 차례의 인용재결에서 재결의 주문에 포함된 것은 골프연습장에 관한 것뿐으로서, 이 사건 진입도로에 관한 판단은 포함되어 있지 아니함이 명백하고, 재결의 기속력의 객관적 범위는 그 재결의 주문에 포함된 법률적 판단에 한정되는 것이다. 청구인은 인용재결내용에 포함되지 아니한 이 사건 진입도로에 대한 도시계획사업시행자지정처분을 할 의무는 없으므로, 피청구인이 이 사건 진입도로에 대하여 까지 청구인의 불이행을 이유로 행정심판법 제37조 제2항에 의하여 도시계획사업시행자지정처분을 한 것은 인용재결의 범위를 넘어 청구인의 권한을 침해한 것으로서, 그 처분에 중대하고도 명백한 흠이 있어 무효라고 할 것이다(헌재 1999.7.22. 98헌라4).

08
정답 ③

핵심주제 : 손해배상

하천정비 기본계획 등에서 정한 계획홍수량 및 계획홍수위를 충족하여 하천이 관리되고 있다면 그 하천은 용도에 따라 통상 갖추어야 할 안전성을 갖추고 있다고 봄이 상당하다(대판 2007.09.21. 2005다65678).

09
정답 ③

핵심주제 : 통치행위

남북정상회담의 개최과정에서 재정경제부장관에게 신고하지 아니하거나 통일부장관의 협력사업 승인을 얻지 아니한 채 북한 측에 사업권의 대가 명목으로 송금한 행위 자체는 헌법상 법치국가의 원리와 법 앞에 평등원칙 등에 비추어 볼 때 사법심사의 대상이 된다(대판 2004.3.26. 2003도7878).

10
정답 ①

핵심주제 : 행정행위의 효력

일반적으로 행정처분이나 행정심판 재결이 불복기간의 경과로 인하여 확정될 경우 확정력은 처분으로 인하여 법률상 이익을 침해받은 자가 처분이나 재결의 효력을 더 이상 다툴 수 없다는 의미일 뿐 판결에 있어서와 같은 기판력이 인정되는 것은 아니어서 처분의 기초가 된 사실관계나 법률적 판단이 확정되고 당사자들이나 법원이 이에 기속되어 모순되는 주장이나 판단을 할 수 없게 되는 것은 아니다(대판 2004.7.8. 2002두11288).

11
정답 ②

핵심주제 : 부관

토지소유자가 토지형질변경행위허가에 붙은 기부채납의 부관에 따라 토지를 국가나 지방자치단체에 기부채납(증여)한 경우, 기부채납의 부관이 당연무효이거나 취소되지 아니한 이상 토지소유자는 위 부관으로 인하여 증여계약의 중요부분에 착오가 있음을 이유로 증여계약을 취소할 수 없다(대판 1999.5.25. 98다53134).

12
정답 ③

핵심주제 : 행정계획

판례는 행정계획에 있어서 형량의 부존재, 형량의 누락, 평가의 과오 및 형량의 불비례 등 형량의 하자별로 위법의 판단기준을 달리하여 개별화하고 있지는 않다.

13
정답 ③

핵심주제 : 행정소송

ㄴ. 어떠한 고시가 일반적ㆍ추상적 성격을 가질 때에는 법규명령 또는 행정규칙에 해당할 것이지만, 다른 집행행위의 매개 없이 그 자체로서 직접 국민의 구체적인 권리의무나 법률관계를 규율하는 성격을 가질 때에는 행정처분에 해당한다(대판 2006.9.22. 2005두2506).

ㄷ. 일정한 행정처분을 구하는 신청을 할 수 있는 법률상 지위에 있는 자의 국토이용계획변경신청을 거부하는 것이 실질

적으로 당해 행정처분 자체를 거부하는 결과가 되는 경우에는 예외적으로 그 신청인에게 국토이용계획변경을 신청할 권리가 인정된다고 봄이 상당하므로, 이러한 신청에 대한 거부행위는 항고소송의 대상이 되는 행정처분에 해당한다(대판 2003.9.23. 2001두10936).

오답해설

ㄱ. 한국마사회가 조교사 또는 기수의 면허를 부여하거나 취소하는 것은 국가 기타 행정기관으로부터 위탁받은 행정권한의 행사가 아니라, 일반 사법상의 법률관계에서 이루어지는 단체 내부에서의 징계 내지 제재처분이다(대판 2008.1.31. 2005두8269).

ㄹ. 당연퇴직의 인사발령은 법률상 당연히 발생하는 퇴직사유를 공적으로 확인하여 알려주는 이른바 관념의 통지에 불과하고 공무원의 신분을 상실시키는 새로운 형성적 행위가 아니므로 행정소송의 대상이 되는 독립한 행정처분이 아니다(대판 1995.11.14. 95누2036).

14　　　　　정답 ③

핵심주제 : 행정법

행정입법의 부작위가 위헌·위법이라고 하기 위하여는 행정청에게 행정입법을 하여야 할 작위의무를 전제로 하는 것이고, 그 작위의무가 인정되기 위하여는 행정입법의 제정이 법률의 집행에 필수불가결한 것이어야 하는바, 만일 하위 행정입법의 제정 없이 상위 법령의 규정만으로도 집행이 이루어질 수 있는 경우라면 하위 행정입법을 제정하여야 할 작위의무는 인정되지 아니한다고 할 것이다(대판 2007.1.11. 2004두10432).

15　　　　　정답 ①

핵심주제 : 행정소송

조세부과처분이 당연무효를 전제로 하여 이미 납부한 세금의 반환을 청구하는 것은 민사상의 부당이득반환청구로서 민사소송절차에 따라야 한다(대판 1995.4.28. 94다55019).

16　　　　　정답 ④

핵심주제 : 행정소송

법원은 취소소송을 당해 처분 등에 관계되는 사무가 귀속하는 국가 또는 공공단체에 대한 당사자소송 또는 취소소송 외의 항고소송으로 변경하는 것이 상당하다고 인정할 때에는 청구의 기초에 변경이 없는 한 사실심의 변론종결시까지 원고의 신청에 의하여 결정으로써 소의 변경을 허가할 수 있다(행정소송법 제21조 소의변경).

17　군무원 필수　　　　　정답 ①

핵심주제 : 행정법 관계

석유판매업허가신청에 대하여, "주유소 건축예정 토지에 관하여 도시계획법령에 의거하여 행위제한을 추진하고 있다."는 당초의 불허가처분 사유와, 항고소송에서 주장한 위 신청이 토지형질변경허가의 요건을 갖추지 못하였다는 사유 및 도심의 환경보전의 공익상 필요라는 사유는 기본적 사실관계의 동일성이 있다(대판 1999.4.23. 97누14378).

오답해설

② 석유판매업허가신청에 대하여, 관할 군부대장의 동의를 얻지 못하였다는 당초의 불허가 사유와, 토지가 탄약창에 근접한 지점에 있어 공익적인 측면에서 보아 허가신청을 불허한 것은 적법하다는 것을 불허가사유로 추가한 경우, 양자는 기본적 사실관계에 있어서의 동일성이 인정되지 아니하는 별개의 사유라고 할 것이다(대판 1991.11.8. 91누70).

③ 온천으로서의 이용가치, 기존의 도시계획 및 공공사업에의 지장 여부 등을 고려하여 온천발견신고수리를 거부한 것은 적법하다는 사유와, 규정온도가 미달되어 온천에 해당하지 않는다는 당초의 이 사건 처분사유와는 기본적 사실관계를 달리하여 원심으로서도 이를 거부처분의 사유로 추가할 수는 없다(대판 1992.11.24. 92누3052).

④ 이주대책신청기간이나 소정의 이주대책실시(시행)기간을 모두 도과하여 이주대책을 신청할 권리가 없고, 사업시행자가 이를 받아들여 택지나 아파트공급을 해 줄 법률상 의무를 부담한다고 볼 수 없다는 사유와, 사업지구 내 가옥 소유자가 아니라는 이 사건 처분사유와 기본적 사실관계의 동일성도 없으므로 적법한 상고이유가 될 수 없다(대판 1999.8.20. 98두17043).

18　　　　　정답 ③

핵심주제 : 허가

어업에 관한 허가 또는 신고의 경우 그 유효기간이 경과하면 그 허가나 신고의 효력이 당연히 소멸하며, 재차 허가를 받거나 신고를 하더라도 허가나 신고의 기간만 갱신되어 종전의 어업허가나 신고의 효력 또는 성질이 계속된다고 볼 수 없고 새로운 허가 내지 신고로서의 효력이 발생한다고 할 것이다(대판 2011.7.28. 2011두5728).

19 정답 ④

별도의 법적 근거가 없어도 별개의 행정행위로 이를 철회·변경할 수 있지만 이는 그러한 철회·변경의 권한을 처분청에게 부여하는 데 그치는 것일 뿐 상대방 등에게 그 철회·변경을 요구할 신청권까지를 부여하는 것은 아니라 할 것이다(대판 1997.9.12. 96누6219).

20 정답 ①

구 건축법상 이행강제금은 위반행위에 대하여 시정명령을 받은 후 시정기간 내에 당해 시정명령을 이행하지 아니한 건축주 등에 대하여 부과되는 간접강제의 일종으로서 그 이행강제금 납무의무는 상속인 기타의 사람에게 승계될 수 없는 일신전속적인 성질의 것이므로 이미 사망한 사람에게 이행강제금을 부과하는 내용의 처분이나 결정은 당연무효이다(대판 2006.12.8. 2006마470).

21 정답 ④

보상청구권이 성립하기 위해서는 재산권에 대한 법적인 행위로서 공행정작용에 의한 침해뿐만 아니라 사실행위도 포함한다.

22 정답 ②

거부처분이나 부작위에 대한 의무이행심판에서의 처분명령재결의 불이행시 당사자의 신청이 있는 경우 행정심판위원회는 간접강제나 직접처분이 가능하다. 즉, 당사자의 신청이 없으면 행정심판위원회 직권으로 간접강제나 직접처분이 불가능하다.

23 정답 ②

위법한 행정대집행이 완료되면 그 처분의 무효확인 또는 취소를 구할 소의 이익은 없다 하더라도 미리 그 행정처분의 취소판결이 있어야만 그 행정처분의 위법임을 이유로 한 손해배상청구를 할 수 있는 것은 아니다(대판 1972.4.28. 72다337). 즉, 취소판결이 없더라도 민사법원이 위법성을 판단하여 손해배상을 인정할 수 있다.

24 정답 ④

소송계속 중 해당 처분이 기간의 경과로 그 효과가 소멸하더라도 예외적으로 그 처분의 취소를 구할 소의 이익을 인정할 수 있는 '행정처분과 동일한 사유로 위법한 처분이 반복될 위험성이 있는 경우'란 불분명한 법률문제에 대한 해명이 필요한 상황에 대한 대표적인 예시일 뿐이며, 반드시 '해당 사건의 동일한 소송 당사자 사이에서' 반복될 위험이 있는 경우만을 의미하는 것은 아니다(대판 2020.12.24. 2020두30450).

25 정답 ②

속행정지 → 효력정지
처분의 효력정지는 처분 등의 집행 또는 절차의 속행을 정지함으로써 목적을 달성할 수 있는 경우에는 허용되지 아니한다(행정소송법 제23조 집행정지).

2021년도 07월 24일 시행

2021년
기출문제
정답 및 해설

국어

출제 문항 분석

영역	문항 수
문법	3
어문 규정	6
문학	5
비문학	5
한자와 어휘	6

정답

01 ②	02 ④	03 ②	04 ④	05 ③
06 ①	07 ④	08 ③	09 ②	10 ②
11 ②	12 ①	13 ④	14 ②	15 ④
16 ③	17 ③	18 ①	19 ④	20 ③
21 ③	22 ①	23 ①	24 ④	25 ②

01　　정답 ②

핵심주제 : 문법

'어떤 분야를 대표할 만하다'라는 뜻을 가진 것은 '내로라하다'이므로, '내노라하는'이 아닌 '내로라하는'이 옳은 어법이다.

오답해설

① '갈음'은 '갈다'의 어간에 '-음'이 붙은 형태이며, '다른 것으로 바꾸어 대신하다.'라는 뜻을 가지고 있다.
② '겉잡다'는 '겉으로 보고 대강 짐작하여 헤아리다'라는 뜻을 나타낸다.
④ '부딪다'는 '물건과 물건이 서로 힘 있게 마주 닿거나 닿게 하다'는 뜻을 가졌으며, '부딪치다'는 '부딪다'의 강세어로 올바른 표현이다. '부딪히다'는 '부딪다'의 피동사이다.

02　　정답 ④

핵심주제 : 띄어쓰기

'는커녕'은 앞말을 지정하여 어떤 사실을 부정하는 뜻을 강조하는 보조사이며, 보조사 '는'에 보조사 '커녕'이 결합한 말이다. 보조사는 앞말에 붙여 쓰므로, '는커녕'이 맞는 띄어쓰기 규정이다.

오답해설

① '모르는 척하고'에서 '척하다'는 보조 동사로, 원칙적으로 앞말과 띄어 쓴다. 또한 '넘어갈 만에서 '만'은 의존 명사로, 앞말과 띄어 쓴다.
② '몇 등'에서 의존 명사 '등(等)'은 띄어쓴다. '몇'은 수사인 경우 뒤의 조사와 붙여 쓰고, 관형사인 경우는 뒤의 명사와 띄어 쓴다.
③ '읽는 데'에서 '데'는 '일'이나 '것'의 뜻을 나타내는 말인 의존 명사이므로 띄어 쓴다.

03　　정답 ②

핵심주제 : 한자어

ⓒ의 앞부분에서의 '보판'은 '판목을 다시 만들어 보충'하는 것이라고 하였으므로, '保版(保 보관할 보, 版 널조각 판)'이 아니라 '補板(補 기울 보, 板 널빤지 판)'이 적절하다. 保版은 '인쇄판을 해제하지 아니하고 보관하여 둠.'의 뜻이며, 補板은 '마루 앞에 임시로 잇대어 만든 자리에 쓰이는 널조각.'의 뜻을 지니고 있다.

오답해설

① 훼손(毁 헐 훼, 損 더 손) : 체면이나 명예를 손상함. 혹은 헐거나 깨뜨려 못 쓰게 만듦
③ 매목(埋 묻을 매, 木 나무 목) : 오랫동안 흙이나 물속에 파묻혀서 화석(化石)과 같이 된 나무. 혹은 나무를 깎아서 만든 쐐기. 재목 따위의 갈라진 틈이나 구멍을 메우는 데 쓴다.
④ 상감(象 형상 상, 嵌 박아넣을 감) : 금속이나 도자기, 목재 따위의 표면에 여러 가지 무늬를 새겨서 그 속에 같은 모양의 금, 은, 보석, 뼈, 자개 따위를 박아 넣는 공예 기법

04　　정답 ④

핵심주제 : 문법

용언의 현재 시제를 나타내는 '-는다 / -ㄴ다'와의 결합이 가능하면 동사이고, 결합이 불가능하면 형용사이다. 고르다 1과 고르다 2는 동사이므로, 현재진행형으로 사용할 수 있으나, 고르

PART 04 **2021**

다 3은 형용사이기 때문에 현재형 어미가 붙을 수 없으므로, 현재진행형으로 사용할 수 없다.

오답해설

① '고르다 1', '고르다 2', '고르다 3'은 각각 다른 표제어로 사전에 수록되어 있으므로 서로 동음이의 관계라고 할 수 있다.

② '고르다'는 어간의 끝소리 '으'가 탈락 하면서 'ㄹ'이 덧생기는 '르' 불규칙 활용 단어이므로 '고르다 1', '고르다 2', '고르다 3'은 모두 불규칙 활용을 한다.

③ '고르다 2'와 '고르다 3'은 각각 「1」과 「2」의 다의어가 존재하므로 다의어라고 볼 수 있으나, '고르다 1'은 '여럿 중에서 가려내거나 뽑다.'의 한 가지 뜻만 있어 다의어라고 볼 수 없다.

05   정답 ③

핵심주제 : 어휘

'고르다2'의 「2」의 예로는 '붓을 고르다.', '줄을 고르다.', '그는 가쁘게 몰아쉬던 숨을 고르고 있다.', '그는 목소리를 고르며 자기 차례를 기다리고 있었다.'가 있다. '숨을 고르다.'는 '숨결이 고르다.'와 혼동할 수 있으나, '고르다 2'의 「2」는 '손질하다'의 뜻을 가진 동사이며 '고르다 3'의 「2」는 '순조롭다'의 뜻을 가진 형용사이므로 품사의 유무로 구별할 수 있다.

오답해설

① '고르다2'의 「1」에 해당한다.

② '고르다3'의 「2」에 해당한다.

④ '고르다1'의 「1」에 해당한다.

06   정답 ①

핵심주제 : 비문학(순서)

해당 지문은 "한국 문학 통사"라는 책 내용의 일부분이다. (가)는 문학의 범위를 넓게 보았던 과거의 상황을, (나)는 시대가 변하면서 문학의 범위를 좁게 보는 (가) 이후의 상황을 나타낸다. (다)는 문학을 전문화하면서 문학의 영역이 좁아졌다고 언급하며 (나)의 내용을 구체화하였고, (라)는 앞의 내용에 대한 올바른 방향을 설명했다. 문학의 범위를 좁게 보는 내용을 (나)에서 처음 언급했으므로 제시문은 (나)의 앞에 와야 한다.

07   정답 ④

핵심주제 : 맞춤법

'백분율'은 올바른 표현이다. 한글 맞춤법 제11항에 따라 모음이나 'ㄴ' 받침 뒤에 이어지는 '렬', '률'은 '열', '율'로 적는다. 그 예로는 백분율, 실패율, 규율 등이 있다.

오답해설

① '빼앗다'의 피동사인 '빼앗기다'의 준말은 '뺏기다'이다. '뺏기다'의 과거형인 '뺏기었다'의 준말은 '뺏겼다'이므로 '뺐겼다'는 옳지 않다. 또한 '나는 '나의'의 줄임말 '내'로 써야하므로 '내 자리 뺏겼나 봐요'로 써야 한다.

② '하룻동안'은 '하루 동안'으로 띄어 쓰고 사이시옷은 표기하지 않는다. 왜냐하면 '오랫동안', '하룻저녁', '하룻날'의 경우 합성어로서 하나의 단어가 되지만, '하룻동안'은 '하루'와 '동안'이 각 단어이기 때문에 합성어가 아니기 때문이다.

③ '번번히'가 아니라 '번번이'가 맞춤법 규정에 맞는 문장이다. 한글 맞춤법 제51항에 따르면, 첩어 또는 준첩어인 명사 뒤에는 '-이'를 붙인다. '번번이' 이외에 간간이, 겹겹이, 곳곳이, 나날이, 다달이, 샅샅이, 알알이, 줄줄이, 짬짬이 등이 있다.

08   정답 ③

핵심주제 : 비문학

골턴이 빅토리아 시대적 편견을 가지고 있다는 부정적인 평가가 ㉠ 뒤에 오고 있으므로, ㉠에는 앞의 내용과 반대이거나 전환인 '그러나'와 '그런데'가 적절하다. ㉡의 뒤에는 그가 시대적 편견을 가진 결과로 그의 주장이 설득력이 떨어진다는 내용이 나오므로, ㉡에는 '그리하여', '그래서', '따라서'가 적절하다.

09   정답 ②

핵심주제 : 외래어 표기법

'벤젠(benzene)', '시너(thinner)', '알코올(alcohol)' 모두 맞는 외래어 표기법이다. '밴젠', '씨너', '알콜'은 틀린 외래어 표기법이다.

오답해설

① '리모콘'은 '리모컨', '버턴'은 '버튼'이 맞다.

③ '코드'는 맞고 '컨센트'는 '콘센트'가 맞다.

④ '썬루프'는 '선루프', '스폰지'는 '스펀지'가 맞다.

10 정답 ②

핵심주제 : 어휘

작품 〈상춘곡〉의 전체 내용은 '수간모옥', '들판', '시냇가', '산봉우리'로 이동하지만 제시문은 작품의 일부만을 수록했다. 제시문에서 시인은 벽계수 옆의 '수간모옥'에 있다가 '시비(柴扉)'와 '정재(亭子)'를 거쳐 이동하며 밖으로 나온다. 따라서 이 글은 '나'의 공간의 이동에 따라 시상이 전개되고 있다고 할 수 있다.

오답해설

① 돈호법 형식으로 속세에 묻혀 사는 분들을 이르는 '홍진에 묻힌 분'에게 자신의 삶이 어떠한지 말을 건네고는 있으나 서로 묻고 대답하지 않으며, 이 작품에는 문답의 형식이 나타나지 않고 있다.

③ 이웃들에게 산수 구경을 갈 것을 권유하며 이웃들을 자신의 흥취에 끌어들이고 있으나 이것은 시인이 봄의 아름다움을 주관적으로 표현한 것일 뿐, 봄의 아름다움을 객관화하는 것과는 관련이 없다.

④ 여음은 후렴구처럼 반복하는 구절이나, 감탄사를 반복 사용하여 조흥구를 만드는 구절을 말한다. 이 작품에서 여음은 나타나지 않는다.

11 정답 ②

핵심주제 : 가사

(가)를 해석하면, '수풀에 우는 새는 봄기운을 끝내 못 이기어 소리마다 아양떠는 모습이로다.'이다. 이 구절은 시적 자아의 춘흥을 자연물인 '새'에 감정이입하여 봄의 아름다운 경치를 시적으로 표현한 것으로, 춘흥의 극치를 보여준다. (가)의 다음 내용에 나오는 '物我一體'를 통해 산수자연 속의 모든 존재들과 합일하는 흥겨움을 알 수 있다.

오답해설

① (가)에는 방해물이 나타나지 않는다.

③ (가)에 해당하는 내용이 아니다. '閒中眞味롤 알 니 업시 호재로다'에서 산수자연의 즐거움을 혼자서만 누리는 것에 대한 안타까움이 드러난다.

④ 회한의 정서는 드러나지 않는다. 오히려 화자는 자연과 교감하여 자연에 몰입하고 있다.

12 정답 ①

핵심주제 : 어문 규정

'기울이다'는 '비스듬하게 한쪽을 낮추거나 비뚤게 하다.', '정성이나 노력 따위를 한곳으로 모으다.'의 두 가지 뜻이 있다. 첫 번째 뜻은 '기울다'의 사동사이지만, 두 번째 뜻은 '기울다'의 사동사가 아니며, 피동사도 아니다.

오답해설

② '매다'는 '끈을 매다.'와 같이 '묶다, 마디를 만들다.'의 뜻으로 쓰므로, '어깨에 걸치거나 올려놓다.'의 뜻을 가진 '메다'를 활용하여 '메어'로 표기해야 한다.

③ '-지기'는 '문지기, 청지기'와 같이 명사 뒤에 붙어 '그것을 지키는 사람'의 뜻을 더하는 접미사이다.

④ '엄지손가락'은 한자어 '무지(拇 엄지손가락 무, 指 가리킬 지)', '대무지(大拇指)', '대지(大指)', '벽지(擘指)', '거지(巨指)'와 같은 뜻이다.

13 정답 ④

핵심주제 : 로마자 표기법

'정릉'은 [정능]으로 발음하고 표준 발음에 따라 'Jeongneung'으로 적는다.

오답해설

① '순대'의 'ㅐ'는 'ae'로 적으며, '순대'는 일반 명사이므로 소문자로 적어야 하기 때문에 'sundae'로 적는다.

② '광희문'은 [광히문]으로 발음하기 때문에 'Gwanghuimun'으로 적는다. 'ㅢ'는 'ㅣ'로 소리 나더라도 무조건 'ui'로 적어야 한다.

③ '왕십리'는 [왕심니]로 발음하기 때문에 'Wangsimni'로 적는다.

14 군무원 필수 정답 ②

핵심주제 : 문법

열거된 항목 중 어느 하나가 자유롭게 선택될 수 있음을 보일 때는 명사 '건물'에 사용할 조사 중 '에, 로, 까지'를 선택하는 문장이므로 '[ ]'(대괄호)가 아닌 '{ }'(중괄호)를 쓴다. 이때 중괄호 안에 열거된 항목들은 쉼표 또는 빗금으로 구분한다.

오답해설

① 고유어에 대응하는 한자어 또는 한글을 함께 보일 때는 대 괄호를 쓴다. 그 예로 '나이[年歲]', '낱말[單語]', '나이[연세]', '낱말[단어]'가 있다.

③ 괄호 안에 또 괄호를 써야할 때 바깥쪽에 대괄호를 쓴다. 연도 표기인 '(1958)'의 바깥쪽 괄호로 대괄호를 썼다.

④ 보충 설명을 덧붙일 때 대괄호의 용법은 주석이나 보충적인 내용을 덧붙일 때 쓰는 소괄호의 용법과 유사하나, 대괄호는 문장이나 단락처럼 비교적 큰 단위와 관련된 보충 설명을 덧붙일 때 쓰인다. 따라서 비교적 큰 단위인 '그 이야기'가 '합격 소식'임을 알려주기 위해 쓸 때는 소괄호보다 대괄호가 더 적절하다.

15 정답 ④

핵심주제 : 어휘

㉠에 들어갈 단어는 '유행(流 흐를 유, 行 다닐 행)'이다. 유행은 '특정한 행동 양식이나 사상 따위가 일시적으로 많은 사람의 추종을 받아서 널리 퍼짐. 또는 그런 사회적 동조 현상이나 경향'을 뜻한다. 본문은 "모던보이"라는 책의 일부분으로, 뉴욕과 파리의 유행이 1930년대 경성에도 유행하게 되었다는 내용이다.

오답해설

① 성행(盛 성할 성, 行 다닐 행) : 매우 심하게 유행함

② 편승(便 편할 편, 乘 탈 승) : 남이 타고 가는 차편을 얻어 탐. 세태나 남의 세력을 이용하여 자신의 이익을 거둠을 비유적으로 이르는 말

③ 기승(氣 기운 기, 勝 이길 승) : 성미가 억척스럽고 굳세어 좀처럼 굽히지 않음. 또는 그 성미. 기운이나 힘 따위가 성해서 좀처럼 누그러들지 않음

16 정답 ③

핵심주제 : 비문학(순서)

(가)는 영화와 근대 과학기술로 인한 유행의 확산의 내용이다. (나)는 '하지만'으로 시작하여 글의 시작으로 볼 수 없고, 뉴욕과 경성에 대한 내용이 나오므로, (가) 뒤에는 (나)가 이어진다. (나)에서 당시 유행이 빨랐다는 것과 경성 모던걸의 유행의 아이러니를 설명하였고, (다)에서 유행이 너무 빨라 서구의 유행이 거의 동시적으로 한국으로 전달된다고 하였으므로, (나)와 (다)는

대조되는 내용이다. 또한 (나)는 '하지만'으로 시작하므로, (다)의 뒤에 이어진다. (마)는 유행의 요인인 미디어를 처음 소개하기 때문에 (라)의 앞에 오지만 글의 처음이 될 수 없다. (라)는 근대 여성이 미디어를 통해 세계를 알게 되었다는 내용이다. 따라서 전체 글의 순서는 '(다)-(가)-(나)-(마)-(라)'이며, (나)~(마)의 순서는 '(다)-(나)-(마)-(라)'이다.

17 정답 ③

핵심주제 : 비문학(내용)

(다)에서 뉴욕이나 할리우드에서 유행하던 파자마라는 '침의패션'은 서구에서 일본을 거쳐 한국으로 전달된다고 하였으므로, 적절하지 않은 내용이다.

오답해설

① (나)에서 뉴욕걸이나 할리우드 배우들이나 경성의 모던걸이 입은 패션은 동일하다고 하였다.

② (라)에서 근대여성이 신문이나 라디오 같은 미디어를 통해 속성 세계인이 될 수 있었다고 하였다.

④ (라)에서 미디어는 식민지 조선 여성에게 세계적인 불안도 함께 안겨주었다고 한 것을 보아 알 수 있는 내용이다.

18 군무원 필수 정답 ①

핵심주제 : 어휘

'비지'와 '땀' 모두 고유어이며 '비지땀'은 합성어이다. '비지땀'은 비지를 만들기 위해 콩을 갈라서 헝겊에 싸서 짤 때 나오는 콩물에서 유래된 말로, '몹시 힘든 일을 할 때 쏟아져 내리는 땀'이라는 뜻을 가지고 있다.

오답해설

② 사랑채(舍廊채) : 한자어 '사랑(舍 집 사, 廊 복도 랑)'과 뜻을 더하는 접미사 '-채'가 붙은 파생어로, '사랑으로 쓰는 집채'라는 뜻이다.

③ 쌍동밤(雙童밤) : '한 어머니에게서 한꺼번에 태어난 두 아이.'의 뜻을 가진 한자어 '쌍동(雙 쌍 쌍, 童 아이 동)'과 고유어 '밤'이 합쳐진 합성어로, '한 껍데기 속에 두 쪽이 들어 있는 밤'을 뜻한다.

④ 장작불(長斫불) : 한자어인 '장작(長 길 장, 斫 벨 작)'과 고유어 '불'이 합쳐져 만들어진 합성어로, '장작으로 피운 불'을 뜻한다.

19 정답 ④

핵심주제 : 현대 소설

정 씨가 10년 만에 가는 삼포는 고기잡이를 하고 감자를 캐며 나룻배로 이동하는 산업화 이전의 모습이지만, 노인이 알려주는 최근의 삼포는 산업화로 인한 개발로 인해 삼포의 바다는 방둑을 쌓고 트럭이 돌을 실어 나르며 관광호텔을 짓고 있다. 바다에 생긴 '신작로'는 새로 만든 길이라는 뜻으로, 자동차가 다닐 수 있을 정도로 넓게 새로 낸 길을 이르는 말을 의미한다. 따라서 ㉠, ㉡, ㉢이 산업화 이전 삼포의 모습을 나타내는 소재이다.

20 정답 ③

핵심주제 : 현대 소설

이 작품에서는 산업화 속에서 폐허가 된 고향을 상실한 민중들의 궁핍한 삶이 드러난다. 정 씨가 추억하고 있는 고향이 산업화로 인해 예전의 모습이 사라진 것을 알고 허망해하는 정 씨의 모습에서 알 수 있다. 그러므로 '내가 사랑했던 자리마다 모두 폐허다.'라는 시구가 주제를 표현한 것으로 가장 적절하다.

> **모르면 간청**
>
> 〈 작품해석 〉
> **황석영, 〈삼포 가는 길〉**
> • **갈래** : 단편 소설
> • **배경** : 1970년대 초의 어느 시골
> • **경향** : 여로 소설
> • **성격** : 사실적
> • **시점** : 전지적 작가 시점
> • **표현** : 1970년대 산업화가 초래한 고향 상실의 아픔을 형상화함
> • 인물들이 길에서 만나 서로 의지하며 길을 걸어가는 것을 통해, 이들이 서로의 상처를 치유해 가는 훈훈한 인간애가 나타남

21 정답 ③

핵심주제 : 사자성어

이 작품은 을지문덕이 수나라 장수 우중문에게 보낸 시로, 그를 조롱하기 위해 지은 한시이다. 침략한 적장을 희롱하여 판단을 어둡게 한 뒤 계책을 써서 물리치는 데 이용하였다. 표면적으로는 우중문의 책략과 계획을 칭찬하고 있으나, 내면적으로는 자

신이 그보다 훨씬 낫다는 자신감을 표현하였다. 따라서 시에서 나타나는 주된 정조는 '득의만면(得 얻을 득, 意 뜻 의, 滿 찰 만, 面 낯 면)'이며, '일이 뜻대로 이루어져 기쁜 표정이 얼굴에 가득함'의 뜻을 가지고 있다.

> **오답해설**
>
> ① 유유자적(悠 멀 유, 悠 멀 유, 自 스스로 자, 適 갈 적) : 여유가 있어 한가롭고 걱정이 없는 모양. 속세를 떠나 아무 속박 없이 조용하고 편안하게 삶
> ② 연연불망(戀 사모할 연, 戀 사모할 연, 不 아닐 불, 忘 잊을 망) : 그리워서 잊지 못함
> ④ 산자수명(山 뫼 산, 紫 자주 빛 자, 水 물 수, 明 밝을 명) : 산색이 아름답고 물이 맑음

> **모르면 간청**
>
> 〈 작품해석 〉
> **을지문덕(乙支文德), 〈여수장우중문시(與隋將于仲文詩)〉**
> • **지은이** : 을지문덕
> • **갈래** : 오언고시(五言古時)
> • **연대** : 고구려 제26대 영양왕 때
> • **구성** : 기·승·전·결의 4단 구성
> • **주제** : 적장의 오판 유도, 적장 희롱
> • **의의** : 현전하는 우리 나라 최고(最古)의 한시
> • **출전** : 《삼국사기》 권44, 열전 제4 을지문덕

22 정답 ①

핵심주제 : 속담

문맥과 가장 어울리는 속담은 '불감청이언정 고소원이라'이다. '불감청(不 아닐 불, 敢 감히 감, 請 청할 청)'은 '마음속으로는 간절하지만 감히 청하지 못함'을 뜻하며, '고소원(固 굳을 고, 所 바 소, 願 바랄 원)'은 '본디부터 바라던 바'를 뜻한다. 이를 종합하면 '감히 청하지는 못하였으나 본래 바라고 있던 바'를 뜻한다. 혼수를 간소하게 하라는 간절한 요청이 부담감을 덜어주는 이유는 혼수를 간소하게 하고 싶어도 이를 직접 말하기가 어렵기 때문이다. 그러므로 ㉠에 들어갈 속담으로 가장 적절하다.

> **오답해설**
>
> ② 배보다 배꼽이 더 크다 : 기본이 되는 것보다 덧붙이는 것이 더 많거나 큰 경우를 이르는 말
> ③ 미운 자식 떡 하나 더 준다 : 미운 사람일수록 잘해 주고 감정을 쌓지 않아야 한다는 말

④ 똥 묻은 개가 겨 묻은 개를 나무란다 : 자기는 더 큰 흉이 있으면서 도리어 남의 작은 흉을 본다는 말

23 정답 ①

핵심주제 : 현대시

이 시에서 '구름'과 '물길'은 유랑하는 '나그네'의 방랑의 이미지를 형상화한 시어이다. '구름 흘러가는'은 유랑하는 나그네를 상징하며, '물길은 칠백 리'는 나그네의 긴 방랑의 여정을 상징한다.

오답해설

② '강마을'은 저녁노을을 배경으로 술이 익는 곳이며 '나그네'가 자연과 동화된 모습을 시각적 이미지와 후각적 이미지로 표현한 소재이다. 시적 자아가 바라보는 공간일 수는 있으나 정착하려는 의도와는 관련이 없다.

③ 마지막 연에서 나그네는 다정(多情)과 다한(多恨)을 숙명으로 받아들이며 자연과 어우러져 방랑하고 있으므로, '나그네'가 현실의 질곡에서 벗어나려는 의지는 나타나지 않는다.

④ 마지막 연의 '다정'과 '한 많음'은 나그네가 본래 지니던 정서와 숙명이며, '한 많음'은 오히려 '병인 양' 여길 수 있는 괴로움이다. 민중의 전통적 정서인 이별의 정한이나 '한'의 내적 승화와 직접적인 관련이 없다. '한 많음도 병인 양하여'라고 했다면 나그네가 자신에게 주어진 '한'을 숙명으로 받아들였으므로 전통적 정서로 볼 수 있으나 '한 많음'만을 언급한다면 전통적 정서로 볼 수 없다. 따라서 '한 많음'에는 전통적 미학의 정서가 드러나지 않는다.

모르면 간첩

〈 작품해석 〉

조지훈, 〈완화삼(玩花衫) – 목월(木月)에게〉
- 갈래 : 자유시, 서정시
- 성격 : 애상적, 전통적
- 제재 : 유랑하는 '나그네'의 삶
- 주제 : 밤길을 떠나는 '나그네'의 애수
- 특징 : 전통적인 3음보의 율격이 나타남. 자연물에 감정을 이입하여 시적 화자의 정서를 간접적으로 표출함. 다양한 감각적 이미지를 통해 시의 분위기를 형성함.
- 해설 : 유랑하는 나그네의 모습을 애상적으로 그려낸 시이며, 시인이 박목월에게 보낼 것을 염두에 두고 쓴 시이다. 박목월 시인은 〈완화삼〉의 답시 〈나그네〉를 썼다.

24 정답 ①

핵심주제 : 어문 규정

'마천루(摩天樓)'는 '하늘을 찌를 듯이 솟은 아주 높은 고층 건물'의 뜻으로, 표준 발음법 제20항('ㄴ'은 'ㄹ'의 앞이나 뒤에서 [ㄹ]로 발음한다.)에 따라 [마철루]로 발음한다.

모르면 간첩

표준발음법 제20항 유음화에 포함되지 않는 사례

의견란[의:견난], 임진란[임:진난], 생산량[생산냥], 결단력[결딴녁], 공권력[공꿘녁], 동원령[동:원녕], 상견례[상견녜], 횡단로[횡단노], 이원론[이:원논], 입원료[이붠뇨], 구근류[구근뉴]

25 정답 ②

핵심주제 : 비문학(주제)

본문은 문화예술 시대에 한국인의 예술성이 세계에서 인정받고 있으므로 새로운 역사가 시작될 수 있도록 우리만의 전략으로 세계에 나아가기를 바라는 글이다. 그러므로 글의 중심내용으로 가장 옳은 것은 '다가오는 미래에 대한 희망찬 포부'이다.

반적으로 단식부기 기장방식을 채택하는 현금주의와 달리 복식부기 기장방식을 채택하는 것이 일반적이다.

오답해설

나, 다 현금주의에 대한 설명이며, 발생주의는 이와는 반대로, 부채규모와 총자산을 정확히 파악할 수 있고, 현금의 수입·수출과는 관계없이 거래가 발생한 시점을 기준으로 인식한다.

04 정답 ④
핵심주제 : 행정학의 기초이론

행정은 기속행위가 많고 법적 규제가 엄격하여 자율성이 약한 것과는 달리, 경영은 재량행위가 많고 법적 제약이 적어 자율성이 강하다.

05 정답 ④
핵심주제 : 행정학의 기초이론

수평적 형평성과 수직적 형평성은 사회적 형평성의 유형으로, 수평적 형평성이란 동등한 것을 동등하게 취급하는 것이며, 수직적 형평성이란 서로 다른 것을 다르게 취급하는 것을 말한다.

모르면 간첩

사회적 형평성의 유형	
수평적 형평성	• 동일 대상은 동일하게 대우 • 소득·가정환경 등 조건이 동일한 사람들에게 동일한 공공서비스 제공 • 선거에서 1인1표주의, 비용부담 문제에서 수익자부담의 원칙(응익주의) 등
수직적 형평성	• 다른 대상은 다르게 대우 • 이질적 특성을 가진 사람에게 서비스를 배분할 때 차이를 고려하는 기준 • 임용할당제, 누진소득세, 종합부동산세 등

행정학

정답				
01 ③	02 ④	03 ①	04 ④	05 ④
06 ②	07 ①	08 ②	09 ②	10 ④
11 ③	12 ②	13 ③	14 ④	15 ③
16 ①	17 ①	18 ②	19 ②	20 ×
21 ①	22 ③	23 ④	24 ①	25 ③

01 정답 ③
핵심주제 : 행정학의 기초이론

신제도주의에서는 제도와 행위자(개인) 간의 상호영향력을 인정하며, 제도와 행위자의 상호작용에 따라 정책의 내용과 효과가 어떻게 달라지는지를 설명한다. 따라서 제도에 의해 일방적으로 개인과 조직, 국가의 성패가 결정된다는 설명은 옳지 않다.

02 정답 ④
핵심주제 : 조직론

막스 베버(Max Weber)는 행정조직 발전을 위한 관점에서 관료제 모형을 제시한 것이 아니라, 권위의 정당성을 기준으로 관료제 모형을 제시하였다. 베버의 관료제 유형에는 가산관료제, 근대관료제, 카리스마적 관료제가 있다.

03 정답 ①
핵심주제 : 재무행정론

발생주의 회계제도는 현금주의와 달리 자본적 자산의 감가상각비, 자본에 대한 이자, 내재적 비용부담 등을 고려한다. 또한, 일

06 정답 ②
핵심주제 : 행정학의 기초이론

신공공관리론에서는 '작은 정부'를 강조하며 규제의 완화, 정부역할의 축소, 공공부문의 시장화, 노동유연화 등을 추구하였다.

모르면 간첩

신공공관리론

• 시장지향적 작은 정부 – 행정의 경영화·시장화
• 신보수주의와 신자유주의 이념을 기반
• 정치·행정2원론(탈정치화)
• 민영화, 규제완화, 감축관리, 성과중심정부 강조

---

07 정답 ①

핵심주제 : 조직론

허즈버그(F. Herzberg)는 동기부여의 요인을 불만(위생)요인과 동기(만족)요인으로 구분하고, 불만을 야기하는 불만요인과 만족을 주는 동기요인은 서로 별개이며 독립적이라고 하였다. 허즈버그에 의하면, 불만요인의 제거는 소극적 효과만 있을 뿐 단기적인 영향만 미쳐 생산성을 높여주지는 못하지만, 동기요인의 확대는 적극적 만족을 유발하며 동기유발에 장기적인 영향을 미친다.

---

08 정답 ②

핵심주제 : 행정학의 기초이론

생태론적 접근방법은 행정조직을 유기체로 파악하여 행정체제와 이를 둘러싼 환경과의 상호작용관계를 규명한다. 환경변화와 사람의 행태를 연구대상으로 하는 접근방법은 행태론적 접근방법에 해당한다.

---

09 정답 ②

핵심주제 : 정책론

정책은 공익지향성과 공공성을 지니고 있으며, 정책에 따라 수혜자와 비용부담자가 발생하여 사회적 가치가 배분되는 가치배분성을 지니고 있다. 따라서 가치중립성을 지향한다는 설명은 옳지 않다.

---

10 정답 ④

핵심주제 : 인사행정론

우리나라 「공직자윤리법」 제10조에서는 상벌사항 공개가 아니라 등록재산의 공개를 규정하고 있다.

오답해설

① 동법 제14조의4에서 규정하고 있다.
② 동법 제17조에서 규정하고 있다.
③ 동법 제15조에서 규정하고 있다.

---

11 정답 ③

핵심주제 : 정책론

조합주의란 정책결정에 있어 보다 적극적인 정부의 역할을 인정하고 정부와 이익집단과의 상호 합의를 통한 정책결정을 중시하는 이론으로, 다원주의와 달리 정부는 국가이익이나 사회의 공동선을 달성하기 위해 주도적인 역할을 담당한다고 본다.

---

12 정답 ②

핵심주제 : 조직론

민주형 리더십은 권위와 책임의 적절한 위임을 할 뿐, 최종책임을 위임하지는 않는다. 또한, 민주형 리더십은 부하와 지도자 간의 의사전달이 원활한 개방형 의사전달망의 형태를 보인다.

모르면 간첩

아이오와 대학의 리더십 유형

• **권위형** : 지도자가 중요 결정을 홀로 내리고, 부하에게 따르게 함. 시간적 여유가 없어가 부하의 능력이 부족하거나 참여에 대한 기대가 작은 경우 적합하지만, 반대의 상황에서는 조직의 성과를 저하시킬 수 있음
• **민주형** : 지도자가 부하들의 의견을 반영하여 결정. 개인주의 및 민주주의적 문화가 지배하는 사회에 적합
• **자유방임형** : 지도자 스스로 결정하지 않고, 구성원의 재량을 최대한 인정

---

13 정답 ③

핵심주제 : 조직론

매트릭스 구조란 기능구조의 기술적 전문성과 사업구조의 신속한 대응성이 동시에 강조됨에 따라 등장한 조직구조로서, 수직적인 기능구조와 수평적인 사업구조를 화학적으로 결합시킨 이원적 구조의 상설조직이다.

14 정답 ④

핵심주제 : 재무행정론

PPBS(계획예산제도)란 장기적 계획수립과 단기적 예산편성을 프로그래밍을 매개로 하여 유기적으로 결합시켜, 자원배분에 대한 의사결정을 합리적으로 하려는 계획지향적 예산제도를 말한다. PPBS는 기획책임이 상층부에 집중되어 있고 결정의 흐름이 하향적인 것이 특징이다.

15 정답 ③

핵심주제 : 인사행정론

한 사람의 업무에 대한 사항을 조직상 위계에서 고려한다는 것은 직위분류제가 아니라 계급제에 대한 설명이다.

모르면 간섭

계급제와 직위분류제

계급제	업무의 성격보다는 공직을 수행하는 사람을 중심으로 계급이라는 관념에 기초를 두고 상이한 대우와 직책을 부여
직위분류제	• 직무의 특성·차이를 중심으로 공직구조를 형성하는 직무지향적 공직분류 방식 • 직위 담당자의 특성을 떠나 직무 자체의 특성을 분석·평가하여 분류구조를 형성

16 정답 ①

핵심주제 : 인사행정론

직업공무원제란 공직이 젊고 유능한 인재에게 개방되어 매력있는 것으로 여겨지고, 높은 직위에 올라갈 수 있는 기회가 부여되어 공직을 일생을 바칠 보람 있는 직업으로 여기고 운영하는 인사제도를 말한다. 직업공무원제의 전제에는 전통적 관료제에서 보이는 계급제, 폐쇄형 충원, 일반행정가주의가 있다.

17 정답 ①

핵심주제 : 재무행정론

예산심의 과정은 경제적 합리성과 정치적 타당성이 결합되어 의회가 행정부에 대해 재정동의권을 부여하는 재정민주주의의 실현과정이며, 민주주의 국가에서 행정부 통제의 주요수단이 된다.

18 정답 ②

핵심주제 : 재무행정론

품목별 예산제도란 예산을 투입요소인 지출대상(품목)별로 분류하여, 지출대상과 그 비용 한계를 명확히 규정하는 통제지향적 예산제도이다.

오답해설

① 성과주의 예산제도는 업무단위의 원가와 양을 계산하여 관리의 능률성을 높이는 관리지향적 예산제도이다.
③ 새로운 성과주의 예산제도는 중간 산출보다는 구체적인 성과를 강조하며 이를 통하여 효과성을 높이고자 한다.
④ 계획예산제도는 의사결정의 지나친 중앙집권화와 제도적 경직성 때문에 투명성과 대응성 측면에서 취약하다는 단점이 있다.

19 정답 ②

핵심주제 : 지방행정론

지역 간 격차 완화는 지방분권이 아니라 중앙집권의 장점에 해당한다.

모르면 간섭

지방분권의 장점

• 행정의 민주성 확보
• 근린행정 실현(행정의 대응성 강화)
• 번문욕례의 제거
• 의사결정시간의 단축으로 사무처리의 신속화
• 지방공무원의 사기진작

20 정답 ×

핵심주제 : 지방행정론

최종답안에서는 ④를 정답이라고 하였으나, 단체자치에서 중앙정부와 지방자치단체의 관계는 기능적 협력관계가 아니라 권력적 감독관계에 있다. 그러므로 옳은 것은 '가, 나, 라'이다.

21 정답 ①

핵심주제 : 재무행정론

욕구체계이론이란, 매슬로우(Maslow)의 욕구단계이론, 앨더퍼

(Alderfer)의 ERG이론, 맥그리거(McGregor)의 X·Y이론처럼 행정조직론에서 동기부여와 관련된 이론을 말한다.

22　　　　　　　　　　　　정답 ③
핵심주제 : 지방행정론

재정자주도란 재정수입 중에서 특정 목적이 정해지지 않은 일반재원의 비중을 말하며, 재정자주도가 높을수록 자치단체의 재량으로 사용할 수 있는 예산의 폭이 넓으므로 재원활용능력이 높아지며 세출측면의 자율성이 강해진다.

오답해설

① 재정자립도 : 총재원 중 자주재원의 비율
④ 재정력지수 : 지방자치단체가 기초적 재정수요를 어느 정도 자체적으로 해결할 능력을 가지고 있는가를 추정하는 지표

23　　　　　　　　　　　　정답 ④
핵심주제 : 조직론

관료제하에서 구성원들은 인간으로서의 감정이나 충동을 멀리하는 '정의적 행동(personal conduct)'이 아니라, '몰인격성(impersonality)'이 기대된다고 해야 옳은 설명이다.

관료제의 병리
- 동조과잉과 목표·수단의 대치 현상
- 몰인격성(impersonality)
- 번문욕례(Red Tape)·형식주의에 집착
- 전문화로 인한 무능
- 무사안일주의 등

24　　　　　　　　　　　　정답 ①
핵심주제 : 행정학의 기초이론

공공선택론(public choice theory)은 방법론적 집단주의가 아니라, 방법론적 개인(개체)주의를 지향한다. 공공선택론은 인간관으로 이기적·합리적 경제인을 내세우고, 연역적 접근법을 취한다. 또한, '교환으로서의 정치'를 추구하며, 정치적 시장에서의 사익추구를 문제로 삼고 국가 역할의 최소화, 민영화 등을 강조한다.

25　　　　　　　　　　　　정답 ③
핵심주제 : 재무행정론

총액배분자율편성제도가 도입되기 전에는 기획재정부가 상향식 예산편성제도로 각 부처의 예산요구에 대하여 삭감을 위주로 심사를 하여 예산편성을 하였다면, 총액배분자율편성제도가 도입된 후에는 국무위원들이 부처별 지출한도를 설정하는 과정에 참여하고 기획재정부는 각 부처의 세부사업을 위주로 심사한다.

총액배분자율편성제도
단년도 예산편성방식과 달리 기획재정부가 국정목표와 우선순위에 따라 장기(5개년) 재원배분계획을 수립하면, 국무위원들이 국무회의를 통해 연도별·분야별·부처별 지출한도를 미리 설정하고, 각 부처는 그 범위 내에서 사업의 우선순위에 따라 자율적으로 개별사업별 예산을 편성·제출하여 협의·조정하고, 기획재정부가 이를 심사하여 정부예산을 최종 확정하는 제도

출제 문항 분석	
영역	문항 수
행정법통론	6
행정작용법	7
행정법상의 의무이행확보수단	2
행정구제법	8
특별행정작용법	2

정답				
01 ④	02 ②	03 ①	04 ①	05 ④
06 ③	07 ②	08 ①	09 ④	10 ①
11 ③	12 ②	13 ①	14 ④	15 ④
16 ③	17 ③	18 ③	19 ②	20 ②
21 ④	22 ③	23 ③	24 ②	25 ④

01 정답 ④

핵심주제 : 사인의 공법행위

관련 판례에서는 건축법상의 건축신고가 인·허가 의제의 효과를 갖는 경우에는 수리를 요하는 신고로 보고 있다.

〈 판례 〉
… 인·허가의제 효과를 수반하는 건축신고는 일반적인 건축신고와 달리, 특별한 사정이 없는 한 행정청이 그 실체적 요건에 관한 심사를 한 후 수리하여야 하는 이른바 '수리를 요하는 신고'로 보는 것이 옳다(대판 2011. 1. 20. 2010두14954).

※ 최종답안에서는 ②도 정답이라고 하였으나, 민원인의 단순한 착오나 일시적인 사정으로 민원사항의 신청서류에 실질적인 요건에 관한 흠이 있을 경우에 행정청이 보완을 요구할 수 있기 때문에 옳은 설명으로 본다.

02 정답 ②

핵심주제 : 행정법의 원칙

「행정기본법」 제9조에 "행정청은 합리적 이유 없이 국민을 차별하여서는 아니 된다"고 규정하고 있다. 여기서 평등원칙이란 행정작용을 함에 있어 특별한 합리적인 사유가 없는 한, 국민을 동등하게 대우하여야 한다는 원칙이다. 평등원칙은 서로 대상을 달리하는 경우에 차별의 정도도 합리적인 이유가 있어야 하기 때문에 차별의 정도에서의 평등을 포함한다.

03 정답 ①

핵심주제 : 행정소송

공정거래위원회, 토지수용위원회, 방송위원회, 공직자윤리위원회, 노동위원회 등 각종 합의제 행정기관이 한 처분에 대하여는 그 합의제의 대표가 아닌 합의제 행정청이 피고가 된다. 다만 노동위원회법은 중앙노동위원회의 처분에 대한 피고를 중앙노동위원회위원장으로 규정하고 있다.

〈 법령 〉
「노동위원회법」
제27조(중앙노동위원회의 처분에 대한 소송) ① 중앙노동위원회의 처분에 대한 소송은 중앙노동위원회 위원장을 피고(被告)로 하여 처분의 송달을 받은 날부터 15일 이내에 제기하여야 한다.

04 정답 ①

핵심주제 : 행정행위

수익적 행정행위에 대한 취소권 등의 행사는 기득권의 침해를 정당화할 만한 중대한 공익상의 필요 또는 제3자의 이익을 보호할 필요가 있고, 이를 상대방이 받는 불이익과 비교·교량하여 볼 때 공익상의 필요 등이 상대방이 입을 불이익을 정당화할 만큼 강한 경우에 한하여 허용될 수 있다(대판 2014. 4. 24. 2013두26552).

05 정답 ④

핵심주제 : 행정법

진행 중인 법률관계나 사실관계에 대해 관계인의 신뢰이익을 보호하기 위해 소급효가 제한될 수 있으나, 새 법령의 효력을 미치게 하는 부진정소급입법은 원칙적으로 허용된다.

〈 판례 〉
법령불소급의 원칙은 법령의 효력발생 전에 완성된 요건 사실에 대하여 당해 법령을 적용할 수 없다는 의미일 뿐, 계속 중인 사실이나 그 이후에 발생한 요건 사실에 대한 법령적용까지를 제한하는 것은 아니다(대판 2014. 4. 24. 2013두26552).

PART 04 2021

289

06 정답 ③

핵심주제 : 청문

「행정절차법」 제33조 제1항에 따르면, 청문 주재자는 직권으로 또는 당사자의 신청에 따라 필요한 조사를 할 수 있으며, 당사자 등이 주장하지 아니한 사실에 대하여도 조사할 수 있다.

07 정답 ②

핵심주제 : 행정지도

위법한 건축물에 대한 단전 및 전화통화 단절조치 요청행위는 전기 · 전화공급자나 특정인의 법률상 지위에 직접 변동을 가져오지 않으므로 항고소송 대상이 되는 행정처분이 아니다.

〈 판례 〉
건축법의 규정에 비추어 보면, 행정청이 위법 건축물에 대한 시정명령을 하고 나서 위반자가 이를 이행하지 아니하여 전기 · 전화의 공급자에게 그 위법 건축물에 대한 전기 · 전화공급을 하지 말아 줄 것을 요청한 행위는 권고적 성격의 행위에 불과한 것으로서 전기 · 전화공급자나 특정인의 법률상 지위에 직접적인 변동을 가져오는 것은 아니므로 이를 항고소송의 대상이 되는 행정처분이라고 볼 수 없다(대판 1996. 3. 22. 96누433).

08 정답 ①

핵심주제 : 개인정보보호

정보통신서비스 제공자는 이용자가 필요한 최소한의 개인정보 이외의 개인정보를 제공하지 아니한다는 이유로 그 서비스의 제공을 거부할 수 없다.

〈 법령 〉
「개인정보 보호법」
제39조의3 (개인정보의 수집 · 이용 동의 등에 대한 특례) ③ 정보통신서비스 제공자는 이용자가 필요한 최소한의 개인정보 이외의 개인정보를 제공하지 아니한다는 이유로 그 서비스의 제공을 거부해서는 아니 된다. 이 경우 필요한 최소한의 개인정보는 해당 서비스의 본질적 기능을 수행하기 위하여 반드시 필요한 정보를 말한다.

09 정답 ④

핵심주제 : 행정소송

「행정소송법」 제26조에 따르면, 법원은 필요하다고 인정할 때

는 직권으로 증거조사 할 수 있고 당사자가 주장하지 않은 사실에 대해 판단할 수 있다. 취소소송의 직권심리주의 규정(제26조)은 당사자소송에도 준용되고, 처분의 효력유무 또는 존재여부가 민사소송의 선결문제로 되어 당해 민사소송의 수소법원이 이를 심리 · 판단하는 경우에도 준용된다.

〈 법령 〉
「행정소송법」
제26조(직권심리) 법원은 필요하다고 인정할 때에는 직권으로 증거조사를 할 수 있고, 당사자가 주장하지 아니한 사실에 대하여도 판단할 수 있다.
제44조(준용규정) ① 제14조 내지 제17조, 제22조, 제25조, 제26조, 제30조제1항, 제32조 및 제33조의 규정은 당사자소송의 경우에 준용한다.

10 정답 ①

핵심주제 : 허가

지문의 설명은 인가에 대한 것이다. 무인가행위는 효력을 발생하지 않는다. 또한 허가와 달리 강제집행이나 행정벌의 대상이 되지 않는다. 그러나 무허가행위는 위법한 행위가 되고, 통상 법률에서 행정형벌을 부과하며, 무허가행위의 사법상 법적 효력은 인정된다.

11 정답 ③

핵심주제 : 행정법

ㄱ은 행정기본법 제4조(행정의 적극적 추진) 제1항, ㄴ은 행정기본법 제8조(법치행정의 원칙), ㄷ은 행정기본법 제9조(평등의 원칙), ㄹ은 행정기본법 제13조(부당결부금지의 원칙), ㅁ은 행정기본법 제17조(부관) 제1항에 규정되어 있으며, 모두 옳은 설명이다.

12 정답 ②

핵심주제 : 행정소송

광업권설정허가처분과 그에 따른 광산 개발로 인하여 재산상 · 환경상 이익의 침해를 받거나 받을 우려가 있는 토지나 건축물의 소유자와 점유자 또는 이해관계인 및 주민들은 그 처분 전과 비교하여 수인한도를 넘는 재산상 · 환경상 이익의 침해를 받거나 받을 우려가 있다는 것을 증명함으로써 그 처분의 취소를 구할 원고적격을 인정받을 수 있다.

〈 판례 〉

광업권설정허가처분의 근거 법규 또는 관련 법규의 취지는 광업권설정허가처분 등으로 인하여 직접적이고 중대한 재산상·환경상 피해가 예상되는 토지나 건축물의 소유자나 점유자 또는 이해관계인 및 주민들이 쾌적하게 생활할 수 있는 개별적 이익까지도 보호하려는 데 있으므로, 광업권설정허가처분과 그에 따른 광산 개발로 인하여 재산상·환경상 이익의 침해를 받거나 받을 우려가 있는 토지나 건축물의 소유자와 점유자 또는 이해관계인 및 주민들은 그 처분 전과 비교하여 수인한도를 넘는 재산상·환경상 이익의 침해를 받거나 받을 우려가 있다는 것을 증명함으로써 그 처분의 취소를 구할 원고적격을 인정받을 수 있다(대판 2008. 9. 11. 2006두7577).

13 　　　　　　정답 ①

핵심주제 : 행정구제법

공법상 결과제거청구권은 공행정작용으로 인하여 야기된 위법한 상태로 인하여 자기의 권익을 침해받고 있는 자가 행정주체에 대하여 그 위법한 상태를 제거하여 침해 이전의 원래의 상태를 회복시켜 줄 것을 청구하는 권리를 말한다. 즉, 위법한 행정작용의 직접적인 결과의 제거만을 그 내용으로 하므로, 부적법한 행정작용을 통해 발생된 상당인과관계 있는 모든 결과에 대하여 이 청구권이 성립되는 것은 아니다.

14　　　　　　정답 ④

핵심주제 : 행정심판

재결기간은 훈시규정이므로 재결기간이 경과한 후에 이루어진 재결도 효력을 갖는다.

「행정심판법」
제45조(재결 기간) ① 재결은 제23조에 따라 피청구인 또는 위원회가 심판청구서를 받은 날부터 60일 이내에 하여야 한다. 다만, 부득이한 사정이 있는 경우에는 위원장이 직권으로 30일을 연장할 수 있다.

15 　　　　　　정답 ④

핵심주제 : 행정소송

장관의 의사가 공식적 방법으로 외부에 표시된 것이 아니라 단지 그 정보를 내부전산망인 '출입국관리정보시스템'에 입력해

관리한 것에 불과하므로, 입국금지결정은 항고소송 대상인 '처분'에 해당하지 않는다.

〈 판례 〉

병무청장이 법무부장관에게 '가수 갑이 공연을 위하여 국외여행허가를 받고 출국한 후 미국 시민권을 취득함으로써 사실상 병역의무를 면탈하였으므로 재외동포 자격으로 재입국하고자 하는 경우 국내에서 취업, 가수활동 등 영리활동을 할 수 없도록 하고, 불가능할 경우 입국 자체를 금지해 달라'고 요청함에 따라 법무부장관이 갑의 입국을 금지하는 결정을 하고, 그 정보를 내부전산망인 '출입국관리정보시스템'에 입력하였으나, 갑에게는 통보하지 않은 사안에서, 위 입국금지결정은 항고소송의 대상이 되는 '처분'에 해당하지 않는다(대판 2019. 7. 11. 2017두38874).

16 　　　　　　정답 ③

핵심주제 : 행정계획

행정주체가 행정계획을 입안·결정함에 있어서 이익형량을 전혀 행하지 아니하거나 이익형량의 고려 대상에 마땅히 포함시켜야 할 사항을 누락한 경우 또는 이익형량을 하였으나 정당성과 객관성이 결여된 경우에는 그 행정계획결정은 형량에 하자가 있어 위법하게 된다.

〈 판례 〉

행정주체는 구체적인 행정계획을 입안·결정함에 있어서 비교적 광범위한 형성의 자유를 가지는 것이지만, 행정주체가 가지는 이와 같은 형성의 자유는 무제한적인 것이 아니라 그 행정계획에 관련되는 자들의 이익을 공익과 사익 사이에서는 물론이고 공익 상호간과 사익 상호간에도 정당하게 비교교량하여야 한다는 제한이 있으므로, 행정주체가 행정계획을 입안·결정함에 있어서 이익형량을 전혀 행하지 아니하거나 이익형량의 고려 대상에 마땅히 포함시켜야 할 사항을 누락한 경우 또는 이익형량을 하였으나 정당성과 객관성이 결여된 경우에는 그 행정계획결정은 형량에 하자가 있어 위법하게 된다(대판 2007. 4. 12. 2005두1893).

17　　　　　　정답 ③

핵심주제 : 행정조사

「행정조사기본법」 제4조 제4항에 따르면 행정조사는 법령등의 위반에 대한 처벌보다는 법령등을 준수하도록 유도하는 데 중점을 두어야 한다.

〈 법령 〉

「행정조사기본법」

제4조(행정조사의 기본원칙) ④ 행정조사는 법령등의 위반에 대한 처벌보다는 법령등을 준수하도록 유도하는 데 중점을 두어야 한다.

18 정답 ③

핵심주제 : 행정규칙

서울대학교 "1994학년도 대학입학고사주요요강"은 행정쟁송의 대상이 되는 행정처분은 될 수 없지만, 헌법소원의 대상이 되는 공권력의 행사에는 해당한다.

〈 판례 〉

국립대학인 서울대학교의 "94학년도 대학입학고사주요요강"은 사실상의 준비행위 내지 사전안내로서 행정쟁송의 대상이 될 수 있는 행정처분이나 공권력의 행사는 될 수 없지만 … 앞으로 법령의 뒷받침에 의하여 그대로 실시될 것이 틀림없을 것으로 예상되어 그로 인하여 직접적으로 기본권 침해를 받게 되는 사람에게는 사실상의 규범작용으로 인한 위험성이 이미 현실적으로 발생하였다고 보아야 할 것이므로 이는 헌법소원의 대상이 되는 헌법재판소법 제68조 제1항 소정의 공권력의 행사에 해당된다(헌재 1992. 10. 1. 92헌마68 · 76).

19 정답 ②

핵심주제 : 행정법 관계

환매권의 발생기간을 제한한 것은 사업시행자의 지위나 이해관계인들의 토지이용에 관한 법률관계 안정, 토지의 사회경제적 이용 효율 제고, 사회일반에 돌아가야 할 개발이익이 원소유자에게 귀속되는 불합리 방지 등을 위한 것이라 하더라도, 그 입법목적은 정당하다.

〈 판례 〉

환매권의 발생기간을 제한하는 것은 공익사업을 수행하는 사업시행자의 지위나 토지를 둘러싼 이해관계인들의 토지이용 등에 관한 법률관계 안정, 토지의 사회경제적 이용의 효율성 제고, 사회일반의 이익이 되어야 할 개발이익이 원소유자 개인에게 귀속되는 불합리 방지 등을 위한 것으로 그 입법목적이 정당하고, 이를 위하여 토지취득일로부터 일정기간이 지나면 환매권 자체가 발생하지 않도록 기간을 제한하는 것은 입법목적을 달성하기에 유효적절한 방법이라 할 수 있다(헌재 2020. 11. 26. 2019헌바31).

20 정답 ②

핵심주제 : 손해배상

국가배상법 제2조 제1항 단서의 이중배상금지는 제5조의 배상책임에도 준용되므로, 공공시설 등의 하자로 인한 책임도 군인 · 군무원의 2중배상금지에 관한 규정은 적용된다.

〈 법령 〉

「국가배상법」

제5조(공공시설 등의 하자로 인한 책임) ① 도로 · 하천, 그 밖의 공공의 영조물(營造物)의 설치나 관리에 하자(瑕疵)가 있기 때문에 타인에게 손해를 발생하게 하였을 때에는 국가나 지방자치단체는 그 손해를 배상하여야 한다. 이 경우 제2조제1항 단서, 제3조 및 제3조의2를 준용한다.

21 정답 ④

핵심주제 : 정보공개

공공기관은 예산집행의 내용과 사업평가 결과 등 행정감시를 위하여 필요한 정보에 대해서는 공개의 구체적 범위, 주기, 시기 및 방법 등을 미리 정하여 정보통신망 등을 통하여 알리고, 이에 따라 정기적으로 공개하여야 한다.

〈 법령 〉

「공공기관의 정보공개에 관한 법률」

제7조 (정보의 사전적 공개 등) ① 공공기관은 다음 각 호의 어느 하나에 해당하는 정보에 대해서는 공개의 구체적 범위, 주기, 시기 및 방법 등을 미리 정하여 정보통신망 등을 통하여 알리고, 이에 따라 정기적으로 공개하여야 한다. 다만, 제9조제1항 각 호의 어느 하나에 해당하는 정보에 대해서는 그러하지 아니하다.

1. 국민생활에 매우 큰 영향을 미치는 정책에 관한 정보
2. 국가의 시책으로 시행하는 공사(工事) 등 대규모 예산이 투입되는 사업에 관한 정보
3. 예산집행의 내용과 사업평가 결과 등 행정감시를 위하여 필요한 정보
4. 그 밖에 공공기관의 장이 정하는 정보

22 정답 ③

핵심주제 : 행정법상 의무이행 확보수단

세무조사결정은 납세의무자의 권리 · 의무에 직접 영향을 미치는 공권력의 행사에 따른 행정작용으로서 항고소송의 대상이 된다.

〈 판례 〉

부과처분을 위한 과세관청의 질문조사권이 행해지는 세무조사결정이 있는 경우 납세의무자는 세무공무원의 과세자료 수집을 위한 질문에 대답하고 검사를 수인하여야 할 법적 의무를 부담하게 되는 점 … 등을 종합하면, 세무조사결정은 납세의무자의 권리·의무에 직접 영향을 미치는 공권력의 행사에 따른 행정작용으로서 항고소송의 대상이 된다(대판 2011. 3. 10. 2009두23617,23624).

23 정답 ③

핵심주제 : 행정법 관계

석탄사업법시행령 제41조 제4항 제5호 소정의 재해위로금청구권은 개인의 공권으로서 그 공익적 성격에 비추어 당사자의 합의에 의하여 이를 미리 포기할 수 없으므로, 소정의 재해위로금에 대한 지급청구권에 관한 부제소합의는 효력이 인정되지 않는다.

〈 판례 〉

당사자 사이에 석탄산업법시행령 제41조 제4항 제5호 소정의 재해위로금에 대한 지급청구권에 관한 부제소합의가 있었다고 하더라도 그러한 합의는 무효라고 할 것이다(대판 1999. 1. 26. 98두12598).

24 정답 ②

핵심주제 : 부관

부담은 행정청이 행정처분을 하면서 일방적으로 부가할 수도 있지만 부담을 부가하기 이전에 상대방과 협의하여 부담의 내용을 협약의 형식으로 미리 정한 다음 행정처분을 하면서 이를 부가할 수도 있다.

〈 판례 〉

수익적 행정처분에 있어서는 법령에 특별한 근거규정이 없다고 하더라도 그 부관으로서 부담을 붙일 수 있고, 그와 같은 부담은 행정청이 행정처분을 하면서 일방적으로 부가할 수도 있지만 부담을 부가하기 이전에 상대방과 협의하여 부담의 내용을 협약의 형식으로 미리 정한 다음 행정처분을 하면서 이를 부가할 수도 있다(대판 2009. 2. 12. 2005다65500).

25 정답 ④

핵심주제 : 행정소송

행정입법부작위에 대한 권리구제는 구체적 권리의무에 관한 분쟁이 아니므로 부작위위법확인소송이라는 항고소송을 제기할 수 없다. 또한 부작위위법확인소송에서의 부작위는 '입법'의 부작위가 아니라 '처분'의 부작위이므로, 행정입법부작위는 부작위위법확인소송의 대상이 될 수 없다.

〈 판례 〉

행정소송은 구체적 사건에 대한 법률상 분쟁을 법에 의하여 해결함으로써 법적 안정을 기하자는 것이므로 부작위위법확인소송의 대상이 될 수 있는 것은 구체적 권리의무에 관한 분쟁이어야 하고 추상적인 법령에 관하여 제정의 여부 등은 그 자체로서 국민의 구체적인 권리의무에 직접적 변동을 초래하는 것이 아니어서 그 소송의 대상이 될 수 없는 바, 대통령이 대통령령을 제정하지 아니한 행정입법부작위의 위법확인을 구하는 이 사건 소는 부적법하다(대판 1992. 5. 8. 91누11261).

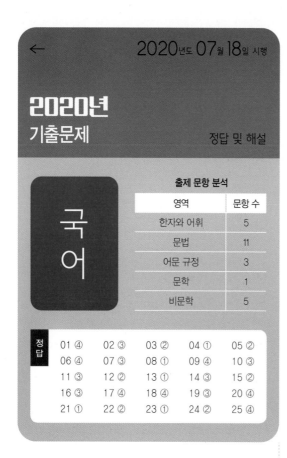

2020년도 07월 18일 시행

2020년
기출문제

정답 및 해설

출제 문항 분석

영역	문항 수
한자와 어휘	5
문법	11
어문 규정	3
문학	1
비문학	5

국어

정답

01 ④	02 ③	03 ②	04 ①	05 ②
06 ④	07 ③	08 ①	09 ④	10 ③
11 ③	12 ②	13 ①	14 ③	15 ②
16 ③	17 ④	18 ④	19 ③	20 ④
21 ①	22 ②	23 ①	24 ②	25 ④

---

01 군무원 필수

정답 ④

핵심주제 : 문법

'우리 집 앞마당에 드디어 장미꽃이 피었다.'는 '장미꽃이(주어)', '피었다(서술어)'로 주술관계가 한 번으로 이루어진 홑문장에 해당한다.

오답해설

① '어제 빨간 모자를 샀다.'의 '빨간'은 '빨갛+ㄴ(관형사형 어미)'으로 '모자'를 수식하는 관형절이다. 따라서 관형절을 안은 겹문장이다.

② '봄이 오니 꽃이 피었다.'의 '-니'는 연결어미로 '봄이 오니(원인)', '꽃이 피었다(결과)'로 이루어진 종속적으로 이어진 겹문장이다.

③ '남긴 만큼 버려지고 버린 만큼 오염된다.'의 '남긴'은 '남기+ㄴ(관형사형 어미)', '버린'은 '버리+ㄴ(관형사형 어미)'으로 관형절을 안은 두 개의 겹문장들이 다시 '-고(연결어미)'를 통

해 대등하게 이어진 겹문장이다.

02 군무원 필수

정답 ③

핵심주제 : 문법

'가벼운 물건이라도 높은 위치에서 던지면 인명 사고나 차량 파손을 일으킬 수 있다.'에서 '-나'는 접속 조사로 '인명 사고'와 '차량 파손'을 대등한 자격으로 이어준 올바른 문장이다.

오답해설

① '받다'는 세 자리 서술어로 '~에게', '~로부터'의 '(물건을)주는 사람'에 해당하는 부사어를 필요로 한다. 따라서 '도움을 받기도'에서 부사어를 추가한 '남에게 도움을 받기도'가 적절하다.

② '환담(歡談)'은 '정답고 서로 즐겁게 이야기하다.'라는 뜻으로 문맥상 사용하기에 어울리지 않는다. 따라서 '조문객들과 잠시 환담을 나눈 후~'에서 '조문객들과 잠시 대화(이야기)를 나눈 후'로 바꾸는 것이 적절하다.

④ '여간하다.'는 '이만저만하거나 어지간하다.'라는 뜻의 형용사로 부정어와 함께 쓰인다. 따라서 '어지간한 우대였다.'에서 '어지간한 우대가 아니었다.'로 바꾸는 것이 적절하다.

03

정답 ②

핵심주제 : 어휘

'스크린 도어'란 지하철 혹은 경전철의 승강장에 '문(door)'의 형태로 설치해 차량의 출입문과 함께 개폐되어 인명사고를 막을 수 있도록 한 안전장치이다. 따라서 사람을 차단하는 '차단문'이 아닌 '안전문'으로 순화해서 표현해야 한다.

04

정답 ①

핵심주제 : 문법

'블루칼라(blue collar)'는 '육체노동 혹은 생산 작업현장에서 일하는 노동자'들이 주로 청색 계열의 옷을 입은 것에서 나온 말로 과거에는 '사무직 노동자'를 지칭하는 '화이트칼라(white collar)'와 대비되는 표현으로 쓰였다. 따라서 이는 사물의 특징으로 표현하려는 대상을 나타내는 수사법인 '대유법' 중 '환유법'에 해당한다.

05 정답 ②

핵심주제 : 비문학

제시된 글은 '우선적으로 자신의 신체 조건을 고려하여 운동 빈도를 높임으로 규칙적이고 효과적으로 운동을 해야 하며, 궁극적으로는 매일 일정량의 운동을 실천하여 이를 생활습관으로 만드는 것이 중요함.'을 말하고 있다. 따라서 '무리한 운동보다는 신체에 적절한 자극이 가해지는 운동을 생활습관으로 정착시켜야 한다.'는 ②가 요약글로서 가장 적절하다.

오답해설

① '운동효과'는 운동 시간이 짧더라도 빈도를 높여서 규칙적으로 움직일 때 좋으며, 무조건 신체를 움직인다고 해서 다 운동이 되는 것은 아니라고 설명했으므로 적절한 요약이라고 볼 수 없다.

③ '자신의 신체 조건을 고려하여 운동 강도를 결정해야 한다.'는 것은 본문의 내용과 일치하나, 운동의 시간과 규칙성에 대한 언급이 없으므로 적절한 요약이라고 볼 수 없다.

④ 본문의 내용에서 운동의 긍정적인 측면과 부정적인 측면에 대해 언급한 부분은 찾을 수 없다.

06 정답 ④

핵심주제 : 로마자 표기법

로마자 표기법에 의해 'ㄱ'은 초성에서 'g'로 표기하고 자음 앞이나 어말에 나오는 경우 'k'로 적는다. 또한 고유명사의 첫 글자는 대문자로 표기한다. 따라서 금강은 'Geumgang'으로 표기하는 것이 적절하다.

07 정답 ③

핵심주제 : 문법

피동사는 용언에 피동접미사(이, 히, 리, 기, 우, 구, 추)가 붙어 만들어지고, 사동사는 용언에 사동접미사(이, 히, 리, 기)가 붙어 만들어진다. '보다'는 '보이다', '잡다'는 '잡히다', 안다는 '안기다'로 사동사와 피동사의 형태가 모두 같은 반면, '밀다'는 '밀리다'로 피동사의 형태만 가능하고, 사동사의 형태는 '밀'+'-게(보조적 연결어미)'+'하다'(보조동사)로 써야 한다.

08 정답 ①

핵심주제 : 현대 소설

㉠의 나그네는 낡은 치맛자락을 걸치고 차려진 밥을 금세 밑바닥을 긁을 정도로 굶주리며, 남편 없고 몸 붙일 곳이 없어 이리저리 얻어먹고 다닌다고 하였다. 이러한 행색으로 보아 '너무 가난하여 떠돌아다니며 얻어먹을 정도'를 비유적으로 이르는 ① '패랭이에 숟가락 꽂고 산다.'가 가장 적절하다.

오답해설

② 태산 명동에 서일필이라 : 태산이 울리도록 난리를 벌였으나 고작 쥐 한 마리를 잡았을 뿐이라는 뜻으로, 야단스러운 소문에 비해 결과는 보잘 것 없이 별것 아니라는 것을 비유적으로 이르는 말

③ 터진 방앗공이에 보리알 끼듯 하였다 : 버리려고 하니 아깝고 파내자니 힘이 들어 하는 수 없이 내버려 두는 수밖에 없음을 비유적으로 이르는 말. 혹은 방해물이 끼어들어 성가신 경우를 비유적으로 이르는 말

④ 보리누름까지 세배한다 : 보리가 익을 무렵까지 세배를 한다는 뜻으로, 형식적인 인사 치레가 너무 과함을 비유적으로 이르는 말

모르면 간첩

〈 작품해석 〉

김유정, 〈산골나그네〉
• 갈래 : 단편소설
• 시점 : 전지적 작가시점
• 배경 : 1930년대
• 성격 : 해학적, 토속적
• 주제 : 가난한 유랑민의 애환

PART 05 2020

09 정답 ④

핵심주제 : 문법

'둘째 며느리 삼아 보아야 맏며느리 착한 줄 안다.'에서 '둘째'는 '며느리'라는 명사를 수식하는 관형사에 해당한다.

10 정답 ③

핵심주제 : 어휘

문맥상 ㉢ 방역은 '전염병의 발생이나 유행을 미리 막는 일.'이라는 뜻의 '방역(防 : 막을 방, 役 : 전염병 역)'이 적절하다. '방역

(紡 : 길쌈 방, 役 : 전염병 역)'이라는 한자어는 존재하지 않는다.

오답해설

① 침체(沈 : 잠길 침, 滯 : 막힐 체) : 어떤 현상이나 사물이 진전하지 못하고 제자리에 머무름

② 위축(萎 : 시들 위, 縮 : 줄일 축) : 마르거나 시들어서 우그러지고 쭈그러듦. 혹은 어떤 힘에 눌려 졸아들고 기를 펴지 못함

④ 차치(且 : 또 차, 置 : 둘 치) : 내버려 두고 문제 삼지 아니함

11 정답 ③

핵심주제 : 띄어쓰기

'그는 세 번만에 시험에 합격했다.'에서 '만'은 의존명사로 '앞의 말이 가리키는 횟수를 끝으로'라는 뜻을 갖고 있다.
따라서 '세 번 만에'로 띄어 써야 한다.

오답해설

① '그녀는 사업차 외국에 나갔다.'에서 '차'는 '목적'의 의미를 담고 있는 접사로 앞말에 붙여 쓴다.

② '들고 갈 수 있을 만큼만 담아라.'에서 '갈 수'의 '수'는 '어떤 일을 할 만한 능력'이라는 의존명사이므로 띄어 쓴다. 또한 '만큼'도 '앞의 내용에 상당한 수량 혹은 정도'라는 의존명사이므로 띄어 쓴다. '-만'은 '다른 것으로부터 제한하여 어느 것을 한정함'이라는 뜻의 보조사이므로 붙여 쓴다.

④ '쌀, 보리, 콩, 조, 기장 들을 오곡(五穀)이라 한다.'에서 '들'은 두 개 이상의 사물을 나열할 때, 그 열거한 사물 모두를 가리키거나, 그 밖에 같은 종류의 사물이 더 있음을 나타내는 뜻을 가지는 의존명사이므로 띄어 써야 한다.

12 정답 ②

핵심주제 : 문법

'살펴 가십시오.'는 손위 사람인 손님을 집에서 보낼 때 쓰기 적절한 표현이다. 이와 마찬가지로 '안녕히 가십시오.' 또한 손위 사람에게 예의를 지키는 인사말이다.

오답해설

① '좋은 아침'은 영어식 아침 인사말 'Good morning'을 직역한 것이므로 우리나라 인사말인 '안녕하세요?', '안녕하십니까?'를 사용하는 것이 적절하다.

③ '건강하십시오.'는 명령형 문장으로 윗사람의 생일을 축하하

는 자리에서 사용하기에 적절하지 않으므로 '건강하시기 바랍니다.' 등의 표현으로 바꿔 사용하는 것이 적절하다.

④ 관공서, 백화점, 음식점 등 손님을 맞이하는 장소에서 손님이 입장하면 우선적으로 '어서 오십시오'라고 인사한 후 이어서 '무엇을 도와드릴까요?'와 같은 말을 하는 것이 적절하다. 손님이 입장했을 때 바로 목적을 묻는다면 다소 사무적이게 느껴질 수 있기 때문에 인사를 우선하고 이후 목적을 물어야 한다.

13 정답 ①

핵심주제 : 문법

(가)의 내용은 훈민정음 창제의 밑바탕이 어떻게 구성되어있는지를 설명하고 있다. ①의 앞에서는 훈민정음이 처음 창제된 날을 서술하고, ①의 뒷부분은 훈민정음의 천지인(天地人)에 대한 원리를 설명하고 있으므로 (가)의 내용이 들어갈 가장 적절한 위치는 ①이다.

14 정답 ③

핵심주제 : 문법

본문의 ㉠ 이전 내용은 훈민정음이 28자로 전환이 무궁무진하고 간단하며 모든 음에 정통하였다고 설명하였고, ㉠ 이후는 백성들이 쉽게 훈민정음을 깨우칠 수 있음을 설명하였다. 이는 훈민정음이 배우기 쉬우므로 백성들이 쉽게 깨우칠 수 있다는 인과관계이므로 ㉠에 들어갈 내용으로 '그러므로'가 가장 적절하다.

15 정답 ②

핵심주제 : 문법

'저녁노을이 지는 들판에서 농부 내외가 조용히 기도하는 모습이 멀리 보였다.'에서 '저녁노을'은 '지는'과, '농부 내외'는 '기도하는'과 '모습'은 '보였다'와 올바른 주술 관계를 형성하고 있으므로 가장 자연스러운 문장이다.

오답해설

① '그의 하루 일과를 일어나자마자 아침 신문을 읽는 데서 시

작한다.'에서 '시작한다'와 함께 주술관계를 이룰 주어가 없
으므로 '일과를'의 목적격 조사 '를'을 보조사 '는'으로 고쳐야
한다.
③ '졸업한 형도 못 푸는 문제인데, 하물며 네가 풀겠다고 덤볐
다.'에서 '하물며'와 '덤볐다'가 서로 호응하지 않으므로 '덤볐
다'를 '덤비느냐?', '덤비다니' 등으로 고쳐야 한다.
④ '제가 여러분에게 당부하고 싶은 것은 주변 환경을 탓하지
마시기 바랍니다.'에서 '것은'과 '바랍니다'가 호응하지 않으
므로 '바랍니다.'를 '바란다는 것입니다.'로 고쳐야 한다.

16 정답 ③

핵심주제 : 어휘

'성김'은 '물건 간의 사이가 뜨다.'라는 뜻인 '성기다'의 활용형
이고, '빽빽함'은 '물건 간의 사이가 촘촘하다.'라는 뜻인 '빽빽하
다'의 활용형이다. 따라서 이 둘은 반의어 관계임을 알 수 있다.
③의 '넉넉하다'는 '크기나 수량이 모자라지 않게 남음이 있다.'
라는 뜻이고 '푼푼하다'는 '모자람이 없이 넉넉하다.'라는 뜻이므
로 이 둘은 유의어 관계이다.

17 정답 ④

핵심주제 : 어휘

ⓒ '안치다' : '밥, 떡, 찌개 따위를 만들기 위하여 그 재료를 솥이
나 냄비 따위에 넣고 불 위에 올림.'
ⓔ '붙이다' : '불을 일으켜 타게 함.'
ⓜ '부치다' : '번철이나 프라이팬 따위에 기름을 바르고 빈대떡,
저냐, 전병(煎餠) 따위의 음식을 익혀서 만듦.'

오답해설

㉠ '담가'가 맞는 표현이다.
ⓒ '조리다'가 맞는 표현이다.
ⓗ '하노라고'가 맞는 표현이다.

'–느라고'와 '–노라고'

'–느라고'는 '앞의 절 상태가 뒤의 절 상태의 원인이 됨'을 나타
낼 때 쓰는 연결 어미인 반면, '–노라고'는 '자기 나름대로 꽤나
노력했음'을 나타낼 때 쓰는 연결 어미이다.

18 정답 ④

핵심주제 : 사자성어

양상군자(梁上君子)는 '대들보 위의 군자'라는 뜻으로 도둑을 지
칭하는 비유적 표현이다. 따라서 본문의 선비와 관계없는 한
자성어이다.

오답해설

① 견리사의(見利思義)는 '눈 앞의 이익을 보면 의리를 먼저 생
각한다.'라는 뜻으로, 개인의 이익보다 사회 정의를 생각하며
행동하고 살아가는 선비와 관계있는 한자성어이다.
② 노겸군자(勞謙君子)는 '공로 있는 군자가 겸손하기까지 하
다.'는 뜻으로, 자신을 낮추고 타인을 존중할 줄 아는 선비와
관계있는 한자성어이다.
③ 수기안인(修己安人)은 '자신을 잘 수양하여 사람을 편안하게
만든다.'라는 뜻으로, 자신의 인격을 완성하고 그것을 통해
모든 사람에게 평안한 삶을 살게 하는 것이 궁극적 목적인
선비와 관계있는 한자성어이다.

19 정답 ③

핵심주제 : 문법

"기쁨의 열매"에서 '–의'는 다음에 오는 체언을 수식하는 격조
사인 관형격 조사에 해당한다. '인도(人道)'는 '인간의 도리'라는
뜻이고 '간과(干戈)'는 '창과 방패'라는 뜻으로 '인도의 간과'는
'사람의 도리라는 창과 방패'로 '인도'가 '간과'를 수식하고 있다.

오답해설

① '조선의 독립국임'은 주어와 서술어의 관계이다.
② '천(天)의 명명(明命)'은 '하늘이 명령하다.'라는 뜻으로 주어
와 서술어의 관계이다.
④ '대의(大義)의 극명(克明)'은 '인간으로서의 도리를 분명히 하
다.'라는 뜻으로 주어와 서술어의 관계이다.

20 정답 ④

핵심주제 : 어휘

밑줄 친 ㉠은 체크무늬가 각 씨족을 대표하는 의상으로 받아들
여지게 되었다는 뜻으로 '새로운 문화 현상 혹은 학설 등이 당
연한 것으로 사회에 받아들여지다.'라는 뜻을 갖고 있는 '정착
(定着)되었다.'가 ㉠과 바꿔 쓰기에 적절하다.

PART 05 **2020**

① '정돈(整頓)되었다.'는 '어지럽게 흩어진 것을 고쳐 놓거나 바로잡아 정리하다.'라는 뜻으로 ⊙과 바꿔 쓰기에 적절하지 않다.

② '정제(精製)되었다.'는 '정성을 들여 잘 만들다.' 혹은 '불순물을 없애고 더 순수한 물질을 만들다.'라는 뜻으로 ⊙과 바꿔 쓰기에 적절하지 않다.

③ '정리(整理)되었다.'는 '혼란스러운 상태를 치워 질서 있는 상태가 되게 하다.'라는 뜻으로 ⊙과 바꿔 쓰기에 적절하지 않다.

21 정답 ①

핵심주제 : 비문학

본문에서 '페르소나'는 '한 개인이 사회에서 요구하는 역할에 적응하면서 얻어진 자아의 한 측면을 의미하는 것'이라고 했으므로 인간의 현실적인 측면을 의미한다고 볼 수 있다. 반면 '그림자'는 '인간의 원시적인 본능 성향을 의미한다.'고 했으므로 인간의 근원적, 본능적인 측면이라고 볼 수 있다.

② '페르소나'만을 추구하게 되면 인간의 원시적인 본능에 해당하는 '그림자'가 소외당하게 되어 무기력해진다.

③ '그림자는 사회적으로 부도덕하다고 생각하는 충동적인 면이 있지만, 자발성, 창의성, 통찰력, 깊은 정서 등 긍정적인 면이 있어 지나치게 억압해서는 안 된다.'의 부분을 통해 글의 내용과 부합하지 않음을 알 수 있다.

④ 본문에서는 '그림자를 지나치게 억압해서는 안 된다'까지만 제시되어 있어 본문을 통해 알 수 없는 내용이다.

22 정답 ②

핵심주제 : 어문 규정

'끊기다'에서 겹받침 'ㄶ'의 'ㅎ'과 'ㄱ'이 축약하여 'ㅋ'이 되므로 [끈키다]가 올바른 발음이다.

① '맑고'에서 'ㄺ'은 'ㄱ' 앞에서 [ㄹ]로 발음하므로 [말꼬]로 발음한다.

③ '맏형'에서 받침 'ㄷ'이 'ㅎ'과 만나 축약되어 [마텽]으로 발음한다.

④ '밟고'에서 '밟'은 자음 앞에서 [밥]으로 발음되므로 [밥꼬]로 발음한다.

23 정답 ①

핵심주제 : 어휘

'도시락'은 하나의 어근으로 된 단일어이다. 나머지는 복합어에 속하는 파생어(②, ③)와 합성어(④)이다.

24 정답 ②

핵심주제 : 비문학

본문에서는 항생제의 내성 정도를 설명한 부분은 찾을 수 없다.

25 정답 ④

핵심주제 : 비문학

④은 식이요법과 알코올 중독 사이에 연관성이 부족한 논점 일탈(무관한 결론)의 오류를 범하고 있다. 논점 일탈의 오류는 논점과 관계없는 것을 제시하여 생기는 오류를 말한다.

① '식량을 주면, 옷을 달라고 할 거야'라는 것은 의도 확대의 오류에 해당한다. 의도 확대의 오류는 의도하지 않은 것에 대해 의도가 성립했다고 보는 오류이다.

② '술 한 잔을 마시면 알코올 중독자가 될 거야.'라는 것은 의도 확대의 오류에 해당한다.

③ '아이들에게 부드럽게 말하면 아이들을 망치게 될 거야.'라는 것은 의도 확대의 오류에 해당한다.

행정학

출제 문항 분석

영역	문항 수
행정학의 기초이론	7
정책론	3
조직론	4
인사행정론	4
재무행정론	3
환류행정론	1
지방행정론	3

정답

01 ①	02 ①	03 ④	04 ②	05 ①
06 ③	07 ③	08 ②	09 ④	10 ①
11 ③	12 ②	13 ③	14 ②, ④	15 ○
16 ④	17 ①	18 ①	19 ②	20 ③, ④
21 ④	22 ①, ③	23 ③	24 ①	25 ②

01　　　　　정답 ①

핵심주제 : 행정학의 기초이론

왈도(D.Waldo)는 행정학이 기술성(art)과 과학성(science)의 양면성을 띤다고 전제하며, 행정학이 기술적 이유에서 출발하기는 하였으나 과학성을 전제로 해야만 성립할 수 있다고 보았다. 양자는 상호보완·공존관계임을 강조하였다.

02　　　　　정답 ①

핵심주제 : 행정학의 기초이론

디목(M. Dimock)의 사회적 능률은 사회적 형평성과 무관하다. 사회적 형평성은 1970년대 신행정론의 3대 이념(효과성·능률성·사회적 형평성)의 하나로, 대내외적으로 모든 면에서 공정하며, 특히 경제적·사회적으로 소외된 약자를 위한 행정을 말한다.

03　　　　　정답 ④

핵심주제 : 조직론

레비트(H. Leavitt)는 조직혁신을 조직의 4대 변수인 과업·구조·인간·기술 중의 어느 한 가지 요소를 변화시켜 다른 변수의 변화를 도모하는 것이라 정의했다. 규범은 이에 포함되지 않는다.

04　　　　　정답 ②

핵심주제 : 지방행정론

인구 30만 이상의 도시는 사무배분의 특례가 적용되지 않는다.

〈 법령 〉
「지방자치법」
제175조(대도시에 대한 특례인정) 서울특별시·광역시 및 특별자치시를 제외한 인구 50만 이상 대도시의 행정, 재정운영 및 국가의 지도·감독에 대하여는 그 특성을 고려하여 관계 법률로 정하는 바에 따라 특례를 둘 수 있다.

05　　　　　정답 ①

핵심주제 : 행정학의 기초이론

신행정론은 1960년대까지 주류를 형성한 실증주의적 주류이론(고전적 행정이론, 행태주의)의 몰가치성이 초래한 사회문제와 행정이론 간의 괴리현상을 비판하고, 사회적 적실성과 실천, 사회적 형평성을 강조하면서 1970년대에 새롭게 등장하였다. 그러므로 신행정론이 등장한 이후 가치에 관한 연구가 본격적으로 이루어지기 시작하였다고 할 수 있다.

오답해설

② 발전행정론은 행정체제가 국가발전 목표를 달성하기 위한 계획을 수립·집행하고 계속적인 사회변동에 대한 적응능력을 증진시켜야 한다는 이론이다.

③ 뉴거버넌스는 정부가 책임을 지고 비정부조직과 서비스연계망(network)을 형성하여 신뢰와 협력 속에 공공재의 공동 공급을 강조하는 이론이다.

④ 공공선택론은 공공부문에 경제학적 관점을 도입하려는 정치경제학적 관점에서 공공재의 공급을 위한 의사결정방법과 조직배열을 연구하는 이론이다.

06 정답 ③

핵심주제 : 정책론

사이먼(H. A. Simon)은 합리모형이 가정하고 있는 의사결정자를 '경제인'이라고 하고, 합리성의 제약을 받는 의사결정자를 '행정인'이라고 지칭하였다. 합리적 요소 외에도 결정자의 직관이나 주관적 판단, 영감 등과 같은 초합리적 요소도 고려해야 한다는 모형은, 드로(Dror)가 제시한 최적모형에 해당한다.

07 정답 ③

핵심주제 : 행정학의 기초이론

민영화란 정부기능의 전부나 일부를 민간으로 이양하는 것을 말한다. 이러한 민영화는 경쟁을 통해 비용의 절감과 업무의 능률적 수행, 효율성(생산성)을 확보할 수 있다는 장점이 있다.

모르면 간첩

민영화의 장점과 단점

장점	단점
• 경쟁을 통한 비용의 절감과 업무의 능률적 수행을 도모 • 효율성 확보 • 민간의 전문기술을 활용한 업무의 전문성 제고 및 양질의 행정서비스 제공 • 행정참여 및 민간경제의 활성화 • 정부와 공공부문의 비용절감을 통한 재정 건전성 제고 • 보수인상 요구의 억제	• 민간부문으로의 책임전가 및 책임소재의 문제 발생 • 정치권, 관련 공무원과의 결탁이나 이권에 연루 가능성 증가 • 소외된 약자나 저소득층에게 서비스를 기피하여 형평성 문제 발생 • 정부의 지식·기술·관리능력의 축적 기회 박탈 • 서비스 공급의 공공성과 안정성 저해(경제적 측면의 수익성 추구) • 저렴한 서비스 공급 제약

08 정답 ②

핵심주제 : 재무행정론

「지방세특례제한법」 제5조(지방세지출보고서의 작성)를 보면 지방재정에도 지방세지출제도가 도입되어 있음을 알 수 있다.

〈 법령 〉
「지방세특례제한법」
제5조(지방세지출보고서의 작성) ① 지방자치단체의 장은 지방세 감면 등 지방세 특례에 따른 재정 지원의 직전 회계연도의 실적과 해당 회계연도의 추정 금액에 대한 보고서(이하 "지방세지출보고서"라 한다)를 작성하여 지방의회에 제출하여야 한다.
② 지방세지출보고서의 작성방법 등에 관하여는 행정안전부장관이 정한다.

09 정답 ④

핵심주제 : 조직론

에치오니(A. Etzioni)가 강조한 조직목표 유형에는 강제적 조직(질서목표), 공리적 조직(경제적 목표), 규범적 조직(문화적 목표)이 있다. 사회적 목표는 포함되지 않는다.

10 정답 ①

핵심주제 : 행정학의 기초이론

테일러(F. W. Taylor)는 과학적 관리의 핵심을 개인적 기술이 아닌 합리적이고 공평한 1인 작업량(공식적 조직 구조)에 두고 노동자는 발전된 과학적인 방법을 따라서 작업하도록 하는 과학적 관리론을 체계화시켰다.

11 정답 ③

핵심주제 : 조직론

매트릭스 조직은 기능부서의 전문성과 사업부서의 신속한 대응성을 결합한 입체적 조직구조이다. 이러한 매트릭스 조직은 이중구조로 인한 역할과 책임, 권한 한계가 불명확하고, 권력투쟁과 갈등이 발생하는 등 조직구성원 간의 원만한 인간관계를 형성하기 어렵다는 단점이 있다.

12 정답 ②

핵심주제 : 조직론

파슨스(T. Parsons)의 조직유형 중 목표 달성기능과 관련 있는 조직유형은 정치조직이다. 파슨스는 조직의 기능을 적응기능(Adaptation – 경제적 생산조직), 목표 달성기능(Goal attainment – 정치조직), 통합기능(Integration – 통합조직), 체제유지기능(Latency – 유형유지조직)로 분류하였다.

13 정답 ③

핵심주제 : 인사행정론

시간선택제 채용 공무원이란 능력과 근무의욕이 있으나 종일 근무는 곤란한 인재들에게 적합한 일자리로 근무시간을 선택하여 근무하면서 정년이 보장되는 공무원을 말한다.

오답해설

① 시간선택제 전환 공무원이란 통상적인 근무시간(주 40시간, 일 8시간) 동안 근무하던 공무원이 본인의 필요에 따라 시간선택제 근무를 신청하여 근무하는 제도이다.
② 시간선택제 임기제 공무원이란 한시적인 사업 수행 또는 시간선택제 전환자의 업무대체를 위해 일시적으로 채용되는 공무원이다(「공무원임용령」 제3조의2).
④ 한시임기제 공무원이란 업무공백을 대행하기위해 한시적으로 근무하는 공무원을 말한다.

14 정답 ②, ④

핵심주제 : 재무행정론

가답안에서는 ②가 답이었으나 이후 ④도 복수정답으로 인정되었다.
정부조직 개편으로 예산을 조직 간 상호 이용하는 것으로 예산의 원칙 중 목적 외 사용 금지 원칙의 예외인 것은 예산의 이체와 이용 모두에 해당한다. 예산의 이체란 정부조직 등에 관한 법령의 제정 · 개정 또는 폐지로 인하여 중앙관서의 직무와 권한에 변동이 있는 때 예산의 책임소관이 기획재정부장관의 승인으로 변경되는 것이며, 예산의 이용이란 예산으로 정한 기관 간이나 입법과목인 장(章) · 관(款) · 항(項) 사이에 서로 융통하는 것을 말한다.

15 정답 모두 정답

핵심주제 : 행정학의 기초이론

가답안에서는 ①이 답이었으나 이후 ②, ③, ④도 복수정답으로 인정되었다.

① 행정의 민주성이란 행정과정의 민주화를 전제로 국민의 의사를 우선하고 반영하는 행정, 국민의 복지를 위한 행정, 국민에게 책임을 지는 행정이 실현되는 것과 함께 행정조직 내외에 있어 인간적 가치가 구현되는 것을 말한다.
② 행정의 가외성이란 Landau가 불확실성의 시대에 대비하여 행정의 신뢰성을 제고하기 위해 주장한 이념으로, 행정의 남는 부분이나 초과분, 중첩 · 중복 부분 등을 의미하며, 더불어 당장은 불필요하나 미래의 불확실성이나 위기상황 등에 대비하기위한 장치적 개념을 말한다.
③ 행정의 신뢰성이란 국민을 위한 행정이나 정책결정에 대한 예측가능성, 행정기관이 국민들로부터 이해와 지지를 받는 정도를 말한다.
④ 성찰성은 행정이념에 포함되지 않는 개념이다.
※ 15번 문제의 경우 '현대적 행정이념'의 '현대적'이라는 표현이 의미하는 시기가 명확하지 않아 상대적으로 가장 이른 시기의 행정이념인 신뢰성을 정답으로 추측할 수 있으나 다툼의 여지가 있다.

모르면 간성

행정이념의 종류와 변천

㉠ 합법성(19세기) : 법률에 적합한 행정을 추구하는 이념
㉡ 능률성(19세기 말~20세기 초) : 최소의 투입으로 최대의 산출을 얻는 것
㉢ 민주성(1930년대~1940년대) : 대외적으로 국민을 위하고, 대내적으로 공무원의 인간적 가치를 존중하는 이념
㉣ 합리성(1950년대) : 목표에 대한 수단의 적합성(기여 정도)과 관련된 이념
㉤ 효과성(1960년대~1970년대) : 목표 달성 정도와 관련된 이념
㉥ 형평성(1970년대) : 사회적으로 불리한 위치의 계층을 위한 행정과 관련된 이념
㉦ 생산성(1980년대) : 능률성과 효과성을 모두 고려한 이념
㉧ 신뢰성(1990년대) : 행정에 대한 신뢰에 관한 이념

16 정답 ④

핵심주제 : 정책론

윈터(S. Winter)는 정책집행에 영향을 주는 변수로, 정책형성국면, 조직 및 조직 간 집행국면, 일선관료의 행태변수, 대상 집단의 사회경제적 조건변수를 제시하였다. 정책결정자의 행태는 이에 포함되지 않는다.

17 정답 ①

핵심주제 : 지방행정론

시·군의 통합은 대규모 지역개발사업 및 규모의 경제에 의한 경비절약, 교통·통신수단의 발달에 따른 생활권과 행정권의 불일치 현상 해소, 광역적 문제의 효과적해결 등의 장점이 있는 반면 권위주의적 행정과 자치단체의 민주성 저해로 행정의 대응성을 약화시킨다는 단점이 발생할 수 있다.

18 정답 ①

핵심주제 : 행정학의 기초이론

진보주의 정부는 조세제도를 통한 소득 재분배정책을 선호한다. 조세를 감면하고, 완화하고자 하는 것은 보수주의 정부의 정책이다.

진보주의와 보수주의 선호정책

진보주의	보수주의
• 소외집단을 위한 정책 • 공익 목적의 정부규제정책 • 조세제도를 통한 소득 재분배정책 • 낙태금지를 위한 정부권력 사용 반대 • 공립학교에서의 종교교육 반대	• 소외집단을 위한 정책 비선호 • 정부의 경제규제 완화 및 시장지향정책 선호 • 조세감면·완화정책 • 정부의 낙태금지정책 찬성 • 공립학교에서의 종교교육 찬성

19 정답 ②

핵심주제 : 환류행정론

옴브즈만(ombudsman)제도는 입법부나 사법부의 행정부에 대한 통제를 보완하여 신속·공정하고 저렴한 비용으로 국민의 권익을 구제하기 위해 등장한 제도로, 행정에의 외부통제·공식적 통제유형에 해당한다.

옴브즈만(ombudsman)제도

• 옴브즈만은 공무원(행정)의 위법·부당한 행위로 권리를 침해당한 시민이 제기하는 민원이나 불평을 조사하여 관계기관에 시정을 권고하는 기관을 말함(호민관, 행정감찰관이라 불림)

• 전통적으로 입법부에 의한 행정통제수단으로 발전해왔으며, 기능적으로는 입법부 및 행정부로부터 독립적·자율적으로 활동
• 1809년 스웨덴에서 최초로 명문화되어 많은 나라에서 채택하고 있음
• 입법부나 사법부의 통제를 보완하여 신속·동정하고 저렴한 비용으로 국민의 권익을 구제하기 위해 등장한 제도로, 외부통제·공식적 통제유형에 해당

20 정답 ③, ④

핵심주제 : 인사행정론

가답안에서는 ④가 답이었으나 이후 ③도 복수정답으로 인정되었다.
④ 소속장관별 고위공무원단 직위 총수의 20% 범위에서 개방형 직위를 지정하되, 중앙행정기관과 소속기관 간 균형을 유지하는 것이 원칙이다.
③ 5급 공무원으로의 승진임용에서는 승진시험을 치도록 하되, 대통령령 등에 따라 심사를 거쳐 임용할 수 있다.

21 정답 ④

핵심주제 : 재무행정론

예산의 재배정은 각 중앙관서의 장이 배정받은 예산액의 범위 내에서 다시 산하 재무관에게 월별 또는 분기별로 예산액을 다시 배정해주는 것으로 중앙관서 차원의 재정통제수단에 해당한다.

22 정답 ①, ③

핵심주제 : 지방행정론

가답안에서는 ③이 답이었으나 이후 ①도 복수정답으로 인정되었다.
우리나라 지방자치법에서 규정하고 있는 주민직접참여제도는 주민투표, 주민감사청구, 주민의 조례 제정 및 개폐 청구, 주민소환 등이 있다.

23 정답 ③

핵심주제 : 인사행정론

엽관주의란 공직임용이나 인사관리에 있어서의 기준을 정당에 대한 충성도와 공헌도에 주는 제도로 공직경질제를 통해 국민의 요구에 대한 관료적 대응성을 향상시킬 수 있다.

오답해설
① 엽관주의는 정권교체 시 관료 또한 함께 교체됨으로 행정이 단절적이다.
② 엽관주의는 정당에 대한 충성도에 따라 공직을 임용하므로 정치적 · 행정적 부패, 공익저해가 발생할 수 있다.
④ 엽관주의는 공직의 기회균등정신을 위배하고, 임용의 공평성을 상실할 수 있다.

24 정답 ①

핵심주제 : 정책론

정부기관의 개편은 구성정책에, 국경일의 제정은 상징정책의 예시에 해당한다.

25 정답 ②

핵심주제 : 인사행정론

「공직자윤리법」제3조 제1항 제3호에 의하면 재산등록의무자는 4급 이상의 국가공무원 및 지방공무원과 이에 상당하는 보수를 받는 별정직 공무원이다.

행정법

출제 문항 분석

영역	문항 수
행정법통론	3
행정작용법	9
행정구제법	8
행정법상 의무이행 확보수단	3
특별행정작용법	2

정답

01 ④	02 ③	03 ②	04 ②	05 ①
06 ②	07 ③	08 ③	09 ①	10 ④
11 ①	12 ④	13 ④	14 ②	15 ①
16 ①	17 ①	18 ①	19 ②	20 ③
21 ③	22 ③	23 ②	24 ③	25 ③

01 정답 ④

핵심주제 : 행정법통론

진정소급입법의 경우에 신뢰보호의 이익을 주장할 수 없고 부진정소급입법은 원칙적으로 신뢰보호의 이익을 주장할 수 있다.

〈 판례 〉
소급입법은, … 진정소급입법과, … 부진정소급입법으로 나눌 수 있다. … 진정소급입법은 개인의 신뢰보호와 법적 안정성을 내용으로 하는 법치국가원리에 의하여 허용되지 않는 것이 원칙이다. 반면 부진정소급입법은 원칙적으로 허용되지만, 소급효를 요구하는 공익상의 사유와 신뢰보호를 요구하는 개인보호의 사유 사이의 교량과정에서 그 범위에 제한이 가하여질 수 있다(대판 2020.4.29. 2019두32696).

02 정답 ③

핵심주제 : 행정작용법

판례에 따르면, 법률이 행정규칙 형식으로 입법위임을 하는 경우에도 포괄위임금지의 원칙이 적용된다.

〈 판례 〉

행정규칙의 형식으로 입법위임을 할 필요성이 인정되는 경우라도, 그러한 위임은 헌법 제75조의 포괄위임금지 원칙을 위반하여서는 안 되고 반드시 구체적·개별적으로 한정된 사항에 대하여 행하여져야 한다(헌재 2016.3.31. 2014헌바382).

〈 판례 〉

군인과 군무원은 모두 국군을 구성하며 국토수호라는 목적을 위해 국가와 국민에게 봉사하는 특정직공무원이기는 하지만 각각의 책임·직무·신분 및 근무조건에는 상당한 차이가 존재한다. 이 사건 법률조항이 현역군인에게만 국방부 등의 보조기관 등에 보해질 수 있는 특례를 인정한 것은 … 따라서 이와 같은 차별이 입법재량의 범위를 벗어나 현저하게 불합리한 것이라 볼 수는 없으므로 이 사건 법률조항은 청구인들의 평등권을 침해하지 않는다(헌재 2008.6.26. 2005헌마1275).

03 정답 ②

핵심주제 : 행정작용법

판례에 의하면, (구)외자도입법에 따른 기술도입계약에 대한 인가는 기본행위인 기술도입계약을 보충하여 그 법률상 효력을 완성시키는 보충적 행정행위에 지나지 아니하므로 기본행위인 기술도입계약의 해지로 소멸되었다면 위 인가처분은 처분청의 직권취소에 의하여 소멸하지 않는다고 본다(대판 1983.12.27. 82누491).

06 정답 ②

핵심주제 : 행정작용법

「개인정보보호법」 제24조에 따르면, 개인정보 처리에 대한 동의는 일괄적으로 받는 것이 아니라 별도로 받아야 한다.

04 정답 ②

핵심주제 : 행정작용법

「행정절차법」 제48조에 따르면, 행정지도라는 것은 규제적·구속적 성격이 없는 행정작용이므로, 지도의 대상의 행위는 자의에 의한 행위로 판단되어 그 범법행위가 정당화될 수 없다.

〈 판례 〉

행정관청이 … 행정지도를 하여 그에 따라 허위신고를 한 것이라 하더라도 이와 같은 행정지도는 법에 어긋나는 것으로서 그와 같은 행정지도나 관행에 따라 허위신고행위에 이르렀다고 하여도 이것만 가지고서는 그 범법행위가 정당화될 수 없다(대판 1994.6.14. 93도3247).

07 정답 ③

핵심주제 : 행정법통론

대법원은 실권의 법리를 신의성실 원칙의 파생원칙으로 본다.

〈 판례 〉

실권 또는 실효의 법리는 법의 일반원리인 신의성실의 원칙에 바탕을 둔 파생원칙인 것이므로 … 신의성실의 원칙에 반하는 결과가 될 때 그 권리행사를 허용하지 않는 것을 의미한다(대판 1988.4.27. 87누915).

05 정답 ①

핵심주제 : 행정구제법

헌재의 입장에 따르면 현역군인이 아닌 군무원이 국방부 등의 보조기관 등에 보해질 수 없는 것은 평등권을 침해하지 않는다고 본다.

08 정답 ③

핵심주제 : 행정작용법

「공공기관의 정보공개에 관한 법률」 제11조(정보공개 여부의 결정) 제1항에 따르면, 통지를 받은 날부터 7일 이내가 아니라, 10일 이내에 공개 여부를 결정해야 한다.

09 정답 ①

핵심주제 : 행정법상 의무이행 확보수단

지방국세청장이 조세범칙행위에 대하여 고발을 한 후에 동일한 조세범칙행위에 대하여 통고처분을 하여도, 이는 법적 권한 소멸 후에 이루어졌기 때문에 조세범칙행위자가 통고처분을 이행하였어도 자의에 의한 행위로 판단된다(대판 2016.9.28. 2014도10748).

10 정답 ④

핵심주제 : 행정법통론

판례의 따르면, 국민의 기본권 침해와 직접 관련되는 경우엔 그 국가작용이 고도의 정치적 결단에 의하여 행해지더라도 당연히 헌법재판소의 심판대상이 된다.

〈 판례 〉
대통령의 긴급재정경제명령은 … 이른바 통치행위에 속한다고 할 수 있으나, 통치행위를 포함하여 모든 국가작용은 국민의 기본권적 가치를 실현하기 위한 수단이라는 한계를 반드시 지켜야 하는 것이고, … 비록 고도의 정치적 결단에 의하여 행해지는 국가작용이라고 할지라도 그것이 국민의 기본권 침해와 직접 관련되는 경우에는 당연히 헌법재판소의 심판대상이 된다(헌재 1996.2.29. 93헌마186).

11 정답 ①

핵심주제 : 행정작용법

국립대학의 장에 의하여 임용된 조교는 사법상의 근로계약관계가 아닌 공법상 근무 관계에 해당한다.

〈 판례 〉
국가공무원법 제2조 제2항 제2호, …, 교육공무원임용령 제5조의2 제4항에 의하면, 일정한 자격을 갖추고 소정의 절차에 따라 대학의 장에 의하여 임용된 조교는 법정된 근무기간 동안 신분이 보장되는 교육공무원법상의 교육공무원 내지 국가공무원법상의 특정직공무원 지위가 부여되고, 근무관계는 사법상의 근로계약관계가 아닌 공법상 근무관계에 해당한다(대판 2019.11.14. 2015두52531).

12 정답 ④

핵심주제 : 특별행정작용법

「병역법」상으로는 보충역편입처분과 공익근무요원소집처분이 각각 단계적으로 별개의 법률효과를 발생하는 독립된 행정처분으로 여겨진다. 그러므로, 불가쟁력이 생긴 보충역편입처분의 위법을 이유로 공익근무요원소집처분의 효력을 다툴 수 없다.

〈 판례 〉
공익근무요원소집처분은 … 별개의 법률효과를 발생하는 독립된 행정처분이라고 할 것이므로, … 이미 불가쟁력이 생겨 그 효력을 다툴 수 없게 된 경우에는, 병역처분변경신청에 의하는 경우는 별론으로 하고, 보충역편입처분에 하자가 있다고 할지라도 그것이 당연무효라고 볼만한 특단의 사정이 없는 한 그 위법을 이유로 공익근무요원소집처분의 효력을 다툴 수 없다(대판 2002.12.10. 2001두5422).

13 정답 ④

핵심주제 : 행정구제법

「행정절차법」 제11조 제6항에 따르면, 다수의 대표자가 있는 경우 그 중 1인에 대한 행정청의 행위는 모든 당사자 등에게 효력이 있다. 다만, 행정청의 통지는 대표자 모두에게 하여야 그 효력이 있다.

오답해설
①, ②, ③ 각각 동법 제11조 제3, 4, 5항에 해당하는 설명이다.

14 정답 ②

핵심주제 : 행정작용법

구청장이 사회복지법인에 특별감사 결과, 지적사항에 대한 시정지시와 그 결과를 관계서류와 함께 보고하도록 지시한 경우, 그 시정지시는 항고소송의 대상이 되는 행정처분에 해당한다.

〈 판례 〉
구청장의 시정지시는 비권력적 사실행위에 불과하다고 볼 수는 없지만, 기타 법률상 효과를 발생하게 하는 것으로서 항고소송의 대상이 되는 행정처분에 해당한다(대판 2008.4.24. 2008두3500).

15 정답 ①

핵심주제 : 특별행정작용법

방사능에 오염된 고철의 유통자는 방사능오염 사실을 모르고
유통시켰을 경우에도 「환경정책기본법」 제44조 제1항에 따라 피
해자에게 피해를 배상해야 한다는 게 대법원의 입장이다.

> 〈 판례 〉
> 방사능에 오염된 고철은 원자력안전법 등의 법령에 따라 처리
> 되어야 하고 … 방사능에 오염된 고철을 타인에게 매도하는 등
> 으로 유통시킴으로써 거래 상대방이나 전전취득한 자가 방사
> 능오염으로 피해를 입게 되면 그 원인자는 방사능오염 사실을
> 모르고 유통시켰더라도 환경정책기본법 제44조 제1항에 따라
> 피해자에게 피해를 배상할 의무가 있다(대판 2018. 9. 13. 선고
> 2016다35802).

16 정답 ①

핵심주제 : 행정법상 의무이행 확보수단

판례에 따르면, 행정법규 위반에 대한 제재조치는 법령상 책
임자로 규정된 자에게 부과되며, 특별한 사정이 없는 한 위반
자에게 고의나 과실이 없더라도 부과할 수 있다고 본다(대판
2017.5.11. 2014두8773).

17 정답 ①

핵심주제 : 행정구제법

「행정심판법」 제4조 3항에 따르면, 관계 행정기관의 장이 특례
를 신설하거나 변경하는 법령을 제정·개정할 때에는 법무부장
관이 아니라 중앙행정심판위원회와 협의하여야 한다.

오답해설
② 동법 제3조 1항에 대한 설명이다.
③ 동법 제3조 2항에 대한 설명이다.
④ 동법 제2조 4호에 대한 설명이다.

18 정답 ①

핵심주제 : 행정구제법

당사자가 지방노동위원회의 처분에 대하여 불복하기 위해서는

고용노동부 장관이 아니라, 중앙노동위원장을 피고로 하여 재심
판정취소의 소를 제기하여야 한다.

19 정답 ②

핵심주제 : 행정구제법

판례에 따르면, 사전에 이루어진 처분이 뒤에 이은 처분에 흡수
되어 독립된 존재가치를 상실하면, 그 처분의 취소를 구할 이익
이 없다고 본다.

> 〈 판례 〉
> 원자로 및 관계 시설의 부지사전승인처분은 그 자체로서 건설
> 부지를 확정하고 사전공사를 허용하는 법률효과를 지닌 독립
> 한 행정처분이기는 하지만, … 나중에 건설허가처분이 있게 되
> 면 그 건설허가처분에 흡수되어 독립된 존재가치를 상실함으
> 로써 그 건설허가처분만이 쟁송의 대상이 되는 것이므로, 부
> 지사전승인처분의 취소를 구하는 소는 소의 이익을 잃게 되고,
> … 나중에 내려진 건설허가처분의 취소를 구하는 소송에서 이
> 를 다투면 된다(대판 1998.9.4. 97누19588).

20 정답 ③

핵심주제 : 행정구제법

판례에 따르면, 제3자효를 수반하는 행정행위에 대한 행정 심판
청구의 인용재결은 원처분과 내용을 달리하는 것이므로 그 인
용재결의 취소를 구하는 것은 원처분에는 없는 재결에 고유한
하자를 주장하는 셈이어서 당연히 항고소송의 대상이 된다(대
판 2001.5.29. 99두10292).

21 정답 ③

핵심주제 : 행정작용법

판례에 따르면, 회의록에 기재된 발언내용에 대한 해당 발언자
의 인적사항 부분에 관한 정보는 「공공기관의 정보공개에 관한
법률」 제7조 제1항 제5호 소정의 비공개 대상에 해당한다고 본
다(대판 2003.8.22. 2002두12946).

22
정답 ③

핵심주제 : 행정구제법

대법원은 지방자치단체의 담당 공무원의 직무상 의무위반행위와 위 종업원들의 사망 사이에 상당인과관계가 존재하지 않는다고 보았다.

〈 판례 〉
… 지방자치단체의 담당 공무원이 위 유흥주점의 용도변경, 무허가 영업 및 시설기준에 위배된 개축에 대하여 시정명령 등 식품위생법상 취하여야 할 조치를 게을리 한 직무상 의무위반행위와 위 종업원들의 사망 사이에 상당인과관계가 존재하지 않는다(대판 2008.4.10. 2005다48994).

23 군무원 필수
정답 ②

핵심주제 : 행정작용법

판례에 따르면, 행정심판전치주의는 무효선언을 구하는 취소소송에는 적용되며 무효확인소송에서는 적용되지 않는다.

〈 판례 〉
구 「행정소송법」(1994. 7. 27. 법률 제4770호로 개정되기 전의 것) 제18조 제1항은 … 취소소송에 있어서 이른바 필요적 행정심판전치주의를 취하고 있다(대판 1998.12.22. 97누1563).
무효확인소송에서는 행정심판전치주의에 관한 「행정소송법」 제18조는 적용되지 아니한다(부산고등법원 1991.10.2. 90구1083 판결).

24
정답 ③

핵심주제 : 행정법상 의무이행 확보수단

판례에 따르면, 과거의 기간에 대한 이행강제금까지 한꺼번에 부과할 수는 없다.

〈 판례 〉
비록 건축주 등이 장기간 시정명령을 이행하지 아니하였더라도, …, 시정명령의 이행 기회가 제공되지 아니한 과거의 기간에 대한 이행강제금까지 한꺼번에 부과할 수는 없다(대판 2016.7.14. 2015두46598).

25
정답 ③

핵심주제 : 행정구제법

「행정절차법」 제17조 5항에 따르면, 행정청은 신청에 구비서류의 미비 등 흠이 있는 경우에는 보완에 필요한 상당한 기간을 정하여 지체 없이 신청인에게 보완을 요구할 수 있다는 것이 아니라, 요구하여야 한다.

오답해설
① 동법 제17조 1항에 대한 설명이다.
② 동법 제17조 3항에 대한 설명이다.
④ 동법 제17조 7항에 대한 설명이다.

좋은 결과 있길 SISCOM이 응원합니다.

군무원 [행정직렬]

실전모의고사

정답 및 해설

제1회 **정답 및 해설**

국어

01 ③	02 ①	03 ④	04 ③	05 ①
06 ③	07 ④	08 ④	09 ①	10 ②
11 ④	12 ②	13 ③	14 ①	15 ②
16 ③	17 ③	18 ④	19 ②	20 ①
21 ①	22 ②	23 ④	24 ②	25 ③

01 ③

출제영역 문법

실패할 망정 → 실패할망정
'–ㄹ망정'은 앞 절의 사실을 인정하지만 뒤 절에 그와 대립되는 다른 사실을 덧붙여 말할 때에 쓰는 연결 어미로 어간과 붙여 쓰는 것이 원칙이다.

02 ①

출제영역 문법

㉠ '생각건대'는 '생각하건대'의 준말로 '하'가 통째로 줄어드는 경우다. 따라서 'ㅎ'이 남아 뒤에 오는 말의 첫소리와 어울리는 거센소리가 적용되지 않는다.
〈한글맞춤법 규정 제40항 [붙임 2] – '어간의 끝음절 '하'가

아주 줄 적에는 준 대로 적는다.'〉
㉢ '햇수'는 '해의 수' 라는 뜻으로 연도(해)를 셀 때 쓰인다. '횟수'(돌아오는 차례의 수효)와 헷갈리지 않도록 주의한다.
㉣ 표준어 규정 제6항에 따르면 과거에 '차례를 나타내는 말인 '두째, 세째'와 수량을 나타내는 말인 '둘째, 셋째'를 구별하여 사용하였지만, 언어 현실에서 이와 같은 구별은 인위적인 것이라고 판단되어 현재는 '둘째, 셋째'로 통합되었다.

오답해설
㉡ '수캉아지'가 바른 표현이다.
〈한글맞춤법 규정 제4장 제4절 제31항 – '살', '수' 등은 본래 '살ㅎ', '수ㅎ'와 같이 'ㅎ'을 지닌 말이었고, 이 'ㅎ'이 단일어에서는 탈락하였지만 복합어에서는 일부 남아 있어과거 'ㅎ'을 가지고 있던 시기에 형성된 합성어가 오늘날까지 이어지고 있다.〉
㉤ '곳간'이 바른 표현이다.

03 ④

출제영역 문법

'부슬비'는 '부슬+비(부사+명사)'의 형태로 부사가 직접 명사를 수식하는 '비통사적 합성어'에 해당한다. '비통사적 합성어'는 우리말의 문장이나 단어의 배열 구조, 즉 통사적 구성과 일치하지 않는 합성어를 의미한다.

오답해설
① '밤+낮'(명사+명사)의 형태로 이루어진 통사적 합성어에 해당한다.
② '곧+잘'(부사+부사)의 형태로 이루어진 통사적 합성어에 해당한다.
③ '힘(이)들다' 로 조사가 생략된 통사적 합성어에 해당한다.

04 ③

출제영역 | 어휘

인과응보(因果應報)는 원인과 결과에는 반드시 그에 합당한 이유가 있음을 뜻한다. 따라서 '예전', '지나다'의 뜻을 가진 '과(過)'가 아닌 '과실', '열매'의 뜻을 가진 '과(果)'가 정확하다.

----

tip 한자성어 출제

군무원 시험은 한자성어 관련 문제가 꾸준히 출제되고 있다. 단순히 한자성어의 뜻을 알고 있는지를 넘어 구체적인 한자의 표기까지 묻는 문제가 자주 출제됨으로 이미 기출된 한자성어에 대한 공부가 필요하다.

----

05 ①

출제영역 | 어휘

제시문의 '받다'는 '다른 사람이나 대상이 가하는 어떤 행동이나 심리적 작용 등을 당하거나 입다.'라는 뜻을 가진다. 따라서 같은 의미로 사용된 것은 ①이다.

오답해설

② 다른 사람이 주거나 보낸 물건 등을 가지다.
③ 점수나 학위 등을 따다.
④ 빛이나 볕, 열, 바람 등의 기운이 닿다.

06 ③

출제영역 | 어휘

'생게망게'는 '하는 행동이나 말이 갑작스럽고 터무니없는 모양'을 뜻한다.

07 ④

출제영역 | 비문학

주어진 제시문은 (나)에서 진나라 때 '완적'이라는 사람의 일화를 소개하며, (가)에서는 그 일화, 특히 '길'에 대한 의미를 설명하고 있다. 이후 (라)의 첫 문장인 '그 숱한 길―'로 (가)에서 언급된 여러 길과 이야기가 이어지고 있으며, 마지막으로 (다)에서 '길'에 대한 중심내용을 언급하며 글을 마무리 짓고 있다.

08 ④

출제영역 | 비문학

주어진 제시문에서 '사람은 항상 어느 길이든 선택해서 가야 하고, … 희망을 품고 가야만 한다. 그것이 삶이다.'라는 부분과 '이리저리 길을 찾아 헤매고 … 참으로 더할 나위 없이 아름다운 길이다.'라는 부분을 통해, '인생은 길을 찾아 헤매다가 결국 어느 길을 선택해서 가는 아름다운 과정'이 중심내용임을 추론할 수 있다.

09 ①

출제영역 | 고전시가

〈보기〉는 조선시대 인물 '이황'의 도산십이곡(陶山十二曲) 중 제1곡(언지)이며, 갈래는 평시조이다. 평시조는 3장 6구에 총 자수 45자 내외로 된 정형시조로, 매구의 자수 기준은 7~8자이고, 종장 첫 구만 3자 고정으로 3·4조, 4·4조의 음수율을 가진다. 시조는 고려 중기에 발생하였고, 고려 말에 그 형식이 확립되어 조선시대에 가장 활발하게 창작되었다.

----

tip 이황, 〈도산십이곡(陶山十二曲)〉

• 갈래 : 평시조, 연시조(전 12수)
• 주제 : 자연 친화적인 삶의 태도
• 출전 : 청구영언

----

10 ②

출제영역 어휘

'칠칠하다.'는 '주접이 들지 않고 깨끗하고 단정하다. 혹은 성질이나 일 처리가 반듯하고 아무지다.' 라는 뜻으로 문맥상 단어의 쓰임이 바르지 않다.

오답해설

① '호사가'는 '남의 일에 특별히 흥미를 가지고 말하기 좋아하는 사람'을 뜻한다.

③ '탐탁하다'는 '모양이나 태도, 또는 어떤 일 따위가 마음에 들어 만족하다'라는 의미이다.

④ '미쁘다'는 '믿음성이 있다'는 의미이다.

11 ④

출제영역 문법

자연 지물명, 문화재명, 인공축조물명은 붙임표(-)없이 붙여쓴다.

오답해설

① 구개음화가 일어난 소리를 적는다.

② 'ㄱ, ㄷ, ㅂ'은 모음 앞에서 'g, d, b'로, 자음 앞이나 어말에서는 'k, t, p'로 표기한다.

③ 행정구역 명칭 앞에는 붙임표(-)를 둔다.

12 ②

출제영역 어휘

'딩굴다'는 '뒹굴다'의 북한어로 복수표준어에 해당하지 않는다.

13 ③

출제영역 어휘

거짓부리, 거짓부렁이는 거짓말을 속되게 이르는 말로 사실이 아닌 것을 사실인 것처럼 꾸며대어 하는 말을 일컫는다.

오답해설

① 푸주간 → 푸줏간

② 욕심장이 → 욕심쟁이

'-쟁이'는 '그러한 속성을 많이 갖고 있는 사람'을 지칭하는 접미사인 반면 '-장이'는 기술자에 붙는 접미사이다.

④ 넝쿨 → 넝쿨/덩굴

14 ①

출제영역 비문학

주어진 문장의 내용과 가장 관련된 문장은 (나) 문단 앞에 있는 '오늘날의 정보 통신 기술과 정치 형태의 상호관계는 보다 동태적으로 이론화될 수 있다.'이다. 즉 주어진 문장은 정보 통신 기술과 정치 행태는 상호 영향을 미친다는 내용을 부연 설명한 것이다. 따라서 주어진 문장은 (가)의 뒤에 오는 것이 가장 적절하다.

15 ②

출제영역 비문학

(라) 문단의 '정보 통신 기술의 잠재력을 … 인간의 인식이 포착할 수 없는 또 다른 잠재력을 지니고 있을 수 있다.'라는 부분을 통해 기술에 대한 완전한 통제가 불가능함을 알 수 있다.

오답해설

① (다) 문단의 '그렇다고 하더라도 기술은 또한 독자적으로 사회에 영향을 미칠 수 있는 잠재력을 지닐 수 있기 때문에~'라는 부분을 통해 알 수 있다.

③ (가) 문단의 '이 상호 작용론의 관점에서 보면, 오늘날의 정보 통신 기술과 정치 형태의 상호관계는 보다 동태적으로 이론화 될 수 있다.'라는 부분을 통해 알 수 있다.

④ (다) 문단의 '~ 예측 불가능한 사회적 · 정치적 결과를 초래할 수 있음을 무시해서는 안 될 것이다.'라는 부분을 통해 알 수 있다.

16 ③

출제영역 | 문법

순경음(ㅁ, ㅸ, ㅹ, ㆄ)은 훈민정음 28자에 속하지 않는다. 추가적으로 전탁음(ㄲ, ㄸ, ㅃ, ㅆ, ㅉ, ㆅ) 또한 훈민정음에 속하지 않는다.

17 ③

출제영역 | 문법

'언어의 분절성'이란 연속되어 존재하는 사물을 불연속적인 것으로 인식하고 표현하는 것이다. ③의 '언어를 통해 상상의 사물이나 관념적이고 추상적인 개념까지도 만들어 낼 수 있다.'는 언어의 창조성에 해당한다.

18 ④

출제영역 | 비문학

세 번째 문단의 '이야기식 서술은 역사적 사건의 경과 과정에 특정한 문학적 형식을 부여할 뿐만 아니라 의미도 함께 부여한다. 우리는 이야기식 서술을 통해서야 비로소 이러한 역사적 사건의 경과 과정을 인식할 수 있게 된다는 말이다.'라는 부분을 통해 추론할 수 있다.

오답해설

① 제시문은 역사의 서술 방식에 대한 내용이며, 역사의 의미에 대한 규정은 언급되어 있지 않다.
②, ③ 제시문의 핵심 내용은 '이야기식 역사 서술 방식'에 관한 것이므로, 역사가의 문화적 환경이나 역사가의 임무는 중심 내용으로 볼 수 없다.

19 ②

출제영역 | 비문학

두 번째 문단의 '문학 이론적으로 이야기하자면, 사건 경과에 부여되는 질서는 '구성(plot)'이며 이야기식 서술을 만드는 방식은 '구성화(emplotment)'이다.'라는 부분을 통해, 문학 이론적으로 사건 경과에 부여되는 질서는 '구성화(emplotment)'가 아닌 '구성(plot)'임을 알 수 있다.

오답해설

① 첫 번째 문단의 '그는 역사적 서술의 타당성이 문학적 장르 내지는 예술적인 문체에 의해 결정된다고 보았다.'라는 부분을 통해 확인할 수 있다.
③ 세 번째 문단의 '따라서 이야기식 서술은 역사적 사건의 경과 과정에 특정한 문학적 형식을 부여할 뿐만 아니라 의미도 함께 부여한다.'라는 부분을 통해 확인할 수 있다.
④ 두 번째 문단의 '또 사건들은 일종의 전형에 따라 정돈되는데, 이러한 전형은 역사가의 문화적인 환경에 의해 미리 규정되어 있거나 경우에 따라서는 로맨스·희극·비극·풍자극과 같은 문학적 양식에 기초하고 있다.'라는 부분을 통해 확인할 수 있다.

20 ①

출제영역 | 어휘

'옷차림이 어지럽고 허름함'을 뜻하는 표준어는 '헙수룩하다'이다.

오답해설

② '법석'이 바른 표현이다. 한 단어 안에서 뚜렷한 까닭 없이 나는 된소리는 다음 음절의 첫소리를 된소리로 적지만, 'ㄱ, ㅂ' 받침 뒤에서 나는 된소리는 같은 음절이나 비슷한 음절이 겹쳐 나는 경우가 아니면 된소리로 적지 않는다.
③ '눈초리'가 바른 표현으로, '눈꼬리'는 귀 위쪽으로 가늘게 좁혀진 눈의 가장자리를 말한다.
④ 성질이나 종류에 따라 차이가 남을 뜻하는 '구별'이 바른 표현이다.

313

21 ①

출제영역 고전시가

[가]를 현대어로 해석하면 '백구야 날지 마라 네 벗인 줄 어찌 아느냐'이다. 이는 백구(흰 기러기)가 화자 자신을 벗으로 생각할 수 있다는 뜻으로, 자연 속에서 함께 노닐고자 하는 화자의 자연 친화적인 모습을 보이고 있다.

22 ②

출제영역 고전시가

ⓒ의 '玲녕瓏농碧벽溪계와 數수聲성啼뎨鳥됴는 離니別별을 怨원ᄒᆞ는 닷'은 정철이 금강산을 떠나는 아쉬움을 자연에 감정이입하여 드러내는 부분으로, '눈부신 시냇물과 산새들은 이별을 원망하는 듯'이 적절한 현대어 해석이다.

> **tip** 정철, 〈관동별곡(關東別曲)〉

• 갈래 : 양반가사, 기행가사
• 작자 : 정철
• 연대 : 조선 선조
• 주제 : 연군, 우국과 신선의 풍류
• 형식
  – 3 · 4조, 4음보의 연속체
  – 서사 · 본사 · 결사의 3단 구성
• 출전 : 송강가사 이선본
• 의의 : 서정적인 기행 가사로, 우리말의 아름다움을 승화

----

23 ④

출제영역 어휘

'상응'은 '(~에, ~과) 서로 응하거나 어울리다.' 혹은 '서로 기맥이 통하다'의 뜻을 가진다.

> **오답해설**

① 부응(符應) : 어떤 요구나 기대 따위에 좇아서 응함
② 상통(相通) : 서로 어떠한 일에 공통되는 부분이 있음

③ 대응(對應) : 어떤 일이나 사태에 맞추어 태도나 행동을 취함 또는 어떤 두 대상이 주어진 어떤 관계에 의하여 서로 짝이 되는 일

24 ②

출제영역 현대시

화자는 '모란'이 피는 '봄'이 다시 돌아오기를 소망하고 있다. 반면 '오월 어느 날'은 '봄'이 지나 무더운 '여름'이 들어서는 달로 화자가 기다리는 대상으로 적절하지 않다.

25 ③

출제영역 현대시

'찬란한 슬픔의 봄'에 사용된 표현 기법은 '역설법'이다. 역설법은 모순되거나 혹은 부조리한 표현을 통해 그 이면에 있는 진실을 드러내는 수사법을 말한다. 반면 '먼 훗날 당신이 찾으시면, 그때 내 말이 잊었노라'에 사용된 표현기법은 반어법이다.

> **tip** 김영랑, 「모란이 피기까지는」

• 갈래 : 자유시, 서정시, 순수시
• 성격 : 낭만적, 유미적, 상징적
• 어조 : 여성적 어조
• 특징 : 수미상관의 구성으로 주제를 부각시킴
• 제재 : 모란의 개화
• 주제 : 소망이 이루어지기를 기다림
• 출전 : 문학(1934)

행정학

출제 경향

행정학의 기초이론	32%
정책론	8%
조직론	8%
인사행정론	16%
재무행정론	20%
환류행정론	0%
지방행정론	16%

01 ④	02 ②	03 ①	04 ①	05 ④
06 ④	07 ③	08 ②	09 ①	10 ①
11 ④	12 ③	13 ③	14 ③	15 ④
16 ②	17 ③	18 ④	19 ①	20 ③
21 ②	22 ③	23 ②	24 ②	25 ①

01 ④

출제영역 **재무행정론**

감사원은 대통령 소속의 헌법기관이며 감사원장은 국회의 동의로, 감사위원은 원장의 제청으로 각각 대통령이 임명한다. 이들의 임기는 4년으로 1차에 한하여 중임이 가능하다.

---

tip 우리나라의 회계검사기관(감사원)

- 감사원은 대통령 소속의 헌법기관이며, 필수적 독립기관이다.
- 감사원은 감사위원회와 사무처로 구성된다.
- 감사위원회는 원장을 포함해 7인의 감사위원으로 구성되는 의결기관이며, 사무처는 조사·확인기관이다.
- 감사원은 결산확인(결산승인은 국회의 권한), 회계검사, 공무원 직무감찰, 감사결과의 처리, 심사청구의 심리·결정, 의견진술 등의 기능을 담당한다.

---

02 ②

출제영역 **지방행정론**

주어진 〈보기〉에서 설명하고 있는 지방행정의 특징은 자치행정에 해당한다.

오답해설

① **지역행정** : 국가행정이 전국을 단위로 통일적·일원적으로 실시되는 행정임에 비해, 지방행정은 일정한 지역단위를 대상으로 개별적·다원적으로 실시되는 행정이다.

③ **종합행정** : 국가행정은 전문적인 기능별·분야별 행정을 강조하는 데 비해, 지방행정은 지역 내 행정수요 전반을 종합적·포괄적으로 처리, 수행하는 행정이다.

④ **생활행정** : 주로 주민들의 일상생활에 직결되는 주택, 복지, 재산 등의 사무를 처리, 수행하는 행정이다.

03 ①

출제영역 **지방행정론**

자치단체연합체는 연합방식에 해당한다. 연합방식은 여러 지방자치단체가 법인격을 가지고 있으면서 별도의 기구를 설치하고 이 기구로 하여금 광역행정사무를 담당하게 하는 방식이다.

04 ①

출제영역 **정책론**

스포츠 행사나 축제의 개최는 G. Almond & G. Powell의 정책유형중 '상징정책'에 해당한다. '상징정책'은 국민의 순응, 정부의 정통성, 정부의 신뢰성을 확보하기 위해 정부가 가치나 규범, 상징, 이미지 등을 만들어 사회나 국제적 환경에 유출하는 것과 관련된 정책이다. 이러한 상징정책의 예로는 국기, 국가제정, 국경일 지정 등이 있다.

05 ④

출제영역   행정학의 기초이론

'신공공관리론(NPM)'은 계층제 중심의 공식체제의 비효율성, 국제경쟁 심화에 따른 정부의 비대화, 복지정책의 실패 등 정부능력에 대한 불신이 심화됨에 따라 강조되었다.

06 ④

출제영역   행정학의 기초이론

공공부분의 민영화는 정부기능의 전부나 일부를 민간으로 이양하는 것이다. 이러한 민영화는 경쟁을 통한 비용의 절감과 업무의 능률적 수행을 도모하고, 민간의 전문기술을 활용한 업무의 전문성 제고 및 양질의 행정서비스를 제공할 수 있다는 등의 장점이 있지만, 민간부문으로의 책임전가 및 책임소재의 문제를 발생시키고 소외된 약자, 저소득층에게 서비스를 기피하여 형평성의 문제가 발생할 수 있다는 단점이 있다.

오답해설

① 지정 · 허가 등에 의한 독점판매권(franch–ising) 부여는 외부민영화 방식에 해당한다.
② 계약에 의한 민간위탁(contracting–out)은 외부 민영화 방식에 해당한다.
③ 공공부문의 민영화는 서비스 공급의 공공성과 안정성을 저해할 수 있다.

07 ③

출제영역   행정학의 기초이론

M. E. Dimock가 분류한 행정기능은 다음의 4가지이다.

- 보호(protection)의 기능
- 규제(regulation)의 기능
- 직접봉사(direct service)의 기능
- 원호(assistance)의 기능

직접봉사(direct service)의 기능은 대내적으로 교육사업, 체신 · 철도 · 주택 · 병원 · 도서관 · 공원 건설 등이 있고 대외적으로는 교포 관련 봉사, 국제우편 및 전신, 후진국 개발기능 등이 있다.

08 ②

출제영역   재무행정론

품목별예산(LIBS)은 지출의 대상과 성질에 따라 세부 항목별로 분류 편성하는 예산이다. 분류 기준은 지출대상인 급여, 여비, 수당, 시설비 등으로 지출대상과 그 한계를 규정하여 예산을 통제한다. 따라서 예산을 품목별로 표시하기는 하나 사업별로 비교가 불가능하다는 특징이 있다.

09 ①

출제영역   재무행정론

자원이 부족할 경우 적용이 곤란한 이론은 '점증주의'의 한계에 해당한다.

----

tip **합리주의와 점증주의**

- **합리주의** : 예산결정과 관련된 모든 요소를 과학적 분석기법을 사용하여 총체적 · 종합적으로 검토 · 결정하는 예산이론이다.
- **점증주의** : 합리주의의 비현실성을 완화하여, 상황의 불확실성과 인간능력의 부족을 전제로한 결정이론이다.

----

10 ①

출제영역   행정학의 기초이론

논리실증주의(logical positivism)는 후기 행태론이 아닌 행태론적 접근방법에 해당한다. 논리실증주의는 사회현상을 규범적 연구방법이 아닌 자연과학적 방법으로 설명하는 분석철학으로서, 1920년대 Schlick을 중심으로 오스트리아 비엔나학파에서 출발하였다.

> **tip** 후기 행태론(탈행태론)

후기행태론은 기존의 가치중립적인 행태주의 등이 1960년대 미국사회의 당면문제(인종갈등, 흑인폭동, 월남전에 대한 반전 운동 등)를 해결하는 데 아무런 기여를 하지 못한다는 비판에 직면하면서 이러한 문제 해결을 위해 대두되었다.

11 ④

> 출제영역 **인사행정론**

현장훈련(On the Job Training)은 직장훈련 또는 견습이라 불리는 것으로, 훈련생이 실제 직무를 수행하면서 상관이나 감독자로부터 직무수행에 관한 지식과 기술을 배우는 방식이다. 구성원 간의 이해와 협동정신을 강화할 수 있다는 것은 현장훈련의 장점에 해당한다.

12 ③

> 출제영역 **행정학의 기초이론**

시장실패의 원인 중 공공재의 존재 및 공급부족은 비배제성과 비경합성이 높은 재화나 서비스(공공재)를 시장에 맡겨두었을 때 충분하게 공급되지 못하여 시장실패를 초래할 수 있다는 이론이다.

> **tip** 시장실패의 원인

- 불완전 경쟁(독과점)
- 공공재의 존재 및 공급부족
- 외부효과의 발생
- 정보의 비대칭성(불완전 정보)
- 규모의 경제 존재
- 소득분재의 불공정성
- 시장의 불안전성, 고용불안, 인플레이션의 발생 등.

13 ③

> 출제영역 **조직론**

매트릭스구조에 관한 설명이다. 매트릭스구조는 이중구조로 인해 역할과 책임, 권한 한계가 불명확하다는 단점이 있다.

> **tip** L. Daft의 조직유형

- **기계적 구조** : 가장 고전적 · 전형적인 관료제 조직(M. Weber)
- **기능구조** : 조직의 전체 업무를 공동 기능별로 부서화한 조직구조 (동일 집단의 구성원은 기본적으로 동일한 기술을 보유)
- **사업구조** : 산출물에 기반을 둔 사업부별로 조직된 구조로서, 각 사업부 밑에 모든 기능구조가 소속되어 있는 자기완결적 조직구조를 지님
- **매트릭스구조** : 조직의 신축성 확보를 위해 전통적인 계선적 · 수직적 기능구조에 횡적 · 수평적 사업구조를 화학적으로 결합시킨 복합적 · 이중적 상설조직

14 ③

> 출제영역 **인사행정론**

「국가공무원법」상의 징계에 해당하는 것은 다음과 같다

- **경징계** : 견책, 감봉
- **중징계** : 정직, 강등, 해임, 파면

직위해제, 대기명령, 직권면직, 좌천, 권고사직, 감원, 휴직의 경우에는 징계 유사 제도로 징계에는 해당되지 않는다.

15 ④

> 출제영역 **정책론**

부와 지위가 집중된 사회, 엘리트계층에 의해 발생될 가능성이 높으며, 이슈가 공중에게 확산되기를 원하지 않는 정책의 제설정 모형은 내부접근형(음모형)에 해당한다.

> **tip** 내부접근형(음모형) 정책의제
>
> - 내부접근형(음모형)은 정부조직 내의 집단 또는 정책결정자에게

쉽게 접근할 수 있는 외부집단에 의하여 문제가 제기되고 공식의 제가 되도록 충분한 압력을 가하는 모형이다.

• 특성
 - 이슈가 공중에게 확산되기를 원하지 않음
 - 호의적 결정과 성공적인 집행의 가능성이높음
 - 부와 지위가 집중된 사회, 엘리트계층에 의해 발생될 가능성이 높음

---

② A. H. Maslow는 인간의 욕구를 저차원으로부터 고차원의 욕구로 단계적으로 상승한다는 전제 아래 인간이 공통적으로 소유하고 있는 5단계의 욕구를 제시하였다.

④ A. H. Maslow의 욕구단계설은 욕구가 역순으로 나타나거나 퇴행하기도 하며 각 욕구의 단계는 고정되어 있지 않으며, 단계별 경계도 불명확하고 중복 · 복합현상이 나타나기도 한다는 비판을 받는다.

16 ②

출제영역 인사행정론

중앙인사행정기관이란 한 국가의 인사기준을 세우고 정부 전체의 인사행정을 전문적 · 집권적으로 총괄하는 인사행정기관을 말한다. 중앙인사행정기관의 기능을 나열하면 다음과 같다.

⊙ **준입법적 기능** : 법률의 범위 내에서 인사에 관한 규칙을 제정하는 독립적 기능을 수행

ⓛ **준사법적 기능** : 위법 또는 부당한 처분에 대하여 공무원으로부터의 소청을 재결할 수 있는 권한을 가짐

ⓒ **기획기능** : 인사에 관한 기획과 선발업무의 기능을 수행

ⓔ **집행기능** : 인사행정에 관한 구체적 사무를 인사법령에 따라 수행

ⓜ **감사 및 감독기능** : 인사업무의 위법성과 부당성을 조사하며, 공무원의 시정조치를 취함

ⓗ **권고 · 보좌적 기능** : 행정수반에게 인사행정에 관한 정책에 대해 권고 · 보좌하는 기능을 수행

17 ③

출제영역 조직론

가장 추상적이고 고차원적인 욕구는 '자아실현의 욕구'로 승진 및 사회적 평가의 제고, 도전적 직무와 일을 통한 성장, 성취 능력발전, 자율성 부여 등의 내용을 갖는다.

오답해설

① **사회적 욕구** : 애정의 욕구 또는 친화의 욕구라고도 하며 소속감 고취, 친교, 인사상담 등의 내용을 갖고 있다.

18 ④

출제영역 재무행정론

예산 집행의 신축성 유지 방안 중 명시이월은 예산편성 과정에서 세출예산 중 연도 내에 그 지출을 끝마치지 못할 것이 예측될 때에는 미리 국회의 승인을 얻어서 다음 연도에 사용할 수 있게 하는 것이다.

19 ①

출제영역 지방행정론

지방교부세 중 특별교부세는 다음과 같은 특징이 있다.

• 지방 간의 재정격차 시정(수평적 조정)을 위해 교부하는 일반재원
• 용도제한 없이 교부하는 무조건적 · 무대응적 교부금
• 기준재정수입액이 기준재정수요액에 미달 시 그 미달액을 기초로 하여 교부
• 분권교부세액과 부동산교부세액을 제외한 교부세 총액의 100분의 97에 해당하는 금액이 재원

20 ③

출제영역 재무행정론

절차성(사전의결)의 원칙은 행정부가 예산을 집행하기 전에 입법부의 심의 · 의결을 받아야 한다는 원칙으로 준예산, 사고이월, 예비비 지출, 전용, 재정상의 긴급명령, 선결처분 등을

예외로 둔다.

오답해설

① 단일성의 원칙은 특별회계, 기금 추가경정예산 등을 예외로 둔다.

② 명료성의 원칙은 총괄(총액)예산을 예외로 둔다.

④ 통일성의 원칙은 특별회계, 기금, 수입대체경비, 목적세(교육세, 농어촌특별세, 지방교육세, 지역자원시설세) 등을 예외로 둔다.

21 ②

출제영역 행정학의 기초이론

신행정론은 1970년을 전후한 미국의 격동기에 당면한 여러 문제를 기존의 행정이론(과학적 관리론·인간관계론·행정행태론 등)이 해결하지 못하자, 이에 대한 비판의 차원에서 행정의 적실성과 처방성을 강조하면서 등장하였다. 이러한 신행정론은 다원화된 선진사회에는 적합한 이론일 수 있으나, 행정통제기능이 미약하고 공직윤리가 정착되지 않은 개발도상국의 경우 관료(행정인)의 권한남용을 심화시키고 행정의 능률성을 저해할 우려가 있다.

22 ③

출제영역 행정학의 기초이론

'뉴거버넌스'의 주요이론 중 '자기조직화 연결망'은 계층제와 시장의 중간지대로서, 신뢰와 협력을 바탕으로 한 정부와 다양한 비정부조직 간의 연계망을 말한다.

----

tip **뉴거버넌스(new governance)**

• **의의** : 정부가 책임을 지고 비정부조직과 서비스 연계망(network)을 형성하여 신뢰와 협력 속에 공공재의 공동 공급을 강조하는 이론이다.

• **뉴거버넌스의 주요이론(R. A. Rhodes)**
  – 기업(법인)적 거버넌스
  – 신공공관리론
  – 좋은 거버넌스
  – 사회적 인공지능 체계
  – 자기조직화 연결망

----

23 ②

출제영역 인사행정론

근무성적평정은 공무원이 근무하는 조직체에 있어서의 근무 실적, 직무수행능력 및 태도 등을 일정한 기준에 따라 체계적·정기적으로 평가하여 이를 인사행정자료로 활용하는 것을 말한다. 이러한 평정기법의 종류는 도표식 평정척도법, 강제배분법, 산출기록법, 서열법, 중요사건기록법, 체크리스트법, 강제선택법, 직무기준법, 목표관리법, 행태기준 평정척도법, 행태관찰척도법 등이 있다.

24 ②

출제영역 행정학의 기초이론

일선창구로의 권한위임은 '고객지향적 정부'의 구현방안에 해당한다. 기업형 정부란 정부부문에 기업가적 경영마인드를 도입함으로써 능률적이고 성과 중심의 운영 방법을 모색하고, 또한 그러한 행동을 유도할 수 있는 정부를 말한다.

25 ①

출제영역 지방행정론

임면, 승인, 감사 등은 통제방식을 통제성격에 따른 방식으로 나누었을 때 권력적 통제 방식에 해당한다.

행정법

출제 경향

행정법통론	36%
행정작용법	36%
행정법상의 의무이행확보수단	8%
행정구제법	20%

01 ③	02 ④	03 ③	04 ①	05 ②
06 ①	07 ①	08 ②	09 ④	10 ②
11 ②	12 ④	13 ①	14 ④	15 ③
16 ④	17 ①	18 ②	19 ②	20 ③
21 ③	22 ③	23 ④	24 ②	25 ②

01 ③

출제영역 행정법통론

판례에 따르면 각 국가유공자 단체의 대의원 선출에 관한 사항은 기본적이고 본질적인 사항이라고 볼 수 없어 본질사항유보설(중요사항유보설)의 원칙이 적용되지 않는다고 보았다.

──|판례|──

법률이 자치적인 사항을 정관에 위임할 경우 원칙적으로 헌법상의 포괄위임입법금지원칙이 적용되지 않는다 하더라도, 그 사항이 국민의 권리·의무에 관련되는 것일 경우에는, 적어도 국민의 권리와 의무의 형성에 관한 사항을 비롯하여 국가의 통치조직과 작용에 관한 기본적이고 본질적인 사항은 반드시 국회가 정하여야 할 것인 바, 각 국가유공자 단체의 대의원의 선출에 관한 사항은 각 단체의 구성과 운영에 관한 것으로서, 국민의 권리와 의무의 형성에 관한 사항이나 국가의 통치조직과 작용에 관한 기본적이고 본질적인 사항이라고 볼 수 없으므로, 법률유보 내지 의회유보의 원칙이 지켜져야 할 영역이라고 할 수 없다. 따라서 각 단체의 대의원의 정수 및 선임방법 등은 정관으로 정하도록 규정하고 있는 「국가유공자등단체설립에관한법률」 제11조가 법률유보 혹은 의회유보의 원칙에 위배되어 청구인의 기본권을 침해한다고 할 수 없다(헌재 2006.3.30. 2005헌바31).

02 ④

출제영역 행정작용법

공고의 경우 다른 법령 등에 특별한 규정이 있는 경우를 제외하고는 공고일부터 14일이 지난 때에 그 효력이 발생한다. 다만 긴급히 시행하여야 할 특별한 사유가 있어 효력발생시기를 달리 정하여 공고한 경우에는 그에 의한다.

03 ③

출제영역 행정법통론

평등의 원칙은 행정기관이 행정작용을 함에 있어서 정당한 사유가 없는 한 상대방인 국민을 평등하게 대우하여야 한다는 원칙이다.

──|판례|──

국·공립학교의 채용시험에 있어 만점의 10%를 가산하도록 규정한 국가유공자 가산점제도는 … 일반 공직시험 응시자들의 평등권을 침해한다(헌재 2006.2.23. 2004헌마675).

부당결부금지의 원칙은 행정청이 행정작용을 함에 있어서 그것과 실체적인 관련성이 없는 상대방의 반대급부를 조건으로 하여서는 안 된다는 원칙이다.

──|판례|──

지방자치단체장이 사업자에게 주택사업계획승인을 하면서 그 주택사업과는 아무런 관련이 없는 토지를 기부채납하도록 하는 부관을 주택사업계획승인에 붙인 경우, 그 부관은 부당결부금지의 원칙에 위반되어 위법하지만, … 부관의 하자가 중대하고 명백하여 당연무효라고는 볼 수 없다(대법원 1997.3.11. 96다49650 판결).

04 ①

출제영역 행정작용법

집행명령은 법령에 의한 소관 사무를 집행하기 위하여 직권으로 발하는 명령일 뿐이므로, 상위법령의 수권을 요하지 않고 발할 수 있다.

② 위임명령은 법률 또는 상위명령에서 구체적 · 개별적으로 범위를 정하여 위임된 사항에 관하여 발하는 명령으로, 법률의 내용을 보충하는 보충명령의 성격을 지닌다.

③ 집행명령은 권리의무에 대한 새로운 법규사항을 규정할 수 없고, 단지 사무집행에 관련한 형식적 · 절차적 사항만 규율할 수 있을 뿐이다. 일반적으로 집행명령이란 법률 또는 상위명령을 집행하기 위하여 필요한 구체적 · 기술적 사항을 규율하기 위하여 발하는 명령을 말한다.

④ 위임명령은 반드시 상위법령의 수권을 요하지만, 그 수임된 범위 내에서 국민의 권리 · 의무에 대한 새로운 법규사항을 정할 수 있다.

05 ②

출제영역 행정법통론

일신전속적인 성격이 강한 선거권, 자유권, 공무원연금법상의 연금청구권, 국가배상법상의 손해배상청구권, 국민기초생활보장법상의 급여를 받을 권리, 국가나 지자체에 대한 보조금청구채권 등은 그 이전성이 제한되어 양도 · 상속 등이 금지되며, 압류도 제한 또는 금지되는 경우가 많다. 이전성이 인정되는 공권에는 주로 채권적 · 경제적 가치를 내용으로 하는 하천법상 하천사석채취권, 손실보상청구권, 공무원 여비청구권, 공물사용권, 특허기업경영권 등이 있다.

06 ①

출제영역 행정법통론

공무수탁사인이란 자신의 이름으로 공행정 사무를 처리할 수 있는 권한을 법률 또는 법률에 근거한 행위에 의해 위임받아 그 범위 안에서 행정주체로서의 지위에 있는 사인을 말한다. 그러나 행정임무를 자기 책임하에 수행함이 없이 단순한 기술적 집행만을 하는 사인인 행정보조인은 법률관계의 대외적 행정주체가 될 수 없다.

07 ①

출제영역 행정법통론

행정의 분류 기준 중 주체에 의한 분류는 국가가 직접 그 기관을 통하여 하는 행정인 국가행정, 지방자치단체, 그 밖의 공공단체가 주체가 되어 행하는 행정인 자치행정, 국가나 공공단체가 자기 사무를 다른 공공단체나 그 기관 또는 수권사인에게 위임하여 처리하게 하는 위임행정으로 나누어진다.

08 ②

출제영역 행정구제법

누구든지 예고된 입법안에 대하여 의견을 제출할 수 있다(「행정절차법」 제44조 제1항). 행정청은 의견접수기관, 의견제출기간, 그 밖에 필요한 사항을 해당 입법안을 예고할 때 함께 공고하여야 하며(동법 동조 제2항), 이 경우 행정청은 입법안에 관하여 공청회를 개최할 수 있다.

오답해설

① 입법예고의 예외란 '신속한 국민의 권리 보호 또는 예측 곤란한 특별한 사정의 발생 등으로 입법이 긴급을 요하는 경우, 상위 법령 등의 단순한 집행을 위한 경우, 입법내용이 국민의 권리 · 의무 또는 일상생활과 관련이 없는 경우, 단순한 표현 · 자구를 변경하는 경우 등 입법내용의 성질상 예고의 필요가 없거나 곤란하다고 판단되는 경우, 예고함이 공공의 안전 또는 복리를 현저히 해칠 우려가 있는 경우에는 예고를 하지 않을 수 있다는 것'이다.

09 ④

출제영역 행정법통론

제시된 내용은 행정행위(귀화허가)의 존재에 대해 다른 국가기관이 그 존재 및 유효성, 내용 등을 존중하며, 스스로 판단의 기초 또는 구성요건으로 삼아야 하는 구속력에 대한 내용이다. 여기서 다른 국가기관(행정안전부장관)은 귀화허가가 당연 무효가 아닌 한 甲을 외국인으로 취급하여서는 안 된다.

오답해설

① 불가쟁력(형식적 확정력)은 쟁송기간이 경과한다든가 쟁송수단을 다 거친 경우에는 상대방 또는 이해관계인이 더 이상 그 행정행위의 효력을 다툴 수 없게 되는 효력을 말한다. 이러한 불가쟁력은 행정행위의 효력을 신속하게 확정시킴으로써 법적 안정성을 확보하기 위해서 인정된다.

② 공정력은 행정행위가 무효가 아닌 한 상대방 또는 이해관계인은 그것이 권한 있는 기관에 의해 취소되기까지 그 효력을 부인할 수 없는 효력을 말한다. 따라서 공정력은 상대방 또는 이해관계인에 대한 관계에서 법적 안정성의 원칙상 인정되는 유효성 추정력이며, 구성요건적 효력은 타 국가기관과의 관계에서 권한분립의 원칙상 인정되는 유효성 추정력이라 볼 수 있다.

③ 자력집행력이란 행정행위에 의하여 부과된 의무의 불이행에 대해 법원의 개입 없이 행정청이 그 이행을 강제할 수 있는 힘을 말한다. 이는 행정행위에 복종하지 않은 자에 대해 행정청이 우월한 지위에서 제재를 부과하거나 강제집행을 할 수 있는 힘을 의미하는 강제력의 일종이다.

10 ②

출제영역   행정구제법

행정심판 당사자의 절차적 권리에 해당하는 것은 행정심판위원회의 위원·직원에 대한 회피신청권이 아니라 '기피신청권'이다. 당사자는 위원에게 공정한 심리·의결을 기대하기 어려운 사정이 있으면 위원장에게 기피신청을 할 수 있다(『행정심판법』 제10조 제2항).

---

tip 행정심판 당사자의 절차적 권리

- 위원·직원에 대한 기피신청권(제10조 제2항)
- 구술심리신청권(제40조 제1항)
- 보충서면제출권(제33조)
- 증거서류제출권(제34조)
- 증거조사신청권(제36조)

---

11 ②

출제영역   행정법상의 의무이행확보수단

토지·건물을 점유하고 있는 사람의 퇴거는 대체적 작위의무라고 볼 수 없다. 판례도 토지·건물의 인도에 관한 사항은 대집행이 불가능하다고 판시하였다(대법원 2005.8.19. 2004다2809 판결).

12 ④

출제영역   행정작용법

판례에서는 관보를 통한 고시를 행정계획의 효력발생요건으로 판시한 바 있다.

---|판례|---

구 도시계획법 제7조가 도시계획결정 등 처분의 고시를 도시계획구역, 도시계획결정 등의 효력발생요건으로 규정하였다고 볼 것이어서 건설부장관 또는 그의 권한의 일부를 위임받은 서울특별시장, 도지사 등 지방장관이 기안, 결재 등의 과정을 거쳐 정당하게 도시계획결정 등의 처분을 하였다고 하더라도 이를 관보에 게재하여 고시하지 아니한 이상 대외적으로는 아무런 효력도 발생하지 아니한다(대법원 1985.12.10. 85누186 판결).

---

13 ①

출제영역   행정법통론

권력분립설은 통치행위이론을 최초로 인정한 미국의 Luther vs Borden 사건(1849)을 계기로 성립되었다. 이 견해에 대해서는 사법권에 내재적인 한계가 있는 것인지 명백하지 않다는 점, 정치적 행위에 의하여 국민의 권리나 의무가 침해될 수 있다는 비판이 제기된다.

오답해설

② 재량행위설 : 통치행위는 정치문제로서 자유재량행위에 속하므로 사법심사대상이 되지 않는다는 견해

③ 독자성설 : 통치행위는 국가지도적인 최상위의 행위로서 본래적으로 사법권의 판단에 적합한 사항이 아닌 독자적

인 정치행위라는 견해

④ **제한적 긍정설** : 통치행위를 인정하는 것은 국가의 존립에 혼란을 초래할 수 있으나, 정치적 사안들의 경우 예외적으로 통치행위로 인정될 수 있다는 견해

14 ④

출제영역 | 행정작용법

지방자치단체는 정보공개의무자에 해당할 뿐이며 정보공개의 청구권자에는 해당하지 않는다. 동법상의 정보공개청구권자는 모든 국민과 일정 조건을 갖춘 외국인이며(「공공기관의 정보공개에 관한 법률」제5조), 여기서의 국민에는 자연인뿐만 아니라 법인, 권리능력 없는 사단·재단도 포함된다. 또한 시민단체 등이 개인적 이해관계 없이 공익을 위해 정보공개청구를 하는 것도 인정된다.

오답해설

① 공개 청구한 정보가 비공개 대상에 해당하는 부분과 공개 가능한 부분이 혼합되어 있는 경우, 청구 취지에 어긋나지 않는 범위에서 두 부분을 분리할 수 있는 경우에는 비공개 대상을 제외하고 공개하여야 한다(동법 제14조).

② 공개될 경우 국민의 생명·신체 및 재산의 보호에 현저한 지장을 초래할 우려가 있다고 인정되는 정보는 비공개 대상 정보이다(동법 제9조 제1항 제3호).

③ 정보의 공개를 청구하는 자(청구인)는 해당 정보를 보유하거나 관리하고 있는 공공기관에 정보공개 청구서를 제출하거나 말로써 정보의 공개를 청구할 수 있다(동법 제10조 제1항).

15 ③

출제영역 | 행정작용법

원칙적으로 행정행위의 부관은 재량행위에만 붙일 수 있으며, 기속행위의 경우 법령에 근거규정이 있는 경우가 아니라면 붙일 수 없다. 즉, 재량행위에 있어서는 관계 법령에 명시적인 금지규정이 없는 한 행정목적을 달성하기 위하여 부관

을 붙일 수 있으며(대법원 1998.10.23. 97누164 판결), 기속행위나 기속적 재량행위에는 부관이 붙을 수 없고 기사 부관을 붙였다 하더라도 이는 무효의 것이다(대법원 1988.4.27. 87누1106 판결).

오답해설

① 사후 부관을 붙일 수 없는 것이 원칙이며, 이미 부과된 부관의 사후변경도 명문 규정이 있거나 사후 변경이 유보되어 있는 경우, 상대방의 동의가 있는 경우에만 허용된다.

② 부담부 행정행위의 경우에는 부담을 이행해야 주된 행정행위의 효력이 발생하는 것이 아니라 처음부터 효력이 발생한다.

④ 판례는 다른 부관과 달리 부담은 그 자체로서 독립하여 행정쟁송의 대상이 된다고 보았다.

|판례|

행정행위의 부관은 행정행위의 일반적인 효력이나 효과를 제한하기 위하여 의사표시의 주된 내용에 부가되는 종된 의사표시이지 그 자체로서 직접 법적 효과를 발생하는 독립된 처분이 아니므로 현행 행정쟁송제도 아래서는 부관 그 자체만을 독립된 쟁송의 대상으로 할 수 없는 것이 원칙이나 행정행위의 부관 중에서도 행정행위에 부수하여 그 행정행위의 상대방에게 일정한 의무를 부과하는 행정청의 의사표시인 부담의 경우에는 다른 부관과는 달리 행정행위의 불가분적 요소가 아니고 그 존속이 본체인 행정행위의 존재를 전제로 하는 것일 뿐이므로 부담 그 자체로서 행정쟁송의 대상이 될 수 있다 (대법원 1992.1.21. 91누1264 판결).

16 ④

출제영역 | 행정작용법

행정지도는 일정한 법적 효과의 발생을 목적으로 하는 의사표시가 아니며 강제력 없이 국민의 임의적인 협력을 전제로 하는 비권력적 행정작용이다. 따라서 상대방의 의사에 반하여 부당하게 강요할 수 없고, 이를 준수하지 않는다는 이유로 불이익한 조치를 해서도 안 된다.

17 ①

출제영역 행정법통론

「민법」 제107조 제1항 단서에 따르면 민법상 비진의 의사표시의 무효에 관한 규정은 사인의 공법행위에 적용되지 않는다는 입장을 취하고 있다.

오답해설

③ 공무원이 한 사직 의사표시의 철회나 취소는 그에 터잡은 의원면직처분이 있을때까지 할 수 있는 것이고, 일단 면직처분이 있고 난 이후에는 철회나 취소할 여지가 없다(대법원 2001.8.24. 99두9971 판결).

④ 법령이 정한 요건을 구비한 적법한 신고가 있으면 행정청은 의무적으로 수리하여야 하며, 법령이 없는 사유를 내세워 수리를 거부할 수 없다는 것이 판례의 태도이다(대법원 1997.8.29. 96누6646 판결).

18 ④

출제영역 행정작용법

공공기관의 장이 개인정보파일을 운용하는 경우에는 개인정보파일에 관한 사항을 행정안전부장관에게 등록하여야한다(「개인정보보호법」 제32조).

오답해설

① 「헌법」 제10조는 "모든 국민은 인간으로서의 존엄과 가치를 가지며, 행복을 추구할 권리를 가진다. 국가는 개인이 가지는 불가침의 기본적 인권을 확인하고 이를 보장할 의무를 진다."고 규정하고, 「헌법」 제17조는 "모든 국민은 사생활의 비밀과 자유를 침해받지 아니한다."라고 규정하고 있는 바, 이들 헌법 규정은 개인의 사생활 활동이 타인으로부터 침해되거나 사생활이 함부로 공개되지 아니할 소극적인 권리는 물론, 오늘날 고도로 정보화된 현대사회에서 자신에 대한 정보를 자율적으로 통제할 수 있는 적극적인 권리까지도 보장하려는 데에 그 취지가 있는 것으로 해석된다(대법원 1998.7.24. 96다42789 판결).

② 개인정보 보호에 관한 사항을 심의·의결하기 위하여 대통령 소속으로 개인정보 보호위원회를 둔다(「개인정보보호법」 제7조).

③ 개인정보처리자는 필요한 동의를 받거나 법령상의 근거가 있는 경우를 제외하고는 법령에 따라 개인을 고유하게 구별하기 위하여 부여된 식별정보로서 대통령령으로 정하는 정보(고유식별정보)를 처리할 수 없다(동법 제24조).

19 ②

출제영역 행정작용법

하명(下命)은 일반통치권에 기하여 개인의 자유를 제한하고 의무를 부과하는 것을 내용으로 하는 부담적 행정행위를 말한다. 하명을 위반·불이행한 경우에는 행정상 강제집행 또는 행정벌의 대상이 된다. 하지만 하명은 적법요건에 지나지 아니하므로 그에 위반한 행위의 효력은 원칙적으로 유효하다.

오답해설

① 마약취급면허, 입목의 벌채허가는 행정행위 중 예외적 승인에 해당한다. 예외적 승인은 사회적으로 유해하거나 바람직하지 않은 것에 대하여 법령상 금지(억제적 금지)된 행위자체를 예외적으로 허가하여 당해 행위를 적법하게 할 수 있게 해주는 행위를 말한다. 예외적 승인은 유해대상에 대한 제재나 억제에 그 목적이 있는 데 비해, 전형적인 허가는 제재나 억제가 아닌 예방에 그 목적이 있다는 점에서 본질적인 차이가 있다.

③ 특허는 신청을 전제로 하고 협력을 요하는 쌍방적 행정행위라는 것이 다수설과 판례의 입장이다. 특허는 출원을 둘러싸고 쌍방적 행위인가 아니면 공법상 계약인가에 대하여 견해 차이가 있으나, 특허는 출원을 성립요건이 아닌 효력요건으로 보아 특허의 출원을 전제요건으로 하는 쌍방적 행위로 본다.

④ 특허, 인가는 형성적 행정행위에 해당하지만 허가는 명령적 행정행위에 해당한다.

20 ③

출제영역 행정법상의 의무이행확보수단

행정상 즉시강제와 행정상 강제집행은 양자 모두 권력적 사실행위라는 점에서는 같으나, 즉시강제는 의무의 불이행을 전제요소로 하지 않고 행정상 강제집행은 의무의 불이행을 전제요소로 한다는 점에서 차이가 있다.

오답해설

② 대법원은 행정목적의 달성을 위해 불가피하다고 인정할 만한 특별한 사유가 있는 경우에는 사전영장주의를 적용받지 않는다고 본다(대법원 1997.6.13. 96다56115 판결). 헌법재판소도 같은 입장을 취하고 있다.

④ 위법한 즉시강제에 대한 구제방안으로는 행정쟁송, 행정상 손해배상, 인신보호제도, 정당방위 등이 있다.

21 ③

출제영역 행정구제법

취소소송의 제1심 관할법원은 피고의 소재지를 관할하는 행정법원으로 하므로(「행정소송법」 제9조 제1항), 피고 소재지 행정법원에 제기하여야 한다.

오답해설

① 토지의 수용 기타 부동산 또는 특정의 장소에 관계되는 처분 등에 대한 취소소송은 그 부동산 또는 장소의 소재지를 관할하는 행정법원에 이를 제기할 수 있다(동법 제9조 제3항).

② 중앙행정기관과 그의 부속기관과 합의제행정기관 또는 그 장, 국가의 사무를 위임 또는 위탁받은 공공단체 또는 그 장이 피고인 경우에는 대법원 소재지를 관할하는 행정법원에 제기할 수 있다(동법 제9조 제2항).

④ 대통령 선거 및 국회의원 선거에 있어서 선거의 효력에 관하여 이의가 있는 선거인·정당(후보자를 추천한 정당) 또는 후보자는 선거일부터 30일 이내에 당해 선거구 선거관리위원회 위원장을 피고로 하여 대법원에 소를 제기할 수 있다(「공직선거법」 제222조 제1항).

22 ③

출제영역 행정작용법

현행법(법인세법·소득세법 등)에서는 조세의 종목과 세율은 법률로 정하되(조세법률주의), 과세요건 등은 대통령령이나 부령으로 정하도록 위임하고 있다. 의회의 전속적 입법사항이란 헌법에서 법률로 정한다고 규정하여 타 기관에 위임할 수 없는 사항을 말한다. 그러나 이러한 사항도 반드시 법률로만 정해야 하는 것은 아니며, 일정한 사항에 대해 구체적으로 범위를 정하여 행정입법에 위임하는 것은 가능하다는 것이 통설과 판례의 입장이다.

판례

헌법 제75조는 대통령에 대한 입법권한의 위임에 관한 규정이지만, 국무총리나 행정각부의 장으로 하여금 법률의 위임에 따라 총리령 또는 부령을 발할 수 있도록 하고 있는 헌법 제95조의 취지에 비추어 볼 때, 입법자는 법률에서 구체적으로 범위를 정하기만 한다면 대통령령뿐만 아니라 부령에 입법사항을 위임할 수도 있다(헌재 1998. 2. 27. 97헌마64).

23 ④

출제영역 행정구제법

송달효력의 발생시기에 있어 특별공고의 경우에는 다른 법령 등에 특별한 규정이 있는 경우를 제외하고는 공고일로부터 14일이 지난 때에 그 효력이 발생한다. 다만, 긴급한 사유로 효력발생시기를 달리 정하여 공고한 경우에는 그에 따른다(「행정절차법」 제15조 제3항).

tip **행정법의 일반원칙(「행정절차법」 제4조 및 제5조)**

- **신의성실의 원칙** : 행정청은 직무를 수행할 때 신의에 따라 성실히 하여야 한다.
- **신뢰보호의 원칙** : 행정청은 법령 등의 해석 또는 행정청의 관행이 일반적으로 국민들에게 받아들여졌을 때에는 공익 또는 제3자의 적당한 이익을 현저히 해칠 우려가 있는 경우를 제외하고는 새로운 해석·관행에 따라 소급하여 불리하게 처리해서는 안 된다.
- **투명성의 원칙** : 행정청이 행하는 행정작용은 그 내용이 구체적이

고 명확하여야 하며, 행정작용의 근거가 되는 법령 등의 내용이 명확하지 않은 경우 상대방은 해당 행정청에 그 해석을 요청할 수 있다. 이 경우 해당 행정청은 특별한 사유가 없으면 그 요청에 따라야 한다.

---

24 ②

출제영역) 행정법통론

상하수도이용관계 및 수도료 강제징수관계는 행정상 법률관계중 사법관계에 해당한다.

---

tip 공법관계

행정상 법률관계 중 공법관계는 권력관계와 관리관계로 나뉜다. 권력관계란 행정주체가 공권력의 주체로서 우월적 지위에서 국민의 권리와 의무를 명령·강제하거나 국민과의 법률관계를 발생·변경·소멸 시키는 관계, 즉 본래적 의미의 행정법 관계를 말하며, 관리관계란 행정주체가 공권력의 주체로서가 아니라 공적 재산이나 사업의 관리주체로서, 공익목적 달성을 위해 공법상 계약·공법상 합동행위·공물관리·공기업경영 등을 행하는 관계를 말한다.

---

25 ②

출제영역) 행정구제법

위원회는 불익변경금지의 원칙에 의해 심판청구의 대상이 되는 처분보다 청구인에게 불리한 재결을 하지 못한다(「행정심판법」 제47조 제2항).

오답해설

① 행정심판의 재결이라 함은 행정심판의 청구에 대한 심리의 결과에 따라 행하는 행정심판위원회의 종국적 판단(의사표시)을 말한다.

③ 재결은 피청구인이나 위원회가 심판청구서를 받은 날부터 60일 이내에 하는 것이 원칙이나, 부득이한 사정이 있는 경우 위원장 직원으로 30일을 연장할 수 있다(동법 제45조 제1항).

제2회 **정답 및 해설**

국어

출제 경향

어휘	16%
문법	44%
문학	8%
비문학	32%

01 ①	02 ④	03 ②	04 ②	05 ④
06 ③	07 ①	08 ②	09 ③	10 ④
11 ④	12 ③	13 ④	14 ②	15 ①
16 ②	17 ④	18 ③	19 ①	20 ②
21 ③	22 ④	23 ④	24 ①	25 ①

01 ①

출제영역 문법

'맞닿아 떨어지지 않게 하다'를 뜻하는 표준어는 '붙이다'이다.

오답해설

② '바라다'에서 온 말이므로 '바람'이 바른 표현이다.
③ '손으로 한 줌 움켜주리 만한 분량을 세는 단위'라는 뜻을 가진 '움큼'이 바른 표현이다.
④ '일이나 과정, 절차 따위가 끝나다.'라는 뜻을 가진 '마치다'가 바른 표현이다.

02 ④

출제영역 문법

'미덥다'는 '믿음직스럽다.'를 뜻하는 단어이다. 한글맞춤법 제

22항 [붙임]에 따라 '-업-, -읍-, -브-'가 붙어서 된 말은 소리 대로 적어, '믿다'에 접미사 '-업-'이 합쳐져 '미덥다'로 적는다.

오답해설

① '엊그저께'는 '어제그저께'의 준말이다.
   〈한글맞춤법 제 32항 : 단어의 끝모음이 줄어지고 자음만 남은 것은 그 앞의 음절에 받침으로 적는다.〉
② '뭣을'은 '무엇을'의 준말이다.
   〈한글맞춤법 제 33항 : 체언과 조사가 어울려 줄어지는 경우에는 준 대로 적는다.〉
③ '꽜다'는 '꼬았다'의 준말이다.
   〈한글맞춤법 제 35항 : 모음 'ㅗ, ㅜ'로 끝난 어간에 '-아/-어, -았-/-었-'이 어울려 'ㅘ/ㅝ'으로 될 적에는 준 대로 적는다.〉

03 ②

출제영역 문법

'군식구'는 원래의 집안 식구 외에 덧붙어서 있는 식구라는 뜻으로 '식구'에 '쓸데없는'의 뜻을 나타내는 접두사 '군-'이 합쳐져 만들어진 파생어이다. 따라서 한글맞춤법 제27항에 해당하지 않는다.

04 ②

출제영역 문법

ⓒ의 '긔 무서시라 웨ᄂᆞᆫ다.'의 현대어 해석은 '그 무엇이라 외치는가'이므로, ⓒ 전체의 적절한 해석은 '저 장사야. 네 물건이 그 무엇이라 외치느냐.'이다.

05 ④

출제영역 | 어휘

'유착(癒着)'은 '사물들이 서로 깊은 관계를 가지고 결합하여 있음'을 의미한다. 따라서 빈칸에 들어가기 가장 적합하다.

오답해설

① 안착(安着) : 어떤 장소나 신분에 편안하게 자리 잡음
② 토착(土着) : 대를 이어 그 땅에서 살고 있음
③ 집착(執着) : 어떤 일이나 사물에 마음을 쏟아, 버리지 못하고 매달림

06 ③

출제영역 | 문법

주어진 〈보기〉에는 주체높임법(할아버지께서, ─시─), 객체높임법(모시러), 상대높임법(가셨습니다.)이 모두 사용되었고 이 모든 게 사용된 것은 ③이다. ③은 주체높임법(어머니께서는, ─시─), 객체높임법(뵈러), 상대높임법(오셨습니다.)이 모두 사용되었다.

오답해설

① 객체높임법(선생님께, 여쭈어), 상대높임법(합니다.)만 사용되었다.
② 상대높임법(빌려주었습니다.)만 사용되었다.
④ 주체높임법(아버지께서는, 잡수시고, ─시─), 상대높임법(계십니다.)만 사용되었다.

07 ①

출제영역 | 어휘

주어진 글에서 일반인들은 교과부가 발표한 계획이 현재 비판받는 상황을 일시적으로 모면하기 위한 전략이라고 느끼고 있으므로, 빈칸에는 '자기 몸을 상해 가면서까지 꾸며 내는 계책, 어려운 상태를 벗어나기 위해 어쩔 수 없이 꾸며 내는 계책'이라는 뜻의 '고육지책(苦肉之策)'이 적절하다.

오답해설

② 호구지책(糊口之策) : 가난한 살림에서 그저 겨우 먹고살아 가는 방책
③ 결초보은(結草報恩) : 은혜를 죽어서까지 잊지 않고 갚음
④ 오매불망(寤寐不忘) : 자나 깨나 언제나 잊지 못함

08 ②

출제영역 | 비문학

(가)~(라)의 내용을 검토해 보면 다음과 같다.
(가) 학문을 한다면서 논리를 불신하는 것은 용납할 수 없다.
(나) 학문은 논리화된 진실을 탐구하는 행위이다.
(다) 교수는 학문을 와해시켜서는 안 된다.
(라) 논리를 불신하는 것은 자유이나, 학문은 논리를 신뢰하는 사람만이 하여야 한다.
우선 (나)의 경우 이 글에 깔린 전제를 설명하고 있으므로 가장 앞에 나올 수 있다. 다음으로 본론에 해당하는 (라)(반론의 제시와 이 반론에 대한 반박을 제시)와 (가)((라)의 반박을 부연, 강조)가 나온다. 마지막으로 결론을 담고 있는 (다)가 연결되는 것이 논리적으로 가장 적절하다.

09 ③

출제영역 | 비문학

(가)의 '학문을 한다면서 논리를 불신하거나 논리에 대해서 의심을 가지는 것은 용납할 수 없다.' 부분과 (라)의 '학문은 논리에 대한 신뢰를 자기 인생관으로 삼은 사람들이 독점해서 하는 행위이다.' 부분을 통해 '학문을 하기 위해서는 논리를 신뢰할 수 있어야 함'이 주제임을 알 수 있다.

10 ④

출제영역 | 문법

'지'가 '그를 만난 지'와 같이 '어떤 일이 있었던 때로부터 지금

까지의 동안'을 나타내는 말로 쓰일 때는 의존명사이므로 앞 말과 띄어 쓴다.
〈한글 맞춤법 제42항 – 의존 명사는 띄어 쓴다.〉

----

tip '지'의 쓰임

'지'가 '기간'을 나타내는 말이 아닌 '추측'에 대한 막연한 의문이 있는 채로 그것을 뒤 절의 사실이나 판단과 관련시킬 때에는 연결 어미이므로 붙여 쓰는 것이 옳다.
예 다음 주는 날씨가 더울지 모르겠다.

----

11 ④

출제영역　문법

마구간은 한자어로만 결합된 합성어로 사이시옷을 받쳐 적지 않는다.

오답해설

① **깡총깡총 → 깡충깡충** : '모음조화' 현상 중 '양성모음화'에 따르면 깡총깡총이 알맞은 표현이나, 현재 더 널리 쓰이는 표현이 '깡충깡충'으로 됨으로 인해 표준어로 '깡충깡충'이 지정되었다.

② **풋나기 → 풋내기** : 'ㅣ' 역행 동화 현상에 의한 발음은 원칙적으로 표준 발음으로 인정하지 아니하되, 다만, '–내기', '냄비', '동댕이치다' 등은 그러한 동화가 적용된 형태를 표준어로 삼는다.

③ **금새 → 금세** : '금세'는 '금시에'가 줄어든 말로 '지금 바로'의 뜻으로 사용되는 부사이다.

12 ③

출제영역　어휘

제시된 문장의 '떨어지다'는 '다른 것보다 수준이 처지거나 못하다'의 의미이다. 이와 같은 뜻으로 사용된 것은 ③이다.

오답해설

① '관계가 끊어지거나 헤어지다.'의 의미로 사용되었다.

② '함께하거나 따르지 않고 뒤에 처지다.'의 의미로 사용되었다.

④ '진지나 성 따위가 적의 손에 넘어가게 되다.'의 의미로 사용되었다.

13 ④

출제영역　비문학

셋째 문단의 '연장으로 만드는 데 가장 적합한 것은 단단하고 모진, 부싯돌이 될 만한 돌이다.'라는 부분과 '결국 그다지 훌륭하지 않은 돌이라도 집어 들어야 했으며, 사암(砂巖)이나 횟돌 같은 부실한 재료로도 만족하지 않으면 안 되었다.'라는 부분을 통해 횟돌은 돌연장을 만들기에 적합하지 않은 재료임을 알 수 있다.

오답해설

① 넷째 문단의 '당시 인간의 손은 아직 현재 우리의 손처럼 재주를 부리지도 못했고 민활하지도 못했다.'라는 부분을 통해 알 수 있다.

② 둘째 문단의 '인간이 도구를 만들기 시작했을 때 그 생활 속에는 새로운 일, 즉 참으로 인간다운 일은 노동이라는 관념이 생기게 되었다.'라는 부분을 통해 알 수 있다.

③ 다섯째 문단의 '돌을 깎는 데는 많은 시간을 소비해야만 했다. 하지만 그 대신, 그 깎아낸 날카로운 돌 덕분에 나무껍질 밑의 애벌레를 파내는 일이 아주 쉬워졌다.'라는 부분을 통해 알 수 있다.

14 ②

출제영역　비문학

참으로 인간다운 일이란, 노동이라는 관념을 가지게 된 이후 인간이 많은 시간을 활용하여 도구를 발달시킴으로써 시간을 다른 노동에 더욱 효율적으로 사용하게 되었다는 것이다. 이를 통해 인간이 노동 지향성을 지닌 존재라는 것을 알 수 있다.

15 ①

출제영역 | 비문학

밑줄 친 ㉠의 '쓰다'는 '어떤 일을 하는 데에 재료나 도구, 수단을 이용하다.'의 의미이다. 이러한 의미로 사용된 것은 ①이다.

오답해설

② '어떤 일을 하는 데 시간이나 돈을 들이다.'라는 의미로 사용되었다.

③ '사람에게 일정한 돈을 주고 어떤 일을 하도록 부리다.'라는 의미로 사용되었다.

④ '몸의 일부분을 제대로 놀리거나 움직이다.'라는 의미로 사용되었다.

16 ②

출제영역 | 문법

제시된 단어 중 '샛별(saetbyeol)'은 된소리표기가 반영되어 있지 않다.

오답해설

① 제시된 단어 '남산(Namsan)'은 붙임표(–)가 붙어 있지 않는 것을 알 수 있다.

③ 제시된 단어 '구미(Gumi)', '옥천(Okcheon)'를 통해 알 수 있다.

17 ④

출제영역 | 비문학

제시문의 글쓴이는 고려 시대의 '서희'와 조선 시대의 '광해군' 등을 사례로 들어 명분을 앞세운 무조건적인 사대주의를 경고하며, 현실적 이해관계를 기반으로 한 외교 수단으로서의 사대주의가 필요함을 주장하고 있다.

18 ③

출제영역 | 비문학

제시문은 고려 시대 '서희'와 조선 시대 '광해군'의 예를 통해 사대주의를 부정적 측면이 아닌 우리 스스로를 지키기 위한 현실적인 외교 정책이라는 측면에서 보고 있다.

19 ①

출제영역 | 문법

'이, 히, 리, 기' 이후에 '–어지다'의 표현을 붙이는 것은 이중 피동 표현에 해당한다. 따라서 '개선될 것으로 보입니다.'가 올바른 표현이다.

20 ②

출제영역 | 문법

'작은아버지'는 '아버지의 남동생을 이르거나 부르는 말.'을 뜻하는 한 단어이므로, 붙여 쓰는 것이 맞다. 그러므로 답은 ②이 된다.

오답해설

① 검붉은빛 → 검붉은 빛 : 색상을 나타내는 순색의 빛깔 이름은 합성 명사로 보고 모두 붙여 쓴다. 그러나 순색이 아닌 것은 각자 독립된 명사로 보고 띄어 쓴다.

③ 필요한데 → 필요한 데 : '곳'이나 '장소'의 뜻을 나타내는 말 '데'는 의존명사로 앞말과 띄어 쓴다.

④ 하늘 만큼 → 하늘만큼 : 조사는 그 앞말에 붙여 쓰고, 의존 명사는 띄어 쓴다. '만큼'이 용언의 관형사형 다음에 쓰이면 의존 명사이므로 띄어 써야 하나, 체언 다음에 쓰이면 조사이므로 붙여 써야 한다.

21 ③

출제영역 현대시

4연 '서(西)으로 가는 달같이는 나는 아무래도 갈 수가 없다.' 을 통해 화자가 이상세계(하늘)로 갈 수 없는 한계를 인식하고 있다는 것을 확인할 수 있으나, 5연 '바람이 파도를 밀어 올리듯이 그렇게 나를 밀어 올려 다오, 향단아.'에서 한계를 인식한 후에도 계속해서 이상을 향해 나아가고자 하는 화자의 의지를 확인할 수 있다.

오답해설

① 유사한 통사구조(~다오, ~향단아)가 반복되면서 리듬감이 형성되고 있다.
② 화자(춘향)이 청자(향단)에게 말을 건네는 방식을 통해 이상세계에 도달하고 싶은 마음을 표출하고 있다.
④ '춘향전'을 모티프로 하여 춘향의 이상세계에 대한 갈망을 형상화하고 있다.

22 ④

출제영역 현대시

㉠ '서(西)'는 극락, 불교적 이상세계라는 상징적 의미를 갖고 있다. 마찬가지로 '바다'는 이상세계라는 의미를 갖는다.

tip 서정주, 「추천사(鞦韆詞)」

• 갈래 : 자유시, 서정시
• 성격 : 낭만적, 상징적, 동양적, 고전적, 불교적, 현실 초월적
• 어조 : 간절한 소망과 여성적 섬세함을 지닌 대화체(독백조)
• 특징
  – 고전 소설을 모티브로 함
  – 대화 형식을 통한 화자의 간절한 마음의 표출
  – 통사 구조의 반복을 통한 리듬감 형성
  – 운율과 의미의 유기적 관계를 통한 시상 전개
• 제재 : 그네 타는 춘향(춘향의 정신세계)
• 주제 : 현실 초월의 갈망(초극을 위한 이상세계에 대한 갈망)
• 출전 : 서정주 시선(1956)
• 소재의 해석
  – 그네 : 이상 세계로 나아가는 동시에 현실로 되돌아오는 한계

– 머언 바다, 하늘 : 이상 세계
– 서(西) : 극락, 불교적 이상 세계
– 수양버들나무, 풀꽃데미, 나비, 꾀꼬리 : 아름다운 지상의 사물
– 산호, 섬 : 현실적 제약, 장애물
– 달 : 아무 구속이 없는 자유로운 대상(화자의 처지와 대조적인 대상)

23 ④

출제영역 비문학

제시된 문장은 '경의를 표할 만한 일을 한 사람'에 관한 내용 다음에 오는 것이 가장 자연스럽다. 따라서 ㉣의 위치에 들어가야 한다.

24 ①

출제영역 문법

표준어 규정 제6항에서 〈다음 단어들은 의미를 구별함이 없이, 한 가지 형태만을 표준어로 삼는다.〉고 했다.
예 돐 → 돌, 두째 → 둘째, 세째 → 셋째, 빌다 → 빌리다
〈다만, '둘째'는 십 단위 이상의 서수사에 쓰일 때에 '두째'로 한다.〉고 규정하고 있다. 따라서 '열둘째'가 아닌 '열두째'가 올바른 표준어이다.

오답해설

② 표준어 규정 제12항에서 〈'웃-' 및 '윗-'은 명사 '위'에 맞추어 '윗-'으로 통일한다.〉고 했다.
③ 표준어 규정 제8항에서 〈양성모음이 음성모음으로 바뀌어 굳어진 다음 단어는 음성모음 형태를 표준어로 삼는다. 다만, 어원 의식이 강하게 작용하는 다음 단어에서는 양성모음 형태를 그대로 표준어로 삼는다〉고 규정하고 있다.
  예 부주금 → 부조금(扶助金), 사둔 → 사돈(査頓), 삼춘 → 삼촌(三寸)
④ 표준어 규정 제9항에서 〈'ㅣ' 역행동화 현상에 의한 발음은 원칙적으로 표준 발음으로 인정하지 아니하되, 다만 다음 단어들은 그러한 동화가 적용된 형태를 표준어로 삼는다.〉

고 했다.

예 풋나기 → 풋내기, 남비 → 냄비, 동당이치다 → 동댕이
치다.

25 ①

출제영역 어휘

'손이 걸다'는 '씀씀이가 후하고 크다.' 또는 '일솜씨가 날쌔거
나 좋다'는 의미이다.

행정학

출제 경향	
행정학의 기초이론	24%
정책론	20%
조직론	16%
인사행정론	16%
재무행정론	16%
환류행정론	0%
지방행정론	8%

01 ④	02 ①	03 ①	04 ③	05 ③
06 ②	07 ③	08 ②	09 ④	10 ④
11 ①	12 ①	13 ③	14 ③	15 ①
16 ③	17 ②	18 ②	19 ①	20 ①
21 ④	22 ②	23 ②	24 ④	25 ③

01 ④

출제영역 행정학의 기초이론

소극설(3권분립적 공제설)은 행정을 입법과 사법을 공제한 나
머지 작용이라고 보는 견해로 대표적인 학자로는 Jellinek가
있다. 행정을 국가의 행정목적 내지 공익의 실현을 목적으로
하는 작용으로 보는 견해는 적극설 중 국가목적실현설에 해
당한다.

----

tip 행정법학적 행정개념구별긍정설

• **소극설** : 행정을 입법과 사법을 공제한 나머지 작용이라고 보는
견해
• **적극설**
– **국가목적실현설** : 행정을 국가의 행정목적 내지 공익의 실현을
목적으로 하는 작용이라고 보는 견해
– **결과실현설 · 양태설** : 법의 규제 아래에서 현실적 · 구체적으
로 공익을 실현하기 위하여 계속적으로 행하는 통일적 · 형성
적 국가활동(Forsthoff), 또는 법 아래에서 국가목적을 달성하려

는 능동적 · 형성적 국가활동(Fleiner)으로 보는 견해(오늘날의 통설)

- **구별부정설**
  - **법함수설(법단계설)** : 행정과 입법 · 사법의 구별은 오직 그 작용이 차지하는 실정법 질서의 단계적 구조에 불과하다는 견해
  - **기관양태설** : 행정작용의 성질에 따른 구별은 불가능하며 그 집행을 담당하는 기관의 양태상의 구별이라는 형식적 기준에 의할 수 밖에 없다는 견해

---

02 ①

출제영역 지방행정론

광역적 행정수행이나 개발사무처리에 부적합하다는 것은 단층제의 단점이다.

03 ①

출제영역 조직론

행정정보공개는 행정통제를 보다 수월하게 할 수 있는 방안으로 행정정보공개제도나 행정절차법을 통해 열린 행정과 투명 행정이 구현된다면 행정에 대한 통제도 더 효율적이고 용이하게 이루어질 수 있다.

04 ③

출제영역 지방행정론

기관통합형은 영국, 미국, 프랑스, 독일 등에서 주로 사용하며, 의결기관과 집행기관이 구분되지 않거나 유기적인 협조를 중시하는 내각제 방식과 유사하다. 일본과 이탈리아는 기관대립형에 해당한다.

05 ③

출제영역 정책론

다원론(pluralism)은 민주주의 사회에서의 정치적 영향력이나 권력은 사회 각 계층에 널리 분산되어 있다는 이론으로 민주 사회를 정치적 시장으로 보며, 여러 사회집단들이 선거를 통해 의견을 나타내는 정치시스템으로 간주한다. 뿐만 아니라 정치인들은 정치적 지지를 얻기 위하여 경쟁한다고 본다.

오답해설

① 다원론에서 정책과정의 주도자는 이익집단이며, 정부는 갈등적 이익을 조정하는 중재인, 규칙의 준수를 독려하는 심판자로서의 역할을 수행한다고 본다.
② 엘리트이론에 관한 설명이다.
④ 베버주의에 관한 설명이다.

06 ②

출제영역 행정학의 기초이론

행정의 공공재적 특성은 다음과 같다.
(1) **공급 측면의 특성** : 비시장성, 비경쟁성(독점성), 비저장성(비축적성), 비분할성, 무형성
(2) **소비 측면의 특성** : 비경합성, 비배제성(무임승차), 등량소비성, 내생적 선호

07 ③

출제영역 인사행정론

시간적 오차(recency effect error)는 평정실시 시점에 있어 쉽게 기억할 수 있는 최근의 실적이나 능력을 중심으로 평가하려는 데서 생긴 오차로 이를 방지하기 위해서는 독립된 평정센터를 설치 · 운영하거나 MBO 평정방식을 도입하는 등의 대책이 필요하다. 평정요소마다 용지를 교환하거나 평정요소별로 배열순서를 조정하는 것은 연쇄효과(halo effect)의 오류를 방지하기 위한 대책이다.

08 ②

출제영역 정책론

보기에서 설명하고 있는 불확실성의 대처방안은 상황의존도 분석에 해당한다.

오답해설

① **민감도 분석** : 미리 산정한 모형의 파라미터(매개변수값)가 변경되었을 때 여러 가지 가능한 값에 따라 대안의 결과가 어떻게 달라지는지를 분석하는 것

③ **분기점 분석** : 악조건 가중분석의 결과 대안의 우선순위가 달라질 경우, 대안이 동등한 결과를 가져오기 위해서는 어떤 가정이 필요한지를 밝히는 분석

④ **악조건 가중분석** : 최선의 대안은 최악의 상황을, 다른 대안은 최선의 상황을 가정하고 분석하는 것

09 ④

출제영역 행정학의 기초이론

행태론은 행정에 내재한 인간의 행태(행동이나 태도 등의 외면적 행태)를 중심으로 행정현상을 과학적·체계적으로 설명하려는 이론이다. 이러한 행태론은 집단의 고유한 특성을 인정하지 않는 방법론적 개체주의와 복잡인관의 입장을 보인다.

10 ④

출제영역 정책론

만족모형은 의사결정이 인지능력의 한계 등 여러 현실적 제약으로 인해 최적대안이 아니라 현실적으로 심리적 만족을 주는 정도의 대안선택이 이루어진다는 모형이다. 이러한 만족모형은 개인의 심리적 만족기준이 지나치게 주관적이고, 만족기준이 불명확하며 기준에 일치되기가 곤란하다는 한계가 있다.

오답해설

①, ② 합리모형의 특징에 해당한다.

③ 점증모형에 관한 설명에 해당한다.

11 ①

출제영역 행정학의 기초이론

정부실패의 대응방안 중 공공부문의 민영화는 정부나 공기업의 일정 기능 및 재산을 민간에 이양하거나 넘기는 외부민영화와 정부와 공기업 내의 자율화와 경쟁촉진, 민간기법의 도입 등을 통한 내부민영화로 구분된다. 사회기반시설에 대한 민간투자 유치, 계약에 의한 민간위탁 등은 내부민영화의 구체적 방식에 해당한다.

12 ①

출제영역 정책론

정책집행의 현대적·상향적 접근방법은 ⓒ, ⓔ과 함께 다음과 같은 특징을 갖고 있다.

⑴ 일관된 정책목표를 부정하고 정책목표보다는 정책집행을 강조하며, 경정자의 의도보다는 정책을 실제로 집행하는 집행자의 구체적 행태에 초점

⑵ 결정대로의 충실한 집행보다는 일선집행관료의 바람직한 행동 유발의 정도나 효율적인 집행 상황의 적응을 성공적 집행의 핵심요소로 파악

----

tip **정책집행의 고전적·하향적 접근방법**

• 정책결정과 집행을 분리하여 기계적인 집행(순응)을 이상적인 것으로 봄(일선집행관료의 재량을 인정하지 않고 통제를 강화)

• 집행자는 결정자의 목표·의도를 분명히 하고 목표실현을 위한 집행단계를 구체화하며, 성과를 결정자의 의도와 비교·분석

• 최고결정권자의 리더십과 이를 토대로 한 계층제적 조직관계(일방적·하향적 명령)를 중시

----

13 ③

출제영역 조직론

③은 매트릭스조직의 특징에 해당한다. 네트워크구조는 조직의 자체 기능은 핵심 역량 위주로 합리화하고, 여타 기능은 외

부기관과 계약관계를 통해 수행하는 조직구조이며, 유기적 조직유형의 하나로서, 정보통신기술로 더욱 활성화된 새로운 유형이다.

14 ③

출제영역 조직론

금융위원회는 국무총리 소속 행정위원회에 해당한다.

tip 우리나라의 주요 위원회 유형 및 소속구분

구분	자문위원회	행정위원회
대통령 소속	• 경제사회노동위원회 • 자치분권위원회 • 정책기획위원회 • 국가교육회의	–
국무총리 소속	• 정부업무평가위원회 • 국가과학기술심의회 • 행정협의조정위원회	• 국민권익위원회 • 공정거래위원회 • 금융위원회 • 원자력안전위원회
각 부처 소속	–	• 중앙노동위원회 • 소청심사위원회
독립	–	• 중앙선거관리위원회 • 금융통화위원회 • 국가인권위원회

15 ①

출제영역 재무행정론

〈보기〉는 자본예산(CBS)제도의 장·단점에 해당한다. 자본예산(CBS)제도의 장점은 정부의 순자산상태 변동파악과 신용도 제고에 도움, 장기적 재정계획 수립과 집행에 도움, 불경기 때 적자예산을 편성해 불황 극복 및 경기회복에 도움 등이 있고, 자본예산(CBS)제도의 단점은 정부의 경상지출 적자에 대한 은폐나 지출의 정당화 구실로 사용가능, 인플레이션 조장 우려, 수익이 있는 사업에만 치중 등이 있다.

16 ③

출제영역 정책론

이익집단(압력단체)은 공통의 이익증진을 위한 결사체 또는 경제적 이해관계집단을 말한다. 이익집단의 정치적 역할은 '이익의 표출'이며, 입법과정에서 입법부와 행정부를 대상으로 압력을 행사함으로써 영향을 미친다.

오답해설

① 이익집단은 정책결정의 비공식적 참여자에 해당한다.
② 정당에 관한 설명이다. 정당은 정책결정에 영향력을 행사하거나 비판적인 평가를 통해 정책결정에 참여한다.
④ 언론에 관한 설명이다. 언론은 각종 정보와 사건을 널리 알려줌으로써 여론을 형성하고 사회문제를 제기하여 정책과정에 영향을 미친다.

17 ②

출제영역 인사행정론

인사권의 집권화는 실적주의의 소극적 인사행정과 관련이 깊다. 적극적 인사행정의 확립 방안은 중앙인사행정기관의 인사권을 분리하여 각 부처에 위양함으로써 인사기능의 자율성을 증대할 수 있는 인사권의 분권화와 관련이 있다.

18 ②

출제영역 재무행정론

예산의 원칙 중 통일성(예산통일)의 원칙은 특별회계, 기금, 수입대체경비, 목적세(교육세, 농어촌특별세, 지방교육세, 지역자원시설세) 등을 예외로 두고 있다.

19 ①

출제영역 행정학의 기초이론

신공공서비스론(NPS)은 기존의 이론들이 상대적으로 경시한 시민의식, 공공의 이익과 같은 공동체적 가치들을 중시하는 규범적 성격의 이론으로, 그 내용에서 정부의 책임은 시장 지향적인 이윤추구를 넘어서 공동체의 가치와 규범, 시민들의 이해 등에 이르기까지 매우 포괄적이고 광범위하다.

20 ①

출제영역 재무행정론

현대적 예산원칙은 행정부 중심의 원칙으로, 예산을 세목이 아닌 총괄사업으로 통과시키고 집행상의 재량범위를 확대해야 한다는 원칙은 재무부 재량이 아닌 행정부 재량의 원칙이다.

21 ④

출제영역 행정학의 기초이론

V. Ostrom이 제시한 민주행정모형은 정부활동이 정치적 환경 속에서 수행되고 어디서나 정치적 영향을 받으므로 행정은 본질적으로 정치성을 지닌다는 정치행정일원론을 주장한다.

22 ②

출제영역 재무행정론

예산안편성지침을 통보할 때 기획재정부장관은 국무회의의 심의를 거쳐 대통령의 승인을 얻은 다음 연도의 예산안편성지침을 매년 5월31일까지가 아니라, 3월 31일까지 각 중앙관서의 장에게 통보해야 한다.

23 ②

출제영역 인사행정론

우리나라는 국가의 고위공무원을 범정부적 차원에서 효율적으로 인사관리하여 정부의 경쟁력을 높이기 위하여 고위공무원단을 구성하였다. 고위공무원단의 소속공무원은 계급제가 폐지되고 직무 중심의 인사관리가 이루어진다.

24 ④

출제영역 조직론

〈보기〉에서 설명하고 있는 이론은 J. Atkinson의 기대이론에 해당한다.

오답해설

① J. S. Adams의 형평성 이론 : 인간은 준거인과 비교하여 자신의 노력(투입)과 그 대가 간에 불일치(과다보상 또는 과소보상)를 지각하면 이를 제거하는 방향으로 동기가 부여된다는 이론

② V. Vroom의 기대이론 : 욕구충족과 동기 사이에는 어떤 주관적 평가과정(지각과정)이 개재되어 있다고 보며, 그 지각과정을 통한 기대요인의 충족에 의해 동기나 근무의욕이 결정된다는 이론

③ Porter & Lawler의 업적만족이론 : 만족이 직무성취나 업적 달성을 가져오는 것이 아니라 직무성취나 업적 달성이 만족을 가져다 줄 것이라는 기대가 직무수행능력과 생산성을 좌우한다는 이론

25 ③

출제영역 인사행정론

별정직공무원은 특수경력직공무원으로, 직업공무원제나 실적주의의 획일적 적용을 받지 않고 정치적 임용이 필요하거나 특정한 직무를 담당하는 공무원이다.

행정법

출제 경향

행정법통론	16%
행정작용법	48%
행정법상의 의무이행확보수단	12%
행정구제법	24%

01 ④	02 ③	03 ④	04 ④	05 ①
06 ①	07 ②	08 ③	09 ③	10 ③
11 ②	12 ②	13 ②	14 ③	15 ①
16 ②	17 ③	18 ②	19 ②	20 ④
21 ②	22 ②	23 ③	24 ③	25 ②

01 ④

출제영역 행정작용법

확약의 경우 행정청이 본 처분의 권한을 가진 경우 확약에 대한 별도의 법적 근거를 요하지 않고도 할 수 있다. 행정행위의 확약이란 행정청이 자기구속을 할 의도로 국민에 대하여 장래에 향하여 일정한 행정행위에 대한 작위 또는 부작위를 약속하는 의사표시를 말한다.

오답해설

① 확약에 대한 주체상의 요건으로, 본 처분을 할 수 있는 권한 있는 행정청이 그 권한의 범위 내에서만 하여야 한다. 권한이 없는 자가 행한 확약은 무효이다.

② 확약의 구속력의 근거는 신뢰보호의 원칙이라 할 수 있다. 즉, 행정법상의 확약은 행정청이 상대방에게 장래에 일정한 행정작용을 할 것을 약속한 경우 상대방의 신뢰보호를 위해 행정청이 이에 스스로 구속된다는 것이다(행정의 자기구속법리).

③ 확약에 대한 법적 근거에 있어서 일반법적 규정이 없어 그 제한도 없으므로, 구술에 의한 확약도 가능하다.

02 ③

출제영역 행정법통론

조리(條理)는 행정법 해석의 기본원리로서, 성문법과 관습법, 판례법이 모두 부재할 경우 최후의 보충적 법원으로서 중요한 기능을 가진다. 일반적으로 조리(행정법 일반원칙)란 사물의 본질적 법칙 또는 일반사회의 정의감에 비추어 보았을 때 반드시 그렇게 하여야 할 것이라고 인정되는 것을 말하며, 이러한 성격은 시대가 변함에도 불구하고 변하지 않는 사물의 본질적인 법칙 또는 법의 일반원칙을 의미한다고 볼 수 있다.

오답해설

① 「헌법」 제6조 제1항에서 "헌법상 절차에 따라 체결·공포된 조약과 일반적으로 승인된 국제법규는 국내법과 같은 효력을 갖는다."고 규정하고 있으므로 국내법과 동위의 효력을 지닌다고 할 수 있다. 따라서 국내법과 충돌 시 그 적용에 있어 특별법 우선의 원칙과 신법 우선의 원칙과 같은 법해석 원칙에 따른다.

② 관습법과 성문법의 관계에서 성문법의 흠결을 보충하는 보충적 효력만을 갖는지 성문법을 개폐하는 효력까지 인정되는지에 대해 견해가 대립되고 있으나, 관습법은 성문법의 결여 시 성문법을 보충하는 범위에서 효력을 갖는다는 것이 통설과 판례의 태도이다.

| 판례 |

가족의례준칙 제13조의 규정과 배치되는 관습법의 효력을 인정하는 것은 관습법의 제정법에 대한 열후적, 보충적 성격에 비추어 민법 제1조의 취지에 어긋나는 것이다(대법원 1983.6.14. 80다3231 판결).

④ 판례법은 성문법원이 아닌 불문법원의 일종이다. 불문법원은 성문법이 정비되지 아니한 행정분야에 있어서 보충적 법원이 된다.

03 ④

출제영역 행정구제법

인허가 등의 취소 또는 신분·자격의 박탈, 법인이나 조합 등의 설립허가의 취소 시 의견제출 기한 내에 당사자 등의 신청이 있는 경우에 청문을 한다(「행정절차법」 제22조 제1항).

오답해설

① 행정청은 처분을 할 때에는 단순·반복적인 처분 또는 경미한 처분으로서 당사자가 그 이유를 명백히 알 수 있는 경우를 제외하고는 당사자에게 그 근거와 이유를 제시하여야 한다. 다만 처분 후 당사자가 요청하는 경우에는 그 근거와 이유를 제시하여야 한다(「행정절차법」 제23조 제1항).

② 행정청이 처분을 할 때에는 다른 법령 등에 특별한 규정이 있는 경우를 제외하고는 문서로 하여야 하며, 전자문서로 하는 경우에는 당사자 등의 동의가 있어야 한다. 다만, 신속히 처리할 필요가 있거나 사안이 경미한 경우에는 말 또는 그 밖의 방법으로 할 수 있다. 이 경우 당사자가 요청하면 지체 없이 처분에 관한 문서를 주어야 한다(「행정절차법」 제24조 제1항).

③ 행정청은 대통령령을 입법예고하는 경우 국회 소관 상임위원회에 이를 제출하여야 한다(「행정절차법」 제42조 제2항).

04 ④

출제영역 행정법상 의무이행 확보수단

「질서위반행위규제법」에 따른 과태료부과처분은 항고소송의 대상인 행정처분에 해당하지 않는다.

|판례|

「질서위반행위규제법」에 따른 과태료부과처분은 항고소송의 대상인 행정처분에 해당하지 않는다(대법원 2012.10.11. 2011두19369 판결).

오답해설

① 행정법규 위반행위에 대하여 과하여지는 과태료는 행정형벌이 아니라 행정질서벌에 해당한다.

② 동법에 따르면 고의 또는 과실이 없는 질서 위반행위에는 과태료를 부과하지 아니한다(동법 제7조).

③ 지방자치단체의 조례도 과태료 부과의 근거가 될 수 있다(동법 제2조 제1호).

05 ①

출제영역 행정구제법

「국가배상법」 제5조 제1항에 따른 소정의 '공공의 영조물'이라 함은 국가 또는 지방자치단체에 의하여 특정 공공의 목적에 공여된 유체물 내지 물적 설비를 말하며, 국가 또는 지방자치단체가 소유권, 임차권 그 밖의 권한에 기하여 관리하고 있는 경우뿐만 아니라 사실상의 관리를 하고 있는 경우도 포함된다.

오답해설

② '공공의 영조물의 설치·관리의 하자'에는 영조물이 공공의 목적에 이용됨에 있어 그 이용 상태 및 정도가 일정한 한도를 초과하여 제3자에게 사회통념상 참을 수 없는 피해를 입히고 있는 경우가 포함된다.

|판례|

영조물을 구성하는 물적 시설 그 자체에 있는 물리적·외형적 흠결이나 불비로 인하여 그 이용자에게 위해를 끼칠 위험성이 있는 경우뿐만 아니라, 그 영조물이 공공의 목적에 이용됨에 있어 그 이용상태 및 정도가 일정한 한도를 초과하여 제3자에게 사회통념상 수인할 것이 기대되는 한도를 넘는 피해를 입히는 경우까지 포함된다고 보아야 한다(대법원 2005.1.27. 2003다49566 판결).

③ 영조물의 설치 및 관리에 있어서 항상 완전무결한 상태를 유지할 정도의 고도의 안전성을 갖추지 아니하였다고 하여 영조물의 설치 또는 관리에 하자가 있다고 단정할 수 없다.

|판례|

국가배상법 제5조 제1항 소정의 '영조물의 설치 또는 관리의 하자'라고 함은 영조물이 그 용도에 따라 통상 갖추어야 할 안전성을 갖추지 못한 상태에 있음을 말하는 것으로서, 영조물이 완전무결한 상태에 있지 아니하고, 그 기능상 어떠한 결함이 있다는 것만으로 영조물의 설치 또는 관리에 하자가 있다고 할 수 없다(대법원 2007.9.21. 2005다65678 판결).

④ 소음 등을 포함한 공해 등의 위험지역으로 이주하여 들어가서 거주하는 경우와 같이, 그 피해가 정신적 고통이나 생활방해의 정도에 그치고 그 침해행위에 고도의 공공성이 인정되는 때에는, 위험에 접근한 후 실제로 그 위험이 특별

히 증대하였다는 등의 특별한 사정이 없는 한 가해자의 면책을 인정하여야 하는 경우도 있다.

|판례|

<u>소음 등을 포함한 공해 등의 위험지역으로 이주하여 들어가서 거주하는 경우와 같이 위험의 존재를 인식하면서 그로 인한 피해를 용인하며 접근한 것으로 볼 수 있는 경우에, 그 피해가 직접 생명이나 신체에 관련된 것이 아니라 정신적 고통이나 생활방해의 정도에 그치고 그 침해행위에 고도의 공공성이 인정되는 때에는, 위험에 접근한 후 실제로 입은 피해 정도가 위험에 접근할 당시에 인식하고 있었던 위험의 정도를 초과하는 것이거나 위험에 접근한 후에 그 위험이 특별히 증대하였다는 등의 특별한 사정이</u> 없는 한 가해자의 면책을 인정하여야 하는 경우도 있다(대법원 2010.11.25. 2007다74560 판결).

---

06 ①

집행명령은 법령에 의한 소관 사무를 집행하기 위하여 직권으로 발하는 명령일 뿐이므로, 상위법령의 수권을 요하지 않고 발할 수 있다.

오답해설

② 위임명령은 법률 또는 상위명령에서 구체적·개별적으로 범위를 정하여 위임된 사항에 관하여 발하는 명령으로, 법률의 내용을 보충하는 보충명령의 성격을 지닌다.

③ 위임명령은 반드시 상위법령의 수권을 요하지만, 그 수임된 범위 내에서 국민의 권리·의무에 대한 새로운 법규사항을 정할 수 있다.

④ 집행명령은 권리의무에 대한 새로운 법규사항을 규정할 수 없고, 단지 사무집행에 관련한 형식적·절차적 사항만 규율할 수 있을 뿐이다. 일반적으로 집행명령이란 법률 또는 상위명령을 집행하기 위하여 필요한 구체적·기술적 사항을 규율하기 위하여 발하는 명령이다.

07 ②

건축불허가처분을 하면서 건축불허가 사유 외에 형질변경 불허가 사유를 들고 있는 경우, 甲은 건축불허가처분취소 청구소송에서 형질변경불허가 사유에 대하여도 다툴 수 있다.

|판례|

건축불허가처분을 하면서 건축불허가 사유 외에 형질변경불허가 사유나 농지전용불허가 사유를 들고 있는 경우, 그 건축불허가처분에 관한 쟁송에서 형질변경불허가 사유나 농지전용불가 사유에 관하여도 다툴 수 있다(대법원 2001.1.16. 99두10988 판결).

오답해설

① 건축허가를 받게 되면 형질변경허가가 의제되어 별도로 형질변경허가를 받을 필요가 없다.

③, ④ 건축불허가처분을 하면서 건축불허가 사유 외에 형질변경불허가 사유를 들고 있는 경우, 그 건축불허가처분 외에 별개로 형질변경불허가처분이 존재하는 것은 아니며, 甲이 건축불허가처분에 관한 쟁송과는 별개로 형질변경불허가 처분취소소송을 제기하지 아니한 경우에도 형질변경불허가 사유에 관하여 불가쟁력이 발생하지 않는다.

|판례|

그 건축불허가처분 외에 별개로 형질변경불허가처분이나 농지전용불허가처분이 존재하는 것이 아니므로(③), 그 건축불허가처분을 받은 사람은 그 건축불허가처분에 관한 쟁송에서 건축법상의 건축불허가 사유뿐만 아니라 같은 도시계획법상의 형질변경불허가 사유나 농지법상의 농지전용불허가 사유에 관하여도 다툴 수 있는 것이지, 그 건축불허가처분에 관한 쟁송과는 별개로 형질변경불허가처분이나 농지전용불허가처분에 관한 쟁송을 제기하여 이를 다투어야 하는 것은 아니며, 그러한 쟁송을 제기하지 아니하였어도 형질변경불허가 사유나 농지전용불허가 사유에 관하여 불가쟁력이 생기지 아니한다(④)(대법원 2001.1.16. 99두10988 판결).

---

08 ③

출제영역 행정법상 의무이행 확보수단

철거명령에서 주어진 일정기간이 자진철거에 필요한 상당한 기간이라고 하여도 그 기간 속에는 계고 시에 필요한 '상당한 이행기간'이 포함되어 있다고 보아야 한다.

┌─**|판례|**─────────────────────
철거명령에서 주어진 일정기간이 자진철거에 필요한 상당한 기간이라면 그 기간 속에는 계고 시에 필요한 '상당한 이행기간'도 포함되어 있다고 보아야 할 것이다(대법원 1002.6.12. 91누13564 판결).
└──────────────────────────

오답해설

① 구 대한주택공사가 대집행권한을 위탁받아 공무인 대집행을 실시하기 위하여 지출한 비용을 「행정대집행법」 절차에 따라 「국제징수법」의 예에 의하여 징수할 수 있음에도 민사소송절차에 의하여 그 비용의 상환을 구하는 청구는 소의 이익이 없어 부적법하다.

┌─**|판례|**─────────────────────
대한주택공사가 구 대한주택공사법 및 구 대한주택공사법 시행령에 의하여 대집행권한을 위탁받아 공무인 대집행을 실시하기 위하여 지출한 비용을 행정대집행법 절차에 따라 국세징수법의 예에 의하여 징수할 수 있음에도 민사소송절차에 의하여 그 비용의 상환을 청구한 사안에서, 행정대집행법이 대집행비용의 징수에 관하여 민사소송절차에 의한 소송이 아닌 간이하고 경제적인 특별구제절차를 마련해 놓고 있으므로, 위 청구는 소의 이익이 없어 부적법하다(대법원 2011.9.8. 2010다48240 판결).
└──────────────────────────

② 건물의 점유자가 철거의무자일 때에는 건물철거의무에 퇴거의무도 포함되어 있는 것이어서 별도로 퇴거를 명하는 집행권원이 필요하지 않다.

┌─**|판례|**─────────────────────
건물의 점유자가 철거의무자일 때에는 건물철거의무에 퇴거의무도 포함되어 있는 것이어서 별도로 퇴거를 명하는 집행권원이 필요하지 않다(대법원 2017.4.28. 2016다213916 판결).
└──────────────────────────

④ 행정청이 행정대집행의 방법으로 건물철거의무의 이행을 실현할 수 있는 경우에는 건물의 점유자들에 대한 퇴거 조치를 할 수 있고, 적법한 행정대집행을 위력을 행사하여 방해하는 경우 형법상 공무집행방해죄가 성립하므로, 경찰의 도움을 받을 수도 있다.

┌─**|판례|**─────────────────────
행정청이 행정대집행의 방법으로 건물철거의무의 이행을 실현할 수 있는 경우에는 건물철거 대집행 과정에서 부수적으로 건물의 점유자들에 대한 퇴거 조치를 할 수 있고, 점유자들이 적법한 행정대집행을 위력을 행사하여 방해하는 경우 형법상 공무집행방해죄가 성립하므로, 필요한 경우에는 '경찰관 직무집행법'에 근거한 위험발생 방지조치 또는 형법상 공무집행방해죄의 범행방지 내지 현행범체포의 차원에서 경찰의 도움을 받을 수도 있다(대법원 2017.4.28. 2016다213916 판결).
└──────────────────────────

09 ③

출제영역 행정작용법

재량준칙이 반복적용되어 행정규칙이 법규명령으로 인정되는 준법규설은 자기구속의 법리를 통하여 간접적 외부적 효력을 인정하는 것이므로 이를 위반한 경우에는 일반 법규명령과 같이 직접 위반한 것이 아니라 재량준칙을 위반하여 일탈, 남용하여 위법한 처분이 된다고 보고 있다.

오답해설

① 행정입법에 관여하는 공무원이 시행령이나 시행규칙을 제정함에 있어서 상위법규에 위반된 시행령 등을 제정하게 되었다면 그가 법률전문가가 아닌 행정공무원이라고 하여 과실이 없다고 할 수는 없다.

┌─**|판례|**─────────────────────
일반적으로 행정입법에 관여하는 공무원이 시행령이나 시행규칙을 제정함에 있어서 관계 법규를 알지 못하거나 필요한 지식을 갖추지 못하여 법률 등 상위법규의 해석을 그르치는 바람에 상위법규에 위반된 시행령 등을 제정하게 되었다면 그가 법률전문가가 아닌 행정공무원이라고 하여 과실이 없다고 할 수는 없다(대법원 1997.5.28. 95다15735 판결).
└──────────────────────────

② 국민에게 납세의 의무를 부과하기 위해서는 조세의 종목과 세율 등 납세의무에 관한 사항은 국회가 제정한 법률로

규정하여야 하고, 법률의 위임 없이 행정입법으로 과세요건 등 납세의무에 관한 사항을 규정하는 것은 헌법이 정한 조세법률주의 원칙에 위배된다.

|판례|

헌법 제37조 제2항, 제38조, 제59조, 제75조에 비추어 보면, 국민에게 납세의 의무를 부과하기 위해서는 조세의 종목과 세율 등 납세의무에 관한 기본적, 본질적 사항은 국민의 대표기관인 국회가 제정한 법률로 규정하여야 하고, 법률의 위임 없이 명령 또는 규칙 등의 행정입법으로 과세요건 등 납세의무에 관한 기본적, 본질적 사항을 규정하는 것은 헌법이 정한 조세법률주의 원칙에 위배된다(대법원 2015.8.20. 2012두23808 판결).

④ 헌법재판소는 법률이 일정한 사항을 행정규칙에 위임하더라도 그 위임은 전문적·기술적 사항이나 경미한 사항으로서 업무의 성질상 위임이 불가피한 사항에 한정된다고 한다.

|판례|

행정규칙은 법규명령과 같은 엄격한 제정 및 개정절차를 요하지 아니하므로, 재산권 등과 같은 기본권을 제한하는 작용을 하는 법률이 입법위임을 할 때에는 "대통령령", "총리령", "부령" 등 법규명령에 위임함이 바람직하고, 금융감독위원회의 고시와 같은 형식으로 입법위임을 할 때에는 적어도 행정규제기본법 제4조 제2항 단서에서 정한 바와 같이 법령이 전문적·기술적 사항이나 경미한 사항으로서 업무의 성질상 위임이 불가피한 사항에 한정된다 할 것이고, 그러한 사항이라 하더라도 포괄위임금지의 원칙상 법률의 위임은 반드시 구체적·개별적으로 한정된 사항에 대하여 행하여져야 한다(헌법재판소 2004.10.28. 99헌바91 결정).

10 ③

구 「도시 및 주거환경정비법」상 재개발조합과 조합장 또는 조합임원의 지위에 관한 소송은 공법상 민사소송에 의하여야 한다.

|판례|

구 도시 및 주거환경정비법상 재개발조합이 공법인이라는 사정만으

로 재개발조합과 조합장 또는 조합임원 사이의 선임·해임 등을 둘러싼 법률관계가 공법상의 법률관계에 해당한다거나 그 조합장 또는 조합임원의 지위를 다투는 소송이 당연히 공법상 당사자소송에 해당한다고 볼 수는 없고, 구 도시 및 주거환경정비법의 규정들이 재개발조합과 조합장 및 조합임원과의 관계를 특별히 공법상의 근무관계로 설정하고 있다고 볼 수도 없으므로, 재개발조합과 조합장 또는 조합임원 사이의 선임·해임 등을 둘러싼 법률관계는 사법상의 법률관계로서 그 조합장 또는 조합임원의 지위를 다투는 소송은 민사소송에 의하여야 할 것이다(대법원 2009.9.24. 2009마168 판결).

① 시립합창단원에 대한 재위촉 거부에 대해서는 항고소송이 아니라 당사자소송에 의하여야 한다.

|판례|

광주광역시문화예술회관장의 단원 위촉은 광주광역시문화예술회관장이 행정청으로서 공권력을 행사하여 행하는 행정처분이 아니라 공법상의 근무관계의 설정을 목적으로 하여 광주광역시와 단원이 되고자 하는 자 사이에 대등한 지위에서 의사가 합치되어 성립하는 공법상 근로계약에 해당한다고 보아야 할 것이므로, 광주광역시립합창단원으로서 위촉기간이 만료되는 자들의 재위촉 신청에 대하여 광주광역시문화예술회관장이 실기와 근무성적에 대한 평정을 실시하여 재위촉을 하지 아니한 것을 항고소송의 대상이 되는 불합격처분이라고 할 수는 없다(대법원 2001.12.11. 2001두7794 판결).

② 당사자소송에서 원고가 고의 또는 중대한 과실 없이 당사자소송으로 제기하여야 할 것을 항고소송으로 잘못 제기한 경우에, 소송요건을 결하고 있음이 명백하여 당사자소송으로 제기되었더라도 법원으로서는 원고가 당사자소송으로 소 변경을 하도록 하여 심리·판단하여야 한다.

|판례|

공법상의 법률관계에 관한 당사자소송에서는 그 법률관계의 한쪽 당사자를 피고로 하여 소송을 제기하여야 한다(행정소송법 제3조 제2호, 제39조). 다만 원고가 고의 또는 중대한 과실 없이 당사자소송으로 제기하여야 할 것을 항고소송으로 잘못 제기한 경우에, 당사자소송으로서의 소송요건을 결하고 있음이 명백하여 당사자소송으로 제기되었더라도 어차피 부적법하게 되는 경우가 아닌 이상, 법원으로서는 원고가 당사자소송으로 소 변경을 하도록 하여 심리·판단하여야 한다(대법원 2016.5.24. 2013두14863 판결).

④ 당사자소송은 항고소송의 경우와 달리 처분청이 아니라 국가 · 공공단체 그 밖의 권리주체를 피고로 하여 제기한다(「행정소송법」 제39조).

11 ②

행정작용법

위임입법의 재위임은 수임된 입법권을 다시 하위명령에 위임하는 것을 말하는데, 전면적인 재위임은 실질적으로 수권법의 내용을 임의로 변경하는 결과가 초래하므로 허용되지 않는다.

|판례|

재위임에 의한 부령의 경우에도 위임에 의한 대통령령에 가해지는 헌법상의 제한이 당연히 적용되어야 할 것이므로 법률에서 위임받은 사항을 전혀 규정하지 아니하고 그대로 재위임하는 것은 허용되지 않으며 위임받은 사항에 관하여 대강을 정하고 그중의 특정사항을 범위를 정하여 하위법령에 다시 위임하는 경우에만 재위임이 허용된다(헌법재판소 1996.2.29. 94헌마213 결정).

오답해설

① 법규명령이란 법령상의 수권에 근거하여 행정권이 정립하는 일반적 · 추상적 법규범으로서, 대외적으로 국민과 행정청을 구속하는 법규의 성질을 가지며 재판규범이 되는 성문의 법규범을 말한다.

③ 위임명령은 법률이나 상위명령에서 구체적으로 범위를 정한 개별적인 위임이 있을 때에 가능하고, 여기에서 구체적인 위임의 범위는 규제하고자 하는 대상의 종류와 성격에 따라 달라지는 것이어서 일률적 기준을 정할 수는 없다.

|판례|

위임명령은 법률이나 상위명령에서 구체적으로 범위를 정한 개별적인 위임이 있을 때에 가능하고, 여기에서 구체적인 위임의 범위는 규제하고자 하는 대상의 종류와 성격에 따라 달라지는 것이어서 일률적 기준을 정할 수는 없지만, 적어도 위임명령에 규정될 내용 및 범위의 기본사항이 구체적으로 규정되어 있어서 누구라도 당해 법률로부터 위임명령에 규정될 내용의 대강을 예측할 수 있어야 하나, 이 경우 그 예측가능성의 유무는 당해 위임조항 하나만을 가지고 판단할 것이 아니라 그 위임조항이 속한 법률의 전반적인 체계와 취지 · 목적, 당해 위임조항의 규정형식과 내용 및 관련 법규를 유기

적 · 체계적으로 종합 판단하여야 하며, 나아가 각 규제 대상의 성질에 따라 구체적 · 개별적으로 검토함을 요한다(대법원 2004.7.22. 2003두7606 판결).

④ 오늘날에는 입법의 내용이 복잡하고 전문적 · 기술적 사항이 증가하여, 법률에서는 대강을 정하고 보다 상세한 것은 법규명령에서 정하도록 위임하는 경향이 증가하고 있다.

12 ②

행정작용법

반사적 이익으로 보아 원고적격을 부정한 판례에 해당한다.

|판례|

상수원보호구역 설정의 근거가 되는 수도법 제5조 제1항 및 동 시행령 제7조 제1항이 보호하고자 하는 것은 상수원의 확보와 수질보전일 뿐이고, 그 상수원에서 급수를 받고 있는 지역주민들이 가지는 상수원의 오염을 막아 양질의 급수를 받을 이익은 직접적이고 구체적으로는 보호하고 있지 않음이 명백하여 위 지역주민들이 가지는 이익은 상수원의 확보와 수질보호라는 공공의 이익이 달성됨에 따라 반사적으로 얻게 되는 이익에 불과하므로 지역주민들에 불과한 원고들에게는 위 상수원보호구역변경처분의 취소를 구할 법률상의 이익이 없다(대법원 1995.9.26. 94누14544 판결).

13 ②

행정작용법

「행정절차법」상 법령 등을 입법하는 경우 해당 입법안을 마련한 행정청은 이를 예고하여야 하지만, 모든 법령에 대해 입법예고를 하는 것은 아니다. 신속한 국민의 권리 보호를 위해 긴급히 입법을 요하는 경우나 상위 법령 등의 단순한 집행을 위한 경우 등에는 이를 생략할 수 있다(「행정절차법」 제41조 제1항).

오답해설

① 하위법령의 규정이 상위법령의 규정에 저촉되는지 여부가 명백하지 않은 경우에, 하위법령의 의미를 상위법령에 합치되는 것으로 해석하는 것이 가능한 경우라면, 하위법령

이 상위법령에 위반된다는 이유로 쉽게 무효를 선언할 것은 아니다.

---|판례|---

국가의 법체계는 그 자체로 통일체를 이루고 있으므로 상·하규범 사이의 충돌은 최대한 배제하여야 하고, 또한 규범이 무효라고 선언될 경우에 생길 수 있는 법적 혼란과 불안정 및 새로운 규범이 제정될 때까지의 법적 공백 등으로 인한 폐해를 피하여야 할 필요성에 비추어 보면, 하위법령의 규정이 상위법령의 규정에 저촉되는지 여부가 명백하지 않은 경우에, 관련 법령의 내용과 입법 취지 및 연혁 등을 종합적으로 살펴 하위법령의 의미를 상위법령에 합치되는 것으로 해석하는 것이 가능한 경우라면, 하위법령이 상위법령에 위반된다는 이유로 쉽게 무효를 선언할 것은 아니다(대법원 2019.7.10. 2016두61051 판결).

③ 법규명령의 성립을 위한 절차적 요건으로서, 대통령령은 법제처의 심의와 국무회의의 심의를 거쳐야 하고, 총리령과 부령은 법제처의 심의를 거쳐야 한다.

④ 법규명령은 형식적 요건으로 조문형식을 갖추어야 하며, 서명·날인 및 문서, 번호·일자, 관보게재 및 공포의 요건을 요한다.

14 ③

출제영역 행정작용법

판례는 수익적 행정처분의 경우 법령에 특별한 근거가 없더라도 그 부관으로서 부담을 붙일 수 있다고 보았다.

---|판례|---

수익적 행정처분에 있어서는 법령에 특별한 근거규정이 없다고 하더라도 그 부관으로서 부담을 붙일 수 있고, 그와 같은 부담은 행정청이 행정처분을 하면서 일방적으로 부가할 수도 있지만 부담을 부가하기 이전에 상대방과 협의하여 부담의 내용을 협약의 형식으로 미리 정한 다음 행정처분을 하면서 이를 부가할 수도 있다(대법원 2009.2.12. 2005다65500 판결).

오답해설

① 행정행위의 부관은 행정행위의 일반적인 효력이나 효과를 제한하기 위하여 의사표시의 주된 내용에 부가되는 종된

의사표시이지 그 자체로서 직접 법적 효과를 발생하는 독립된 처분이 아니다.

---|판례|---

행정행위의 부관은 행정행위의 일반적인 효력이나 효과를 제한하기 위하여 의사표시의 주된 내용에 부가되는 종된 의사표시이지 그 자체로서 직접 법적 효과를 발생하는 독립된 처분이 아니므로 현행 행정쟁송제도 아래서는 부관 그 자체만을 독립된 쟁송의 대상으로 할 수 없는 것이 원칙이나 행정행위의 부관 중에서도 행정행위에 부수하여 그 행정행위의 상대방에게 일정한 의무를 부과하는 행정청의 의사표시인 부담의 경우에는 다른 부관과는 달리 행정행위의 불가분적인 요소가 아니고 그 존속이 본체인 행정행위의 존재를 전제로 하는 것일 뿐이므로 부담 그 자체로서 행정쟁송의 대상이 될 수 있다(대법원 1992.1.21. 91누1264 판결).

② 법률효과의 일부배제란 법률에서 부여한 법률효과 중 그 일부의 발생을 배제하는 행정행위의 부관을 말하는 것으로, 다른 부관과 달리 법령에 근거가 있을 경우에 한하여 인정된다.

④ 법률행위에 붙은 부관이 조건인지 기한인지가 명확하지 않은 경우 법률행위의 해석을 통해서 이를 결정해야 한다.

---|판례|---

법률행위에 붙은 부관이 조건인지 기한인지가 명확하지 않은 경우 법률행위의 해석을 통해서 이를 결정해야 한다. 부관에 표시된 사실이 발생하지 않으면 채무를 이행하지 않아도 된다고 보는 것이 합리적인 경우에는 조건으로 보아야 한다. 그러나 부관에 표시된 사실이 발생한 때에는 물론이고 반대로 발생하지 않는 것이 확정된 때에도 채무를 이행하여야 한다고 보는 것이 합리적인 경우에는 표시된 사실의 발생 여부가 확정되는 것을 불확정기한으로 정한 것으로 보아야 한다. 이러한 부관이 화해계약의 일부를 이루고 있는 경우에도 마찬가지이다(대법원 2018.6.28. 2018다201702 판결).

15 ①

출제영역 행정작용법

하자승계가 인정되기 위해서는 항고소송의 대상이 되는 둘 이상의 연속된 행정처분이 있어야 하므로, 선행행위와 후행행

위 양자가 모두 처분이어야 한다. 하자의 승계는 두 개 이상의 행정행위가 연속하여 행하여지는 경우에 선행행위의 하자를 이유로 후행행위 자체에 하자가 없더라도 그 후행행위의 취소를 청구할 수 있는가, 즉 선행행위의 하자가 후행행위에 승계되는지의 여부에 관한 것이 문제가 된다.

오답해설

② 선행행위에는 하자가 존재하나 불가쟁력이 발생하였고, 후행행위 자체에는 하자가 존재하지 않아야 하자승계의 요건이 성립한다.

③ 2개 이상의 행정처분이 연속적 또는 단계적으로 이루어지는 경우 선행처분과 후행처분이 서로 합하여 1개의 법률효과를 완성하는 때에는 선행처분에 하자가 있으면 그 하자는 후행처분에 승계된다.

| 판례 |

2개 이상의 행정처분이 연속적 또는 단계적으로 이루어지는 경우 선행처분과 후행처분이 서로 합하여 1개의 법률효과를 완성하는 때에는 선행처분에 하자가 있으면 그 하자는 후행처분에 승계된다. 이러한 경우에는 선행처분에 불가쟁력이 생겨 그 효력을 다툴 수 없게 되더라도 선행처분의 하자를 이유로 후행처분의 효력을 다툴 수 있다. 그러나 선행처분과 후행처분이 서로 독립하여 별개의 법률효과를 발생시키는 경우에는 선행처분에 불가쟁력이 생겨 그 효력을 다툴 수 없게 되면 선행처분의 하자가 당연무효인 경우를 제외하고는 특별한 사정이 없는 한 선행처분의 하자를 이유로 후행처분의 효력을 다툴 수 없는 것이 원칙이다(대법원 2017.7.18. 2016두49938 판결).

④ 대법원의 관련 판례는 개별공시지가결정과 과세처분의 경우 하자의 승계를 인정하고 있다.

| 판례 |

개별공시지가결정에 위법이 있는 경우에는 그 자체를 행정소송의 대상이 되는 행정처분으로 보아 그 위법 여부를 다툴 수 있음은 물론 이를 기초로 한 과세 처분 등 행정처분의 취소를 구하는 행정소송에서도 선행처분인 개별공시지가결정의 위법을 독립된 위법사유로 주장할 수 있다(대법원 1994.1.25. 93누8542 판결).

16 ②

출제영역 행정작용법

개인정보 보호에 관한 사항을 심의·의결하기 위하여 국무총리 소속으로 개인정보 보호위원회를 둔다. 보호위원회는 그 권한에 속하는 업무를 독립하여 수행한다(「개인정보보호법」 제7조 제1항).

오답해설

① 정보주체란 처리되는 정보에 의하여 알아볼 수 있는 사람으로서 그 정보의 주체가 되는 사람을 말한다(동법 제2조 제3호).

③ 개인정보 보호위원회는 상임위원 2명(위원장 1명, 부위원장 1명)을 포함한 9명의 위원으로 구성한다(동법 제7조의2 제1항).

④ 자신의 개인정보를 열람한 정보주체는 개인정보처리자에게 그 개인정보의 정정 또는 삭제를 요구할 수 있다. 다만, 다른 법령에서 그 개인정보가 수집 대상으로 명시되어 있는 경우에는 그 삭제를 요구할 수 없다(동법 제36조 제1항).

17 ③

출제영역 행정법통론

광의의 비례원칙(과잉금지의 원칙)은 적합성의 원칙, 필요성의 원칙(최소침해의 원칙), 상당성의 원칙(협의의 비례원칙, 균형성의 원칙)의 3가지 원칙으로 구성되며, 이는 적합한 수단 중에서도 필요한 수단을, 그중에서도 상당성 있는 수단을 선택해야 한다는 단계구조를 이루고 있다. 또한 어느 하나라도 위반되면 비례원칙에 위배되는 효과가 발생된다. 비례원칙은 침해행정이든 급부행정이든 관계없이 행정의 전 영역에 적용되는 것을 원칙으로 한다. 다만, 사법관계에서는 사적 자치가 적용되는 까닭에 비례원칙이 적용되지 아니한다.

18 ②

「국세징수법」상 체납자 등에 대한 공매통지는 체납자 등의 법적 지위나 권리·의무에 직접적인 영향을 주는 행정처분에 해당하며, 공매통지가 적법하지 아니한 경우에, 그에 따른 공매처분은 위법이다.

─── |판례| ───

체납자 등에 대한 공매통지는 국가의 강제력에 의하여 진행되는 공매에서 체납자 등의 권리 내지 재산상의 이익을 보호하기 위하여 법률로 규정한 절차적 요건이라고 보아야 하며, 공매처분을 하면서 체납자 등에게 공매통지를 하지 않았거나 공매통지를 하였더라도 그것이 적법하지 아니한 경우에는 절차상의 흠이 있어 그 공매처분은 위법하다(대법원 2008.11.20. 2007두18154 판결).

오답해설

① 관계 법령상 행정대집행의 절차가 인정되어 행정청이 행정대집행의 방법으로 건물의 철거 등 대체적 작위의무의 이행을 실현할 수 있는 경우에는 따로 민사소송의 방법으로 그 의무의 이행을 구할 수 없다.

─── |판례| ───

구 토지수용법(1999. 2. 8. 법률 제5909호로 개정되기 전의 것) 제18조의2 제2항에 위반하여 공작물을 축조하고 물건을 부가한 자에 대하여 관리청은 이러한 위반행위에 의하여 생긴 유형적 결과의 시정을 명하는 행정처분을 하여 이에 따르지 않는 경우에는 행정대집행의 방법으로 그 의무내용을 실현할 수 있는 것이고, 이러한 행정대집행의 절차가 인정되는 경우에는 따로 민사소송의 방법으로 공작물의 철거, 수거 등을 구할 수는 없다(대법원 2000.5.12. 99다18909 판결).

③ 이행강제금 납부의무는 상속인 기타의 사람에게 승계될 수 없는 일신전속적인 성질의 것이므로 이미 사망한 사람에게 이행강제금을 부과하는 내용의 처분이나 결정은 당연무효이다.

─── |판례| ───

이행강제금 납부의무는 상속인 기타의 사람에게 승계될 수 없는 일신전속적인 성질의 것이므로 이미 사망한 사람에게 이행강제금을 부과하는 내용의 처분이나 결정은 당연무효이다(대법원 2006.12.8.

자 2006마470 결정).

④ 행정청은 해가 뜨기 전이나 해가 진 후에는 대집행을 하여서는 아니 된다. 다만, 의무자가 동의한 경우, 해가 지기 전에 대집행을 착수하는 경우, 해가 뜬 후부터 해가 지기 전까지 대집행을 하는 경우에는 대집행의 목적 달성이 불가능한 경우, 그 밖에 비상 시 또는 위험이 절박한 경우에는 그러하지 아니하다.

19 ②

지문은 기본행위에 하자가 있고 이에 대하여 인가가 있는 경우에 관한 문제이다. 이 경우 임원 선임절차상의 하자를 이유로 관할청의 취임승인처분에 대한 취소를 구하는 소송은 허용되지 않는다(대법원 2005.12.23. 2005두4823 판결).

오답해설

① 관할청의 임원 취임승인으로 선임절차상의 하자는 치유되어 B는 임원으로서의 지위를 취득한 것이 유효로 되지 않는다.

─── |판례| ───

기본행위에 하자가 있고 이에 대하여 인가가 있는 경우, 무효인 하자가 치유되어 유효로 되지 않는다(대법원 1987.8.18. 86누152 판결).

③ 기본행위에 하자가 있고 이에 대하여 인가가 있는 경우 A 학교법인의 임원선임행위에 대해서는 선임처분취소소송을 제기하여 그 효력을 다툴 수 없다.

④ 「사립학교법」 제4조 제1항, 제20조의2 제1항에 규정된 이사회의 학교법인 임원취임의 승인취소권은 교육감이 지방자치단체의 교육·학예에 관한 사무의 특별집행기관으로서 가지는 권한이다.

─── |판례| ───

사립학교법 제4조 제1항, 제20조의2 제1항에 규정된 교육감의 학교법인 임원취임의 승인취소권은 교육감이 지방자치단체의 교육·

학예에 관한 사무의 특별집행기관으로서 가지는 권한이다(대법원 1997.6.19. 95누8669 판결).

20 ②

출제영역 행정구제법

행정행위의 철회는 이에 대한 신뢰의 이익과 그 법적 안정성을 빼앗는 것이 되므로, 처분청은 철회에 의하여 침해되는 사익과 실현하고자 하는 공익 간의 이익형량에 의하여 결정되어야 한다.

오답해설

① 부관으로 철회권이 유보된 경우 그 사유가 발생하면 행정행위의 철회가 가능하다. 판례 또한 입장이 같다.

|판례|

행정행위의 부관으로 취소권이 유보되어 있는 경우, 당해 행정행위를 한 행정청은 그 취소사유가 법령에 규정되어 있는 경우뿐만 아니라 의무위반이 있는 경우, 사정변경이 있는 경우, 좁은 의미의 취소권이 유보된 경우, 또는 중대한 공익상의 필요가 발생한 경우 등에도 그 행정처분을 취소할 수 있는 것이다(대법원 1984.11.13. 84누269 판결).

③ 부담적·침익적 행위에 대한 철회는 상대방에게 이익을 주는 수익적 행위에 해당되므로, 원칙적으로 행정청의 재량으로 철회할 수 있다. 다만, 상대방과 제3자 간 관계이익을 비교형량하여 결정하여야 할 것이고(복효적 행정행위), 예약 등 다른 사유로 제약되는 경우 그 철회는 제한된다고 볼 수 있다.

④ 행정행위의 '철회'는 적법요건을 구비하여 완전히 효력을 발하고 있는 행정행위를 사후적으로 효력의 전부 또는 일부를 장래에 향해 소멸시키는 별개의 행정처분이다.

|판례|

행정행위의 '취소'는 일단 유효하게 성립한 행정행위를 그 행위에 위법한 하자가 있음을 이유로 소급하여 효력을 소멸시키는 별도의 행정처분을 의미함이 원칙이다. 반면, 행정행위의 '철회'는 적법요건을 구비하여 완전히 효력을 발하고 있는 행정행위를 사후적으로 효

력의 전부 또는 일부를 장래에 향해 소멸시키는 별개의 행정처분이다. 그리고 행정행위의 '취소 사유'는 원칙적으로 행정행위의 성립 당시에 존재하였던 하자를 말하고, '철회 사유'는 행정행위가 성립된 이후에 새로이 발생한 것으로서 행정행위의 효력을 존속시킬 수 없는 사유를 말한다(대법원 2018.6.28. 2015두58195 판결).

21 ④

출제영역 행정작용법

행정심판의 재결도 취소소송의 대상으로 삼을 수 있도록 규정하고 있으므로 재결취소소송의 경우 재결 자체에 고유한 위법이 있는지 여부를 심리할 것이고, 재결 자체에 고유한 위법이 없는 경우에는 원처분의 당부와는 상관없이 당해 재결취소소송은 이를 기각하여야 한다.

|판례|

행정소송법 제19조는 취소소송은 행정청의 원처분을 대상으로 하되(원처분주의), 다만 "재결 자체에 고유한 위법이 있음을 이유로 하는 경우"에 한하여 행정심판의 재결도 취소소송의 대상으로 삼을 수 있도록 규정하고 있으므로 재결취소소송의 경우 재결 자체에 고유한 위법이 있는지 여부를 심리할 것이고, 재결 자체에 고유한 위법이 없는 경우에는 원처분의 당부와는 상관없이 당해 재결취소소송은 이를 기각하여야 한다(대법원 1994.1.25. 93누16901 판결).

오답해설

① 항고소송으로 제기하여야 할 사건을 민사소송으로 잘못 제기한 경우에 수소법원이 항고소송에 대한 관할도 동시에 가지고 있다면, 항고소송으로서의 소송요건을 갖추지 못했음이 명백하여 항고소송으로 제기되었더라도 원고로 하여금 항고소송으로 소 변경을 하도록 석명권을 행사하여 절차에 따라 심리·판단하여야 한다.

|판례|

행정소송법상 항고소송으로 제기하여야 할 사건을 민사소송으로 잘못 제기한 경우에 수소법원이 항고소송에 대한 관할도 동시에 가지고 있다면, 전심절차를 거치지 않았거나 제소기간을 도과하는 등 항고소송으로서의 소송요건을 갖추지 못했음이 명백하여 항고소송으로 제기되었더라도 어차피 부적법하게 되는 경우가 아닌 이상, 원

고로 하여금 항고소송으로 소 변경을 하도록 석명권을 행사하여 행정소송법이 정하는 절차에 따라 심리·판단하여야 한다(대법원 2020.4.9. 2015다34444 판결).

② 행정처분이 있음을 안 날부터 90일을 넘겨 행정심판을 청구하였다가 각하재결을 받은 후 그 재결서를 송달받은 날부터 90일 내에 원래의 처분에 대하여 취소소송을 제기한 경우, 수소법원은 각하판결을 하여야 한다.

|판례|

처분이 있음을 안 날부터 90일 이내에 행정심판을 청구하지도 않고 취소소송을 제기하지도 않은 경우에는 그후 제기된 취소소송은 제소기간을 경과한 것으로서 부적법하고, 처분이 있음을 안 날부터 90일을 넘겨 청구한 부적법한 행정심판청구에 대한 재결이 있은 후 재결서를 송달받은 날부터 90일 이내에 원래의 처분에 대하여 취소소송을 제기하였다고 하여 취소소송이 다시 제소기간을 준수한 것으로 되는 것은 아니다(대법원 2011.11.24. 2011두18876 판결).

③ 허가처분 신청에 대한 부작위를 다투는 부작위위법확인소송을 제기하여 제1심에서 승소판결을 받았는데 제2심 단계에서 피고 행정청이 허가처분을 한 경우, 제2심 수소법원은 각하판결을 하여야 한다.

|판례|

부작위위법확인의 소는 행정청이 국민의 법규상 또는 조리상의 권리에 기한 신청에 대하여 상당한 기간내에 그 신청을 인용하는 적극적 처분 또는 각하하거나 기각하는 등의 소극적 처분을 하여야 할 법률상의 응답의무가 있음에도 불구하고 이를 하지 아니하는 경우, … 소제기의 전후를 통하여 판결 시까지 행정청이 그 신청에 대하여 적극 또는 소극의 처분을 함으로써 부작위상태가 해소된 때에는 소의 이익을 상실하게 되어 당해 소는 각하를 면할 수가 없는 것이다(대법원 1990.9.25. 선고 89누4758 판결).

22 ②

출제영역 행정구제법

심판청구 기간의 규정은 무효등확인심판청구와 부작위에 대한 의무이행심판청구에는 적용하지 않지만(「행정심판법」 제27조 제7항), 거부처분에 대한 의무이행심판청구에는 적용한다고 할 수 있다. 따라서 ②는 옳지 않다. 한편, 사정재결의 규정은 무효등확인심판에만 적용되지 않으므로(동법 제44조 제3항), 취소심판이나 의무이행심판에는 적용된다고 할 수 있다.

오답해설

① 청구인이 피청구인을 잘못 지정한 경우에는 위원회는 직권으로 또는 당사자의 신청에 의하여 결정으로써 피청구인을 경정할 수 있다(동법 제17조 제2항).

③ 행정심판의 결과에 이해관계가 있는 제3자나 행정청은 해당 심판청구에 대한 제7조 제6항 또는 제8조 제7항에 따른 위원회나 소위원회의 의결이 있기 전까지 그 사건에 대하여 심판참가를 할 수 있다(동법 제20조 제1항).

④ 피청구인의 직권취소에 관한 내용으로, 심판청구서를 받은 피청구인은 그 심판청구가 이유 있다고 인정하면 심판청구의 취지에 따라 직권으로 처분을 취소·변경하거나 확인을 하거나 신청에 따른 처분을 할 수 있다(동법 제25조 제1항).

23 ③

출제영역 행정법통론

사인의 공법행위는 민법상의 비진의의사표시의 무효에 관한 규정이 적용되지 않으므로, 비록 의사표시가 진의가 아닌 경우에도 표시된 대로 효력이 발생한다.

|판례|

위 전역지원의 의사표시가 진의 아닌 의사표시라 하더라도 그 무효에 관한 법리를 선언한 민법 제107조 제1항 단서의 규정은 그 성질상 사인의 공법행위에는 적용되지 않는다 할 것이므로 그 표시된 대로 유효한 것으로 보아야 한다(대법원 1994.1.11. 93누10057 판결).

실전모의고사 제2회

① 사인의 공법행위와 행정주체의 공법행위인 행정행위는 모두 공법적 효과의 발생을 목적으로 한다는 점에서 같다. 다만, 사인의 공법행위는 공권력 발동행위가 아니므로 행정행위에 인정되는 공정력과 집행력 등의 특수한 효력은 인정되지 않는다.

② 사인의 공법행위는 명문으로 금지되거나 성질상 불가능한 경우가 아닌 한 그에 의거한 행정행위가 행하여질 때까지 자유로이 보정이 가능하다.

|판례|

사인의 공법행위는 명문으로 금지되거나 성질상 불가능한 경우가 아닌 한 그에 의거한 행정행위가 행하여질 때까지 자유로이 보정이 가능하다(대법원 2012.12.13. 2011두21218 판결).

④ 사인의 공법행위는 법령에 의하여 대리가 허용되지 않는 경우나 성질상 허용되지 않는 경우를 제외하고는 대리가 가능하다.

|판례|

사인의 공법행위는 법령에 의하여 대리가 허용되지 않는 경우나 성질상 허용되지 않는 경우를 제외하고는 대리가 가능하다 할 것이고 대리에 따른 법률관계는 민법의 일반원칙에 의한다고 할 것이다(서울고등법원 2009.12.16. 2009누5451 판결).

24 ③

출제영역   행정법통론

수리를 요하지 않는 신고(자기완결적 신고)는 접수된 때에 법적 효과 발생하며, 신고필증은 단순한 사실적 의미를 갖고 있다. 또한, 자기완결적 신고의 접수거부는 항고소송의 대상인 처분이 아니다. 이에 더불어 자기완결적 신고는 본래적 의미의 신고이다.

①, ②, ④는 수리를 요하는 신고(행정요건적 신고)의 내용에 해당한다.

25 ②

출제영역   행정구제법

처분사유 추가·변경은 처분의 동일성이 있으면 사실심 변경 종결 시까지 추가·변경할 수 있다. 판례도 '관세관청은 과세처분 이후는 물론 소송 도중이라도 사실심 변론종결 시까지 처분의 동일성이 유지되는 범위 내에서 처분사유를 추가·변경할 수 있다(대법원 2001.10.30. 2000두5616 판결)고 판시한 바 있다.

① 행정소송에 대한 대법원판결에 의하여 명령·규칙이 헌법 또는 법률에 위반된다는 것이 확정된 경우에는 대법원은 지체 없이 그 사유를 행정안전부장관에게 통보하여야 한다(「행정소송법」 제6조 제1항).

③ 행정소송 제도는 행정청의 위법한 처분 등으로 인한 국민의 권리 또는 이익의 침해를 구제하고 공법상 권리관계 또는 법률 적용에 관한 다툼을 해결함을 목적으로 한다.

|판례|

행정소송 제도는 행정청의 위법한 처분, 그 밖에 공권력의 행사·불행사 등으로 인한 국민의 권리 또는 이익의 침해를 구제하고 공법상 권리관계 또는 법률 적용에 관한 다툼을 적정하게 해결함을 목적으로 한다(대법원 2012.6.14. 2010두19720 판결).

④ 무효를 주장하여 그 무효확인을 구하는 행정소송의 경우 원고가 입증해야 한다.

|판례|

행정처분의 당연무효를 주장하여 그 무효확인을 구하는 행정소송에 있어서는 원고에게 그 행정처분이 무효인 사유를 주장, 입증할 책임이 있다(대법원 1992.3.10. 91누6030 판결).